## LES GRANDS PHILOSOPHES

# LEIBNIZ

PAR

**CLODIUS PIAT**

Agrégé de l'Université, Docteur ès lettres

PARIS
LIBRAIRIE FÉLIX ALCAN
108, BOULEVARD SAINT-GERMAIN, 108

1915

# LEIBNIZ

# AUTRES PUBLICATIONS DE M. L'ABBÉ PIAT

Trois volumes de la Collection : Socrate, Platon, Aristote.
**L'Intellect actif**, Leroux, Paris, 1890.
**Quid divini nostris ideis tribuat divus Thomas**, Leroux, Paris, 1890.
**Historique de la liberté au XIX° siècle**, Lethielleux, Paris, 1895. (*Couronné par l'Académie française.*)
**Problème de la liberté**, Lethielleux, Paris, 1895. (*Couronné par l'Académie française.*)
**L'Idée, ou Critique du kantisme**, 2° édition, Ch. Poussielgue, Paris, 1901.
**L'Apologétique** de l'Abbé de Broglie, avec héliogravure, 80 pages, in-8° jésus, V. Lecoffre, Paris, 1896.
**La Personne humaine**, *Bibliothèque de philosophie contemporaine*. F. Alcan, Paris, 1897. (*Couronné par l'Académie des sciences morales et politiques*, Prix Le Dissez. 2° *édition*.)
**La Destinée de l'homme**, *Bibliothèque de philosophie contemporaine*, F. Alcan, Paris, 1898. (*Traduit en allemand* par Em. Prinz zu Œttingen Spielberg, *et en espagnol*. par D. G. Carreno.) 2° *édition*.
**La Monadologie de Leibniz**, précédée d'une étude de la philosophie de Leibniz, V. Lecoffre, Paris, 1900.
**La Morale chrétienne et la Moralité en France**, Brochure de 53 pages, V. Lecoffre, Paris, 1905. (Extrait du *Correspondant*.)
**De la Croyance en Dieu**, F. Alcan, Paris, 1909 (in-12 de 291 p.), 2° *édition* avec notes explicatives.
**Insuffisance des philosophies de l'intuition**, Plon, Paris, 1908 (in-8° de 318 p.).
**Quelques conférences sur l'âme humaine**, données à Versailles sous le patronat de Mgr Gibier, 1914.
**La Morale du bonheur**, *Bibliothèque de philosophie contemporaine*, Félix Alcan, Paris, 1910, in-8°, de 263 p.
**Religion et Critique**, Œuvre posthume de l'Abbé de Broglie, 3° *édition*, V. Lecoffre, Paris, 1905. (*Traduit en allemand*, par Em. Prinz zu Œttingen Spielberg.)
**Questions Bibliques**, Œuvre posthume de l'Abbé de Broglie, 2° *édition*, V. Lecoffre, Paris, 1903.

---

Typographie Firmin-Didot et Cⁱᵉ. — Paris.

# LES GRANDS PHILOSOPHES

# LEIBNIZ

PAR

## CLODIUS PIAT
Agrégé de l'Université, Docteur ès lettres

PARIS
LIBRAIRIE FÉLIX ALCAN
108, BOULEVARD SAINT-GERMAIN, 108

1915

NIHIL OBSTAT

Die triga prima Julii 1915.
RAYMOND SIMETERRE,
cens. dep.

IMPRIMATUR
Die 31ᵃ Julii 1915.
ALFRED BAUDRILLART
vic. gen. rector.

# PRÉFACE

Il y a plusieurs personnages dans Leibniz : c'est d'abord un philosophe, au même titre que Malebranche et Spinoza, et très voisin de l'un aussi bien que de l'autre; mais en même temps, c'est à la fois un savant, un théologien, un controversiste, un juriste, un diplomate ; et chacun de ces rôles, il le joue avec une maîtrise sans égale, créant ou renouvelant tout ce qu'il touche.

Dans cette étude, je me borne au philosophe et n'expose les autres aspects de sa pensée que dans la mesure où ils servent à faire ressortir sa doctrine spéculative. C'est ainsi que j'aurai l'occasion de parler de son œuvre scientifique qui est considérable, de sa théorie du droit et de ses controverses. Il m'a semblé qu'entendre la chose autrement, c'était s'exposer à ne pas en finir, ou bien à ne présenter que l'un des nombreux aspects de la question : ce qui pourrait surprendre les lecteurs dans un volume composé pour la *Collection des grands Philosophes*.

D'aucuns pourront trouver mon œuvre inopportune, un peu précoce. Pourquoi ne pas attendre, me diront-ils, l'apparition de la grande édition que préparent les Académies de Paris et de Berlin? C'est alors seulement qu'on pourra savoir en toute certitude ce qu'il faut penser de Leibniz.

Ma réponse est assez simple. Non seulement j'ai lu les nombreuses éditions de Leibniz que l'on possède déjà; mais encore j'ai consulté patiemment un certain nombre des fervents de la bibliothèque de Hanovre, ceux-là surtout dont la mission est de la faire connaître; et même quelques-uns d'entre eux ont bien voulu me communiquer ceux de leurs documents inédits qui étaient de nature à m'éclairer. J'ai pu me faire une conviction, c'est qu'en attendant mieux, le public trouvera dans mon étude son bien, c'est même que cette étude ne cessera point d'être utile après l'édition que l'on nous promet et qui mettra sans doute, si rien n'en arrête le cours, 20 ou 25 ans à épuiser sa matière. Mais cet arrêt s'est déjà produit, on sait de quelle terrible manière. La fameuse édition, on ne sait plus maintenant quand elle se fera, ni même si elle se fera jamais.

Pendant quelque temps d'ailleurs, et sous l'influence de l'avalanche moderniste, on a beaucoup exagéré le devenir de la pensée du philosophe de Hanovre. Les « fulgurations » de Leibniz : c'est un mot dont on a quelque peu abusé. Tout ne se ramène pas à l'idée qu'éveille ce signe magique. Leibniz ne ressemblait nullement aux « étoiles errantes » dont parle saint Jacques; c'était au contraire le plus ferme et plus constant des esprits. Il mettait quinze ou vingt ans à fixer dans le silence l'une de ses idées; puis, une fois satisfait, il ne variait plus, reprenant la même chose, la décrivant, la déduisant sous cent formes diverses, mais ne l'abandonnant jamais. J'ai tâché de mettre ce point à l'abri de la discussion, en donnant les documents dans leur suite chronologique, comme on pourra le voir par cet ouvrage, surtout vers la fin du chapitre vi°.

Le fait, c'est que, dès 1675 ou 1676, Leibniz possédait déjà l'ensemble de ses idées philosophiques, y compris la découverte du calcul infinitésimal; et depuis cette date, il n'en a pas changé.

Clodius PIAT.

# ABRÉVIATIONS

Gerh. = Gerhardt.
Dut. = Dutens.
Klopp = Klopp.
F. Car. = Foucher de Careil.
Lettres opuscules inédits: A, B.

Rom. = Rommel.
Erd. = Erdmann.
L. Cout. = Louis Couturat.
P. Jan. = Paul Janet.
Est. = Estienne.

# LEIBNIZ

## CHAPITRE PREMIER

### BUT DE LEIBNIZ

I. Quel est ce but ?
II. Leipzig. — Premières années de Leibniz ; — ses lectures ; — comment il découvre sa « caractéristique ».
III. Mayence ou première période diplomatique. — Rencontre à Nurnberg du Baron de Boinebourg ; — la *Défense de la Trinité*, la *Confession de la nature contre les athées*, *Préface à Nizolius* ; — mais d'autre part, une œuvre nouvelle : Leibniz entre en contact avec l'état politico-religieux de l'Europe ; — l'élection du roi de Pologne ; — « réflexions sur la sécurité publique » ; — la guerre de Hollande et le projet d'expédition d'Égypte ; — l'idée de Leibniz : elle est trop grande pour être comprise.
IV. Paris ou période principalement scientifique. — Leibniz étudie les sciences mathématiques ; il le fait avec passion ; mais il ne laisse pas d'y apporter des préoccupations morales et religieuses : pour lui, la connaissance des mathématiques est l'unique moyen d'établir un système de croyances qui ait « la rigueur d'un calcul », ce à quoi il pense depuis sa jeunesse.
V. Hanovre. — 1° Tristesse de Leibniz à la vue de cette petite ville ; 2° les controverses religieuses : comment Leibniz y continue son plan ; 3° terrible ensemble de « distractions » ; études personnelles de Leibniz ; le but commun qu'il y poursuit est de donner une doctrine philosophico-théologique qui soit un chapitre de « l'Algèbre universelle » ; 4° efforts pour répandre cette doctrine : Charles XII, Pierre le Grand, les missionnaires.

### I

Réunir tous les hommes en une seule famille qui ait la même science, la même religion et la même langue : tel a été le but que Leibniz s'est proposé. Cette religion devait être le christianisme ; et cette langue, la caractéristique universelle.

Issue de la Renaissance, particulièrement de Comenius et de Kircher, cette idée est devenue la fin dominatrice vers laquelle converge, comme autour d'un centre, sa longue et prodigieuse activité.

C'est à Leipzig qu'il la découvre, à l'âge de 26 ans. Le séjour de Mayence en représente la première période diplomatique; le voyage à Paris, la principale période scientifique. Et, pendant sa longue résidence dans la ville ducale de Hanovre, il travaille sans relâche et jusqu'au bout à la faire valoir, tantôt sous un aspect, tantôt sous un autre, suivant l'occurrence des événements. C'est dans ce dessein, par exemple, qu'il essaie avec tant de persévérance et sous des modes si divers d'opérer la réunion des Églises : il s'agit de reformer le noyau central et actif autour duquel tout le reste viendra se grouper. Il obéit à la même pensée, dans la composition de ses grands ouvrages, tels que les *Nouveaux Essais sur l'entendement*, la *Théodicée* et la *Monadologie* : il se propose d'y donner la doctrine qui doit être celle de l'humanité future. S'il s'intéresse à la destinée de Pierre I<sup>er</sup>, s'il suit avec une curiosité sympathique les progrès que font les missionnaires, particulièrement les Pères Jésuites, c'est qu'il espère trouver en celui-là un protecteur, en ceux-ci des apôtres, pour propager en Orient la science de l'Europe, la religion de l'Europe, et la langue dont il a lui-même découvert le principe. Ainsi des autres initiatives de Leibniz : nous pensons du moins le faire voir avec preuves à l'appui.

Il va sans dire que, lorsque nous parlons ici de périodes, on ne doit pas entendre ce mot dans un sens trop rigoureux. Il ne s'agit pas de tranches aux contours précis, comme celles que l'on obtient en coupant un fruit par le milieu : l'on ne trouve rien de pareil dans la suite des événements qui composent une vie humaine, encore moins dans celle de Leibniz qui remuait tant de choses à la fois. Mais ce terme ne laisse pas d'avoir sa signification. Bien que portant sur une œuvre une et continue comme les ondes de la mer, il sert néanmoins à marquer les phases dominantes qu'elle a traversées pendant sa formation; il sert du même coup à jeter un peu plus de lumière sur le devenir intérieur de Leibniz.

## II. — Leipzig.

Dès sa sixième année, Leibniz vient à perdre son père, qui était professeur à l'université de Leipzig. Vers onze ans, un ami le soustrait à la direction d'un maître pédant et maladroit et l'introduit dans la bibliothèque paternelle où il peut circuler tout à son gré. L'enfant se réjouit de cette indépendance absolue; et, dans la suite, il s'en réjouira plus encore. Le voilà désormais en contact immédiat avec les témoins du passé, débarrassé de la cangue des préjugés ambiants, dans les conditions voulues pour juger par lui-même des hommes et des choses[1].

Il lit les anciens; il lit les modernes; il lit les scolastiques, sans se laisser rebuter par l'aridité de leur langage et la subtilité de leurs discussions; il explore avec une égale avidité les rayons où sont disposés les livres de droit et les œuvres de controverse. L'impression dominante que lui laisse cette chasse de pan, c'est que l'ordre fait défaut partout, principalement dans le domaine du droit, et que cette confusion générale disparaîtrait comme par enchantement, si l'on avait soin de ramener les choses à quelques « principes ultimes ». Remonter aux « idées simples » : c'est déjà, pour Leibniz, le secret de l'ordre, et par là même de la clarté dans la brièveté[2].

Dès l'âge de douze ans, Leibniz soumettait à ses maîtres des difficultés parfois très embarrassantes. Un jour, il lui arriva de poser à l'un d'entre eux la question qui suit : « On se sert des termes simples ou prédicaments pour former des propositions. Pourquoi ne pourrait-on pas se servir aussi des propositions elles-mêmes pour former des syllogismes[3]? » Quelle raison y a-t-il donc de s'arrêter tout d'un coup sur la

---

1. Gürh., I, 7; F. Car., II, 379.
2. F. Car., II, 380-381, 385-386; Gürh., I, 11-15; Gerh., *Phil.*, I, 57 (*L. à l'Électeur Jean-Frédéric*, vers fin 1671); *Ibid.*, 76-77 (*L. à Arnauld*, nov. 1671); *Ibid.*, VII, 51-52, 126 (*Guilielmi Pacidii plus ultra...*); *Ibid.*, III, 481 (*L. à Jaquelot*, 1704 ou 1705); *Ibid.*, 143 (*L. à Basnage*, 19 févr. 1706).
3. Gürh., I, 21; F. Car., II, 382.

voie des combinaisons? Les termes simples une fois trouvés, ne serait-il pas possible d'en déduire tout le reste? Et voilà l'idée dont la « combinatoire » n'est que le génial épanouissement[1].

Cette idée une fois éclose, Leibniz ne l'abandonne plus jusqu'à ce qu'il l'ait érigée à la dignité de méthode. De 1664 à 1666, il soutient trois thèses de droit : *Un spécimen de difficulté*, *Des conditions du droit* et *Les cas perplexes*. Or quelle est l'idée qui domine dans chacune de ces études? C'est que, pour obtenir la simplicité de l'ordre, il faut remonter par voie d'analyse jusqu'aux éléments incomplexes et de là redescendre par voie de synthèse jusqu'aux questions les plus compliquées. Ces trois études représentent des travaux d'approche consécutifs dont le centre est la combinatoire[2].

Aussi est-ce vers le même temps, le 7 mars 1666[3], que paraît cette œuvre si remarquable à la fois, surtout chez un jeune homme de vingt ans, par l'ampleur des connaissances, l'acuité de l'analyse et la puissance de la compréhension. Et qu'est-ce que Leibniz se propose de faire connaître par là? Un art tout mathématique d'inventer; par là même, un art infaillible et d'établir la vérité et de réfuter l'erreur; par là même aussi, les principes d'une langue rigoureuse qui sera une sorte « d'algèbre de la pensée humaine[4] ».

Au bout de sept à huit ans de recherches, Leibniz croit avoir touché le but. Il croit avoir trouvé « un instrument de la raison » dont l'efficacité est souveraine et la portée universelle. Sa conviction intime, c'est que, grâce aux avantages incomparables qu'il présente, tous les ordres de connaissances feront des progrès rapides et sûrs; c'est qu'un jour viendra où les hommes ne parleront plus qu'une langue, pour exprimer la même science et la même croyance. Sa découverte le jette dans l'enthousiasme; et ce sentiment de la première heure est durable. Douze ans plus tard, on le

---

1. Gerh., *Phil.*, VII, 293-294 (*De synthesi et anal...*).
2. V. plus bas, p. 322-326.
3. F. Car., B, 387; Gürh., I, 37; Gerh., *Math.*, I, 12 (*L. à Oldenburg*, 10 août 1670); *Ibid.*, III, 61 (*L. à Jac. Bernoulli*, 15 mars 1697); Gerh., *Phil.*, VII, 463 (*L. à Tolomei*, 6 janv. 1705).
4. Gerh., *Math.*, V, 38-50 (*Dissert. de arte combinatoria*).

trouve encore tout vibrant dans une de ses lettres à Tschirnhaus[1]. Il deviendra plus calme avec les années, mais il ne s'éteindra jamais.

### III. — Mayence.

Vers la fin de 1666, Leibniz quitte sa ville natale pour ne plus y retourner : « La connaissance de l'étranger l'attire de loin; et depuis longtemps son esprit brûle d'atteindre à une plus grande gloire et à une plus haute science[2]. » C'est à Nurnberg, petite ville à la fois très allemande et très vivante, qu'il va chercher fortune. Là, il fait au bout de quelque temps la rencontre du Baron de Boinebourg, ancien premier conseiller de l'Électeur de Mayence, qu'une intrigue de cour a fait tomber en disgrâce, mais homme de haute valeur et qui connaît à fond l'Europe politique de son temps. Le vieux diplomate ne tarde pas à discerner les qualités exceptionnelles de ce jeune homme et le prend comme secrétaire afin de l'avoir comme collaborateur.

Voilà donc l'étudiant de Leipzig sur une voie toute nouvelle, jeté en pleine diplomatie, au moment où la puissance de Louis XIV s'affermissait de jour en jour; où l'Allemagne au contraire, morcelée en une infinité de seigneuries et de principautés, s'affaiblissait dans une suite interminable de querelles intestines et perdait jusqu'au souci de tout intérêt général.

La tâche de Leibniz est multiple et, par certains côtés, ne fait que continuer sa vie antérieure. Sur le conseil de Boinebourg, il publie sa *Défense de la Trinité*[3], sa *Confession de la nature contre les Athées*[4], la *Préface à Nizolius*[5]. En même temps, il entasse des notes *sur l'Eucharistie et la Résurrection*[6] et poursuit l'œuvre juridique commencée à Leipzig,

---

1. Gerh., *Math.*, IV, 482 (*L. à Tschirnhaus*, 1678 ou 1679).
2. Gerh., I, 40.
3. Gerh., *Phil.*, IV, 111-125 (1666 ou 1668).
4. *Ibid.*, 105-110 (1668).
5. Erd., 55-71 (1670).
6. Baruzi, *Org.*, 207-209.

dont l'idée directrice est de remonter aux « éléments simples » pour obtenir l'ordre, la clarté et la brièveté[1].

Mais, d'autre part, Leibniz se voit décidément aux prises avec un ordre de questions très différentes et qui le mettent de plus en plus en contact avec la réalité des choses.

En 1669, il intervient, sous le couvert d'un pseudonyme, à propos de l'*Élection du roi de Pologne* et s'efforce d'établir par le calcul des probabilités quel est le candidat dont le choix présente le plus d'avantages[2]. L'année suivante, il s'agit de montrer quelle conduite doit prendre l'Allemagne, pour se défendre contre les dangers qui la menacent, surtout du côté de la France; et il écrit sur ce sujet complexe ses *Réflexions sur la sécurité publique*[3]. C'est toute l'Europe, maintenant, dont il s'agit de démêler l'écheveau politique. L'esprit, les mœurs, les forces et les intérêts de chacun des États qui la composent : autant de questions embrouillées et mobiles où la supériorité revient à ceux qui voient juste et loin. Heureusement, Leibniz a Boinebourg à ses côtés pour l'aider de ses informations, de ses documents, de ses notes et surtout de sa haute compétence. Ce n'est pas que Leibniz ait beaucoup parlé de ce précieux et perpétuel concours. Il semble préoccupé surtout de faire ressortir l'habileté de son initiative personnelle. « Je l'ai composée en trois jours, dit-il à propos de la première partie *De la sécurité*, les 6, 7 et 8 août, en présence de Boinebourg[4]. » Il est encore celui qui se vantait naïvement d'avoir écrit, tout jeune, trois cents vers latins en un seul jour, « et sans élision[5] ».

Mais cette activité politique est à la veille de s'exercer sur un plus grand théâtre et plus central. Louis XIV menace de déclarer la guerre à la Hollande. Il s'agit, pour la cour de Mayence, d'empêcher ce dessein qui pourrait être funeste à

1. V. plus bas, p. 322-326.
2. V. *Ibid.*, 324-326.
3. Klopp, I. 193-327.
4. *Ibid.*, 193.
5. F. Cah., II, 381-382. — Pour préciser les rapports de Leibniz avec Boinebourg, il faudrait connaître les archives familiales du comte de Schönborn, connues sous le nom d'*Archives de Wiesentheid* (à Heidelberg); il serait utile également de fouiller les archives du *fonds de Mayence* au Ministère des *Affaires étrangères*.

l'Allemagne tout entière. Leibniz, d'accord par ailleurs avec Boinebourg, a trouvé un dérivatif qu'il faudrait soumettre au roi. Il est choisi pour aller le faire valoir à Versailles[1]; et vive est la joie qu'il en éprouve. Enfin, il va connaître la grande cité : il sera mis en contact avec les gloires dont elle s'honore; en même temps, il aura l'occasion de plaider en bonne place pour une idée qu'il nourrit déjà depuis quatre ans, depuis la publication de « l'art combinatoire », celle de travailler à la réunion de tous les hommes de « bonne volonté » dans une seule et même famille[2].

Les guerres entre chrétiens ne sont pas seulement impies, elles sont ineptes : « vouloir soumettre des nations civilisées, belliqueuses et qui aiment leur indépendance », c'est s'engager dans une voie qui n'a point d'issue; d'autant que l'agresseur finit toujours par avoir tous les autres contre lui. « Le roi très chrétien » est puissant et d'une puissance sans égale. Qu'il sache donc, dans ses entreprises, concilier ses propres intérêts avec l'honneur du Christ et le bien de l'humanité[3]. Ce n'est pas la Hollande du nord, mais bien « celle de l'orient », c'est l'Égypte vers laquelle il doit tourner ses armes déjà si glorieuses. D'une admirable fertilité, cette région ne peut ni du dedans ni du dehors opposer une résistance sérieuse. Et cependant, la conquérir, c'est du même coup ruiner le commerce des Pays-Bas, mieux qu'en les poursuivant à travers leurs chaussées, et à moins de frais; réduire à néant la puissance des Turcs, ces ennemis séculaires et irréductibles du nom chrétien; et se faire de cette terre si heureusement située un centre d'expansion vers l'intérieur de l'Afrique, vers l'Asie orientale, vers la Chine particulièrement, la mystérieuse Chine que son antique civilisation prépare tout naturellement à recevoir les croyances de la chrétienté[4]. Oui, si la sagesse du roi égale

---

1. Combien Leibniz le désirait et comme il se démenait pour avoir satisfaction ! On peut le voir par sa lettre à l'Électeur Jean Frédéric de 1671 (GERH., *Phil.*, I, 63).
2. KLOPP, II, 213 (*De exped. ægypt.*) : « mihi tamen quadriennio abhinc in mentem ex eo venit, quod de summa rerum statuque orbis innoxia curiositate cogitans... »
3. KLOPP, II, 50, 75, 79 (*De prop. ægypt.*, 1670).
4. *Ibid.*, II, 79-80, 83 ; — Cf. plus bas, p. 349.

sa force incomparable, il laissera l'Europe travailler en paix à l'œuvre de son organisation intérieure. L'ennemi à dompter n'est pas là ; l'ennemi, c'est le Turc.

Évidemment de telles idées durent passer à Versailles pour un rêve chimérique. Elles avaient une portée que de simples diplomates, si habiles qu'ils fussent, n'étaient pas faits pour comprendre. La question, pour Louis XIV surtout, ne pouvait prendre cette forme mondiale : lui donner une pareille solution, c'était rompre avec ses calculs habituels et les plus chers. Leibniz ne fut pas même reçu ; autant du moins qu'on le peut conclure[1]. Mais quelle ampleur, et l'on peut ajouter, quelle puissance divinatrice dans l'idée que proposait ce jeune homme de trente ans ! Son insuccès est encore une gloire. La plupart du temps, c'est le sort du génie de n'être pas compris ou de ne l'être que trop tard.

### IV. — PARIS.

Le projet d'Égypte a échoué. Mais Leibniz en garde un autre qui, celui-là, doit réussir pleinement : c'est d'avancer dans les sciences et par là même de travailler d'une manière indirecte soit à la fondation d'une philosophie chrétienne soit au progrès de sa « caractéristique ».

De 1669 à 1670[2], bien que de plus en plus « distrait » par les études que lui indique ou confie le Baron de Boinebourg, il a trouvé le temps de composer la *Nouvelle hypothèse*. Le 14 avril 1671, elle est entre les mains d'Oldenburg qui la communique à l'Académie royale de Londres[3] ; et, tout en y formulant certaines restrictions, les membres de cette illustre société la tiennent pour « très neuve et fort suggestive[4] ».

Arrivé à Paris au mois de mars 1672, Leibniz ne tarde pas

---

1. V., sur ce côté historique de l'affaire, KLOPP, II, 115-126, 131-142 ; consulter les Archives familiales du comte de Schönborn à Heidelberg, et les archives du *Ministère des Affaires étrangères* à Paris, *fonds Mayence*.
2. V. plus bas, p. 168-170.
3. GERH., *Math.*, I, 17.
4. *Ibid.*, 19-24.

à quitter cette capitale qu'il espère bien revoir un peu plus longuement. Il a hâte de visiter l'Angleterre où son « hypothèse physique » l'a déjà fait connaître. Il est à Londres au commencement de 1673[1], suivi de sa machine à calcul qui dépasse celle de Pascal, qui prend une réputation croissante et dont Colbert lui-même ne tardera pas à faire faire un grand « modelle », « pour l'usage de l'Observatoire Royal[2] ».

Le voilà de suite en quête de relations. On le trouve chez Oldenburg avec lequel il est en correspondance depuis longtemps et qui, dès 1670, le tenait déjà pour un grand homme : « Tu vir amplissime » [3]... On le voit chez Boyle; il a l'occasion de s'entretenir avec Newton, Wallis, Gregory, Collins et d'autres sommités encore. C'est dans une visite à Boyle qu'il rencontre le mathématicien Pell et qu'il engage une discussion avec lui sur l'art de sommer les séries à l'aide de leurs différences. Pell objecte que la méthode Leibniz revient à celle dont s'est servi le chanoine Gabriel Mouton dans son étude *Sur les diamètres apparents du Soleil et de la Lune*[4]. Leibniz ne connaissait pas cet ouvrage; il se le procure et montre que son procédé est à la fois différent et plus général.

\*\*\*

Dès les premiers jours de mars, Leibniz est de retour à Paris; et son intention est d'y faire un long séjour. Car c'est là qu'on « trouve les plus habiles hommes du temps, en toutes sortes de sciences[5] ».

Il choisit un domicile sur la rue Garantière et y reçoit ses amis[6]. Il fréquente chez Arnauld où vont aussi Nicole et Saint-Amand[7]; il est admis chez Colbert et devient l'ami du

---

1. Gerh., *Math.*, I, 26.
2. Klopp, III, 273 (*L. à Jean Frédéric*, 21 janv. 1675).
3. Gerh., *Math.*, I, 11 (*Old. à Leib.*, 10 aug.).
4. *Ibid.*, 27-31.
5. Klopp, III, 272 (*L. à Jean Frédéric*, 21 janvier 1675).
6. Klopp, III, 275-276 (*L. à Jean-Frédéric*, 21 janv. 1675); Gerh., *Phil.*, III, 12 (*L. à Huet*, vers 1673).
7. Guhr., I, 118-119.

duc de Chevreuse[1]. Hugens, qui sait distinguer son talent mathématique, l'initie aux vraies méthodes, dirige ses efforts et lui communique les lettres de Pascal[2]. En même temps, Leibniz se lie avec Malebranche : il discute avec lui dans la rue ou dans sa demeure; on le trouve un jour chez un libraire, dissertant avec ce religieux autour d'un exemplaire de la *Recherche de la vérité*[3]. Il fait connaissance avec Huet qui le charge de rédiger une *Biographie* pour le Dauphin; et le personnage qu'il choisit, c'est ce Martianus Capella qu'il cite lui-même dans la *Théodicée* et dont le mérite principal est d'avoir donné l'impulsion décisive à la symbolique médiévale des Arts Libéraux[4]. Il ne manque pas non plus de se ménager ses entrées dans la Compagnie de Jésus, cette puissance du temps : il a connu le P. de la Chaise et le P. Berthet; le P. Pardies est devenu son familier[5].

Pascal! nom glorieux qui exerce sur la pensée de Leibniz un attrait mystérieux et profond : il connaît déjà quelques-uns de ses écrits[6] et s'empresse d'autant plus de se familiariser avec cette grande mémoire. Il la trouve toute vibrante dans le milieu de Port-Royal où l'on ne parle qu'avec enthousiasme de cet ardent défenseur de la religion; il entre en rapport avec Périer, avec le duc de Roannez, le grand ami de l'immortel défunt[7]. Dès le 6 avril 1673, il écrit à Oldenburg qu'il fait des recherches sur les inédits de Pascal et son enquête n'est pas vaine. Deux ans après, il obtient de Périer lui-même les « éléments de géométrie », et un plus tard « les coniques », avec prière de les « lire » et de les « ranger[8] ».

1. Guhr., I, 147.
2. V. plus bas, p. 119-120.
3. Gerh., *Phil.*, I, 321 ; Bar., *Leibniz*, 25, référ. 8.
4. Gerh., *Phil.*, VI, 248 (*Théod.*).
5. Gerh., *Math.*, VI, 81-82 (*Rép. à Fabre*, 1677). V. en particulier, sur P. de la Chaise, Bar. *Leib.*, 220-222 (inédit).
6. V. Bar., *Org.*, 207-208 : les *Pensées* parurent en 1670.
7. Gerh., *Phil.*, III, 195-196 ( . *à Burnett*, 12 févr. 1769). Dès 1671, Leib. parle de Pascal dans son *De resurrect.*
8. Gerh., *Math.*, I, 41, 70, 74, 80 (*Corresp. avec Old.*); *Ibid.*, II, 259 (*L. à L'Hospital*, 27 nov. 1694); *Ibid.*, III, 67, 72-73 (*Corresp. avec Jac. Bernoulli*, 1703); Gerh., *Phil.*, III, 612-613 (*L. à Remond*, 14 mars 1714).; — Cf. Couturat, *Op.*, 98, 124, 181, 220, 575, 589; — Bar., *Org.*, 224 (*Méd. théol.* : commentaire des deux infinis de Pascal); V. plus bas, p. 130-131.

Ce n'est pas assez pour Leibniz de fréquenter les savants
ni de s'intéresser à leur mémoire. Chez lui, la spéculation et
l'expérience sont toujours allées de pair : il veut raisonner
en géomètre et regarder en homme. Dès que le loisir lui
en est donné, il passe aux questions pratiques. On le trouve
avec les ouvriers dans les manufactures [1]; il écrit des notes
d'économie politique [2]; il trace des projets relatifs aux travaux des mines [3]; il s'enferme dans les bibliothèques
pour y faire des recherches historiques [4]. C'est avec toutes
ses pièces à la fois qu'il travaille sans relâche à reculer les
frontières de l'ignorance.

.·.

Les sciences : voilà surtout ce que Leibniz veut apprendre
pendant sa résidence à Paris [5]. Mais il ne s'y passionne pas à
la manière d'un Grec qui se borne au plaisir de la contemplation; il ne les étudie pas non plus avec l'attention myope
d'un vulgaire praticien qui ne vise qu'au profit immédiat.
Il a des préoccupations d'ordre religieux et moral; et c'est
là que réside le « muscle » invisible de sa prodigieuse activité.

Un soir, au Faubourg Saint-Marceau, Leibniz se trouvait
chez Arnauld, avec Nicole, Saint-Amand et d'autres Jansénistes. Comme on parlait de piété, il prit tout à coup la
parole et formula la prière suivante : « O unique, éternel,
tout-puissant, omniscient et omniprésent : toi seul es Dieu,
le Dieu véridique et dont la domination n'a pas de bornes;
moi, ta pauvre créature, je crois en toi, j'espère en toi, je
t'aime par-dessus toutes choses, je te prie, je te loue, je te
remercie et me donne à toi. Pardonne-moi mes péchés et
donne-moi, comme à tous les hommes, ce qui, d'après ta

---

1. Klopp, III, 227-228 (*L. à Habbeus de Lichtenstern*, avr. 1673).
2. *Ibid.*, 78-79 (*Mala Franciæ*).
3. Bar., *Leib.*, 24, note 4 (*Corresp. avec Knafft*).
4. *Ibid.*, 25, note 1 (*Lettre à la Comtesse de Kielmannssegge*); Klopp, III, 229 (*L. à Habbeus*, avr. 1673).
5. V. plus bas, p. 179-180, la liste des productions mathématiques données par Leibniz à cette époque.

volonté présente, est utile pour notre bien temporel comme pour notre bien éternel ; et préserve-nous de tout mal [1]. »

Grande fut la surprise de cette société dont la doctrine consistait à restreindre les largesses de Dieu. Mais Leibniz parlait du fond de son âme : il traduisait en quelques mots cette « religion de l'amour » pour laquelle les cloisons liturgiques et les barrières dogmatiques ne comptent pas, qui devait, à son sens, grouper un jour tous les hommes et dont l'établissement faisait le but perpétuel de ses pensées.

Aussi peut-on voir qu'il ne se laisse entièrement détourner de la philosophie ni par l'intensité de ses études mathématiques ni par les paperasses sans nombre dont l'accable le baron de Boinebourg. Non content de discuter de métaphysique avec le P. Malebranche, il lui écrit pour préciser les difficultés que la conversation a fait naître [2]. Il trouve le temps de composer un « dialogue en latin sur la liberté » « qu'il fait voir à Mons. Arnauld [3] ». On le presse de toutes parts de donner ses « éléments de philosophie » ; et il aspire au moment où les circonstances lui permettront de penser d'une manière plus continue à cette œuvre qu'il tient pour capitale [4]. En revenant de Londres en Hollande vers la fin de l'année 1676, il compose sur le bateau son « Pacidius Philalethi », qui contient à peu près tous les principes de sa philosophie ; et l'on a trouvé des fragments de la même époque qui gravitent autour de cette œuvre comme centre [5]. À la doctrine qu'il voulait implanter, Leibniz travaillait toujours et partout. Aussi se garde-t-il bien d'aller tout droit, comme une flèche, s'enfoncer dans la solitude de Hanovre. L'occasion se présente de voir Spinoza ; il ne manque pas d'en profiter, pour mettre ses méditations métaphysiques à l'épreuve d'une intelligence si puissante et si exercée. On parle de politique, dans cette entrevue ; on y parle de sciences, mais ce ne sont là que des entrées en matière. On

---

1. Gerh., I, 118.
2. Gerh., Phil., I, 321 (L. à Malebranche, 1674 ou 1675).
3. V. plus bas, p. 180, note 2.
4. Gerh., Phil., I, 67 (L. à l'Électeur Jean Frédéric, 26 mars 1673).
5. V. plus bas, p. 180-182.

ne tarde pas d'en venir au sujet principal, qui est la philosophie. Leibniz essaie de montrer à Spinoza qu'il ne suffit pas d'affirmer l'existence de l'Infini, mais qu'auparavant il faut démontrer que le concept qui en est donné n'enveloppe aucune contradiction. Nier l'Infini ! Mais c'est « absurde », disait le penseur Juif. Le jeune savant essaie de faire voir que cette conclusion est trop hâtive[1].

On a des preuves plus directes et plus formelles encore de la pensée de fond qui dirigeait Leibniz dans ses recherches scientifiques. A cet égard, il s'est prononcé lui-même à plusieurs reprises.

Dans un fragment dont la date précise n'est pas donnée, Leibniz dit avoir fait « connaissance avec une personne de la religion, dont le mérite estait reconnu généralement ». Il n'y a dans ce récit qu'une fiction : cette « personne de la religion », c'est Leibniz lui-même. Or voici l'une des réponses qu'il obtient de cette sorte de sosie imaginaire. « Je le surpris un jour, dit Leibniz, en lisant des livres de controverse, je luy tesmoignay mon estonnement, car on me l'avait fait passer pour un mathématicien de profession, parce qu'il n'avait presque fait autre chose à Paris. Ce fut alors qu'il me dit qu'on se trompait fort, qu'il avait bien d'autres veues, et que ses méditations principales estaient sur la théologie, qu'il s'estait appliqué aux mathématiques comme à la scholastique, c'est-à-dire seulement pour la perfection de son esprit, et pour apprendre l'art d'inventer et de desmontrer, qu'il croyait d'y estre allé à présent aussi loin qu'aucun autre[2] ».

On retrouve la même idée dans une lettre au duc Jean Frédéric où il s'agit d'un projet d'accord que les protestants pourraient soumettre aux catholiques, en vue d'obtenir la réunion. « Je veux... donner auparavant au public mes decouvertes dans l'analyse, dans la géometrie et dans les mecaniques, et j'ose dire d'en avoir qui ne doivent pas ceder à celles que nous ont données Galilei et Des Cartes. Et par là on jugera si je sçay ce que c'est que d'inventer et de demons-

---

1. V. plus bas, p. 182-184.
2. Klopp, IV, 454.

trer. Je n'ay donc pas estudié les sciences mathematiques pour elles-mêmes, mais afin d'en faire un jour un bon usage pour me donner du crédit, en avançant la piété[1]. »

En 1697, dans une lettre à Burnett, et par suite dans un écrit où la perfide diplomatie n'a plus rien à faire, Leibniz s'exprime encore en termes analogues. Il rappelle une de ses conversations avec le Duc de Roannez, où l'on parlait de l'apologétique de Pascal et de l'autorité que ses découvertes scientifiques avaient donnée à sa défense du Christianisme. Et, à l'occasion de ce trait, Leibniz fait observer que l'œuvre où Pascal « s'estait adonné » « vers la fin », il la poursuit lui-même depuis sa jeunesse et sans relâche. « Les belles productions de M. Pascal dans les sciences les plus profondes devaient donner du poids aux pensées qu'il promettait sur la vérité du Christianisme. J'oserais dire que ce que j'ay eu le bonheur de découvrir dans les mêmes sciences ne ferait point de tort à des meditations que j'ay encore sur la religion, d'autant que mes meditations sont le fruit d'une application bien plus grande et bien plus longue que celle que M. Pascal avait donnée à ces matières relevées de Théologie, outre qu'il avait l'esprit plein des préjugés du parti de Rome, comme ses pensées posthumes le font connoistre et qu'il n'avait pas étudié l'Histoire ny la jurisprudence avec autant de soin que j'ay fait. Il est vrai que son genie extraordinaire suppleoit à tout, mais souvent l'application et l'information est aussi nécessaire que le genie. Enfin si Dieu me donne encor pour quelque temps de la santé et de la vie, j'espere qu'il me donnera aussi assez de loisir et de liberté d'esprit pour m'acquitter de mes vœux, faits il y a plus de trente ans, pour contribuer à la piété et à l'instruction publique sur la matière la plus importante de toutes[2]. »

Ces vœux « d'il y a trente ans » nous reportent à l'apparition de « la combinatoire ». Depuis cette date, Leibniz a donc toujours poursuivi la réalisation de la même idée, celle qui fait le fond de cette œuvre de jeunesse. Même pendant cette période d'enthousiasme scientifique qu'il passe à Paris, c'est encore

---

1. Klopp, IV, 444; Cf. *Ibid.*, 445, 450.
2. Gerh., *Phil.*, III, 195-197.

cela qui le meut et le dirige. S'il s'est familiarisé avec les mathématiques, c'est principalement pour apprendre l'art d'inventer et de démontrer ; et, s'il veut apprendre cet art, c'est avant tout pour établir une doctrine religieuse et morale qui se déroule comme une série de théorèmes, qui soit une « algèbre de la pensée humaine [1] ».

## V. — HANOVRE.

Vers la fin de décembre 1676, Leibniz arrive à Hanovre. Le Duc Jean Frédéric l'attendait depuis longtemps déjà. Dès l'année 1669, il avait manifesté le désir d'attacher à sa cour cet ingénieux et brillant esprit. Le Baron de Boinebourg s'y était refusé, « (le) voulant encor retenir auprès de luy, ayant des visées pour Vienne [2] ». Mais le Duc Électeur, comme en témoignent ses lettres, n'avait pas renoncé à son dessein [3] : il lui était enfin donné de le voir aboutir.

A son arrivée, Leibniz ressent un cruel resserrement de cœur. Lui qui causait encore il y a quelques semaines avec Arnauld, Malebranche, Huyghens ; lui que les plus grands hommes du siècle ont accueilli comme l'un des leurs et qui se sentait de leur famille : le voilà contraint maintenant de s'ensevelir dans une petite ville ducale, perdu dans une plaine, éloigné de tous ces grands centres où la vie en s'organisant produit le génie et la gloire ! cet isolement, pour lui, est une sorte de réclusion, et d'autant plus dure que pour le moment il ne voit aucun moyen d'en sortir. Ce sentiment d'ailleurs ne s'effacera pas avec les années ; il ne fera même que grandir, au fur et à mesure que l'expérience révélera d'une manière plus vive les inconvénients de la solitude. « On est heureux, dit-il à L'Hospital vers 1693, on est heureux dans une grande ville, où l'on trouve des amis de toute façon, dont les assistances et concours à un même dessein soulagent merveilleusement. J'ay souvent souhaité un jeune homme

---

1. V. sur ce point KLOPP, IV, 445-450 (*L. au Duc Jean Frédéric*).
2. KLOPP, V, 59 (*L. au Duc Ern. Aug. de Bronsvic-Lunebourg*).
3. *Ibid.*, III, 273-274, 282, 290, 301 (*L. à Jean Frédéric*, 1671-1676).

profond dans l'analyse qui en m'assistant aurait trouvé encor
de quoy se signaler luy même, ce qui lui aurait depuis servi
de recommandation; mais on n'en trouve point de cette
sorte dans ce pays cy, ny dans le voisinage[1]. » Même plainte
en 1694 et auprès du même correspondant : « Plût à Dieu
que je fusse quelques fois avec des personnes qui vous ap-
prochassent quand ce ne serait que de bien loin, car une telle
conversation m'encouragerait et me soulagerait merveilleusement. Mais je ne l'espère gueres, et cela me fera perdre
bien des veues qui seraient peut-estre de quelque usage avec
le temps si des personnes plus pénétrantes que je ne suis,
les approfondissaient un jour et joignaient la beauté de leur
esprit au travail du mien[2]. » Nombreux sont les passages où
Leibniz revient à cette pensée. Il n'était point fait pour ha-
biter une thébaïde. De temps à autre, l'ennui prend le dessus; et sa lamentation recommence.

∵

Mais le Dieu qui « fait tout pour le mieux », a ménagé les
circonstances d'une manière plus heureuse que ne le disent
les apparences extérieures. Au moment même où paraît Leibniz, Hanovre est à la veille de devenir le centre de débats
intellectuels et religieux où le jeune philosophe pourra travailler au succès de quelques-unes de ses idées les plus in-
times et les plus chères. Par là, son présent ne rompra pas
avec son passé; il ne fera que continuer, sous un aspect nouveau, le plan d'une seule et même vie, toujours différente et
toujours identique : c'est encore à la manière d'une monade
que la pensée de Leibniz va se développer.

Depuis l'année 1661, Christophe de Rojas, de la famille
des Spinola, travaillait à provoquer un rapprochement catho-
lico-protestant. En 1675, on décidait à Vienne de recueillir
les déclarations des théologiens protestants. Rojas, chargé
de cette mission, vient en Saxe, puis à Hanovre. En 1678,

---

1. GERH., *Math.*, II, 228.
2. *Ibid.*, 258 (27 nov. 1694); Cf. *Ibid.*, 219, 263; Cf. *Ibid.*, *Phil.*, III, 175 (*L. à Burnett*, mars 1696).

Jean Frédéric dirige officiellement le projet; et son rôle est approuvé par le pape Innocent XI.

Pendant ce temps-là, les universités allemandes se remuent, celle de Helmstadt à leur tête. Son maître le plus célèbre, Calixtus, avait eu l'idée de dégager de la tradition les dogmes communs à toutes les églises, et, pour découvrir cette base d'entente, de remonter aux premiers siècles du christianisme. C'est cette espèce de « syncrétisme » qui doit prévaloir : peu à peu, il prend le dessus dans la plupart des universités et crée pour les esprits une sorte d'ambiance intellectuelle.

A Hanovre même, la tentative de réunion est officiellement représentée, du côté des protestants, par Molanus, abbé de Lokum, esprit solide et cultivé; du côté des catholiques, par Sténon, vicaire apostolique, savant hardi, mais théologien inexpert et timide. En droit, Leibniz n'a que le rôle effacé d'un secrétaire. Mais il ne tient qu'à lui de faire prévaloir son autorité intellectuelle, cette supériorité de nature à laquelle on ne résiste jamais complètement.

Le voilà donc à même de concourir au triomphe de l'une de ses idées dominantes. Rendre à l'Église son unité constitutive, créer un point de suture entre les fragments plus ou moins hostiles qu'elle présente depuis la Réforme, en faire un seul principe de civilisation au profit du reste de l'humanité : c'était l'une des principales idées du « projet d'Égypte ». Cette idée se présente à nouveau, bien que sous un autre jour; Leibniz saisit avec empressement l'occasion qui se produit de militer en sa faveur. Sans doute, il appellera du nom dédaigneux de « distractions » les travaux sans nombre qu'elle lui vaudra. Mais ce n'est là qu'un terme de diplomate. Au fond, l'affaire lui semble capitale; et c'est comme telle qu'il va la traiter.

Leibniz est chargé de la correspondance. Elle est énorme. Il s'agit d'entrer en rapport avec tous les personnages qui peuvent exercer quelque influence [1]. L'habile secrétaire use largement de sa fonction, pour préparer en son sens la solu-

---

1. KLOPP, IV, 380-381 (*L. au Duc Jean Frédéric*, janv. 1677).

tion du problème délicat et complexe qui se pose : il débarrasse la question des accessoires religieux ou politiques qui s'y mêlent, en fait saillir les traits essentiels et les précise de plus en plus au contact des difficultés.

Il songe d'ailleurs aux moyens de définir le thème sur lequel doit discuter la réunion future. A ce sujet, il écrit toute une série de lettres au duc Jean Frédéric[1]. Et voici, après long examen, le procédé qui lui semble le meilleur : « Un homme méditatif, qui n'est pas éloigné de la réunion, devrait écrire une *exposition de la foi* qui donnerait un peu plus de détails que celle de Mʳ de Condom... L'auteur y dissimulerait son nom aussi bien que son parti... il chercherait à fonder son jugement sur l'autorité de quelques savants hommes de l'Église romaine. Mais, en constatant leur avis, il ne poserait point la question de savoir s'il est d'accord avec eux ; il demanderait simplement si cette doctrine peut être tolérée dans l'Église[2]. »

C'est sûrement à cette idée que se rapporte le *système théologique* où l'on a cru voir, au premier abord, la confession personnelle de Leibniz[3]. Détaché de son milieu et pris en lui-même, ce petit traité a pu donner l'impression d'une œuvre purement dogmatique, du moins à ceux qui n'étaient pas encore assez familiers avec la manière de Leibniz. On voit maintenant que c'est tout simplement un essai diplomatique, destiné à présenter le maximum de concessions qu'un protestant pouvait faire à l'Église romaine.

En même temps, Leibniz élabore une idée de fond, qui touche à l'essence même du catholicisme et peut exercer un grand rôle dans l'œuvre de la réconciliation commune. La question est de savoir si le souverain amour de Dieu ne suffit pas à nous constituer membres de la véritable Église,

---

1. Klopp, IV, 429-457. Les *Archives* de Hanovre sont d'ailleurs pleines de fragments qui se rapportent à la même idée.
2. Guhr., II, 31; Rommel, II, 28 (*L. au Landgr. Ernst.*, mars 1684).
3. V. F. Car., I, p. 459-469. — Le titre de « système théologique » n'est pas de Leibniz. Le manuscrit fut trouvé en 1839, par Mgʳ Lacroix, à Sᵗ-Louis-des-Français et publié en 1844. En 1870, Albert de Broglie fit la traduction de l'ouvrage, en le présentant comme la pensée secrète et personnelle de Leibniz : ce qui était une erreur.

et de telle sorte que rien au monde ne puisse nous en séparer aussi longtemps que nous avons ce sentiment. Les fidèles de la confession d'Augsbourg admettent l'affirmative[1]; et les catholiques eux-mêmes, peut-être sans le bien savoir, sont aussi de cette opinion, puisque, « selon leurs principes, non seulement les Protestans mais encore les Payens se peuvent sauver[2] ». Il y a donc une église intérieure, une église des âmes et d'où l'autre n'a pas le droit de nous expulser au nom de ses propres sentences; car il serait absurde qu'un homme de bonne foi fût contraint du dehors à penser ce qu'il considère encore comme inadmissible[3]. Dès lors, la notion de la véritable église se transforme et s'élargit. Le trait distinctif de la catholicité n'est pas l'adhésion à tel ou tel dogme; c'est la charité. Les barrières doctrinales s'écroulent; il n'y a plus d'obstacle nulle part à l'universelle communion des âmes dans le bien[4].

Mais, tandis que Leibniz se dépense lui-même à tant d'ingénieux efforts, les événements se développent et se précisent. En 1683, Bossuet intervient sur le désir de la duchesse de Hanovre[5]; il demande ce que veulent au juste les protestants. Et, leurs conditions une fois connues par l'intermédiaire de Molanus, voici la réplique à laquelle il aboutit.

Vous soutenez qu'il y a une église de la « bonne volonté ». Je réponds que cette bonne volonté cesse le jour où l'on refuse d'admettre une proposition dûment définie.

Vous soutenez que l'infaillibilité des conciles œcuméniques se borne aux « vérités nécessaires ». Je réponds que les conciles œcuméniques se fixent à eux-mêmes leurs propres limites.

Vous vous en prenez à la légitimité du concile de Trente. Je soutiens, et preuves en main, que Trente, au point de vue

---

1. F. Car., II, 79-80.
2. Gerh., *Math.*, II, 147 (*L. à Hugens*, 16/26 sept. 1692).
3. Klopp, IV, 442 (*L. au Duc Jean Frédéric*, de 1677 à 1679).
4. C'est ce que Leibniz se plaisait à soutenir contre le conciliant et superficiel Pélisson (V. Gerh., *Math.*, II, 147; F. Car., I, 66-221 (*Corresp. entre Mad. de Brinon, Leibn. et Pelisson*, 1690-1691); c'est également ce qu'il essaiera de faire entendre à Bossuet. V. sur ce point, p. 337-344.
5. Klopp, VII, 133-134 (*Boss. à Leib.*, 22 aoust).

doctrinal, vient sur le même plan que les autres assemblées générales de l'Église, qu'on n'a pas plus le droit de le discuter que Nicée ou Chalcédoine.

Telle est la solution de l'évêque de Meaux [1]. Elle n'est pas tortueuse, comme celle du philosophe diplomate ; on n'y cherche pas non plus à concilier les contraires, sous prétexte qu'à la limite ils ne font qu'un. Bossuet la formule dès l'abord avec une imposante fermeté et la maintient jusqu'au bout sans y mêler aucune variante. Puis, lorsqu'il a vu pour de bon que ses adversaires n'ont aucune envie de s'y rendre, il s'enveloppe de son manteau et leur jette ces paroles tragiques : « Laissez-nous donc en place comme vous nous y avez trouvés, et ne forcez pas tout le monde à varier ni à mettre tout en dispute ; laissez sur la terre quelques chrétiens qui ne rendent pas impossibles les décisions inviolables sur les questions de la foi, qui osent assurer la religion, et attendre de Jésus-Christ, selon sa parole, une assistance infaillible sur ces matières. C'est là l'unique espérance du christianisme [2]. »

C'en est fait de la réconciliation du protestantisme avec l'Église dite « catholique ».

Mais Leibniz n'abandonne pas son projet, qui est de faire de la chrétienté le noyau central et nourricier de l'humanité future. Il se rabat sur les églises protestantes qui de fait ont toujours eu ses préférences et s'efforce de les réunir. Il y a travaillé déjà, et même durant ses controverses avec Bossuet [3] ; cette œuvre sera désormais l'unique objet de ses efforts.

Puisque l'Église romaine rejette décidément le primat de la raison, puisqu'elle s'obstine à garder ses « pratiques ridicules », il n'y a qu'à la laisser s'enliser de plus ne plus dans la mare des superstitions. Là n'est pas la lumière ; là n'est pas l'espérance ; là ne réside pas ce principe de progrès dans l'harmonie dont l'homme a besoin et qu'il appelle de

---

1. Klopp, VII, 134-137 (*Boss. à Madame de Brinon*, 29 sept. 1692) ; Cf. *Ibid.*, 168-334 ; V. pour les détails, p. 337-344.
2. F. Car., II, 393 (*Boss. à Leib.*, 12 août 1701).
3. Gerh., *Math.*, IV, 28, 80 (*L. à Wallis*, du 28 mai 1697 à 1700).

toutes les forces de son être. Il faut grouper les Églises du nord, celles de l'Allemagne, de la Suède et de l'Angleterre, apaiser avec soin les litiges qui les séparent et leur montrer que, sous les divergences théologiques ou politiques, elles n'ont qu'un intérêt commun, celui de se solidariser entre elles[1]. Ainsi se formera peu à peu ce foyer de lumière et d'activité qui doit produire dans les autres parties de la famille humaine l'étincelle provocatrice.

De là provient la haine croissante que Leibniz professe envers Louis XIV, à partir de la guerre de Hollande. Il ne veut ni de la monarchie absolue qu'incarne le « roi très chrétien » ni du catholicisme momifié et momifiant que ce grand prince symbolise aux yeux du monde. Car d'un côté comme de l'autre, c'est la mort de la liberté, par là même du progrès; et le malheur irait à son comble, si ces deux principes de direction venaient à marcher de pair. Il faut donc que l'Allemagne vive et concentre autour d'elle toutes les énergies protestantes. Là seulement se discerne un rayon d'espoir; là se trouve l'unique moyen d'obtenir une chrétienté qui ait assez de lumière, de force et d'initiative pour tirer de son sommeil le reste du genre humain.

Aussi voyez avec quelle puissance de conviction et quelle fréquence il s'élève contre les conquêtes de Louis XIV. Il proteste contre le traité de Nimègue et les spoliations qui l'ont suivi « contre la foy tout fraichement donnée [2] »; il proteste à nouveau contre le traité de Ryswick[3]; il intrigue, pendant la guerre de Succession, afin d'obtenir que l'Europe prenne enfin conscience du danger et se coalise contre les armées du roi[4]. Et partout, c'est le même cri d'alarme qui se fait entendre : si l'on n'agit pas, c'est fini de la liberté politique, fini de la liberté religieuse; car il y va du salut

---

1. Bar., *Leib.*, 204-209 (divers *inédits*); — Cf. Gerh., *Phil.*, VI, 3, note (*Théod.*) : « C'est pour aider à l'unité », non des églises et de Rome, mais « des églises protestantes, zu beförderung der einigkeit der protestirenden Kirchen », que Leibniz a écrit sa *Théodicée*.
2. Klopp, V, 235 (*Mars Christian.*); *Ibid.*, VI, 164-165.
3. *Ibid.*, VI, 162, 171, 187-242.
4. *Ibid.*, IX, 38 (*L. à Mylord Roxborough, pair d'Écosse*, sept. 1703); *Ibid.*, 51-61 (*Fruits de la campagne de l'an 1703*). Cf. *Ibid.*, 66-67.

de la religion protestante, qui reste seule à représenter ces deux principes de rédemption. Il se plaint, dans son « Mars très chrétien », de l'assoupissement où l'Allemagne est tombée. « Qu'est-ce que la liberté germanique, dit-il avec ironie, sinon une licence de grenouilles, qui criaillent et sautent çà et là, auxquelles il faut une cigogne, puisque cette pièce de bois flottant qui faisait tant de bruit en tombant, ne leur est plus formidable¹? » En 1698, il fait remarquer à M<sup>lle</sup> Scudéry que les guerres de Louis XIV peuvent bien « faire connaître sa grandeur et sa prudence »; mais qu'il ne sçaurait les « louer en elles-mêmes », « ny comme Allemand, ny comme citoyen de l'univers² ». Le 3 décembre 1703, il presse l'Électrice Sophie d'user de toute son influence; car « le danger pour la liberté publique, pour la patrie, pour la religion estant extrême, il n'y a plus rien à ménager³ ». Et nous ne citons ici que quelques-uns des nombreux passages où Leibniz exhale l'antipathie et les craintes que lui inspire l'humeur belliqueuse du « grand roy ».

Ce n'est pas que son patriotisme soit entaché de chauvinisme, comme certaines préfaces de l'édition de Klopp pourraient le faire croire. Entendre ainsi la pensée de Leibniz, c'est la rabaisser. Leibniz aime son pays; mais par delà son pays, il voit le bien de la chrétienté; et par delà le bien de la chrétienté, celui de l'humanité tout entière. Il est d'abord « un citoyen du ciel », un membre de la « cité de Dieu ».

« Mes controverses avec Pélisson et l'évêque de Meaux, dit Leibniz lui-même, suffiraient à faire une série de volumes. » Il lui faut, en même temps, « travailler à l'histoire des Brunsvic », disserter sur « les droits et gestes de nos princes », assister à diverses assemblées politiques. C'est une nécessité du milieu. Mais surtout, et par une suite naturelle de son accroissement d'influence, il a une correspondance

---

1. Klopp, V, 225.
2. Ibid., VI, 180
3. Klopp, IX, 53.

écrasante : savants, philosophes, théologiens et controversistes, Pontifes et chefs d'État, tout le monde, semble-t-il, s'accorde à lui disputer son temps[1]. « Je crois, écrit-il un jour à L'Hospital, d'avoir plus de 30 lettres qui attendent réponse où il faut tousjours quelque autre chose que des complimens[2]. »

Quel terrible ensemble de « distractions » ! L'Hospital en exprime ses regrets. « Il y a longtemps, dit-il, que je sçais que vous êtes universel, la théologie, l'histoire, les droits des princes, la recherche des mines, etc. sont votre occupation ordinaire et à peine avez-vous quelques momens pour les employer aux mathématiques et à la physique ; cependant les grandes découvertes que vous y avez faites et que vous y faites encore tous les jours font assez connoistre de quoi vous êtes capable en ce genre, et on ne sauroit trop se plaindre de ce que vous avez si peu de loisir à y penser[3]. » *Queste canzoni politiche!* s'écrie de son côté l'austère Hugens ; « Je souffre mesme avec peine qu'un esprit comme le vostre y emploie du temps[4]. »

Et ces remarques ont sans doute leur raison d'être. Comme l'observe Bossuet lui-même, Leibniz remuait trop de choses. Mais de telles plaintes montrent aussi que leur auteur ne connaissait à fond ni l'ampleur du génie de Leibniz ni sa merveilleuse puissance de travail.

Tout en faisant face à tant de besognes diverses et complexes, Leibniz trouve encore le temps de pousser une infinité d'autres questions. Il médite sur « l'analyse du site » ; il s'occupe de physique, de chimie et de médecine ; la métaphysique reste un domaine de faveur, où sa pensée continue à s'exercer et se traduit sans cesse par quelques « fulgurations » nouvelles. La « caractéristique » elle-même n'est pas oubliée. Bien plus, on peut dire qu'il l'a toujours en perspective[5]. C'est que le grand dessein de 1666 garde toujours le même

---

1. Gerh., *Math.*, III, 317 (*L. à Joh. Bernoulli*, 28 déc. 1896).
2. *Ibid.*, *Math.*, II, 227-228 (vers 1693).
3. *Ibid.*, 223-224 (*L'Hospit. à Leib.*, 21 févr. 1693).
4. *Ibid.*, 162-163 (*Hugens à Leib.*, 17 sept. 1693).
5. *Ibid.*, 228-229 (*L. à L'Hospital*, vers 1693); *Ibid.*, III, 348-349 (*L. à Joh. Bern.*, 28 déc. 1696).

empire sur sa pensée : il s'agit de promouvoir la science, de fonder une doctrine théologico-philosophique mathématiquement rigoureuse et d'instituer une langue universelle qui soit impeccable comme celle de l'algèbre.

Une doctrine théologico-philosophique, c'est une partie de son programme à laquelle Leibniz a travaillé avec une persévérance toute particulière et qui, poussée à son dernier degré de perfection, devait être conforme aux règles de la caractéristique.

Il a mis près d'une vingtaine d'années soit à découvrir, soit à réduire en système les idées que contient le *Discours de métaphysique* et qui renferment déjà toute sa philosophie[1]. Les *Nouveaux Essais* sont également une œuvre de longue haleine. Sans doute, c'est assez rapidement qu'il l'a composée : il l'avoue lui-même. « J'ay fait ces remarques, dit-il, aux heures perdues quand j'estais en voyage, ou à Herenhausen, lorsque la cour y estait logée. » Mais il se hâte d'expliquer cette promptitude d'exécution. C'est que, ajoute-t-il un peu plus bas, c'est que « j'ay tout reglé il y a longtemps sur ces matières de philosophie generale, d'une manière que je crois démonstrative ou peu s'en faut, de sorte que je n'ay presque point besoin de nouvelles Meditations là dessus[2] ». Leibniz tient à cette remarque : il y revient dans une lettre à Lady Masham de l'année 1704[3]; il la formule derechef au début de son livre[4]. Et l'on peut, dans une certaine mesure, en constater la portée. L'*Essai* de Locke parut pour la première fois en 1690[5]. En 1696, Leibniz écrivait à Burnett : « Je trouvay aussi dernièrement un brouillon que j'avais déjà fait copier autresfois, des *remarques que j'avais faites en parcourant l'excellent Essay de M. Lock* sur l'entendement de l'homme; je prends la liberté de vous en envoyer une copie[6]. » D'ailleurs, l'ouvrage du philosophe anglais

---

1. En 1675 ou 1676, Leibniz avait déjà toutes les idées d'où devait sortir le *Discours de métaphysique*, qui était prêt vers fin 1885.
2. Gerh., *Phil.*, III, 474 (*L. à Jaquelot*, 28 avril 1704).
3. *Ibid.*, 342.
4. *Ibid.*, V, 41.
5. V. H. Marion, *Locke, sa vie et son œuvre*, 148, Paris, 1893.
6. Gerh., *Phil.*, III, 176.

ne faisait que préciser l'une des directions dans lesquelles Leibniz se mouvait depuis sa jeunesse. Le phénoménisme, l'empirisme à courte vue et les tendances matérialistes des insulaires : autant de formes de la pensée qui ont toujours offensé et inquiété son grand esprit. Locke lui jette la balle ; il la lui retourne.

Quant à la *Théodicée*, Leibniz y a pensé dès l'âge de seize ans, en méditant dans la bibliothèque de son père sur les ouvrages de controverse qui s'y trouvaient, particulièrement sur le *Serf arbitre* de Luther et les *Dialogues* de Valla. Plus tard, il a « lu non seulement beaucoup de difficultés des nôtres et des réformés »[1] ; mais ensuite il « a pris l'avis en partie des livres des Jésuites et des Arminiens, en partie de ceux des Thomistes et des Jansénistes ». Les ouvrages de Hobbes, les livres de Spinoza, les articles du Dictionnaire de Bayle : autant de productions plus ou moins suggestives dont il s'est rendu compte, au fur et à mesure qu'elles ont paru. Or ce qu'il a conclu de tant de lectures diverses, c'est la nécessité toujours croissante d'introduire une doctrine conciliatrice et qui tienne. Il s'est « promis un beau jour d'écrire une *Théodicée*, et d'y venger la bonté, la sagesse et la justice de Dieu, aussi bien que sa toute-puissance et son inévitable influence ».

Les élégantes conversations de la cour de Prusse n'ont donc été pour cette œuvre de fond qu'une sorte de cause occasionnelle. Leibniz y avait travaillé pendant toute sa vie ; et les circonstances n'ont été que le dernier rayon de soleil qui l'a fait éclore[2].

La *monadologie* présente un autre caractère ; la composition en fut courte et toute circonstancielle. Mais cet élégant et substantiel traité n'est qu'une sorte de résumé de la doctrine répandue dans les œuvres précédentes. On peut le considérer comme le testament philosophique de Leibniz.

D'autre part, et c'est un point qu'il faut bien remarquer, ces œuvres doctrinales ne sont encore, pour l'auteur, que

---

1. C'est-à-dire membres de la confession d'Augsbourg.
2. Gerh., *Phil.*, VI, 43-44 (*Théod.*, 1710) ; Cf. *Ibid.*, 3, note (*L. à Jablonski*, 23 janv. 1700).

des « expositions vulgaires » et par suite des approximations plus ou moins grandes d'une forme plus rigoureuse qu'elles sont appelées à revêtir; la doctrine qu'elles enferment n'aura touché son point de perfection que le jour où elle sera devenue une section de l'algèbre universelle. La chose est clairement formulée dans une lettre à Remond de 1714 : « Si j'avais été moins distrait, ou si j'étais plus jeune, ou assisté de jeunes gens bien disposés, j'espérerais donner une manière de *Spécieuse générale,* où toutes les vérités de raison seraient réduites à une façon de calcul. Ce pourroit être en même tems une manière de Langue où d'Écriture universelle, mais infiniment différente de toutes celles qu'on a projetées jusqu'ici; car les caractères, et les paroles mêmes, y dirigeraient la Raison; et les erreurs, excepté celles de fait, n'y seraient que des erreurs de calcul[1]. » C'est dans le même sens qu'il faut entendre ces paroles que Leibniz écrivait au même correspondant quelques mois seulement avant sa mort : « Après cela, si Dieu me laisse quelque temps de reste, ce sera pour pousser quelques méditations, et pour les pousser jusqu'à la démonstration[2]. »

Leibniz n'a jamais cessé ni de croire à la caractéristique ni d'y travailler.

\*
\* \*

L'œuvre d'unification, ce n'est pas assez d'en fournir la base doctrinale; il faut encore la répandre, puisqu'elle est faite pour tous les hommes de « bonne volonté », c'est-à-dire pour tous ceux que peut éveiller l'étincelle de la vérité et de la charité. Et cet autre aspect du problème, Leibniz ne l'a pas plus négligé que les précédents.

Il n'a pas oublié l'idée qui faisait le point capital de son « Projet d'Égypte ». Il est resté dans la suite à l'affût des événements qui pouvaient la faire valoir.

En 1701, les armes de Charles XII triomphent à Narva.

---

1. Erd., 701ᵃ.
2. Gerh., *Phil.,* III, 673 (27 mars 1716).

Aussitôt Leibniz laisse échapper le souhait qu'il nourrit au fond du cœur : il voudrait que le vainqueur « régnât jusqu'à Moscou et jusqu'au fleuve d'Amour »[1].

Dès 1697, il a deviné qu'en Pierre le Grand quelque chose d'extraordinaire se prépare et il essaie de l'aborder au château de Koppenbruk, bien que le Prince voyage en inconnu. Pendant plus de dix ans, il cherche le moyen de collaborer à son œuvre. Il se met en rapport avec Urbich, avec Le Fort, avec le comte Golofkin. Enfin, il voit le tzar lui-même à plusieurs reprises, à Torgau en 1711, à Karlsbad en 1712, à Herenhausen et à Pyrmont en 1716[2], et compose plusieurs rapports sur l'organisation nationale de la Russie. Écoles pour l'éducation de la jeunesse, bibliothèques, musées, galeries d'antiquités, vivaria, chambres d'expérience, laboratoires de chimie, etc. : autant d'institutions qu'il faudra créer et développer, si l'on veut élever dans ce peuple le niveau de la moralité et de la science. Mais ce que Leibniz désire avant, c'est de « travailler [ainsi] pour le bien-être du genre humain tout entier »; « car, dit-il, je considère le ciel comme ma patrie et les hommes bien nés comme mes compatriotes[3] ». Et ce désir, qui était la « marotte » de Leibniz, revêt dans le cas donné un caractère fort précis : il s'agit cette fois d'ouvrir à l'Europe une voie de terre vers la Chine à travers le Caucase et les régions sibériennes[4].

Mais comment faut-il comprendre la pénétration de l'Orient par l'Occident? Sans doute, elle doit être industrielle et commerciale; il y a toujours un Bacon dans Leibniz. Mais il importe au premier chef qu'elle devienne plus intime et plus profonde; il faut qu'elle soit intellectuelle et morale : c'est la science de l'Europe, c'est la foi de l'Europe, et l'une et l'autre sous la forme de la caractéristique qu'il s'agit de

---

1. Guerrier, *Leib. in seinen beziehungen zu Russland und Peter dem grossen*, p. 491, Petersburg et Leipzig, in-8°, 1873.
2. Gürr., II, 127-128, 214, 270, 272-273, 275, 276.
3. F. Car., VII, 467-479 (*Sur l'organ. de la Russie*, 1708); *Ibid.*, 514-515 (*Projet de lettre à Pierre le Grand*, 16 janv. 1716).
4. *Ibid.*, VII, 485, 514-515; Cf. Gürr., II, 214 : il y aura en Russie des écoles protestantes et qui enverront des missionnaires en Chine.

répandre dans « l'empire des célestes ». On s'en rend compte surtout lorsqu'on étudie la façon dont Leibniz voulait utiliser les congrégations religieuses.

A son sens, il peut y avoir des anachorètes à la manière de saint Antoine. La solitude est un genre de vie qui convient à certains tempéraments; et le respect de la liberté personnelle demande qu'on ne leur fasse pas trop de violence. Mais il est bon de s'arranger de manière à ce que ces vocations étranges ne se multiplient pas indéfiniment[1]. Les cloîtres devraient se partager en deux classes : celle des *contemplatifs,* qui s'appliqueraient à la science; et celle des *actifs,* qui se voueraient à la charité... « Si j'étais Pape, je voudrais distribuer entre les moines les recherches de la vérité, qui servent à la gloire de Dieu, et les œuvres de la charité, qui servent au salut et bien des hommes. Les Bénédictins, Cisteaux et autres semblables bien rentés feraient des recherches dans la nature pour la connaissance des animaux, plantes et minéraux, et ils seraient hospitaliers et feraient des aumônes; ils ont des terres et de quoi faire des expériences et des charités. Les moines mendians, surtout les Franciscains, Capucins et Observants seraient appliqués, nonobstant les canons contraires, à la médecine, chirurgie et au soulagement des pauvres soldats et malades par l'assistance personnelle, ce qu'on trouvera assez conforme à leur génie et institution. Les Dominicains et Jésuites resteraient Lecteurs et Professeurs avec les Carmes et les Augustins, et seraient Prédicateurs et Maîtres d'escole, mais avec quelque réforme pourtant. Ils feraient des recherches pour l'histoire ecclésiastique et profane, et seraient versés dans la lecture des Pères et dans les Humanités... Les Missionnaires... cultiveraient particulièrement les langues orientales et autres... Je vois d'avoir oublié les Chartreux, Anachorètes et autres retirés, qui seraient fort bons pour les sciences abstraites, comme pour l'Algebre, la pure Mathématique, la Métaphysique réelle et la Théologie mystique, sobre et solide, et pour la poésie sacrée qui chanterait à Dieu des

---

1. BAR., *Leib.*, 233 (*L. à Daniel Larroque*, 7 avril 1692).

hymnes d'une beauté admirable[1]. » Convertir les monastères en académies ou en hôpitaux et maisons de bienfaisance : tel a été l'un des rêves de Leibniz; et ce rêve il l'a fait lorsqu'il était encore assez jeune : il l'exprime déjà vers l'année 1678[2]. Il va même un peu plus loin dans ses tendances utilitaristes; il trouve que certains monastères souffrent de l'excès de leur richesse et ne serait pas fâché d'en voir une partie affectée de quelque manière au paiement de certaines fonctions publiques[3]. C'est une idée de notre Révolution Française qui commence de l'autre côté du Rhin en plein XVIIe siècle, très timidement, il est vrai, et avec toute la retenue qu'imposaient les mœurs du temps.

Ainsi pensait Leibniz sur l'utilisation des congrégations religieuses à l'intérieur de la civilisation. Mais tout n'est pas là, pour lui; la question présente un autre aspect, plus important peut-être, et qu'il ne manque pas de dégager.

Les congrégations religieuses sont, pour l'Europe, autant de forces d'expansion, comme le travail des missionnaires l'a bien montré et le montre de plus en plus chaque jour. Ces forces, dont il sent la portée incalculable, Leibniz voudrait qu'on leur donnât une direction plus rationnelle; il faudrait, d'après lui, que l'on prêchât aux Chinois, non point une théorie plus ou moins vague et « entachée de superstitions », mais une doctrine dont les preuves mathématiquement rigoureuses seraient présentées dans une langue de même exactitude. Le vœu de Leibniz est que l'on prêche aux « célestes » en caractéristique.

[Les contemplatifs], dit-il dès l'année 1678, « formeront cette langue admirable » « où tout se réduit au calcul » : « Les missionnaires pourront s'en servir pour la conversion des peuples[4]. » Plus tard, vers 1680, il écrit dans le même sens au landgrave de Hesse : « Je me souviens que je fis

---

1. Rommel, II, 207-209 (*L. au Landgrave Ernst*, 21 avr. 1690).
2. Cout., *Op.*, 3-5. — Cf. sur cette transfiguration monastique : Gerh., *Phil.*, II, 536 (*L. à Nicaise*, 5 juin 1692); *Ibid.*, 539 (*L. au même*, 9/12 janv. 1693); *Ibid.*, 592 (*L. au même*, 6/16 août 1699); *Ibid.*, III, 211 (*L. à Th. Burnett*, 24 aoust 1697) : jugement sur les *Acta sanctorum*.
3. Klopp, IV, 421-424 (*L. au Duc Jean Frédéric*, de 1677 à 1679).
4. Cout., *Op.*, *loc. cit.*

une fois un projet pour monstrer comment un Ordre tel que le leur [il s'agit des Jésuites]... pourrait rendre un très grand service au genre humain, en se portant véritablement à cultiver l'esprit et la volonté de l'homme, par des raisonnements démonstratifs, des expériences curieuses et des découvertes importantes; tournant toujours tout au grand but de la gloire de Dieu; et y joignant une veritable practique de la charité, entre eux, et envers les autres... Je montrai ce projet à quelques Jésuites éclairés et bien intentionnés qui m'avouèrent que l'exécution en serait possible et d'une utilité merveilleuse... J'avais adjouté en même temps le projet d'une nouvelle philosophie qui aurait effacé absolument celle de Des Cartes, qui fait si grand tort aux écoles. Car la philosophie de Des Cartes est encor assez chimérique, quoiqu'elle aye quelque chose de beau. Mais un Ordre comme le leur, qui a tant de grands hommes excellents en toute sorte de sciences, les faisant travailler de concert, *pourrait établir des propositions aussi assurées que celles des éléments d'Euclide*, qui seraient véritablement utiles dans la practique des arts et qui ne périraient jamais[1]. » La caractéristique n'est pas nommée; mais on sent bien qu'il s'agit d'elle.

En août 1697, Leibniz revient encore à la même idée dans sa réponse « aux réflexions de Regis ». A son sens, le vrai moyen d'en finir avec les équivoques et les erreurs du cartésianisme serait de créer une caractéristique[2]. Et qui donc pourrait travailler avec succès à cette œuvre libératrice? Sinon les Pères de la Compagnie de Jésus. Quel malheur, par exemple, que le P. de la Chaise n'ait pas eu « le loisir de s'arrester assez » à l'étude des modernes! « C'est de lui qu'on aurait pu attendre un ouvrage parfait d'une philosophie démonstrative, capable d'effacer les novateurs[3]. »

Mais à qui doit revenir la domination religieuse en Chine? Aux catholiques dont Leibniz admire et utilise l'ardeur propagatrice ou bien aux protestants dont il ne réussit pas à calmer les divisions intestines[4]?

1. ROMMEL, I, 280-283.
2. GERH., *Phil.*, IV, 315.
3. *Ibid.*, 316-317.
4. BAR., *Leib.*, 206-209 (qq. *inédits*).

A son sens, les missionnaires romains ne font qu'ouvrir la porte et préparer les voies : leur rôle ne doit être que provisoire. C'est aux protestants qu'il appartient de conquérir la nouvelle « terre promise » et de s'y implanter pour toujours, ruinant sur leur passage les superstitions des papistes aussi bien que celles des Chinois. Et il entreprend dans ce sens une vraie campagne d'exhortation. Il écrit à Wallis, à Ludolf, à l'évêque de Salisbury; et partout, c'est le même cri d'entraînement : « que les protestants regardent donc enfin à la grande moisson ouverte dans le champ du Seigneur », et qu'ils se mettent à l'œuvre; « leur religion seule contient une doctrine digne de Dieu et les très saintes règles du vrai culte »[1].

La chrétienté d'Europe doit rester aux protestants, donc celle d'Orient n'en peut être que l'extension. En raisonnant ainsi, le philosophe de Hanovre ne fait que suivre la logique de son idée.

L'unité pour toujours et partout, l'unité de la science, l'unité des croyances religieuses et sous le primat de la raison, l'unité de l'écriture et du langage : tel est le rêve de jeunesse qu'a fait Leibniz et qu'il a poursuivi jusqu'au bout de sa longue carrière, le précisant de plus en plus, le ciselant tour à tour sous ses divers aspects et n'en oubliant jamais la conscience intégrale.

L'œuvre est immense et variée à l'infini. Comment et dans quelle mesure l'a-t-il réalisée? L'objet de ce livre sera de le faire voir.

1. Gerh., *Math.*, IV, 28, 80 (*L. à Wallis*, 1697-1700); *Ibid., Phil.*, III, 204 (*L. à Th. Burnett*, 8/18 mai 1697); Bad., *Org.*, 100, référ. 2 (*L. à Morel*, mai 1697); *Ibid.* (*L. à H.-W. Ludolf*, 2 oct. 1697); Klopp, VIII, 105 (*L. à l'évêque Burnet*, 1698?); Guhr., II, 214 : projet d'écoles protestantes en Russie et qui enverront des missionnaires à la Chine. — Cf. Gerh., *Math.*, IV, 39, 75, 79 (*L. à Wallis*, 1697) : il s'agit dans ces passages des *Novissima sinica* de Leibniz; il y prêche également pour une croisade protestante en Chine. — Cf. plus bas, p. 348-350.

# CHAPITRE II

## PRINCIPES DIRECTEURS

I. Identité et raison suffisante. — 1° Il faut tout réduire à l'identité; 2° de l'analyse des identiques; 3° comment au principe d'identité se rattache celui de raison suffisante; 4° domaine de ces deux principes.
II. Causalité. — 1° Domaine de la causalité; 2° équivalence de la cause et de l'effet : différence profonde entre Leibniz et Spinoza; 3° nature du lien causal : *a*) dans le monde physique, *b*) dans le monde des volontés.
III. Finalité. — 1° Comment elle se subordonne la causalité : Leibniz et Descartes; 2° de son utilité pour les découvertes scientifiques, particulièrement en biologie.
IV. Une série de corollaires. — 1° La loi du plus régulier; 2° la loi d'Économie : Leibniz et Malebranche; 3° la loi de continuité : comment elle compénètre toute la pensée de Leibniz, depuis la Mathématique où elle a inspiré le calcul différentiel jusqu'au fondement du Monadisme; 4° le Principe des indiscernables : comment il se rattache à la loi de continuité, ce qu'il signifie, son rapport avec la théorie thomiste de l'individuation.

Conclusion. — Quelques caractères du génie de Leibniz.

Donnez-nous des faits, disent les positivistes de nos jours; il nous faut des faits, il ne nous faut que cela. Le reste vient ensuite, et comme il peut.

Leibniz suit une méthode tout opposée. Il va des principes aux données de l'expérience : il étudie d'abord celles-ci à la lumière de ceux-là et ne s'arrête sur cette voie qu'après avoir cueilli la somme d'idées que l'on y peut découvrir. C'est alors seulement qu'il regarde de plus près. Bien que très soucieux et très respectueux des faits, il n'a recours à la méthode d'observation que pour pénétrer dans le « détail des choses ». Encore n'est-elle pour lui, même dans cette fonction secondaire, qu'une sorte de mineure qui a besoin d'une tutelle : il faut, à son sens, que la raison l'accompagne sans cesse, et pour diriger ses pas et pour suppléer à l'étroitesse de son champ de vision.

Quels sont donc ces principes de la pensée auxquels Leibniz accorde une place à la fois si importante et si contraire aux procédés actuels? C'est là ce qu'il faut expliquer tout d'abord. Autrement, cet exposé risquerait de n'être qu'imparfaitement compris.

### I. — Identité et raison suffisante.

Établir l'universelle intelligibilité des choses : tel était déjà le but de Platon et d'Aristote; tel a été celui de Descartes. Leibniz, à son tour, poursuit le même dessein; et, pour y réussir, il prend la même voie que le philosophe de la Flèche : il essaie de montrer que tout se ramène à l'évidence par quelque endroit.

D'après sa pensée, il n'y a qu'un principe qui soit totalement évident et de soi : il n'y a « qu'un principe primitif »; « celui de l'identicité ou (qui est la même chose) de la contradiction »[1]. A = A : voilà donc le type de vérité auquel il faut réduire tout le reste.

Il existe d'abord des cas d'identité formelle. Telle est, par exemple, la proposition suivante : « un cercle est un cercle »; ou cet autre encore : « un chien est un chien ». Alors la réduction demandée est déjà toute faite. Les propositions de ce genre s'imposent d'elles-mêmes, comme le principe auquel elles se rapportent et dont elles ne sont que des applications expresses. Que le sujet et le prédicat n'y fassent qu'un, « cela s'y peut montrer à l'œil, et donc cela ne s'y peut pas démonstrer[2] ».

Il existe d'autres cas, et le nombre en est infini, où

---

1. Gerh., *Phil.*, V, 15 (*Sur l'Essai de l'ent.*, 1696); Cf. *Ibid.*, 18.
2. Cout., 186. Ces paroles rappellent celles que prononce Pascal à propos des Principes géométriques : « Toutes ces vérités ne peuvent se démontrer...; mais comme la cause qui les rend incapables de démonstration n'est pas leur obscurité, mais au contraire leur extrême évidence, ce manque de preuve n'est pas un défaut, mais plutôt leur perfection » (*De l'Esprit géométrique*, p. 537, éd. Havet).

l'identité du sujet et du prédicat n'apparaît pas au premier abord. C'est ce qui a lieu, par exemple, lorsqu'on dit que 5 fois 7 font 35 ou que le carré de l'hypothénuse est égal à la somme des carrés des deux autres côtés. Et, dans cette seconde espèce d'énonciations, la réduction demandée reste à faire, il est vrai; mais elle est possible. Il suffit, pour la réaliser, de recourir à la démonstration.

On définit d'abord le thème à éclaircir, et à la manière des géomètres, « ces maîtres » dans l'art de la preuve, plutôt qu'à celle des philosophes qui procèdent par genres et espèces. Un objet une fois donné, l'on en considère les réquisits, c'est-à-dire les caractères dont l'ensemble suffit à le distinguer de toute autre chose. On examine ensuite, en pratiquant la même règle, tous les réquisits déjà découverts et « tous les réquisits de chaque réquisit ». Il est impossible que, par cette division méthodique de la difficulté, l'on n'arrive pas à discerner les éléments qu'elle enveloppe et les rapports que présentent ces éléments; il est impossible, en conséquence, que l'identité en vue ne se révèle pas à un moment donné. Si long que soit l'intervalle qui sépare deux termes à réduire au même, il y a toujours un moyen de le franchir peu à peu par une « chaîne de définitions »[1].

On peut observer, sans doute, qu'il « est très difficile de venir à bout de l'analyse des choses »; on peut même se demander si cet épuisement de l'intelligible ne dépasse pas la portée de l'esprit humain. Mais « il n'est pas toujours nécessaire d'achever l'analyse du sujet ou prédicat pour trouver la démonstration » que l'on cherche. « Le plus souvent, le commencement de l'analyse de la chose suffit » à prouver « les vérités dont on a besoin »[2]. Quels que puissent être, par exemple, les éléments ultimes dont se compose l'idée du cercle, je n'en suis pas moins capable, et du fait que je conçois cette figure, de déduire les propriétés qu'elle

---

1. Erd., 674ª-674ᵇ (*De la sagesse*, 1667). Dès cette date, Leibniz exprime déjà très nettement son idée de la démonstration, qui n'est d'ailleurs qu'un développement de son « Art combinatoire »; et, comme on le pourra voir par la suite, il s'y tiendra toujours; — Cf. plus bas, p.76-87.

2. *Ibid.*, 674ᵇ (*Eod. loc.*).

enveloppe. Et comme il est heureux pour la science humaine, qu'il en aille ainsi ! Supposez que, avant de pouvoir formuler une conclusion légitime, il faille d'abord faire une analyse exhaustive des données qui la fondent. Dans ce cas, nous n'aurions jamais eu ni d'Euclide, ni d'Archimède, ni de Pascal ; les sciences n'auraient pas avancé d'une ligne. Car pénétrer une chose à fond, ne serait-ce qu'un atome, c'est faire le voyage de l'infini ; et d'un semblable parcours on ne revient qu'au bout d'une éternité [1].

Il y a un art de réduire à l'identité toutes les propositions légitimement faisables, celles qu'on appelle nécessaires ou de droit, celles aussi qu'on appelle contingentes ou de fait. Car, dans les deux cas, il s'agit également de savoir comment tel attribut fait partie de tel sujet ; et, considérée en soi, cette question est toujours soluble. Supposez qu'il existe une intelligence éternelle et infinie, un esprit qui enveloppe d'un regard immuable tous les contours et toutes les profondeurs des choses. Cet être a vu de tout temps toute la série des dépendances par lesquelles le dernier corollaire de la pyramide se rattache à cette figure et comme une partie de son contenu logique. De même, c'est de tout temps que cet être a vu dans la notion de César la raison pour laquelle il « deviendrait dictateur perpétuel et maître de la république », et dans la notion de Cléopâtre la raison pour laquelle son nez devait être un peu long. Ainsi de tout le reste, qu'il soit question de prédicats essentiels ou simplement accidentels. Le principe d'inhérence ne souffre pas d'exception.

Il est vrai que cette science absolue constitue l'un des privilèges de la divinité et que notre condition d'êtres finis nous ôte à jamais l'espoir d'y parvenir. Bien que les vérités nécessaires soient le fond de notre entendement, la connaissance que nous en avons ne nous est pas totalement essentielle ; bien loin de là, nous l'acquérons à peu près tout entière et par une série d'efforts qui n'égaleront jamais leur objet. D'autre part, nous nous heurtons, sur le domaine

---

1. Coll., 512-511 (*Introd. ad Encyclop. arcanum*).

des vérités de fait, à une barrière de provenance analogue et qui n'est pas moins infranchissable. La nature n'est pas l'Absolu, sans doute; mais elle en conserve l'empreinte : elle enveloppe encore de l'infini. Par suite, si loin que nous poussions l'analyse des problèmes qu'elle nous pose, il y reste toujours et dans le sujet et dans le prédicat un nombre incalculable d'éléments à démêler : de telle sorte que nous ne savons jamais par quel point précis ces deux termes se rattachent l'un à l'autre. Les « cas solitaires » dont a parlé Bacon n'existent pas et ne sauraient exister : quoi que nous fassions, nous en sommes toujours à une distance infinie. Et la conséquence naturelle du fait, c'est que, dans les propositions d'ordre expérimental, la réduction à l'identité ne s'opère jamais complètement. Il en est comme des nombres irrationnels dont la mesure approche sans cesse de l'exactitude mathématique et ne l'atteint jamais[1].

Mais ces défaites, si radicales qu'elles soient, ne viennent pas de ce que les objets, pris en eux-mêmes, sont irréductibles à la loi; leur cause réside uniquement dans l'essentielle imperfection de notre esprit. Il reste vrai que la réduction à l'identité est la pierre de touche de tous nos raisonnements et que la limite où elle s'arrête représente la frontière de notre savoir. Aussi ne peut-on pas se défendre d'une certaine indignation, en voyant la manière frivole dont Locke s'exprime à l'égard du principe d'identité.

1. Voir sur cette réduction à l'identité : ERD., 674$^a$-674$^b$ (*De la sagesse*, 1667); — COUT., *Log.*, 571-572 (*Judicium de scriptis Comenianis*, 1671?); — GERH., *Phil.*, I, 372 (*L. à Foucher*, 1676) : il faut tout démontrer; Roberval avait raison; *Ibid.*, I, 188 (*L. à Conring*, 3 janv. 1678) : il faut tout démontrer, excepté les faits et les propositions formellement identiques; *Ibid.*, 194 (*L. au même*, 19 mars de la même année): théorie complète de la démonstration; *Ibid.*, 205 (*L. au même*, de la même année, sans doute) : retour à la même question; — EST., 42-46 (*Disc. de Mét.*, 1685) : dans la « notion complète » de chaque substance, est contenu tout ce qu'elle sera jamais; — P. JAN., 578, 13, 593, 601-602, 605, 607, 617 (*Corresp. avec Arnauld*, 1686-1690) : explication de la même pensée; — COUT., 388 (*Gener. inquisitiones*, 1686) : vérités de droit et de fait; — GERH., *Phil.*, I, 402 (*L. à Foucher*, 1692) : il faut prouver tout ce qui peut se prouver; *Ibid.*, *Phil.*, V, 15 (*Sur l'Essay...*, 1696) : il n'y a qu'un principe « primitif » : A = A; Cf. *Ibid.*, 18; *Ibid.*, VII, 309 (*Specimen inventor...*): identiques formelles et virtuelles; *Ibid.*, 199-200; — COUT., 186 : Les identiques formelles ; — ERD., 381$^b$ (*N. Essais*, 1704) : Pourquoi il faut tout réduire à l'évidence; *Ibid.*, 360$^a$-360$^b$ (*N. Essais*) : même question.

D'après son dire, les gens qui le mettent en avant sont
« comme un singe qui s'amuserait à jeter une huître d'une
main à l'autre : ce qui pourrait tout aussi bien satisfaire
la faim du singe, que ces propositions sont capables de satisfaire l'entendement de l'homme ». Ces paroles, qui sont un
trait d'esprit, contiennent en même temps une erreur de fond.
Sans doute, les propositions identiques ne servent à rien,
aussi longtemps qu'on s'arrête à les considérer en elles-
mêmes ; et l'on peut dire alors en toute exactitude qu'elles
sont comme « des vierges stériles ». Mais elles prennent un
aspect différent, lorsqu'on essaie de montrer, « à force de
conséquences et de définitions, que d'autres vérités qu'on
veut établir s'y réduisent ». Vues de ce biais, elles sont
l'unique lumière qui puisse diminuer le nombre de nos
incertitudes et nous conduire par degrés à ce dernier terme
de nos efforts intellectuels qu'on appelle l'évidence[1].

Il faut donc démontrer, démontrer encore, et avec cette
« vaillance infatigable » dont parle Platon en exposant sa
méthode dialectique. Il est même bon de soumettre à cette
épreuve jusqu'aux propositions reconnues comme indubita-
bles qu'on appelle des axiomes ; elles aussi ont besoin de
cette clarté décisive qu'apporte le principe d'identité et qui
seule peut en bannir toute espèce d'ombre. On rendrait un
grand service, si l'on parvenait à démontrer « que deux
lignes droites ne se peuvent rencontrer qu'une seule fois ».
Il est bien vrai que « l'imagination, prise de l'expérience des
sens, ne nous permet pas de nous figurer plus d'une rencontre de deux droites ; mais ce n'est pas sur quoi la science
doit être fondée. Et si quelqu'un croit que cette imagination
donne la liaison des idées distinctes, il n'est pas assez instruit
de la source des vérités ». Les images « ne sont qu'idées confuses, et celui qui ne connaît la ligne droite que par ce
moyen, ne sera pas capable d'en rien démontrer »[2]. Il serait
utile également de prouver cet axiome de mécanique qui
veut que « toute action qui produit le même travail dans un
temps plus court, est par là même supérieure ». Cette

1. ERD., 370ᵇ (*N. Essais*).
2. ERD., 381ᵇ (*N. Essais*).

science y trouverait à la fois un horizon plus vaste et plus distinct[1].

Aussi peut-on voir que plusieurs grands géomètres se sont appliqués à prouver les axiomes dont ils avaient besoin. « Proclus attribue déjà à Thalès de Milet... d'avoir voulu démontrer des propositions qu'Euclide a supposées depuis comme évidentes. On rapporte qu'Apollonius a démontré d'autres axiomes, et Proclus le fait aussi. Feu M. Roberval, déjà octogénaire ou environ, avait dessein de publier de nouveaux éléments de géométrie », où les propositions de ce genre devaient être ramenées à l'évidence. Et peut-être ce projet lui venait-il de M. Arnauld dont les nouveaux éléments « faisaient bruit alors »[2].

Leibniz lui-même s'est mis à l'œuvre, sur l'exemple de ces illustres devanciers ; et son échantillon favori en fait de démonstration d'axiomes, celui qu'il aime à reproduire, et au point d'en discuter avec Joh. Bernoulli, concerne ce fameux adage que la partie est moins grande que le tout et que par conséquent une maison ne peut entrer par sa porte. « La partie, dit-il, est égale par définition à une partie du tout ; donc elle est moindre que lui : *quod erat demonstrandum*[3]. »

Que Locke en sourie, s'il veut : le moyen terme introduit par Leibniz supprime toute obscurité ; et le procédé que représente son exemple est d'une portée considérable. La science restera imparfaite, entachée d'ombre et plus ou moins suspecte, aussi longtemps qu'on ne l'aura pas appliqué à tous les axiomes où elle se fonde. Est-ce que M. Hardy, par exemple, ce géomètre de valeur « qui a publié le commentaire de Marinus sur les Data d'Euclide » et dont Descartes parle « avec estime dans ses lettres », n'était pas intimement prévenu que la section oblique du cône, qu'on appelle ellipse, était différente de la section oblique du cylindre » ; et à ce point qu'on ne put jamais rien gagner sur son sentiment ? Et combien « d'habiles gens » sont sujets à de sem-

1. Gerh., *Math.*, III, 312 (*L. à Joh. Bernoulli*, 31 juillet 1696).
2. Erd., 360ᵃ (*N. Essais*).
3. Gerh., *Phil.*, VII, 299-300.

blables inexactitudes, dont quelques-unes passent ensuite dans la science comme des vérités indiscutables[1] ! Il n'y a qu'un moyen d'en finir avec cette fausse monnaie : Il faut mettre à la frontière la douane de l'identité et bloquer impitoyablement tout ce qui n'en porte pas la marque[2].

L'analyse de la démonstration n'est pas encore épuisée; il faut la pousser plus en avant, si l'on veut avoir toute la pensée de Leibniz.

Le principe d'identité est à la fois le terme et comme le garde-fou de tout raisonnement : c'est chose entendue. Mais qu'est-ce qui nous pousse à passer d'un terme vers un autre, puis vers un autre encore ? Et qu'est-ce qui nous conduit à travers ce dédale de transitions ? Car le hasard peut bien y jouer un certain rôle; mais il n'explique pas tout : nous en avons le vif sentiment. Il faut donc que chaque idée déjà connue porte une marque interne grâce à laquelle sa présence appelle d'autres idées encore absentes; il faut que chaque idée déjà connue accuse en elle-même un certain manque d'être qui fait qu'elle ne peut exister sans que telle autre chose ne soit. De plus, le nombre de ces exigences évocatrices doit augmenter sans cesse, il doit augmenter à chaque pas jusqu'à ce que l'on découvre un terme qui, lui, n'en présente plus et qui par là même se suffit[3]. Et nous voilà en

---

1. Erd., 360$^b$ (*N. Essais*).
2. V. sur les axiomes : Gerh., *Phil.*, I, 194, 205 (*L. à Conring*, 1678); *Ibid.*, VII, 299-301 : comment le tout est plus grand que sa partie; *Ibid., Math.*, III, 312 (*L. à Joh. Bern.*, 31 juillet 1696); *Ibid.*, III, 321 (*L. au même,* 23 août 1696): tout démontrer, excepté A = A; *Ibid.*, 329-330 (Objection de J. Bernoulli contre la démonstration Leibnizienne du *totum majus sua parte*, 12 sept. 1696); *Ibid.*, 331-332 (*Réponse de Leib.*, 6 oct. 1696); *Ibid., Phil.*, III, 258-259 (*L. à Burnett*, 1699) : manière de tout démontrer; et il le faut, si l'on veut achever l'œuvre de la science; *Ibid.*, 473-474 (*L. à Jaquelot*, 1704) : « Je justifie aussi les Axiomes ou les Maximes dont M. Locke méprise l'usage. » — *Ibid., Math.*, V, 395-396 (*Historia et origo calculi differentialis*, 1712 à 1714) : encore le Totum majus sua parte ; *Ibid., Math.*, VII, 20 (vers 1714); *Ibid.*, 273-274 (*Specimen geom. luciferæ*) : idem encore; — Cout., *Op.*, 518 : même thème et même démonstration; Leibniz ne se fatigue pas à cet exercice.
3. Cout., *Op.*, 33 (*Consilium de encyclopædia nova...*, 1672-1679); *Ibid.*, 11 (vers 1687); *Ibid.*, 270 (Essais de calcul logique); *Ibid.*, 401-402; *Ibid.*, 513 (*Introd. ad Encyclop. arcanam*); *Ibid.*, 519 (*Primæ veritates*); *Ibid.*, 545 : « *Relationem* autem *datam* dico dum aliquid ex quibusdam datis datur »; — Erd., 355$^a$, 379$^b$ (*N. Essais*); *Ibid.*, 393$^a$ : « La raison est la vérité connue,

présence d'une conclusion nouvelle qui a une importance capitale dans la philosophie de Leibniz : prouver, « c'est rendre raison[1] ». Par suite, il faut bien continuer à dire que le principe d'identité est nécessaire à la démonstration; il indique le but à obtenir, qui est l'évidence; il sert aussi de contrôle. Mais, en même temps, besoin s'impose d'ajouter qu'il n'explique pas entièrement cette opération. Elle requiert aussi le principe de raison, et avec la même rigueur, bien qu'à un titre différent; ce principe est tout ensemble la force qui nous pousse en avant et la lumière qui nous indique à chaque instant comment il faut aiguiller.

Mais alors et par là même, se dresse une question délicate à laquelle Leibniz n'a jamais donné de réponse bien formelle. Faut-il regarder aussi « le principe de raison » comme une vérité « primitive », une vérité qui s'impose d'elle-même, et parce qu'elle est évidente de soi? Ou bien faut-il de quelque manière le rattacher au principe d'identité ? Adopter la première hypothèse, c'est mettre Leibniz en contradiction avec ses propres paroles, celles que l'on a citées au début de ce chapitre. Et comment se prononcer pour la seconde? Y a-t-il donc un moyen de faire sortir du même ce qui n'est plus ni son tout formel ni l'une de ses parties constitutives? « Une huître n'est-elle pas toujours une huître, pour rappeler ici le mot de Locke? »

La solution à fournir est contenue, me semble-t-il, dans l'idée que Leibniz s'est faite de la démonstration.

Sans doute, une huître n'est toujours qu'une huître. Mais la vue de cet humble animal peut évoquer l'image de la mer immense, celle des plages sans fin, celle du firmament bleu; elle peut faire penser au monde entier. Car tout se tient dans l'esprit comme dans l'univers : tout y « sympathise » de quelque façon. C'est dans l'identique que l'on travaille, en démontrant une chose; mais on n'y tourne pas sur place,

---

dont la liaison avec une autre moins connue fait donner notre assentiment à la dernière » ; *Ibid.*, 707 [b], 32-33 (*Monad.*, 17.

1. Gerh., *Phil.*, VII, 199-200 ; — Cout., 25 : « Principium omnis ratiocinationis primarium est, nihil esse aut fieri, quin ratio reddi possit. » *Ibid.*, 519, 525.

comme un derviche : on y passe sans cesse du même à l'autre et par le même. En connaissant une idée quelconque, on connaît aussi, ou du moins l'on peut connaître les relations qu'elle soutient avec ce qui n'est plus elle ; et ces relations sont multiples à l'infini : elles enferment dans leur réseau et la créature et le Créateur.

On voit dès lors quel est le rapport du principe de raison avec celui d'identité. Il ne ressemble pas à un bloc erratique qui vague çà et là sans jamais trouver une place qui soit la sienne ; son rang est nettement marqué, et c'est le second. Directement, et en vertu du principe d'identité, l'analyse donne des éléments et les marques d'insuffisance dont ils peuvent être affectés ; indirectement, et en vertu du principe de raison, l'analyse conduit aux choses que postulent de telles insuffisances. Le second de ces principes vient donc du premier par l'effet de la plus simple des intuitions : il en est le dérivé immédiat.

Quelles sont donc les zones respectives de ces deux phares de la pensée ? La question s'éclaire maintenant.

Il est bien vrai que Leibniz n'a pas toujours été très ferme à cet égard. Dans un fragment qui porte sur les *Vérités premières*, il réserve formellement au principe de raison « toutes celles qui ne sont pas de nécessité mathématique », rattachant ainsi les autres au principe d'identité[1]. Dans le *Specimen inventorum...*, il dit bien que le principe de raison concerne toutes les propositions qui ne présentent qu'une identité simplement virtuelle. Mais ensuite, et contrairement à toute attente, il restreint son affirmation : « Ce principe, ajoute-t-il, n'est nécessaire ni en arithmétique ni en géométrie ; mais la physique et la mécanique en ont besoin »[2], comme le montrent les études d'Archimède. Et ces passages font supposer naturellement une période où Leibniz n'était pas fixé sur le domaine des deux premiers principes ; il est difficile du moins de ne pas conclure quelque chose de semblable[3].

---

1. Gerh., *Phil.*, VII, 301.
2. *Ibid.*, 309.
3. Il faut bien convenir qu'en plusieurs passages, qui sont sûrement anté-

Mais, à un moment donné, la pensée de Leibniz prend une allure très catégorique et qui se maintient jusqu'au bout : c'est que le principe d'identité et celui de raison s'étendent l'un et l'autre à toutes les formes de la démonstration, quel qu'en soit l'objet. « On ne doit rien affirmer sans raison », est-il dit à la fin des « Vérités premières »[1] ; car les idées demandent une explication, aussi bien que les faits. « Nos raisonnements, observe Leibniz dans sa *Monadologie*, nos raisonnements sont fondés sur *deux grands principes* : *celui de la contradiction*, en vertu duquel nous jugeons faux ce qui en enveloppe, et vrai ce qui est opposé ou contradictoire au faux ; et *celui de la raison suffisante*, en vertu duquel nous considérons qu'aucun fait ne saurait se trouver vrai ou existant, aucune énonciation véritable, sans qu'il y ait une raison suffisante pourquoi il en soit ainsi et non pas autrement[2]. » Le même sentiment réapparaît, et avec la même netteté, dans les *Remarques sur le livre de M. King*[3]. Et, si les *Principes de la nature et de la grâce* ne le mentionnent pas, non plus que les *Lettres* à Clarke, c'est simplement que les questions qu'y traite Leibniz ne le demandent point : le principe de raison n'intervient au cours de ces écrits que dans son rapport avec le devenir[4].

## II. — Causalité.

Mais là se révèle un autre aspect de la question et qui demande un nouvel examen : après avoir défini le rôle que

---

rieurs aux précédents, Leibniz s'affirme et parfois très nettement pour l'universelle extension de la « raison suffisante ». V. par ex. : Erd., 674ᵇ (*De la sagesse*, 1667) ; — Gerh., *Math.*, VI, 72 (*N. Hypoth.*) : c'est là que le principe de raison se trouve formulé pour la première fois, « nihil est sine ratione » ; — Gerh., *Phil.*, II, 62 (*L. à Arnauld*, 1686) ; — Cout., *Op.*, 25. Mais notre interprétation ne s'en trouve pas infirmée. Ces endroits, au contraire, concourent à mieux faire voir qu'à un moment donné, et peut-être sous l'influence d'Archimède, Leibniz a éprouvé quelque hésitation à faire entrer le principe de raison dans le domaine des identiques.

1. Erd., 99ᵇ.
2. *Ibid.*, 707ᵇ, 31-32.
3. *Ibid.*, 611ᵇ ; Cf. Cout., *Op.*, 519.
4. *Ibid.*, 716ᵃ (1714) ; *Ibid.*, 763ᵇ, 765ᵇ, 778ᵃ (1715-1716).

joue le principe de raison dans le domaine des « vérités nécessaires », il faut chercher ce qu'il devient dans celui des « vérités de fait ».

Très souvent, Leibniz parle tout simplement de « raison suffisante », quand il s'agit de l'origine du monde ou des phénomènes dont il est le théâtre ; il lui arrive d'employer le terme de raison et celui de cause comme des équivalents : c'est qu'alors il n'a pas besoin d'un langage plus exact pour se faire comprendre. Mais, quand il le faut, il sait également se servir du mot précis : « il existe aussi, dit-il, un pourquoi ou cause de l'être réel[1], car la cause n'est pas autre chose que la raison du réel ». C'est à ce terme de *cause*, et pris dans le sens que lui donne Leibniz, que l'on va se tenir ici ; le problème en paraîtra mieux délimité.

Il n'y a jamais dans la nature un surplus quelconque de réalité. Leibniz est étranger à l'idée d'un Monde où « l'être fait boule de neige ». Rien ne se perd ; mais aussi rien ne se crée : il existe toujours la même somme de force et d'action motrice. Et de là résulte une conclusion sans cesse vérifiée par l'expérience : c'est que la réaction est égale à l'action ; « la cause et l'effect entier sont toujours équivalens, en sorte que l'effect, s'il y estait tourné tout entier, pourrait tousjours reproduire sa cause précisément, et ny plus ny moins[2]. »

Ce n'est pas que ces lois fondamentales soient d'une « nécessité mathématique ». Ceux qui les prennent avec cette rigueur, montrent qu'ils ne sont encore que de simples géomètres ; ils prouvent que leur esprit n'a pas atteint ces principes métaphysiques où réside la dernière raison des choses. Il se pourrait que la force et l'action motrice fussent d'une quantité variable ; il se pourrait aussi qu'entre la cause et l'effet il n'y eût pas l'équivalence que l'on constate dans le monde actuel : « il semble, en con-

---

1. Cout., *Op.*, 533.
2. Gerh., *Phil.*, VII, 455 (*L. à des Billettes*, 11 21 oct., 1697) ; cf. *Ibid.*, *Math.*, VI, 437 (*Dynam.*, 1689) ; Cout., *Op.*, 405.

sidérant l'indifférence de la matière au mouvement et au repos, que le plus grand corps en repos pourrait être emporté sans aucune résistance par le moindre corps qui serait en mouvement; auquel cas il y aurait action sans réaction, et un effet plus grand que sa cause [1]. » Mais au-dessus de la nécessité mathématique s'élève le domaine de la contingence où tout est réglé d'après le principe du meilleur, et par suite d'après l'idée du plus convenable et du plus beau. Et c'est à cette « philosophie supérieure » que se rattachent les invariabilités que l'on vient de voir : elles constituent des vérités de fait, non de droit [2].

Leibniz ne croit donc pas que, si la cause et l'effet sont égaux, c'est qu'ainsi le veut la nature même des choses ; il ne croit pas que la cause ne soit qu'un simple contenant et que de ce chef elle ne peut rien donner de plus que son propre contenu. Par suite, il se garde de penser, comme Spinoza, que l'idée de création est une absurdité [3]. Rien n'empêche que la causalité de Dieu ne consiste précisément à produire ce qui n'existait d'aucune manière, ni en lui ni en dehors de lui; rien n'empêche de revenir à l'idée de Plotin et de concevoir l'acte créateur comme une sorte de « supereffluence » ou l'Un, sans se diminuer lui-même, fait être ce qui n'était pas encore [4]. N'est-ce pas d'ailleurs la conclusion à laquelle Spinoza se voit amené par la logique de son propre système? D'où vient, dans sa doctrine, la matière qui constitue le fond où, si l'on veut, le plein de chaque mode? Ce n'est pas des attributs eux-mêmes, puisqu'ils sont essentiellement immuables? Ce n'est pas non plus des modes antérieurs à ceux que l'on considère : car tout mode est en acte dans la mesure où il mérite son nom; par suite, tout mode, du fait qu'il existe, a déjà mis en œuvre toute la matière dont il dispose et cesse ainsi d'en avoir à prêter. La conséquence est rigoureuse, à moins que l'on ne ramène en cachette ces virtualités, ces puissances,

---

1. Erd., 604ᵇ (*Théod.*, 1710).
2. *Ibid.*, cf. plus bas, p. 246, références.
3. Spinoza, *Eth.*, I, prop. vi, éd. Van Vloten, La Haye, 1905.
4. H. Guyot, *L'infinité divine*, 185-186, F. Alcan, Paris, 1906.

ces entités obscures que Spinoza s'est escrimé avec tant de soin à bannir du domaine de l'être. Mais alors, c'est tout le système qu'il faut reprendre et par sa base. Bref, pas de matière pour les modes à venir : il n'y en a ni dans la substance ni dans les autres modes qui ont déjà paru à la surface de la Substance. Reste donc que chacun d'eux surgisse du néant ; reste que chacun d'eux soit une création [1].

Qu'il s'agisse de la causalité naturelle ou de la causalité divine, les deux termes qu'elles relient sont ontologiquement distincts. Quelle est donc la nature de ce point d'attache ? En quoi consiste le rapport d'efficience ?

Ici encore, la tendance de Leibniz est de desserrer le plus possible les mailles de la nécessité, et surtout en vue de sauver le libre arbitre où se trouve, à son sens, la condition de toute « philosophie morale » [2].

La cause une fois posée, l'effet suit toujours. Par suite, il n'y a rien en Dieu ni dans la nature, ni dans la volonté de l'homme, qui soit laissé au hasard : tout est déterminé. Et, de ce chef, tout est certain d'avance, tout peut être prévu. Non pas que l'homme ait la force d'égaler cette universelle intelligibilité des choses : il se heurte partout à l'inépuisable, et en Dieu qui est infini au sens absolu du mot, et dans la nature elle-même dont le moindre fragment contient encore une infinité de parties actuelles. Mais l'Être parfait englobe d'une seule et même vue tous les contours et tous les détails de la réalité et, dans la notion adéquate de chaque individu, voit avec certitude tout ce qu'il pourra jamais produire ou subir [3]. « Tout est déterminé dans les choses » ; mais tout ne l'est pas de la même manière : les unes le sont « par des raisons comme géométriques de la nécessité » ; les autres « par des raisons comme morales de la plus grande perfection [4] ».

Il y a des vérités *nécessaires*, « dont le contraire implique contradiction ». Il y a aussi des vérités *contingentes*, c'est-

---

1. F. Car., 26 (*Réfut. de Spinoza*, 1706-1710).
2. Gerh., *Phil.*, I, 124, note 3 (*Bemerkungen...*).
3. Cout., *Op.*, 18-19 (*Vérités nécess. et conting.*, probablement vers 1685).
4. Gerh., *Phil.*, I, 351 (*L. à Malebr.*, 2/12 oct. 1698).

à-dire dont l'opposé reste possible; et à cette seconde catégorie se rattachent presque toutes les lois de la nature[1].

Or comment s'expliquent les vérités contingentes? Puisqu'elles pourraient être autrement qu'elles ne sont et même n'être pas du tout, elles supposent un choix : elles postulent une volonté première, parfaite du même coup, qui les a préférées en vue du meilleur, qui n'a cédé, en leur ouvrant les portes de l'éternité, qu'à l'amour réfléchi « du bien et du beau ». Mais quelle peut être l'action de ce mobile supérieur sur le vouloir divin? Il n'en va pas comme des rouages d'une poulie. Elle est *infaillible;* mais elle ne *nécessite* pas : elle ne fait *qu'incliner*. Car, du côté de l'objet, l'opposé demeure possible ; et l'on est fondé d'autre part à dire que tout être intelligent dispose de lui-même et gouverne sa propre activité dans la mesure où il se sait.

La nécessité morale : telle est la formule à laquelle Leibniz a recours pour faire au libre arbitre sa zone, et dont il se servira jusqu'au bout, sans s'expliquer autrement, contre les déterministes de son siècle. La réponse est-elle suffisante? J'aurai le regret, au cours de cet ouvrage, de constater qu'elle a surtout la valeur d'un habile palliatif[2].

### III. — Finalité.

Parler du meilleur, de convenance et de perfection, c'est déjà toucher à la finalité. Et là se présente une troisième idée directrice qu'il faut étudier avec soin; car elle constitue le caractère dominateur et comme l'âme de la philosophie de Leibniz.

De quelque manière qu'on traite le problème de l'origine du monde, que l'on prenne pour point de départ la connaissance que nous avons des intelligibles, l'existence du mouvement ou l'ordre qui s'y révèle, on aboutit toujours

---

1. Est., 43 (*Disc. de Mét.*, 1685); Cf. Cout., *Op.*, 17 (vers 1685).
2. V. plus bas, p. 252-259. C'est là aussi qu'on trouvera l'ensemble des références qui concernent cette question; car ici je ne puis, comme le veut le titre du chapitre, que donner des idées générales.

à une seule et même conclusion : c'est qu'il existe un être parfait, infini dans tous les sens; c'est que par là même cet être possède une sagesse souveraine, qu'il procède par moyens et fins et que son but unique est la réalisation du meilleur[1]. La causalité ne suffit pas à rendre compte du devenir; il faut qu'elle se continue et s'achève dans la finalité : c'est alors seulement que l'esprit trouve pleine satisfaction. « Deus est ultima ratio rerum[2]. »

Descartes a pensé que, pour créer le monde, Dieu n'a pas eu besoin de faire un choix d'éléments; il a prétendu que les possibles, ayant l'éternité pour agir, devaient nécessairement passer par toutes combinaisons imaginables et de ce chef rencontrer une fois ou l'autre celle qui forme l'univers actuel. Raisonner ainsi, c'est faire de Dieu un être indifférent au bien ou au mal, c'est mettre à la racine de l'absolue perfection, non point la bonté, mais l'amoralité[3]. Or, cette conception, qui constitue déjà un blasphème, est en même temps contraire à la réalité des choses. Sans doute, la puissance de Dieu s'étend à tous les possibles, et sans exception : c'est un point que l'on peut concéder à Descartes. Mais il en va différemment de la volonté divine. A son égard, les possibles ne sont plus qu'une matière dans laquelle il faut choisir; et cette préférence doit aller du premier coup à l'ensemble qui réalise le *maximum* d'être dans le *maximum* d'ordre. Autrement, il y aurait de par elle « un moindre bien » : ce qui est déjà un mal[4].

Après avoir supprimé la finalité à la racine même de l'être divin, Descartes l'a également bannie du domaine de la nature; et ceci est la conséquence de cela. Comment y

---

1. Ainsi, du moins, raisonne Leibniz. On verra plus loin que, par places, sa logique est un peu hâtive, comme il le reconnaîtra d'ailleurs lui-même en certaines rencontres.
2. Gerh., *Math.*, VI, 134-135 (*Principium quoddam gener.*); *Ibid.*, *Phil.*, VII, 270 (*Tent. anagogic.*)
3. Gerh., *Math.*, VI, 26 (*Rép. à Fabre Honorai*, 1676); Est., 26-27 (*Disc. de Mét.*, 1685); — Erd., 139ᵃ-139ᵇ (*L. à Nicaise*, 1697); — Gerh., *Phil.*, IV, 314, 344 (*Leib. gegen Descartes*); — F. Car., B, 5-6 (*L. de Leib. sur Descartes*); F. Carl., 46-49 (*Réfut. de Spinoza par Leibniz*, 1706-1710).
4. Gerh., *Math.*, III, 565, 574, 577, 583 (*Corresp. avec Joh. Bern.*, 1699).

aurait-il des fins dans le monde, puisqu'il vient uniquement de la rencontre toute fortuite des possibles, puisqu'il est l'œuvre du hasard, aussi bien que l'univers imaginé par Épicure ? Mais alors il faut encore aller plus loin sur la voie de l'ostracisme : si les causes finales n'ont aucun fondement dans la nature, si elles sont de pures fictions de notre esprit, il n'y a plus qu'à déclarer, avec Bacon, qu'elles ne peuvent être d'aucun usage dans les choses physiques et naturelles[1] ; il n'y a plus qu'à déclarer que la science du réel n'a qu'un levier unique, qui est celui de la cause efficiente. Et c'est à cette conclusion, sans doute, que Descartes voulait aboutir.

Leibniz rejette ces conséquences, comme il a rejeté le principe dont elles découlent.

Dieu a fait la nature ; il l'a faite « en géomètre achevé ». Les éléments qui la composent présentent donc une harmonie dont rien n'approche[2]. Et cette beauté ne s'accuse pas seulement par un certain ordre général d'où le reste se développe comme il peut ; car Dieu ne procède point à la manière de nos politiques qui n'ont que des vues générales et confuses. il n'est rien dans l'œuvre du Créateur qui n'ait été vu, voulu, et qui de ce chef ne se rapporte le plus convenablement possible soit à son propre tout soit à l'ensemble de l'univers[3].

De là une autre idée de la science où s'accusent l'étroitesse et la caducité de la conception Cartésienne. Chaque détail de la nature a sa cause ; mais aussi chaque détail de la nature a son but ; car on peut redire en toute rigueur la devise de Socrate, οὐδὲν μάτην : s'il est vrai que les animaux voient parce qu'ils ont des yeux, il est également vrai que s'ils ont des yeux c'est pour voir. Par suite, l'investigation scientifique a deux domaines, au lieu d'un, deux domaines « qui se pénètrent sans se confondre et sans s'empêcher » : « Le règne de la puissance, suivant lequel tout se peut expliquer *mécaniquement* par les causes efficientes,

---

1. Desc., 4ᵉ *Médit.*, 98-99, éd. J. Simon, Paris.
2. Gerh., *Math.*, VI, 129 (*Princip. quoddam gener.*).
3. Est., 59-60 (*Disc. de Mét.*).

lorsque nous en pénétrons assez l'intérieur ; et aussi le règne de la sagesse, suivant lequel tout se peut expliquer *architectoniquement*, pour ainsi dire, par les Causes finales, lorsque nous en connaissons assez les usages[1]. »

Et c'est la seconde de ces deux manières de connaître qui mène le plus avant, que l'on peut regarder comme la plus profonde. Car que penserait-on d'un historien qui, « pour rendre raison » de la prise d'une place importante, se bornerait à dire que, si la ville a cédé, « c'est parce que les petits corps de la poudre à canon estant délivrés à l'attouchement d'une étincelle, se sont échappés avec une vistesse capable de pousser un corps dur et pesant contre les murailles de la place, pendant que les branches des petits corps qui composent le cuivre du canon estaient assez bien entrelacées, pour ne pas se disjoindre par cette vistesse »? Ne trouverait-on pas que l'auteur a omis le principal, qui était de faire voir comment la prévoyance du conquérant lui a fait choisir le temps et les moyens convenables, et comment sa puissance a surmonté tous les obstacles[2]? Le rôle prédominant des causes finales, c'est un point que Platon a magnifiquement mis en lumière dans son *Phédon*. Il y a là une idée dont les philosophes et surtout les savants n'ont pas assez tenu compte[3].

Il est bien vrai qu'en général la recherche des fins présente de grandes difficultés. Nous ne sommes pas « du conseil de Dieu »[4] ; et, quand nos regards se tournent vers la nature, il nous devient malaisé de discerner les fins de détail que s'est proposées le Créateur et les moyens par lesquels il y va : le point d'attache qui relie ces deux termes reste très souvent à l'état d'idée confuse.

Mais il ne faut pas exagérer ce genre d'obstacles ; il est loin d'être toujours invincible. La finalité domine dans toutes les sciences biologiques ; elle en est la loi fondamentale et l'on peut en saisir les applications, si variées et si

---

1. Gerh., *Phil.*, VII, 273 (*Tent. anagogic*).
2. Erd., 61 (*Disc. de Mét.*, 1685).
3. *Ibid.*, 61-64.
4. *Ibid.*, 59.

complexes qu'elles soient. Supposez un organe dont la fonction est encore inconnue ; on peut la découvrir par l'étude de cet organe lui-même : entre l'un et l'autre il existe un rapport d'adaptation que l'on a des chances de dégager à la lumière de l'expérience. De même, supposez un organe isolé de son tout ; on peut dans une certaine mesure arriver à reconstruire ce tout naturel. Car il n'en va pas des parties d'un être vivant comme des fragments d'un caillou. Elles ont une certaine unité de dessein qui en commande la structure, le volume et l'agencement : de telle sorte que la connaissance de l'une d'entre elles évoque plus ou moins celle des autres. Il suffit également d'examiner le squelette d'un animal pour savoir, au moins d'une manière approximative, les conditions climatériques dans lesquelles il a vécu [1].

Capitale est la « recherche des causes finales » dans le développement des sciences naturelles ; et la physique elle-même est obligée d'y recourir au terme de ses analyses. Les lois du mouvement peuvent se démontrer mécaniquement ; mais, ces lois une fois établies, il faut encore les expliquer. Et, à partir de ce moment, les causes efficientes ne suffisent plus : besoin s'impose de faire appel à un principe supérieur, celui du meilleur, de la convenance et de la beauté. On ne trouve aucune nécessité absolue ni dans la permanence de la force, ni dans l'égalité de l'action et de la réaction, ni dans cette continuité qu'observe la nature à travers ses métamorphoses. Ces lois fondamentales n'ont rien « qui nous force de les admettre, comme on est forcé d'admettre les règles de la Logique, de l'Arithmétique et de la Géométrie ». Elles relèvent uniquement de la sagesse de Dieu qui les a instituées comme plus conformes à l'idée du bien : elles sont le triomphe suprême de la finalité [2]. Aussi Leibniz laisse-t-il percer en cette question quelque chose de cet enthousiasme contenu qui caractérise ses émotions intellectuelles. « J'ai découvert, dit-il,... que les loix du mouvement... ne sont pas à la vérité absolument démontrables, comme serait une

---

1. Cout., *Op.*, 13 (vers 1687).
2. Erd., 604ᵃ-605ᵃ (*Théod.*, 1710).

proposition géométrique... Elles ne naissent pas entièrement du principe de la nécessité, mais elles naissent du principe de la perfection et de l'ordre ; elles sont un effet du choix et de la sagesse de Dieu... De sorte que ces belles loix sont une preuve merveilleuse d'un Être intelligent et libre, contre le système de la nécessité absolue et brute de Straton ou de Spinoza [1]. »

De fait, la recherche des causes finales est féconde en physique, comme on pourra d'ailleurs le voir encore un peu plus loin ; et c'est un honneur pour notre siècle de l'avoir enfin compris. D'autre part, ce mode d'enquête scientifique a déjà brillamment prouvé sa valeur sur le domaine de la biologie. N'est-ce pas en cherchant à quoi peuvent servir les valvules des veines, que Harvey finit par discerner leur vraie fonction, qui est « d'empêcher le sang de refluer » ? N'est-ce pas grâce au même procédé que Cuvier découvrit son fameux principe de la *corrélation des formes*, qui, bien que n'ayant point une extension absolue, ne laisse pas de conserver une signification considérable ? Tout le monde ne sait-il pas que c'est à la lumière de la finalité que Claude Bernard a trouvé de nos jours le rôle qui revient au foie dans le travail de la digestion ? Bien p... cette physiologie aiguë que l'on possède actuellement... qui nous fait pénétrer jusqu'à la cellule vivante, peut-elle enregistrer dans ses annales une seule

---

[1]. Erd., 604ª. — Consulter sur la question de la finalité : Erd., 45³-47ª (*Confessio naturæ contra atheistas*, 1668) : l'argument que Leib. oppose aux athées se fonde à la fois sur l'idée de *contingence* et celle *du meilleur* ; — Gerh., *Math.*, VI, 26-27, 44 (*Nova hypoth.*); *Ibid.*, 96 (*Rép. à Fabre*, 1676); — Erd., 26, 31, 59-61 (*Disc. de Mét.*, 1685) ; — Gerh., *Math.*, VI, 129, 134-135 (*Princip. quoddam gener.*, 1687) ; — Erd., 106 (*L. à Bayle*, 1687); — Gerh., *Math.*, VI, 513-514 (*Dynamic.*, 1689) ; *Ibid.*, 213 (*Specimen dynamic.*) : les causes finales sont aptes à produire des découvertes ; — Gerh., *Phil.*, VII, 451 (*L. à des Billettes*, 4/14 déc. 1696) : les deux règnes ; *Ibid.*, *Math.*, III, 565, 571, 277, 583 (*Corresp. avec Joh. Bern.*, 1699 de janv. à mai); *Ibid.*, *Phil.*, VII, 270-271 (*Tent. anagogic.*); *Ibid.*, *Math.*, VI, 103-104 (1702); — Erd., 678² (*L. à Bierling*, 1711); — Cour., *Op.*, 13 (Utilité scientifique des causes finales); — Gerh., *Phil.*, III, 645 (*L. à Remond*, 22 juin 1715) : « Ma Dynamique demanderait un ouvrage exprès... c'est en bonne partie le fondement de mon système, parce qu'on y apprend la différence entre les vérités dont la nécessité est brute et géométrique, et entre les vérités qui ont leur source dans la convenance et dans les finales. Et c'est un commentaire sur ce beau passage du Phædon de Platon que j'ai cité quelque part dans un journal... » — Cf. sur le même principe plus bas, p. 246-249.

marche en avant, un seul progrès qui ne soit dû de quelque manière à la même idée directrice ?

Leibniz avait raison d'être fier. Sa protestation contre le mécanisme brutal de Descartes et de Bacon était fondée ; et la méthode qu'il a mise en avant devait rester indéfiniment féconde.

### IV. — Une série de corollaires.

Du principe de finalité découle un certain nombre de conséquences qui, dans la philosophie de Leibniz, s'élèvent également à la dignité d'idées directrices.

\*
\*\*

Le but du grand « architecte » est de « produire le plus de perfection qu'il est possible »[1] ; de là deux règles qu'il suit dans toutes ses œuvres.

Premièrement, la nature va toujours à ce qu'il y a de *plus régulier*, à ce qui renferme « le moins de loix », à ce qui est le plus facilement intelligible[2].

Tout ce qui peut exister est régulier de quelque manière. « Supposons, par exemple, que quelqu'un fasse quantité de points sur le papier à tout hazard, comme font ceux qui exercent l'art ridicule de la géomance. Je dis qu'il est possible de trouver une ligne geometrique dont la notion soit constante et uniforme suivant une certaine regle, en sorte que cette ligne passe par tous ces points, et dans le même ordre que la main les avait marqués. Et si quelqu'un traçait tout de suite une ligne qui serait tantost droite, tantost cercle, tantost d'une autre nature, il est possible de trouver une notion ou regle, ou équation commune à tous les point de cette ligne, en vertu de laquelle ces mêmes changemens doivent arriver[3]. » Tout est soumis au principe d'i-

---

1. Erd., 568ᵃ (*Théod.*, 1710).
2. *Ibid.*
3. Est., 32-33 (*Disc. de Mét.*).

dentité ou de contradiction ; par suite, tout est intelligible ; et du même fait tout peut se ramener à une certaine loi. Mais la nature n'est pas seulement régie par le principe des identiques. Elle obéit en même temps au principe de perfection ; et de ce chef elle choisit toujours ce qu'il y a de « plus simple et de plus uniforme ». « Supposons, [par exemple], le cas que la nature fut obligée généralement de construire un triangle, et que pour cet effect la seule peripherie ou somme des costés fut donnée et rien de plus, elle construirait un triangle equilateral. » Ainsi le veut, non point la loi des « déterminations Géometriques » qui importent une nécessité absolue, mais celle des « déterminations Achitectoniques » qui est celle du meilleur[1].

En second lieu, de même que la nature réalise ses fins sous leur forme la plus simple, c'est aussi d'une manière analogue qu'elle y tend, lorsqu'il faut passer par une série de moyens en vue de les obtenir. Elle y va toujours par la voie la moins compliquée et par là même la plus économique : si bien que le propre de ses œuvres est d'unir le *maximum* d'effets au *minimum* de dépenses. Il en est comme d'un architecte qui excellerait à construire de grandes et belles maisons avec le moins de frais possible[2]. Et cette loi se manifeste jusque dans la marche des rayons lumineux. « Je le monstray un jour dans un echantillon, observe Leibniz, lorsque je proposay le principe general d'optique, que le rayon se conduit d'un point à l'autre par la voye qui se trouve la plus aisée, à l'égard des superficies planes, qui doivent servir de regle aux autres[3] ». « Et un habile auteur, [Cl. Molineux], qui publia un ouvrage d'Optique en Angleterre, témoigna de m'en sçavoir bon gré. » Il se félicita vivement d'avoir constaté que « la cause finale n'est pas seulement utile à la vertu et à la piété en Éthique et en Théologie naturelle, mais encore en Physique » où elle peut faire

---

1. Gerh., *Phil.*, VII, 278 (*Tent. anagogic.*).
2. Gerh., *Math.*, VI, 44 (*Nov. hypoth.*, 1671) : Deus ita res instituit « ut paucis multa gerantur »; — Erd., 32 (*Disc. de Mét.*); — Erd., 567ᵃ, 568ᵃ (*Théod.*); — Gerh., *Phil.*, VII, 273 (*Tent. anagogic.*).
3. Gerh., *Phil.*, VII, 273-274 (*Tent. anagogic.*); Cf. Gerh., *Phil.*, IV, 340 (*Leib. gegen Descartes*).

inventer et découvrir de nouvelles vérités[1]. Il y a d'ailleurs quelque chose d'analogue soit dans la réflexion, soit dans la réfraction de la lumière : ici encore, le principe qui domine tout, c'est celui de perfection[2].

Aussi faut-il savoir gré au P. Malebranche d'avoir défendu *la simplicité des voies* providentielles[3]. Son manque est seulement de s'être borné à certaines lois générales : ce qui fait supposer en Dieu une sorte d'impuissance à pénétrer le détail infini des choses[4].

\*
\*\*

Poussée un peu plus avant, l'analyse de la finalité donne d'autres résultats et d'une importance considérable.

L'univers dont nous faisons partie est le meilleur des mondes; c'est donc aussi le plus beau qui puisse être[5]. Et cette identification tout hellénique du bien et du beau, où Leibniz se plaît et se complaît, appelle pour lui des conséquences qu'il a développées avec soin et dont sa doctrine tout entière est comme imprégnée.

Qu'est-ce, en effet, que la beauté, d'après Leibniz? « l'unité dans la variété »; et l'on remarquera sans peine combien cette notion est voisine de celle qui dominait chez les Grecs sur la même question. Ce n'est pas en vain que Leibniz avait lu dès sa jeunesse les ouvrages de Platon, qu'il s'était exercé plus tard à faire un abrégé du *Phédon* et à traduire le

---

1. Erd., 155ᵇ (*De ipsa natura*, 1698).
2. Gerh., *Math.*, VI, 26-27 (*Nov. hypoth.*); — Est., 66-67 (*Disc. de Mét.*, 1685); — Gerh., *Phil.*, VII, 274-278 (*Tent. anagogic.*); — Gerh., *Math.*, VII, 253 (*De constructione*) : c'est à la manière de la nature que doit procéder le géomètre dans la construction des figures : sa règle doit être d'aller toujours du simple au complexe; — Gerh., *Phil.*, IV, 348 (*Leib. gegen Descartes*); — F. Car., b, 17, 37.
3. V. Malebranche, *Entretiens sur la Métaphysique*, p. 245-246, éd. J. Simon, Paris : avec quelle richesse et quelle grâce tout cela est développé!
4. Erd., 568ᵃ (*Théod.*).
5. Est., 32 (*Disc. de Mét.*); — Gerh., *Math.*, VI, 129, 134-135 (*Princip. quoddam gener.*, 1687). Leib., d'ailleurs, revient sans cesse à cette idée du beau; c'est sous cette catégorie apollinienne qu'il voit toutes choses, comme on pourra s'en rendre compte par la suite de ce travail.

*Théétète*[1] : il avait trouvé au contact de ce prince de la pensée humaine une manière de sentir et de comprendre qui devait lui rester toujours ; c'est d'ailleurs ce que l'on pourra voir un peu plus loin, bien que d'un autre biais.

Mais, si telle est la notion du beau, il faut que la nature, pour réaliser son idéal de perfection, présente le maximum d'unité possible dans un certain maximum de variété qui doit aller à l'infini ; il faut qu'il ne s'y fasse aucune transition brusque, il faut que tout s'y diversifie par degrés insensibles et dans l'unité d'un seul et même type d'être. La continuité est l'une de ses lois fondamentales[2]. Il est vrai que certains phénomènes semblent contraires de tous points à cette conception eurythmique des choses. « Un ressort peut se délivrer au moindre attouchement et déployer tout à coup une grande force » ; « une étincelle qui tombe sur un amas de poudre y produit subitement une explosion qui suffit à détruire une ville tout entière[3]. » Mais ces faits ne sont en eux-mêmes que des « apparences » d'ordre sensible. Ils rentrent dans la loi par les principes dont ils émanent : derrière eux il y a des « êtres simples » ; derrière eux il y a des monades, dont le propre est de se développer par degrés imperceptibles, comme la lumière d'une aurore[4]. Métaphysiquement, les passages brusques n'existent pas : ce sont de simples phénomènes, et qui de ce chef n'ont de réalité qu'en nous et pour nous.

Où Leibniz a-t-il pris cette idée de continuité ? Il s'attribue à diverses reprises l'honneur de l'avoir trouvée par lui-

---

1. F. Car., ii, 41-115. — A consulter sur le beau et l'art d'après Leibniz : Gühr., II, 359-363 ; — Gerh., *Math.*, VI, 78 (1671) ; *Ibid.*, 129 (1687) ; *Ibid.*, VII, 239-240 (1698) ; *Ibid.*, VI, 253 ; *Ibid.*, 103-104 (1702) ; — Cout., (*Op.*, 535 ; — F. Car., VII, 67-68 ; — *inéd.*, 92 folios, folio 13 (*Correspond. avec Henfling*) ; — Gerh., *Phil.*, III, 222-223 (*L. à Burnett*, 1698) ; *Ibid.*, IV, 549-551 (*Contre Bayle*, vers 1698) ; *Ibid.*, VII, 271-279 (*Tent. anagog.*).

2. Gerh., *Math.*, VI, 129-131 (*Princip. quoddam gener.*, 1687) ; *Ibid.*, 218 (*Specimen dyn...*) ; *Ibid.*, 491 (*Dynam.*, 1689) ; *Ibid.*, *Phil.*, VII, 278 (*Tent. anagogic.*) ; *Ibid.*, *Math.*, VII, 281-285 (*Specimen geom. luciferæ*) ; *Ibid.*, VI, 101 (mai 1702) ; *Ibid.*, VI, 93 (*L. à Varignon*, 2 févr. 1702) ; — Erd., 182ª (*Sur l'esprit universel*, 1702) ; *Ibid.*, 605ª (*Théod.*, 1710) ; — Gerh., *Math.*, VII, 25 (*Init. rerum Mathem.*, 1714).

3. Gerh., *Math.*, VI, 134 (*Princip. quoddam gener.*, 1687).

4. *Ibid.*; Cf. *Ibid.*, 104 (mai 1702).

même. « Il est étonnant, écrit-il à Joh. Bernoulli en 1697, il est étonnant que personne (autant que je me souviens) ne l'ait employée avant moi[1]. » Leibniz revient à cette assertion dans une lettre de 1704 au même correspondant : « La loi, dit-il, à laquelle je donne le nom de continuité pouvait être connue de tous, si l'on eût fait attention ; mais le vrai, c'est que les meilleurs l'ont eux-mêmes ignorée[2]. » La même revendication est encore formulée et au cours de la « Théodicée » en 1710[3], et vers 1714 dans le traité qui s'intitule « Principes métaphysiques des sciences mathématiques » : « Lex continuatis a me primum prolata[4]. »

Bruno Tillmann a pourtant remarqué, et avec raison, que Leibniz connaissait Comenius, qu'il l'avait en admiration et que cet auteur de la Renaissance faisait[5] déjà des idées d'harmonie et de continuité un usage à peu près semblable à celui qu'il devait en faire lui-même[6]. Mais les indications de Comenius sur l'idée de continuité étaient encore vagues ; et, vu la force géniale avec laquelle Leibniz en a poussé l'analyse, il conservait le droit de la regarder comme sienne. La propriété des idées n'a rien de si rigoureux, et pour une raison assez simple : c'est qu'il est difficile de savoir où elles commencent et où elles finissent.

Quoi qu'il en soit de ce point, Leibniz est déjà familier avec la loi de continuité dès l'année 1670, époque à laquelle il compose la *Nouvelle hypothèse;* et, par les applications qu'il en fait, on voit qu'il est déjà maître de son idée[7]. Mais, chez lui, cette idée s'explicite toujours plus sous l'influence

---

1. GERH., *Math.*, III, 438.
2. *Ibid.*, 742.
3. ERD., 605ª.
4. GERH., *Math.*, VII, 25.
5. COMENIUS (1592-1671); Cf. COUTURAT, *Logique de Leibniz*, 571-572, F. Alcan, Paris, 1901.
6. *Leibniz' Verhältnis zur Renaissance in allgemeinen und zu Nizolius im besonderen*, pp. 8-22, Bonn, 1912. — Il y a même quelque chose de plus, s'il faut s'en tenir à cet ouvrage : la pensée de Comenius était déjà de faire de l'humanité une seule famille qui aurait le même fonds d'idées scientifiques, la même religion, à savoir le christianisme, et la même langue ; et cette œuvre devait être présidée par une académie mondiale de « prêtres de la sagesse » (Universel collegium). Par ce projet, d'ailleurs, Comenius ne faisait que traduire une idée dominante de la Renaissance.
7. GERH., *Math.*, VI, 70-71.

de la méditation. A un moment donné, il rêve au besoin de s'exprimer sur la portée scientifique de sa découverte. « Parmi les raisons architectoniques, dit-il vers la fin de l'*Essai d'anagogie*, celle de continuité est une des plus considérables[1]. » En 1692, il fait observer à Foucher que son « axiome, que la nature n'agit jamais par saut », est d'un grand usage dans la physique, « qu'il rectifie les loix du mouvement », « qu'il détruit les atomes, les petits repos, les globules du second élément et les autres semblables chimères[2] ». Dans une lettre à Joh. Bernoulli de 1697, il déclare que l'usage de la loi de continuité est immense, « usum late patentem ». Et, d'après les « principes des sciences mathématiques », dont j'ai déjà parlé, il n'est rien que cette loi n'enveloppe dans son domaine; « temps, extension, qualités, mouvements » : autant de formes du devenir qu'elle domine par quelque endroit[3]. De 1692 à 1701, Leibniz est en correspondance avec le marquis de l'Hospital et il a la joie de se voir confirmé dans son appréciation personnelle par cet éminent mathématicien : L'Hospital trouve que la loi de continuité « est d'une utilité merveilleuse pour résoudre plusieurs questions tant phisiques que mathématiques »[4].

Quel est donc le rôle si important que cette loi peut jouer dans le développement des sciences? Leibniz, comme on va voir, l'a glorieusement démontré soit par ses propres découvertes, soit par celles auxquelles il a ouvert la voie.

C'est à la loi de continuité que Leibniz doit la découverte du calcul différentiel. Le continu se divise à l'infini, c'est-à-dire au delà de toute fraction assignable. On peut donc considérer le repos comme une vitesse infiniment petite, et « la coïncidence » comme une distance infiniment petite; ainsi de l'égalité à l'égard de l'inégalité, de la ligne droite à l'égard de la courbe. A la limite, les contraires « s'évanouissent » et s'identifient l'un avec l'autre[5]. Dès lors, ils se

1. Gerh., *Phil.*, VII, 279.
2. F. Car., A, 89.
3. Gerh., *Math.*, VII, 25 (1714).
4. *Ibid.*, II, 303-304, 310.
5. Gerh., *Math.*, VI, 70-71 (*Nov. hypoth.*, 1671); *Ibid.*, 129-130 (*Princip.*

ramènent à la même espèce; et par suite, ils obéissent à la même règle : « la loi du repos est comme une espèce de la loi du mouvement, la loi de l'égalité comme une espèce de la loi de l'inégalité, la loi des courbes comme une espèce de la loi des droites [1] ». Et là se trouve le secret de ce fameux calcul que Leibniz a eu la gloire d'inventer [2]. La découverte et le principe dont elle émane y sont si intimement liés, que nommer ceci c'est aussi nommer cela; Leibniz lui-même ne l'entend pas autrement : « Utrumque complector lege continuitatis. »

La loi de continuité domine également les conceptions physiques de Leibniz. Outre les démonstrations d'optique que l'on a déjà mentionnées, c'est de là qu'il tient le concept fondamental de sa dynamique, celui dont tout le reste s'irradie comme de son centre. Les atomes et le vide qui les sépare? non. Ce sont là plus que des « ombres »; ce sont des « taches ». « Tout changement doit arriver par passages inassignables et jamais par saut. » Il faut donc qu'il y ait au fond des phénomènes physiques une sorte de fluide élastique, non point une matière passivement étendue, comme l'a rêvé Descartes, mais un principe naturellement extensible, une force qui se déploie sans jamais rompre son unité radicale [3]. Et voilà l'idée dont part Leibniz dans tous les essais qu'il a faits pour expliquer les mouvements du ciel et ceux de la terre, depuis la *Nouvelle hypothèse* jusqu'à l'*Illustratio tentaminis de motuum cœlestium Causis;* voilà l'idée qu'il se proposait de mettre en son plein jour dans sa *dynamique*

---

*quoddam gener.,* 1687); *Ibid.,* 249-250 (*Specim. dynamic.*); *Ibid.,* V, 325 (*Rép. à Niewentiit,* 1695), *Ibid.,* IV, 271 (*L. à Hermann,* juin 1705) : idée de limite; *Ibid.,* VII, 281-285 (*Specim. géom. luciferæ*); *Ibid.,* VIII, 149 (*L. à Wolf,* 1713); *Ibid.,* IV, 219 (*L. à Grandi,* 6 sept. 1713); *Ibid.,* VII, 25 (*Initia rerum...,* 1714) : passage très important.

1. Gerh., VII, 25 (*Initia rerum math...*).
2. V. plus bas, p. 129.
3. Cout., *Op.,* 618-623 (*Pacid. Phil.,* 1676); — Gerh., *Math.,* VI, 130-133 (*Princip. quoddam gener.,* 1687); *Ibid.,* 229 (*Essay de dyn.*); *Ibid.,* 248-249 (*Specim. dynamic.*); *Ibid.,* 491 (*Dyn.,* 1689); *Ibid.,* III, 565, 577, 583 (*Corresp. avec Joh. Bernoulli,* 1699); — Erd., 161ᵇ (*L. à Hoffmann,* 1699); — Gerh., *Phil.,* III, 497, 500, 505, 506-507, 527, 529, 532, 533-534 (*Corresp. avec Hartsoeker,* 1710-(1712); *Ibid., Math.,* IV, 219 (*L. à Grandi,* 6 sept. 1713); *Ibid., Phil.,* III, 635 *L. à Remond,* 11 fevr. 1715).

renouvelée[1]. La nature, pour lui, c'est une force qui se développe en se graduant à l'infini[2].

On sent aussi prévaloir la même source d'inspiration dans les thèses que défend Leibniz en biologie. S'il faut rejeter la métempsychose, si la mort n'est point une extinction, mais un « simple changement plus grand et plus prompt qu'à l'ordinaire », c'est au fond que « le passage de l'âme d'un corps dans un autre » et la cessation complète de la vie sont des « sauts étranges et inexplicables »; c'est que de pareilles transitions ne s'accordent pas avec la loi de continuité, aussi inviolable que le principe des identiques bien que pour des raisons toutes différentes[3]. De la même idée relève également la distinction Leibnizienne des espèces. Elles sont toutes faites sur le même plan fondamental et varient par degrés insensibles : si bien qu'il est « impossible de fixer le point où l'une commence et où l'autre cesse ». Nous croyons y réussir parfois ; mais généralement nos divisions ne sont que « provisionelles » : entre les frontières que nous établissons, il peut toujours y avoir et même il y a toujours des êtres intermédiaires[4].

Même genre de distinctions dans la hiérarchie des âmes. De l'animal le plus humble jusqu'à l'homme, il n'existe que « des apparences de sauts, et, pour ainsi dire, des chutes de musique »; au fond, tout s'y tient d'un bout à l'autre, et dans une telle continuité que les vraies lignes de démarcation échappent toujours à notre regard. Il est vrai que « jamais un pur animal ne deviendra homme ». Mais c'est là une surélévation qui n'enveloppe aucune impossibilité métaphysique ; si Dieu ne la permet pas, c'est uniquement par respect pour l'ordre qu'il a mis lui-même en son œuvre[5]. Il y a d'ailleurs quelque chose d'analogue dans les degrés de la connaissance. Elle peut décroître à l'infini et au point de ne plus se saisir elle-même ; à leur tour, ces pensées qui ne se

1. GERH., *Phil.*, III, 645 (*L. à Remond*, 22 juin 1715).
2. V. plus bas, p. 159-163.
3. GERH., *Phil.*, III, 635 (*L. à Remond*, 11 févr. 1715); V. plus bas, p. 285-287.
4. ERD., 391ᵇ-392ᵃ.
5. V. plus bas, p. 287, *références*.

pensent plus ne descendent jamais jusqu'à zéro ; mais elles demeurent susceptibles d'une diminution aussi grande que l'on voudra. La théorie des petites perceptions vient, comme le calcul différentiel, du principe de continuité[1].

Il existe encore quelque chose de plus vaste et de plus profond dans la portée que Leibniz attribue à cet « axiome » de perfection : il y a trouvé l'une des idées maîtresses de sa métaphysique, la plus importante peut-être, du moins la plus fièrement spiritualiste. Au gré de Descartes, il y a d'un côté l'esprit, de l'autre l'étendue : ces deux extrêmes s'élèvent également à la dignité de substance et entre eux ne s'interpose aucun intermédiaire d'aucune espèce, la rupture est brusque et radicale. Ce sont deux mondes au lieu d'un, deux mondes entièrement séparés, dont chacun s'enveloppe en quelque sorte dans le silence d'un vide infini. On n'imagine rien de plus violemment contraire à la beauté d'une œuvre qui vient tout droit de la Souveraine Sagesse. La nature n'est digne de Dieu, que si l'esprit et l'étendue se ramènent de quelque manière à l'unité d'un même principe; la nature n'est digne de Dieu que si elle est la réalisation différenciée à l'infini d'un seul type d'être qui est la pensée. Car c'est alors seulement que tout devient continu, c'est alors seulement « qu'on peut dire que c'est partout et toujours la même chose, aux degrés de perfection près »[2].

Hugens a été trop exclusivement positif et Malebranche trop timide. Ils n'ont point compris, comme L'Hospital, que la loi de continuité n'était pas seulement une vue a priori, mais qu'elle s'établissait « merveilleusement » par la fécondité de ses conséquences.

⁂

Dire que la nature se gradue à l'infini, c'est affirmer du même coup que, malgré son unité de fond, rien n'y res-

---

1. Gerh., *Phil.*, III, 339 (*L. à Lady Masham*, may 1704); — Cf. plus bas, p. 129.
2. Erd., 205ᵃ-205ᵇ (*N. Essais*).

semble entièrement à rien; et voilà le principe des indiscernables.

Ce ne sont pas seulement les espèces qui se différencient les unes des autres; ce sont aussi les individus, et même les portions de chaque individu, si minimes qu'elles puissent être.

Il n'est pas une feuille d'arbre, pas une goutte de lait qui n'ait une marque distinctive à laquelle on la puisse discerner de toutes les autres. Un jour, dit Leibniz, « un Gentilhomme d'esprit de mes amis, en parlant avec moi en présence de Madame l'Electrice dans le jardin de Herrenhausen, crut qu'il trouverait bien deux feuilles entièrement semblables. Madame l'Electrice l'en défia, et il courut long-tems en vain pour en chercher ». L'entreprise était impossible. Il n'y a pas deux fragments de matière qui ne se distinguent par quelque note intrinsèque, plus intime que celles de la distance et du temps.

On en peut dire autant des âmes elles-mêmes : et cela, non seulement parce que l'*Harmonie préétablie* demande qu'à toute différence de la matière corresponde quelque différence de la pensée qui assure le parallélisme du dedans et du dehors; mais encore à cause de cette variété infinie dans l'unité qui fait la beauté de la nature. Les âmes ne se ressemblent pas plus que les feuilles des forêts.

« Thomas d'Aquin a déjà remarqué que deux Anges ne sauraient estre parfaitement semblables. » Il faut généraliser cette manière de voir et l'étendre à tout ce qui existe, bien que pour une raison très différente. Il ne s'agit plus d'essences ni de l'emprisonnement des essences dans la « matière signée ». La question est tout autre. Elle ne relève plus de la logique du nécessaire, mais uniquement du « principe de perfection » : si rien ne ressemble à rien, c'est qu'ainsi le veut l'idée du meilleur. Dieu peut faire deux « corps égaux et en tout semblables ». Mais, comme il est souverainement sage, il n'en a point produit de tels, et par conséquent il n'y en a point dans la nature [1].

1. V. sur cette question : Cout., *Op.*, 618, 623 (*Pac. Phil.*) : le principe n'est pas formulé, mais Leib. y affleure; — Est., 36-37 (*Disc. de Mét.*, 1685).

Il est vrai qu'en raisonnant de cette sorte, Leibniz ne fait que perfectionner la thèse toute métaphysique qu'il soutenait en 1663 sur le principe d'individuation : « Pono igitur : omne individuum sua tota entitate individuatur[1]. » La vie intellectuelle de Leibniz est elle-même une réalisation géniale du principe de continuité.

Je demeure frappé, en finissant ce chapitre, de la foi robuste et virginale que professe Leibniz envers la raison, de la puissance de vue avec laquelle il a saisi l'ensemble de ses principes directeurs, et de la pénétration qu'il a mise à démêler la série des conséquences qui s'y rattachent. Il est de ceux qui ont « la vue bonne », qui « sentent les principes si déliés et en si grand nombre » d'où dérive la réalité ; il est également de ceux qui « ne raisonnent pas faux sur les principes qu'ils connaissent » : il possède à la fois « l'esprit de finesse » et « l'esprit géométrique », plus heureux que Descartes et que Spinoza qui n'avaient guère que le second et qui n'ont presque rien compris à l'infinie et délicate complexité des choses.

Je demeure également frappé du caractère esthétique que présente sa doctrine. Il n'a pas seulement le souci de la beauté ; il en possède le sens ; et sa manière intime de réagir aux objets rappelle par plus d'un aspect celle de Platon qu'il a d'ailleurs tant admiré. N'est-ce pas de cette source, par exemple, que vient ce qu'il nous dit de si curieux et de si fin sur l'ordre du monde, sur la loi de continuité et ses diverses applications? Ces choses-là ne sont pas seulement profondes par le principe qui les amène ; elles prennent dans le détail l'élégance d'une dentelle.

---

c'est net, et là se trouve déjà la comparaison avec S. Thomas ; — Cout., *Op.*, 9 (peu après 1680) ; — P. Jan., 601-602, 604-606, 611 (*Corresp. avec Arnauld*, 1686-1690) : il s'agit, quand on parle des dissemblables, non de notions abstraites, mais de « notions pleines et compréhensives », qui représentent tout l'individu dans sa réalité complète ; — Genn., *Phil.*, III, 176-177 (*L. à Burnett*, 7/17 mars 1696) : encore l'idée de S. Thomas et celle de Leib. ; — Erd., 311ᵃ-313ᵃ (*N. Essais*, 1704) ; *Ibid.*, 755ᵇ, 765ᵃ, 765ᵇ, 771ᵇ-772ᵃ (*Corresp. de Leib. et de Clarke*, 1715-1716).

1. Erd., 1ᵃ (*De principio individui*).

C'est donc un fait très complexe que le génie de Leibniz. Il représente en particulier une alliance heureuse de l'esprit occidental et de l'esprit grec. Son œuvre a la hardiesse et la puissance de nos cathédrales gothiques; mais, en même temps, elle rappelle la grâce toute rationnelle du Parthénon. Ce liseur infatigable ne s'est jamais laissé dérouter par les influences qu'il a subies; il a toujours cru que l'art, aussi bien que la sagesse, est un enfant de « Minerve aux yeux bleus ».

# CHAPITRE III

## L'ART D'INVENTER

I. Antécédents de la Caractéristique. — Méthode de Descartes; Essais de Raymond Lulle, de Pierre Grégoire le Toulousain, de John-Henri Alsted, d'Athanase Kircher.
II. Idée de la Caractéristique. — Tout réduire à des idées simples, comme l'a voulu Descartes; chercher toutes leurs combinaisons possibles; traduire leurs rapports en termes mathématiques; obtenir de cette sorte, non plus une caractéristique de l'Algèbre, mais une « caractéristique de la pensée humaine ».
III. En marche vers la Caractéristique. — 1° La passion de définir; — qu'est-ce qu'une définition? — deux sortes de définitions, les unes *réelles*, les autres *nominales*; 2° traitement des définitions : la déduction de Descartes, le syllogisme, la méthode expérimentale; 3° notation mathématique des rapports que soutiennent les idées entre elles; 4° échec de Leibniz.
IV. Avantages de la Caractéristique. — 1° Extension à tous les domaines de la pensée, Métaphysique et Morale aussi bien que Mathématique; 2° infaillibilité « toute mécanique » de la méthode; 3° fin des disputes stériles; 4° principe d'une Encyclopédie et d'une langue rationnelle; 5° difficultés insurmontables et de plus en plus senties par Leibniz lui-même.
V. Calcul des probabilités. — Comment il se rattache à la Caractéristique; — idée que s'en fait l'auteur; — le domaine de ce calcul égale l'incertain; — ce qu'a découvert Leibniz en cette matière; — et ce qui revient aux frères Bernoulli; — place qu'il faut faire à « L'art combinatoire » dans la logique de Leibniz.

Les principes directeurs de la pensée ont donc un rôle considérable. Non seulement ils apparaissent dans chaque démarche de l'esprit comme des frontières de lumière que l'on ne viole pas; mais encore ils entraînent toute une série de conséquences qui constituent une première ébauche de la métaphysique, de la physique et de la morale. Pourtant, si grande que soit leur fonction, ils ne suffisent pas à nous faire pénétrer dans « le détail » infini des choses; ils ne suffisent pas même à nous conduire dans la déduction des corollaires qui s'ensuivent. Il faut recourir aux règles de la logique, dès qu'on cesse de les considérer en eux-mêmes.

Qu'est-ce donc que la logique, d'après Leibniz ? « L'art d'inventer » plutôt que celui de « démontrer »[1]. Et tel est le point de vue d'où nous considérons ici cette partie de sa doctrine. On verra mieux de là ce qu'elle contient de neuf et d'utile ; on distinguera mieux également ce qu'il y a de spécial dans sa manière.

## I. — Antécédents de la caractéristique.

Descartes a trouvé la bonne voie ; mais son effort s'est interrompu bien avant le terme qu'il fallait toucher. Et l'un des plus grands reproches qu'on puisse lui faire, ce n'est pas d'avoir laissé l'algèbre dans un état défectueux ; c'est de ne l'avoir pas dépassée[2]. Sans doute, il a fait une tentative dans ce sens, comme en témoignent et ses *Règles pour la direction de l'esprit* et son *Discours sur la méthode*. Mais, si l'on trouve chez lui « de beaux préceptes », on y cherche en vain « le moyen de les observer ». « Il faut, dit-il, comprendre toute chose clairement et distinctement ; il faut procéder du simple au complexe ; il faut diviser nos pensées, etc. ». « Cela ne nous sert pas beaucoup, si l'on ne dit rien davantage. Car lorsque la division de nos pensées n'est pas bien faite, elle brouille plus qu'elle n'éclaire. Il faut qu'un écuier tranchant sçache les jointures, sans cela il déchirera les viandes au lieu de les couper. » Dès qu'il s'agit de dépasser le domaine purement mathématique, Descartes n'a plus que de vagues « conseils » à nous donner ; et c'est manifestement trop peu ; le hasard et le tâtonne-

---

1. End., 85ᵇ-86ᵃ : « ... ars inveniendi, non quidem ut in priore parte, utrum propositio vel ratiocinatio oblata sit vera, sed, quod est difficilius, qualis ipsa sit formanda, seu quomodo resolvi possit problema, quod continet propositionem imperfectam, a solvente supplendam. » Ces paroles traduisent une direction fondamentale du génie de Leibniz, toujours tendu vers l'avenir, bien que toujours inspiré du passé. *Ex vetere nova :* telle est sa devise. — Cf. F. Cau. A, *Lettres et op.*, p. 279 r « Pour éclairer l'entendement, il faut perfectionner l'art de raisonner, c'est-à-dire la méthode de juger et *d'inventer qui est la véritable logique* et comme la source de toutes les connaissances » ; Cout., *Op.*, 228-229 (*Nouvelles ouvertures*).
2. V. plus bas, p. 138-140.

ment ne suffisent pas à préparer le succès de la recherche scientifique. « La véritable méthode nous doit fournir » l'art de raisonner, en métaphysique et en morale, aussi sûrement que dans la détermination des valeurs quantitatives. Elle doit nous donner « un fil Ariadnes » qui nous permette de passer rigoureusement d'une notion quelconque à ses composantes; et ce fil ne peut être que « mécanique », analogue aux signes dont on se sert pour rattacher entre eux les membres d'une même équation. Là se trouve l'unique moyen d'éviter les équivoques et les faux aiguillages qui s'accusent à tout moment chez les philosophes et les moralistes, que l'on trouve par exemple dans l'*Éthique* d'un Spinoza [1]; là réside le secret de l'avancement de toutes nos connaissances, à quelque ordre qu'elles appartiennent. Raisonner, c'est calculer : telle est la devise de la logique future.

L'algèbre ordinaire « n'est autre chose que la caractéristique des nombres indéterminés ou des grandeurs ». Il faut en construire une autre dont la première ne représente qu'une espèce et qui s'étende à tous les objets possibles : il faut créer une algèbre qui soit la caractéristique de la pensée humaine [2].

Ce travail n'est pas tout entier à faire; on en connaît du

---

1. Gerh., *Math.*, IV, 461 (*L. à Tschirnhaus*, 1678); Cout., *Op.*, 344 (*Elementa rationis*, 1686).
2. Gerh., *Math.*, V, 47-50 (*De arte combinatoria*, 1666); — Cout., *Op.*, 98-99 (*De la méthode de l'universalité*, vers 1674); — Gerh., *Math.*, I, 84-85 (*L. à Old.*, 1675); *Ibid.*, 121 (*L. à Old.*, 1676); *Ibid.*, 180-181 (*L. à Galloys*, 1677); *Ibid.*, 186-187 (*L. à Galloys*, 1678); — Cout., *loc. cit.*, 351 (*Analysis linguarum*, 1678); — Gerh., *Math.*, IV, 460 (*L. à Tschirnhaus*, 1678); *Ibid.*, II, 20-21 (*L. à Hugens*, 1679); cf., dans le même vol., 25, 28-30, 35, 37; *Ibid.*, V, 141 (*Caracteristica geometrica*, 1679); *Ibid.*, Phil., IV, 282 (*L. à Philippi*, 1679); *Ibid.*, I, 328 (*L. à Malebranche*, 1679); *Ibid.*, 335-337 (*L. au même*, 1679); *Ibid.*, IV, 319 (*Remarques sur l'abrégé de la vie de M. des Cartes*); *Ibid.*, Math., IV, 481-482 (*L. à Tschirnhaus*, 1679); — Cout., *Op.*, 333-340 (*Elementa rationis*, vers 1686); — Gerh., *Math.*, VII, 16-17 (*Inventorium mathematicum*, probablement un peu avant 1687); *Ibid.*, 205-206 (*De ortu, progressu et natura Algebræ*, probablement au delà de 1687); *Ibid.*, II, 107 (*L. à Hugens*, 1691); *Ibid.*, 300 (*L. à L'Hospital*, 1695); *Ibid.*, III, 434 (*L. à Joh. Bernoulli*, 1697); *Ibid.*, VII, 227 (*Explication de l'Arithmétique binaire*, postérieur à 1701); *Ibid.*, 17 (*Initia rerum mathematicarum Metaphysica*, 1714).

moins l'idée initiale. Raymond Lulle, dans son « Grand art », s'est déjà demandé de combien de manières nos concepts peuvent se combiner entre eux ; et, pour résoudre ce problème, il a dressé une table des catégories « réparties en *six* classes, chaque classe comprenant *neuf* catégories, représentées par *neuf* lettres de l'alphabet »[1]. D'autres sont venus après lui qui ont employé leur talent à perfectionner sa méthode : « L'art admirable »[2] de Pierre Grégoire le Toulousain, « L'art mnémonique de Joh. Henri Alsted[3], « La combinatoire » du P. Athanase Kircher[4] représentent autant d'efforts dont le but est de faire valoir la pensée du célèbre Espagnol. Mais aucune de ces tentatives intéressantes n'a réussi ni ne pouvait réussir. Elles étaient entachées d'arbitraire et trop bien appropriées aux besoins de la rhétorique pour devenir la base d'une connaissance exhaustive des choses[5].

Après cette série d'essais plus ou moins évocateurs, le problème reste à résoudre ; et voici comment on peut l'entendre.

## II. — IDÉE DE LA CARACTÉRISTIQUE.

Il doit y avoir des concepts simples, comme l'a dit Descartes, c'est-à-dire des concepts qui résistent à toute division, qui n'ont plus qu'un élément et qui de ce chef sont « in-

---

1. RAYMOND LULLE (1234-1315) a composé *La Kabbale* et *Ars magna* : V. GERH., *Math.*, V, 39 (*De arte combinatoria*) ; — Cf. COUT., *Op.*, 177, 330, 355, 435, 511, 561 : Leibniz s'est beaucoup occupé de Lulle.
2. « Syntaxis artis mirabilis » (GERH., *Math.*, V, 41 ; COUT., *Op.*, 355).
3. « Thesaurus artis memorativæ » (GERH., *Math.*, V, 39 ; COUT., *Op.*, 330, 354). Comme l'indique la dernière de ces références, Alsted écrivit également une Encyclopédie : Joh. Henricus Alstedius Encyclopediæ suæ editionem 2 dans anno 1630...
4. Le système de Kircher parut d'abord à Rome en 1663 sous ce titre complexe : *Polygraphia nova et universalis ex combinatoria arte detecta* ; puis à Amsterdam en 1669 avec cet autre titre : *Ars magna sciendi seu nova porta scientiarum*, ou *Ars magna sciendi sive combinatoria*. Sous cette seconde et dernière forme, l'idée de « l'immortel Kircher » n'était encore qu'une promesse au moment où Leibniz écrivait sa combinatoire (GERH., *Math.*, V, 41). Cf. COUT., *Op.*, 223, 280, 536, 537, 561. Kircher, voilà une autre source à laquelle Leibniz a puisé avec une certaine prédilection.
5. GERH., *Math.*, V, 40-41 ; Cf. COUT., *Op.*, 177.

définibles ». Car les notions qui constituent le champ de notre pensée sont multiples; elles forment un immense composé, et l'on ne conçoit pas un composé qui ne se ramène de quelque manière à des composantes indivisibles : ce serait une contradiction. La simplicité est toujours le dernier mot de la pluralité[1].

En outre, il n'est pas nécessaire, pour expliquer l'infinité du savoir, de supposer que ces concepts simples sont très nombreux. Car « il suffit de quelques éléments pour produire une série de combinaisons aussi grande que l'on voudra » : On n'en peut donner comme exemple les lettres de notre alphabet. Il est même raisonnable de croire à la brièveté du catalogue de ces notions « génératrices », et pour un motif qui touche aux fondements mêmes de la philosophie. « La nature a coutume de recourir aux moyens les plus simples pour produire les plus grands effets »; la loi dominante de ses démarches, c'est celle de l'économie[2].

D'autre part, on ne peut *imaginer* entre les concepts « primitifs » ou simples aucune combinaison qui présente un conflit logique et qui par là même ne soit *réellement* possible. Car à quoi peut tenir l'incompatibilité qui se révèle entre certains termes de notre connaissance? D'où vient la contradiction? il n'y en a pas dans « la suite simple de l'être possible »; elle ne se produit que dans « les accidents » qui le déterminent et dont chacun « procède, pour ainsi dire, à la circonscription effective de son propre territoire » : la contradiction a pour cause la limitation de l'être[3]. C'est ce que Platon disait déjà dans son *Sophiste;* et l'on sait avec quelle merveilleuse souplesse d'esprit il a

---

1. GERH., *Math.*, V, 36-37, 42 (*De arte comb.*, 1666); — COUT., *Op.*, 167 (*De arte inveniendi*); — GERH., *Math.*, I, 85 (*L. à Old.*, 1675); *Ibid.*, 121 (*L. à Old.*, 1676); *Ibid.*, IV, 461 (*L. à Tschirnhaus*, 1678); *Ibid.*, IV, 482 (*L. au même*, 1679); *Ibid.*, VII, 101-120 (*Recherches sur les nombres premiers*); — COUT., *Op.*, 27-28, 33-34; *Ibid., loc. cit.*, 346-347 (*Elementa rationis*, 1686); *Ibid., loc. cit.*, 373 (*De analysi notionum et verit.*, 1686); *Ibid., loc. cit.*, 417 (*Préf. à l'Encyclop.*); *Ibid., loc. cit.*, 429-430, 435, 513.
2. COUT., *Op.*, 430 (*De organo sive arte magna cogitandi*); *Ibid.*, 277.
3. F. CAR., p. 28 (*Réfut. inéd. de Spinoza par Leibniz*); — ERD., 138ᵃ (*Réflexions sur l'essai de Locke*, 1696).

développé cette idée fondamentale. Leibniz ne manque pas d'en remarquer la portée métaphysique.

Dès le 28 décembre 1675, il s'exprime en ces termes dans une lettre à Oldenburg : « [on sait] ce que les scolastiques, Valérien le Grand, Descartes et d'autres ont déduit de la notion de cet Être dont l'essence est d'exister ; ces considérations branlent sur leur base aussi longtemps qu'on n'a pas établi la possibilité de cet Être. Évidemment, cette condition une fois donnée, supposé que l'idée d'Être parfait soit réelle, son existence effective est prouvée du même coup[1]. » Mais c'est là précisément le point que personne encore n'a mis hors de cause. Leibniz revient à la même remarque en 1676, dans sa réponse à Honorat Fabre : « Que Dieu, dit-il, soit connu par soi, je vous le concéderais volontiers, à vous et à Descartes, s'il était démontré que le concept d'Être infini n'implique pas contradiction[2]. » Cet achèvement de la preuve ontologique, Leibniz croit le connaître déjà : il vient, d'après lui, de ce que « toutes les formes simples sont compatibles entre elles ». Quand on demandait à Spinoza s'il n'y aurait pas une contradiction dans l'idée « d'être absolument infini et souverainement parfait », il répondait avec un superbe dédain : « Cette supposition est absurde[3]. » Leibniz a la foi plus difficile et moins tranchante : il éprouve le besoin de savoir pourquoi l'idée d'Être parfait est possible ; et il en donne cette raison dans un fragment qu'il a dû soumettre à Spinoza lui-même au cours de sa visite à la Haye : « Toutes les perfections sont compatibles entre elles ; elles peuvent donc exister dans le même sujet[4]. » On sait que Kant ne devait pas se contenter de cette solution ; elle ne laissa pas de marquer un progrès dans l'analyse de l'idée de Dieu.

1. GERH., *Math.*, I, 85 ; — ERD., 78 (*L. à Conring*, 1678).
2. GERH., *Math.*, VI, 98.
3. ETH., I, *Prop.*, 11, 2ᵉ *démonstr.*
4. GERH., *Phil.*, VII, 261-262 (*Quod Ens perfectissimum existit*, 1676) ; — F. CAR., B, 32.

Le terrain est préparé maintenant pour la solution du problème. On sait qu'il existe un certain nombre de concepts simples, et qui ne doit pas être très considérable ; on sait également qu'il ne se produit entre eux aucune espèce de combinaison qui ne soit vraiment possible. Reste à trouver le « fil d'Ariane » par lequel on peut aller de l'un quelconque de ces concepts à toutes les combinaisons où il entre comme élément.

Supposez que la liste des concepts simples soit déjà connue : on donne à chacun d'eux un signe quelconque, un numéro par exemple ; et l'on en compose une première classe. Puis, on les combine deux à deux : ce qui forme une seconde classe ; on en obtient une troisième en les combinant trois à trois : ainsi de suite à l'indéfini.

Toutes ces classes, excepté la première, comprenant un certain nombre de combinaisons, on représente chacune d'elles par le produit des chiffres qui la composent et qui symbolisent eux-mêmes des concepts simples ; puis, au groupe qu'elle constitue on adjoint un numéro d'ordre. Soient, par exemple, les quatre chiffres suivants : 3, 5, 7, 9. Imaginons qu'ils représentent quatre concepts simples ; leur seconde classe pourra se constituer de cette manière : (1) 3. 5, (2) 3. 7, (3) 3. 9, (4) 5. 7, (5) 5. 9, (6) 7. 9.

Cette mise en ordre une fois donnée, il est facile de voir comment on peut établir entre les termes simples et leurs diverses combinaisons des trajets qui ne trompent pas. Il suffit, pour y réussir, d'employer, par exemple, une série de fractions où le dénominateur soit le numéro de la classe d'où relève le terme considéré, et le numérateur le numéro de la combinaison qui revient à ce terme dans la même classe. Par suite, d'après les chiffres admis ici, $\frac{1}{2}$ représentera la première combinaison de la deuxième classe, $\frac{2}{3}$ la deuxième combinaison de la troisième classe ; ainsi des autres cas à l'indéfini.

On peut donc aller d'un concept simple quelconque à tous les sujets dans lesquels il entre et discerner par là même les divers rapports qu'il y soutient. De plus et par suite, comme chaque sujet n'est qu'une synthèse ou « complexion » de concepts simples, on peut aller de chacun d'eux à tous les autres[1].

De quelque côté que l'on parte, que l'on commence par le simple ou le composé, la piste qui s'ouvre est toujours infinie et ne saurait avoir qu'un terme, qui est une science exhaustive des choses, au gré de Leibniz. Descartes avait raison quand il rêvait d'un si bel idéal, bien qu'il fût encore loin de sa réalisation[2].

Il est possible de dire que, à l'étape suprême de son développement intellectuel, l'homme pensera « sans images » comme « les anges », que ses raisonnements seront « infaillibles » dans la mesure où il pratiquera la méthode voulue, et que sa science, devenue semblable à celle de Dieu, se fera par « les causes premières et la dernière raison des choses ». Car que sont en définitive les « notions irréductibles ou « concepts simples » ? ils constituent le fond même et comme « la racine » de la pensée divine[3].

### III. — En marche vers la caractéristique.

Mais les procédés que l'on vient d'indiquer ne sont qu'une sorte de schème qui reste à remplir. Il faut d'abord instituer, par une série d'analyses, le catalogue des concepts simples ; il faut ensuite traduire en signes mathématiques les rapports entre ces concepts que de telles analyses auront mis à découvert : c'est alors seulement que la caractéristique universelle se trouvera constituée. La tâche est

---

1. Gerh., *Math.*, V, 42-43 ; — Cf. Court., *Op.*, 277 (*Lingua gener.*, 1678) ; comme on pourra le voir plus loin, Leibniz ne se servira pas toujours du langage *numérique* pour exprimer la même idée.
2. Gerh., *Math.*, V, 43-45.
3. Gerh., *Phil.*, IV, 296 (*L. à la duchesse Sophie*, vers 1680) ; — Erd., 80ᵇ (*Meditationes*, 1684).

immense; et la vie d'un homme n'y saurait suffire : Leibniz le sent de plus en plus. Il se met à l'œuvre pourtant; il y revient à diverses reprises et jusqu'au bout de sa carrière, persuadé qu'on ne jette dans les esprits aucun germe de vérité qui ne donne un jour son fruit [1].

\*
\*  \*

Pour résoudre le premier problème, il faut entreprendre « un inventaire logique » de l'esprit humain [2]. Cet inventaire fournira les définitions des choses ou permettra tout au moins de les obtenir [3]. Ces définitions elles-mêmes une fois données, on pénétrera par voie analytique jusqu'aux « concepts originaires » [4]; et l'on pourra constituer le véritable « alphabet des pensées » [5].

Aussi Leibniz a-t-il eu ce que l'on pourrait appeler la passion de définir, et à ce point que l'on en est choqué au premier abord. Vétilles! se dit-on, malgré soi; vestiges trop apparents de l'esprit scolastique, subtilités enfantines et qui ne mènent à rien! On revient de cette impression, du moins en partie, lorsqu'on se rend compte que le but de Leibniz est de fonder sa « caractéristique universelle ». Voyons-le donc à l'œuvre : il s'y montre admirable et d'ardeur et de constance.

Il s'applique « dès son enfance » à faire des définitions [6]. On en trouve déjà une longue liste dans sa « combinatoire » [7]. L'examen critique des πρῶτα d'Euclide [8], les remar-

---

1. Erd., 674ᵇ (*De la sagesse*, avant 1667); *Ibid.*, 83ᵃ (*De scientia universali*); *Ibid.*, 85ᵃ (*Initia scientiæ generalis*); — Cout., *Op.*, 215; *Ibid.*, 219-222 (Plan de la science génér., 1678); — Erd., 79 (*Medit...*).
2. Cout., *Op.*, 215, 219, 228-229.
3. Gerh., *Math.*, IV, 462 (1678).
4. Gerh., V, 42 (1666); — Cout., *Op.*, 215-219.
5. Cout., *Op.*, 430, 435.
6. Klopp, I, *Introd.*, p. xxiv (9 août 1694): « Definitionum condendarum cura mihi a puero fuit maxima ».
7. Gerh., *Math.*, V, 10-15 (1666).
8. *Ibid.*, 183-211.

ques « sur la grandeur et la mesure [1] » ; les « principes mathématiques » [2], le « spécimen de géométrie lucifère » [3], les « principes métaphysiques de la mathématique » [4], le « corpus Juris reconcinandum » [5], les « notions de droit et de justice » [6] : autant d'essais où les définitions prennent toute la place ou du moins commandent tout le reste. On a trouvé d'ailleurs, dans les manuscrits inédits de Leibniz, toute une série de feuilles du même genre qui se rapportent à des dates très diverses et qui concernent tantôt la métaphysique elle-même, tantôt les mathématiques et souvent le droit et la morale [7]. C'est aux années 1702-1704 que remonte la table la plus complète de définitions qu'ait donnée Leibniz. Elle comprend tout l'ensemble des connaissances humaines : la métaphysique, la mathématique, les sciences de la nature, la morale et la religion [8]. Jamais Leibniz, il est vrai, n'a mieux montré que par là combien il était loin du but : nombre des définitions qu'il rassemble en cet endroit sont clairement insuffisantes ; d'autres vont même jusqu'à rappeler cette hardiesse dogmatique dans l'indistinction que l'on trouve trop souvent chez les physiciens du moyen âge. Mais, du point de vue historique, ces tentatives n'en gardent pas moins un très vif intérêt : elles nous prouvent à merveille le désir tenace et mêlé d'impatience qui soutenait Leibniz dans la poursuite de son projet. Il avait, sans nul doute, le sentiment des imperfections de son travail ; mais il allait toujours, persuadé que son effort, bien que très défectueux, serait comme un échelon dont les autres se serviraient dans la suite pour donner quelque chose de meilleur. « Perennis philosophia ».

Non content de construire lui-même des définitions, Leibniz en emprunte où il peut. S'il critique le premier

1. Gerh., *Math.*, VII, 35-40.
2. *Ibid.*, 29-35.
3. *Ibid.*, 260 et sqq.
4. *Ibid.*, 17-29 (vers 1714).
5. Klopp, I, 31-36, 100 (vers 1669).
6. Erd., 118ᵃ-120ᵇ (1693).
7. Cout., *Op.*, 330 (1679), 331, 407, 408-409, 516-517, 524-529, 538-539, 540, 556, 563, 567.
8. Cout., *Op.*, 437-510.

livre d'Euclide, c'est pour en obtenir des notions plus exactes. Au cours de l'année 1677, il écrit en ces termes à l'abbé Galloys : « Je ne sçay si vous vous estes souvenu, Monsieur, de faire extraire les definitions du dictionnaire de l'Académie Française. Je souhaiterais fort moy même de les avoir par vostre faveur. En voulant aller d'Angleterre en Hollande j'ay esté retenu quelque temps dans la Tamise par les vents contraires. En ce temps là ne sçachant que faire et n'ayant personne dans le vaisseau que des mariniers, je meditois sur ces choses là, et surtout je songeois à mon vieux dessein d'une langue ou écriture rationnelle, dont le moindre effect serait l'universalité et la communication de différentes nations [1]. » Vers la même époque, il médite sur les théories morales de Descartes et de Spinoza ; et ce qu'il en retire, c'est un certain nombre de définitions qu'il fait siennes, comme en témoignent le « De beata vita » et le « De affectibus » [2]. M. L. Couturat, qui a recueilli avec tant de soin les textes de Leibniz relatifs à la logique, mentionne aussi dans ses manuscrits des listes d'auteurs auxquels il s'agissait d'emprunter des définitions et en tous genres [3]. « Nova et vetera » : telle était la devise du philosophe de Hanovre en cette matière, plus encore peut-être que dans les autres.

En même temps, il travaille sans relâche, et par tous les moyens, à provoquer les recherches d'où peut sortir, entre autres profits, un ensemble de notions plus complet, plus logique et plus précis. Dès 1668, il conçoit le projet de publier des *Semestres littéraires* dont le but principal est d'obtenir « un inventaire de toutes les connaissances écrites » [4]. Et cette idée de sa jeunesse ne le quitte plus. Elle s'élargit, au contraire, avec les années, sans cesse présente et toujours fertile en nouvelles initiatives. Il écrit des *Mémoires* et

---

1. Gerh., *Math.*, I, 180-181 (*L. à Galloys*, 1677).
2. V. sur ce point, L. Cout., *La logique de Leibniz*, p. 169; Cf. Id., *Op.*, 330. — Trendelenburg a définitivement établi en comparant le *De vita beata* au *Traité des passions* et aux lettres de Descartes à la reine Christine et à la princesse Elizabeth, que cet opuscule « n'était qu'un résumé analytique et historique de la morale cartésienne ».
3. Cout., *Op.*, 217, 244.
4. Klopp, I, 40, 45, 48, 53, 86, 89; — Gerh., *Phil.*, VII, 160; — F. Car., A, 286-288. — Cf. L. Cout., *La logique de L.*, p. 502-503.

multiplie les discours pour la faire entrer dans le cours de la vie[1]; il demande aux savants de vouloir bien collaborer à cet « art d'inventer » dont il a déjà découvert « les secrets admirables »[2]. Il intercède auprès des monarques, des princes et des princesses. L'un de ses désirs les plus ardents est aussi que l'on étudie les langues orientales pour avoir de nouvelles lumières[3]. Rien ne ralentit son courage, ni les objections, ni les échecs, ni les disgrâces. C'est qu'il y va du succès de la « Caractéristique »; c'est qu'il s'agit de préparer peu à peu cet « atlas » logique des notions humaines sans lequel les sciences ne peuvent, comme par le passé, que se mouvoir dans le chaos[4].

Mais, pour réaliser « le grand œuvre », il ne suffit pas

---

1. Dut., V, 183 (*Cogitata quædam de ratione perficiendi et emendandi Encyclopædiam Alstedii*, 1671); — Gerh., *Phil.*, VII, 37-38 (*Encyclopædia ex sequentibus autoribus propriisque medit. delineanda*) : à remarquer d'ailleurs la prodigieuse érudition de Leibniz; — Klopp, III, 308-312 (*Meth. physica. Characteristica. Emendanda. Societas sive ordo*, mai 1676) : cet écrit, que donne aussi F. Car. (VII, 101-105), paraît destiné à qq. grand personnage; — Cout., *Op.*, 30-41 (*Consilium de Encyclopædia nova...*, de 1672 à 1679); — Klopp, III, 312 (*Consultatio de naturæ cognitione ad vitæ usus promovenda...*, publié peu après le retour de Leibniz en Allemagne); voir aussi F. Car., VII, 105-126; — Gerh., *Phil.*, VII, 184 (*Historia et commendatio linguæ Characteristicæ universalis...*, vers 1679); — Erd., 415-418 (*N. Essais*, 1704).

2. F. Car., A, 274-292 (*Mémoire pour les personnes éclairées et de bonne intention*); — Bodem., 90 (*Discours sur un plan nouveau d'une science certaine pour demander avis et assistance aux plus intelligens*); *Ibid.*, 99 (*Essay sur un nouveau plan...*); — Gerh., *Phil.*, VII, 53 (*Dial. de rerum arcanis ou Guilielmi Pacidii*); *Ibid.*, 57-58 (*Initia et specimina scientiæ generalis*). — Cette série d'opuscules est de la période 1672-1679, comme la *Consultatio*.

3. Gerh., *Phil.*, VII, 174 (*Discours touchant la méth. de la certitude et l'art d'inventer*, vers 1680); — Erd., 165 (*Préceptes pour avancer les sciences*, de la même époque); — F. Car., VII, 467-479 (*Mém. sur l'organ. de l'enseignement en Russie adressé au Czar*, 1708); *Ibid.*, 514 et sqq. (*Projet d'une lettre à Pierre le Grand*, 1716); *Ibid.*, 267-273, (Documents où il s'agit de fonder à Vienne une société des sciences, de 1712 à 1714); *Ibid.*, 218-277 (Doc. sur une Académie en Saxe); *Ibid.*, 278-311 (Fondation d'une Acad. à Berlin); *Ibid.*, 312-385 (Doc. sur une Acad. des sciences à Vienne); *Ibid.*, 287 (A la Reine Charlotte, sur la culture des vers à soie). — Évidemment, le but unique de ces démarches n'est pas d'obtenir des définitions; elles ont leur valeur par elles-mêmes; mais elles tendent toutes à cet examen comparatif des notions humaines dont la caractéristique avait besoin.

4. Erd., 327ᵃ (*N. Essais*) : « On enregistrera avec le tems et mettra en dictionnaires et en grammaires toutes les langues de l'univers, et on les comparera entre elles. » — Cf. *Ibid.*, 704ᵃ-704ᵇ (*L. à Remond*, 26 aoust 1714).

d'avoir des définitions ; il faut encore les traiter de manière à découvrir les concepts primitifs qu'elles renferment. Et cet autre travail demande d'abord que l'on en fasse connaître la nature et les espèces.

Dès l'année 1667, Leibniz introduit une nouvelle manière de définir, qui est d'origine mathématique. A son gré, l'usage traditionnel où l'on procède « par le moyen du genre et de la différence », est loin de mériter le discrédit dans lequel on l'a vu descendre depuis un certain temps ». il serait « avantageux pour bien des raisons que les définitions puissent être de deux termes ». « L'art de ranger les choses en genres et espèces... sert beaucoup, tant au jugement qu'à la mémoire. » On sait également « de quelle conséquence cela est dans la Botanique, sans parler des animaux et autres substances, et sans parler aussi des êtres moraux et notionaux comme quelques-uns les appellent »[1]. Cependant, les définitions dichotomiques ne sont pas toujours les plus simples ni les plus rigoureuses ; et les mathématiciens, ces « maîtres dans l'art de raisonner », s'en servent fort peu. Le meilleur moyen de définir est de se borner aux « conditions nécessaires et suffisantes pour démontrer toutes les propriétés de l'objet défini ». Le thème qu'il s'agit d'éclairir se trouve ainsi ramené à son minimum de « réquisits », et de telle sorte que l'analyse en peut faire jaillir tout le reste[2].

Il faut distinguer deux sortes de définitions, si l'on ne veut pas se conduire à l'aveugle dans le labyrinthe des idées.

Il y a d'abord des définitions réelles, c'est-à-dire qui « font connaître que le défini est possible ». Telles sont celles que l'analyse rationnelle peut réduire à des éléments simples ; car, comme on l'a déjà montré plus haut, entre des termes de ce genre il ne se glisse jamais de

---

1. Erd., 304ᵃ⁻ᵇ N. Essais, 1704).
2. Erd., 674ᵃ (De la sagesse, 1667) ; — Cour., Op., 50 (Elementa calculi, avril 1679) ; — Gerh., Phil., IV, 401, 403 ; — Dut., I, 17 et sqq. (Duæ epistolæ ad Lafferum de Trinitate et definitionibus mathematicis etc.) ; Ibid., I, 22 (1695).

contradiction[1]. Telles sont aussi les définitions qui découlent d'un possible déjà connu comme tel. Par exemple, « quand on dit que le cercle est une figure décrite par une droite qui se meut dans un plan, en sorte qu'une extrémité demeure en repos, on connoist la cause » et par là même « la réalité du cercle ». On peut raisonner d'une manière analogue au sujet des autres figures géométriques, telles que « la parabole, l'hyperbole, la conchoïde, la spirale ». Car elles ne supposent, pour être vraies, qu'une seule condition, « à savoir que quelques lignes soient données ».

Ces définitions relèvent de l'entendement; c'est là qu'elles prennent leur source. Elles échappent donc à la loi du devenir; elles sont à jamais immuables, soit en elles-mêmes, soit dans les corollaires qui s'ensuivent. On ne conçoit pas que les diamètres d'un cercle puissent devenir inégaux; on ne conçoit pas non plus que la somme des angles d'un triangle cesse jamais de valoir deux droits. Ils sont plus forts « que le diamant », comme le disait Platon, les anneaux qui rattachent entre eux les termes des propositions de cet ordre. Hobbes et Locke ont passé à côté de la raison, en soutenant qu'il n'y a que des « conséquences d'images ».

Il existe d'autres définitions que l'on peut appeler nominales. Ce sont celles qui, tout en présentant les caractères qui suffisent à discerner l'objet défini, ne font pas connaître sa structure logique. Telle est la manière dont nous savons « qu'il fera jour demain » ou que nous sommes tous destinés à mourir; telle est également la définition que l'on donne de l'or, lorsqu'on dit que « c'est le plus pesant de tous les corps connus ici-bas ». « Quand je pense à un corps » de cette espèce, je suis sûrement en présence d'un système fondamental de qualités d'où vient l'apparence que j'y constate. Mais cette constitution intérieure, ma définition ne suffit pas à me la faire découvrir; si je crois à sa justesse, c'est uniquement sur la foi d'une expérience « cent mille

---

1. Même sentiment dans Spinoza (*De Intellectus emend.*, I, 19-20, éd. Van Vloten) : pour Spinoza également, la simplicité d'un concept est la marque infaillible de sa possibilité et de sa réalité.

fois » répétée et toujours légitimée : j'en ai « une certitude de fait », rien de plus¹.

Cette seconde espèce de définitions relève de l'expérience sensible. Par suite, elles n'ont rien de la fixité que présentent les premières ; vu que les sens ne nous révèlent que du contingent². « Le Houx, disons-nous, est un arbrisseau qui a les feuilles dansés piquantes et vertes en tout temps et le fruit petit et rouge ; si une autre plante se trouvait un jour avec les mêmes propriétés, il faudrait adjouter encore quelque autre différence. » Les définitions nominales sont toujours plus ou moins « provisionelles ». « Le sucre est blanc, ce que je vois est blanc, donc c'est du sucre » : ainsi raisonnent les enfants ; il nous arrive très souvent de commettre le même sophisme. De quelques ressemblances accidentelles que nous avons remarquées dans un certain nombre d'objets, nous concluons à leur identité de nature ; et l'expérience vient ensuite démasquer notre faux savoir³.

Au sens de Leibniz, cette distinction entre les définitions réelles et nominales projette une lumière décisive sur la marche de notre esprit. Il y voit comme la pierre de touche des idées vraies, cherchée avec tant d'ardeur par Spinoza⁴ ; et c'est pour avoir ignoré ce contrôle infaillible, que Descartes n'a pas abouti dans l'exposé de sa preuve ontologique. « Je tiens que pour être asseuré, que ce que je conclus de quelque définition est véritable, il faut sçavoir que cette notion est possible. Car si elle implique contradiction, on en peut conclure en même temps des choses opposées. » Sans doute, « c'est le privilège de l'Estre souverain de n'avoir besoin que de son essence ou de sa possibilité pour exister.

---

1. C'est l'idée que développe Spinoza dans sa connaissance du second degré, *ab experientia vaga*, éd. Van Vloten, t. I, p. 7-8.
2. GERH., *Math.*, IV, 461-462 (*L. à Tschirnhaus*, 1678) ; — ERD., 79-80 (*Medit.*, 1684) ; — F. CAR., *Lettres et op.*, A, 55-57 (1686) ; — GERH., *Math.*, II, 51-52 (*L. à Hugens*, 3-13 oct. 1690) ; — ERD., 138ª (*Réflexions sur l'Essai de l'entendement humain de M. Locke*, 1696) ; *Ibid.*, 305-306, 307, 310, 318ᵇ, 353ª, 358ª, 359ª (*N. Essais*, 1701). — COUT., 431-432 (*De organo sive arte magna cogitandi*).
3. COUT., *Op.*, 182-183 ; Cf. *Ibid.*, 337 (*Elementa rationis*, 1686) ; *Ibid.*, 329.
4. *De intellectus emend.*, I, 12, 15-20 ; *Eth.*, II, 43, éd. Van Vloten : Le critère de la vérité qui est expliqué dans ces passages est au fond celui dont parle Leibniz.

Mais pour achever la démonstration à la rigueur, il faut prouver cette possibilité ». Et c'est là ce que Descartes n'a pas su faire, précisément parce qu'il lui manquait encore l'idée nette de la « définition réelle »[1].

On est à même maintenant de discerner la voie par laquelle on passe des définitions aux concepts primitifs ou simples. Il n'y en a qu'une, à savoir la déduction. Car, qu'il s'agisse d'idées ou de faits, la question est toujours de déterminer comment on va d'un terme donné à un autre qui peut l'être, la question est toujours de tirer « des conséquences[2] ». Mais, bien qu'unique en son fond, ce procédé revêt des formes diverses qu'il faut distinguer avec soin.

Lorsqu'on se trouve en présence d'une définition réelle et qui par là même a sa source dans l'entendement, il y a lieu d'employer ce mode de la déduction qui s'appelle l'analyse. On s'empare successivement de chacun des « « réquisits » déjà donnés, afin de « distribuer la difficulté » en toutes ses parties : on le divise, on le divise encore jusqu'à ce qu'on arrive à « quelques natures » qui « n'ont besoin de rien hors d'elles pour être conçues » et qui par là même sont simples[3].

Qu'est-ce qui conduit l'intelligence dans ce travail d'épellation logique ? Le principe de raison suffisante. Les réquisits d'une définition réelle quelconque ne sont pas seulement conjoints, comme des globules dans un sac ou des molécules d'eau ; la théorie empiriste ne convient qu'au monde « fluent » des images. Entre les réquisits d'une définition réelle il y a des connexions nécessaires. Et ces connexions sont profondes, elles tiennent à la constitution même de l'être ; elles y supposent des indigences essentielles en vertu desquelles une chose ne peut être complètement conçue que quelque autre ne le soit du même coup. On voit dès lors en quoi consiste au juste l'analyse rationnelle. Sans doute, elle se meut dans

---

1. F. Cah. *L. et op.*, A, 55-57 ; — Erd., 78 (*L. à Conring*, 1678).
2. Gerh., *Phil.*, VII, 198 ; — Erd., 397ᵇ (*N. Essais*, 1704).
3. Erd., 674 ᵃ⁻ᵇ (*De la sagesse*, 1667) ; — Gerh., *Phil.*, I, 205 (*L. à Conring*, 1678) ; — Cout., *Op.*, 377, 388 (1686).

l'identité, vu que tout prédicat n'est qu'un développement du sujet défini ; mais, dans l'intérieur de cette frontière, elle va sans cesse du même à l'autre, et par une marque d'insuffisance qui est dans le même : là se trouvent à la fois son guide et son mobile[1]. Et voilà pourquoi elle ne s'arrête pas, comme on pourrait le croire d'après certaines paroles de Leibniz, à la considération des « natures simples ». Car ces natures elles-mêmes sont toutes marquées au coin d'une insuffisance radicale ; elles ne satisfont totalement le principe de raison que lorsqu'on leur a trouvé un sujet d'inhérence qui existe en soi et par soi : elles ne deviennent pleinement intelligibles que pour celui qui les situe en Dieu ou en fait un aspect de Dieu. Aussi Leibniz va-t-il jusqu'à dire formellement « qu'il n'existe qu'une chose dont le concept soit réellement primitif »; et parce qu'il n'y en a qu'une qui puisse être connue par soi : à savoir « la suprême substance », celle de l'Infini[2].

Il y a donc à cet égard une différence profonde, une différence irréductible entre la théorie de Kant et celle de l'auteur des *Nouveaux Essais*. D'après Kant, il existe des jugements synthétiques à priori, c'est-à-dire des jugements universels et nécessaires où le prédicat s'ajoute au sujet, au lieu de dériver de son essence. Par suite, notre connaissance intellectuelle n'obéit pas au principe de continuité; il s'y fait comme des abîmes béants et ténébreux en face desquels tout *pourquoi* devient à jamais inutile. Leibniz se serait révolté contre une pareille faillite de la raison. D'après sa conviction la plus persistante et la plus intime, toute tache doit disparaître du soleil de la pensée pure; la loi de l'entendement est de passer de la lumière à la lumière par la lumière elle-même[3].

L'Analyse rationnelle de Leibniz diffère aussi de celle qu'enseigne Descartes, mais à un autre point de vue et moins fondamental. Descartes cède à la mode de son temps. « Re-

---

1. Cout., *Op.*, 11 (vers 1687 ou peu au delà), 33, 270, 401-402, 513, 519, 525 (après 1696), 545 ; — Erd., 355ᵃ, 379ᵇ, 393ᵃ (*N. Essais*); *Ibid.*, 707ᵇ, 32-33 (*Monad.*, 1714).
2. Cout., *Op.*, 513 ; — Erd., 80ᵇ (*Medit.*).
3. Cout., *Op.*, 33, 377, 388.

jicimus syllogismum » : telle est aussi sa devise; et voici la raison principale qu'il apporte à l'appui de son sentiment. Qu'est-ce au fond que le syllogisme? Il consiste, étant donnés deux termes A et C, à trouver par l'intermédiaire d'un troisième terme B, qu'ils présentent un trait commun. Mais, s'ils présentent un trait commun, inutile pour le discerner de recourir à quelque autre lumière que la leur. Qu'on les examine directement, qu'on approfondisse le mystère de leur nature; il arrivera fatalement un moment donné où le trait qu'ils ont tous les deux, se mettra de lui-même en évidence[1]. Il n'y a donc qu'une déduction qui soit conforme à la réalité, c'est celle que l'on appelle immédiate : c'est « un mouvement continuel et non interrompu de la pensée, avec une intuition distincte de chaque chose »[2].

Leibniz est moins exclusif. « Je ne suis point d'avis, dit-il, qu'on rejette les syllogismes[3]. »

Il s'est adonné dès l'âge de douze ans à l'examen de la logique scolastique; et c'est cette étude qui lui a suggéré l'idée de sa combinatoire[4]. Il a même remarqué dès sa jeunesse, « lorsqu'il épluchait ces choses », que ce procédé de création aristotélicienne se pouvait encore raffiner; et, de fait, il n'a pas tardé à découvrir « que les quatre figures ont chacune six modes, de sorte qu'il y a 24 modes en tout »[5]. Leibniz connaît à fond le mécanisme du syllogisme; et voici l'idée qu'il en a toujours eue.

Le syllogisme n'est pas une opération où l'on va du même au même, comme l'a prétendu Locke; la connaissance y fait du progrès, aussi bien que dans l'analyse directe. « La logique des syllogismes est véritablement démonstrative, tout comme l'arithmétique et la géométrie[6] ». Et tout n'est pas là.

---

1. *Règles pour la direct. de l'esprit*, XIV<sup>e</sup>, 110-111.
2. *Ibid.*, III<sup>e</sup>, 15.
3. ERD., 394<sup>b</sup> (*N. Essais*).
4. KLOPP, I, XXXVI; — GERH., *Phil.*, VII, 126, 127, 185, 292; — COUT., *Op.*, 345-346 (*Element. rat.*, 1686); — ERD., 339<sup>b</sup> (*N. Essais*).
5. GERH., *Math.*, V, 21-31 (*De arte comb.*, 1666); *Ibid.*, *Phil.*, IV, 30-104; *Ibid.*, *Phil.*, VII, 519 (*L. à Gabriel Wagner*, 1696); III *Ibid.*, *Phil.*, VII, 478 (*L. à Koch*, sept. 1708); *Ibid.*, *Phil.*, III, 569 (*L. à Bourguet*, 22 mars 1714); — ERD., 394<sup>a</sup>-396<sup>b</sup> (*N. Essais*).
6. GERH., *Phil.*, III, 569 (*L. à Bourguet*, 22 mars 1714).

« Je tiens que l'invention de la forme des syllogismes est une des plus belles de l'esprit humain, et même des plus considérables. C'est une espèce de mathématique universelle, dont l'importance n'est pas assez connue; et l'on peut dire qu'un art d'infaillibilité y est contenu, pourvu qu'on sache et qu'on puisse s'en servir, ce qui n'est pas toujours permis[1]. »

Il arrive même assez souvent que cet art s'impose dans la recherche comme l'unique moyen d'avancer qui reste possible. Il ne nous appartient pas de « toujours comparer les choses immédiatement », même dans le domaine des mathématiques. Il faut alors s'aider d'un troisième terme pour discerner le rapport que soutiennent entre eux les deux termes proposés[2] : et voilà le syllogisme qui revient; quand on l'a chassé par la porte, il rentre par la fenêtre. S'agit-il, par exemple, d'établir la « proposition, qui fait le quarré de l'hypothénuse égal aux quarrés des côtés, on coupe le grand quarré en pièces et les deux petits aussi, et il se trouve que les pièces des deux petits quarrés se peuvent toutes trouver dans le grand et ni plus ni moins. C'est prouver l'égalité en forme, et les égalités des pièces se prouvent aussi par des argumens en bonne forme »[3]. Descartes veut qu'on arrive toujours à découvrir le rapport de deux termes une fois donnés par l'examen unique et direct de ces termes eux-mêmes; il pense que ce mode d'analyse peut en fournir le savoir exhaustif. C'est un peu trop; il n'y a que Dieu qui connaisse ainsi les choses.

Il est vrai que l'usage du syllogisme peut facilement dégénérer en pédanterie et en vaines subtilités. Le fait s'est produit dans l'École, surtout vers la fin; et l'éducation de la jeunesse en a souffert[4]. Mais, pour remédier aux abus que l'on a faits de ce procédé naturel de la pensée, il n'est

---

1. Erd., 395ª (*N. Essais*); *Ibid.*, 396ᵇ. Leibniz lui-même s'est servi du syllogisme avec succès dans sa controverse sur la Dynamique avec Denis Papin (Gerd., *Math.*, VI, 211-215, 1691).
2. Cout., *Op.*, 327-329.
3. Erd., 345, 397ᵇ (*N. Essais*).
4. *Ibid.*, 395ᵃ-396ᵃ, 397ᵃ; Cf. *Ibid.*, 371ᵇ-372ᵃ; — V., sur ce point, F. Strowski. *Montaigne*, p. 217-261 (Collection des Grands Philosophes, F. Alcan, Paris, 1906).

pas nécessaire de le bannir, comme Platon fait le poète dans sa *République;* il suffit d'y mettre le lest de l'expérience.

Qu'on emploie l'analyse directe ou l'analyse indirecte, tout n'est pas fini par là. Reste un troisième mode de déduction auquel il faut avoir recours, si l'on veut connaître tous les concepts simples qui constituent le fond et comme le germe du savoir.

Il y a des définitions nominales ou qui viennent de l'expérience sensible. Et celles-là ne se prêtent pas de tous points au même traitement que les précédentes; elles ne donnent pas non plus un égal succès[1].

Il est vrai que même dans cette dernière espèce de problèmes, il ne faut pas oublier les principes directeurs de la raison qui se rattachent à la finalité. La nature n'est pas un chaos; c'est un palais d'idées divines réalisées dans l'espace et le temps sous la catégorie du meilleur. Et cette considération, nécessaire en métaphysique, a dans les sciences elles-mêmes une souveraine importance : non seulement nous pouvons voir à sa lumière les caractères généraux de la réalité; mais encore elle nous permet de faire des découvertes plus ou moins « considérables » dans les phénomènes particuliers, en physique, par exemple, et surtout en « anatomie ». N'est-ce pas par cette voie que Snellius a trouvé « les règles de la réfraction »? Bacon, et Descartes après lui, ont commis une grossière erreur, lorsqu'ils ont banni la finalité du domaine de la recherche scientifique; ils sont allés beaucoup trop loin dans la réaction qu'ils ont entreprise à cet égard : il fallait réduire l'usage à ses vraies limites, et non le supprimer[2].

Toutefois, ce genre de déduction qui prend aussi sa source dans les sommets de la pensée, ne suffit presque jamais à nous conduire jusqu'au bout dans « le détail » des faits. Il arrive un moment où le besoin de recourir à l'expérience

---

1. Voir Gerh., *Math.*, V, 47 (1666) : on trouve déjà dans ce passage la distinction des propositions nécessaires et des propositions contingentes, de celles qui, par conséquent, peuvent donner la certitude et de celles qui ne vont qu'au probable.
2. V. plus haut, p. 46-62.

s'impose[1]; et la question prend alors une autre tournure. On passe du « règne des fins » à celui des « causes efficientes ».

Le problème, à partir de ce point, se pose sous la forme suivante : Étant donné, dans une définition nominale, l'un des « réquisits » qu'elle enveloppe, comment peut-on en découvrir la cause?

Pour précieuse que soit l'induction par analogie aussi longtemps qu'il s'agit simplement de grouper des faits[2], elle ne donne pas ici la vraie réponse. Les généralisations qu'elle fournit ne sont fondées « que dans la mémoire des faits »; elles n'enveloppent que des « consécutions d'images ». Et, de ce chef, il peut toujours y avoir une limite à leur extension. Une observation nouvelle suffit à faire tomber le crédit qu'on leur accordait d'abord. Toute loi scientifique suppose une connexion nécessaire entre le fait observé et sa cause; c'est à ce titre seulement qu'elle peut acquérir la dignité d'une proposition universelle[3]. Quel est donc le

---

1. Cout., *Op.*, 375; — Erd., 345[b].
2. Cout., *Op.*, 171 (1674). — Leib. était toujours à l'affût de nouvelles informations scientifiques, comme Descartes d'ailleurs. On en peut juger par les références suivantes que je fais sur l'édition Gerh., *Œuvres mathématiques*. Voir : a) sur la *pesanteur*, II, 41, 54, 126, 133-134, 136, 142-147, 156-157, 183, 184, 187, 199 (*L. à Hugens*, de 1690 à 1694); — b) sur l'*aimant*, II, 54, 64, 71, 88, 92 (*au même*); IV, 139, 192-193 (*L. à Varignon*, 1705-1713); — c) sur le *phosphore* auquel Leibniz s'est particulièrement intéressé, II, 19, 26, 29 (*L. à Hugens*, au cours de 1679); III, 575-576, 643, 649, 651, 657, 659, 677, 679, 682, 688 (*L. à Joh. Bernoulli*, de 1699 au 27 déc. 1701). En même temps, Leibniz n'omet aucune occasion de se mettre au courant des idées en dynamique, en astronomie, en chimie, médecine et biologie. V. par exemple, II, 200 (il s'agit de la courbe que décrit la voile sous l'action du vent); — *Ibid.*, 32, sur les moulins à vent à construire aux mines du Harz (*L. à Hugens*, 1679); — III, 812 (où Leib. demande à Joh. Bernoulli de vouloir bien soumettre à la Société des sciences de Berlin ce qu'il a observé de nouveau sur les astres (1er févr. 1707); — IV, 244, desiderata sur la théorie de la lune (*L. à Zendrini*, 1715); — III, 348, sur le progrès de la médecine (*L. à Joh. Bernoulli*, 28 déc. 1696); — IV, 113, sur le même sujet (*L. à Varignon*, vers 1704); — IV, 69, sur l'histoire du globe (*L. à Wallis*, 4 août 1699); — *Ibid.*, 74 (sur le même sujet, *au même*, 24 nov. 1699); — I, 82, touchant Malpighi (*L. à Oldenburg*, 30 sept. 1675); — IV, 244-245, à propos des « vers spermatiques de Leeuwenhoecke » (*L. à Zendrini*, 4 nov. 1715); — VIII, 33, De l'éducation des muets (*L. à Wolf*, 20 août 1705). Toujours soucieux des faits, Leibniz s'efforce en même temps d'en donner l'interprétation. C'est ainsi qu'il en vient, dans sa *Protogée*, à esquisser une hypothèse féconde sur l'histoire de la terre, la formation des minéraux, des continents, des mers et des sables (Gerh., *Phil.*, III, 565-566).
3. Erd., 71ᵃ (*De stylo philos. Nizolii*, 1669); — Cout., *Op.*, 30 (*Consil. de*

moyen de découvrir ce rapport infaillible? Là réside le nœud de la question.

Pour le trancher, le premier travail à faire est celui qu'a si bien indiqué Bacon dans ses instances et ailleurs. Il faut entreprendre une série d'expériences dont le but est de serrer de plus en plus près la cause du phénomène donné[1]. S'agit-il, par exemple, de savoir à quoi tient la condensation de l'air; on cherchera les variations qu'elle subit sous l'influence de la compression, puis sous celle de la chaleur et du froid. On procédera de même, pour discerner ce qui fait « que l'eau marine et l'eau ordinaire deviennent luisantes quand on les agite ». Il sera bon de chercher en particulier si le même phénomène se produit dans le vide[2].

Au fur et à mesure que l'on fait de nouvelles expériences, il faut les suivre du regard de la pensée, soit pour les choisir avec bonheur, soit pour en apprécier la vraie signification. « L'art de découvrir les causes des phénomènes, ou les hypothèses véritables, est comme l'art de déchiffrer, où souvent une conjecture ingénieuse abrège beaucoup de chemin[3] ». Tout problème d'ordre naturel est une sorte de « cryptogramme »[4]; il y faut « un certain art de deviner »[5]. Et c'est par là surtout que pèche la méthode du chancelier anglais : il a diminué plus que de mesure le rôle qui revient à l'esprit dans l'observation. Le sens de la divination constitue peut-être la meilleure part du génie.

A un moment donné, la recherche expérimentale s'illumine; il s'y produit un éclair, depuis longtemps pressenti peut-être; une hypothèse apparaît, assez solide déjà et assez précise pour qu'elle mérite d'être sondée. Dès lors, la raison

---

*Encyclop.*, nov. 1679); — Gerh., *Phil.*, VII, 524 (*L. à Wagner*, 1696); *Ibid.*, *Phil.*, VII, 553-554 (*L. à la Princesse Sophie*, 12 juin 1700); *Ibid.*, VI, 490, 495-496, 504 (*L. à la Reine Charlotte de Prusse*, vers 1702); — Erd., 237ᵇ (*N. Essais*, 1704); *Ibid.*, 715ᵇ (*Principes de la nat. et de la grâce*, 1714 ; — Gerh. *Math.*, IV, 169 (*L. à Varignon*, 1709).

1. Cout., *Op.*, 169 (1669); *Ibid.*, 174 (1674).
2. Gerh., *Math.*, III, 616 (*L. à Joh. Bernoulli*, 20/30 oct. 1699); *Ibid.*, *Math.*, III, 649 (*L. au même*, 28 janv. 1701).
3. Erd., 383ᵇ (*N. Essais*).
4. Cout., 174 (*De arte inveniendi theor.*, 1674).
5. Gerh., *Math.*, II, 125 (*L. à Hugens*, 1691); *Ibid.*, 128 (Hugens proteste contre la critique de Leibniz); *Ibid.*, *Phil.*, VII, 198.

reprend tous ses droits : il ne s'agit plus que de *déduire* l'idée qui vient de surgir à la lumière de la conscience; il ne s'agit plus que « d'en tirer des conséquences, jusqu'à ce qu'on vienne à quelque chose de donné ou de connu »[1]. Telle est la marche que Leibniz a suivie lui-même dans sa « nouvelle hypothèse physique ». Il y part d'un fait qui est le mouvement des astres; puis il institue l'hypothèse du fluide éthéré; et cette hypothèse une fois donnée, il en tire toute une longue série d'inférences dont le but est d'établir qu'on explique par là tous les autres phénomènes de la nature[2].

Mais, si bien que l'on s'y prenne, quelque vaillance et quelque puissance de pénétration que l'on y mette, on n'aboutit jamais par cette voie à la certitude mathématique. Car tout antécédent, si réduit qu'il puisse être, contient encore un nombre infini d'éléments et, par suite, un nombre infini de manières d'agir; de même, tout conséquent, si réduit qu'il puisse être, contient aussi de son côté un nombre infini d'éléments et, par suite, un nombre infini de manières de pâtir : de telle sorte qu'il reste toujours impossible de savoir avec exactitude et le point d'où part l'efficience et le point où elle s'applique. La connexion causale demeure introuvable à toute intelligence finie; Dieu seul peut la connaître. Par suite, les conclusions que fournit l'analyse rationnelle des données de l'expérience, présentent toujours une certaine infirmité : elles ne sont toujours que probables. Mais cette probabilité peut s'accroître à l'indéfini et produire ce qu'on appelle « la certitude morale »[3]. Il en est comme « des quantités incommensurables », qui s'approchent toujours plus de leur limite sans jamais l'atteindre. La déduction qui prend son point de départ dans l'expérience, a pour type le calcul infinitésimal[4].

---

1. Erd., 397ᵇ (*N. Essais*); — Cout., *Op.*, 156 (Préface à la Science générale, probablement de 1677, comme on peut le conjecturer de la lecture du texte).
2. Gerh., VI, *Math.*, 77, 85.
3. Erd., 71ᵃ (*De styl. phil. Nizol.*, 1669); — Gerh., *Math.*, I, 187 (*L. à Galloys*, déc. 1678), — Cout., *Op.*, 376-377, 388 (1686); *Ibid.*, 232, 402; — Gerh., *Math.*, III, 649 (*L. à Joh. Bernouilli*, 28 janv. 1701); — Erd., 397ᵇ (*N. Essais*); — Gerh., *Math.*, IV, 378 (*L. à Hermann*, 9 sept. 1712).
4. Cout., *Op.*, 1-3; *Ibid.*, 388-389; — Erd., 83ᵇ (*De scientia univers.*); — F. Car., B, 184 (*De libertate*).

A quoi reconnaît-on le degré de probabilité que présente une hypothèse? à son degré d'intelligibilité. Plus elle est simple et explique de faits dans sa simplicité, et surtout mieux elle sert à la prédiction des phénomènes, même de ceux que l'on n'a pas encore expérimentés; plus elle gagne en intelligibilité et par là même en vérité. C'est de ce point de vue qu'il faut apprécier les théories de Tycho et de Copernic; c'est aussi de ce point de vue qu'il convient de considérer la *Nouvelle hypothèse physique*[1]. Et la chose se comprend sans peine, lorsqu'on veut bien suivre les lumières de la vraie philosophie. La nature ne nous est pas étrangère de tous points; entre elle et notre esprit il y a comme une intime parenté. La nature est un système d'idées en mouvement; par suite, on s'initie à ses secrets dans la mesure même où l'on pénètre les lois de sa propre raison. Quand il s'agit d'hypothèses où les causes échappent à l'empire de la déduction, Descartes ne leur accorde d'autre valeur que celle du succès[2]. Leibniz va plus loin : à ses yeux, ce succès lui-même est une marque d'intelligibilité et par là même de vérité. Ainsi, entre les hypothèses que l'on tient pour certaines et celles qui sont considérées comme simplement probables, il n'y a pas de rupture brusque; il n'existe qu'une dégradation insensible : c'est encore la loi de continuité qui triomphe.

\* \*

Conduit à ce point, l'art de construire une caractéristique universelle est déjà très avancé; il n'est pas achevé pourtant.

On sait dorénavant par quelle voie il faut passer des définitions aux concepts simples; on peut savoir aussi, et par là même, comment chacun de ces concepts se comporte

---

1. Gerh., *Phil.*, I, 173, 182, 193-196 (*L. à Conring*, 1671-1678); *Ibid.*, *Math.*, VI, 144-145 (*Tentamen de motuum cœl. causis, erste bearbeitung*, 1689); — Cout., *Op.*, 590-593 (Frag. de la même époque) ; — Gerh., *Math.*, II, 199 (*L. à Hugens*, 14 sept. 1694); — Erd., 397ᵇ (*N. Essais*).
2. *Principes...*, Part. 4ᵉ, 204.

à l'égard des définitions dont il est sorti. Dans le premier cas, on procède par analyse; dans le second, au contraire, il s'agit d'un travail de synthèse[1] qui est déjà tout préparé. Mais une tâche essentielle reste encore à poursuivre : celle de traduire en termes mathématiques les rapports qui se révèlent entre les concepts obtenus et, par suite, entre ces concepts et les définitions dans lesquelles ils entrent. Autrement, on ne sort pas du langage ordinaire, à la fois inexact et incomplet; et la confusion demeure : on continue à ne pas s'entendre.

Entre deux notions dont l'une est prise comme sujet et l'autre comme prédicat, il peut y avoir tout un ensemble de relations, telles que la coïncidence, l'inclusion, l'exclusion, la similitude et la détermination[2]. Le problème est de savoir comment on peut les exprimer en signes qui ne laissent plus de prise à l'équivoque, qui soient d'ordre mathématique.

Ce problème capital dans son dessein, Leibniz s'est acharné à le résoudre, mais sans y réussir complètement. Voici les principaux procédés qu'il a employés à cette fin.

Il a d'abord recours aux nombres, comme dans *La combinatoire*. « La règle à suivre, dit-il lui-même, est celle-ci : à chacun des termes simples on assigne un nombre; puis on représente les termes composés par le produit des termes simples. Supposé, par exemple, qu'au terme *animal* réponde le nombre 2 (ou plus généralement $a$) et qu'au terme *raisonnable* réponde le nombre 3 (ou plus généralement $r$); on aura, pour exprimer le terme *homme*, $2 \times 3$ ou 6 (ou plus généralement $a\, r$). »

Telle est la manière qui domine en avril 1679. Leibniz alors s'y complaît; il déclare qu'elle est décidément « la plus commode »[3]. Mais il ne tarde pas à constater les défectuosités qu'elle présente et les complications qu'elle entraîne. Un peu plus tard, dans le *Specimen du calcul*

---

1. Erd., 674b (1667).
2. Erd., 93b (*Fund. calculi ratiocinatoris*).
3. Cout., *Op.*, 42, 44, 49-50, 57, 66-67, 71-77, 78; Cf. 84-85, 89-92. V. aussi *Ibid.*, 277 (*Lingua generalis*, févr. 1678).

*universel*, il adopte un autre procédé qui est à la fois de natui . algébrique et très rapproché de la tradition aristotélicienne. Il emploie des lettres qui se juxtaposent comme dans la multiplication algébrique, et la copule *est*, au lieu du signe d'égalité. On y trouve donc des formules telles que celles-ci : *a est a, a est bc, ad est b d* qui représentent des rapports d'identité ou de simple inclusion logique[1].

En 1686, apparaît, dans les *Inquisitions générales...*[2], une notation plus complexe. L'auteur y revient au procédé algébrique du *Specimen calculi universalis*. Mais, en même temps, il y préfère les majuscules aux minuscules et rétablit le signe d'égalité; de plus, il fait encore l'éloge des nombres et les emploie quand il les trouve plus commodes[3]; il a même recours à la figuration géométrique dont il parle d'ailleurs plus longuement dans un groupe de feuillets intitulé : *De formæ logicæ comprobatione per linearum ductus.* « Res utiliter exhibebitur figuris »; et le conseil est immédiatement suivi de quelques exemples typiques[4].

A l'année 1690 se rapportent deux fragments relatifs au même sujet et dont l'un s'appelle *Primaria calculi logici fundamenta*[5], et l'autre *Fundamenta calculi logici*[6]. Leibniz y suit, en le raffinant sur certains points, le procédé du *Specimen calculi universalis;* là se trouvent encore ses préférences. Peut-être faut-il rattacher à la même époque l'étude si soignée qui s'intitule *Non inelegans specimen demonstrandi in abstractis*[7]. Leibniz s'y sert de majuscules et du signe d'égalité, comme dans les *Inquisitions générales*. Mais il ne procède plus ici par multiplication ni division; l'inclusion est symbolisée par le signe + et l'exclusion par le signe —[8].

---

1. Le commencement du *Specimen calculi universalis* se trouve dans GERHARDT (*Phil.*, VII, 218-221); le reste a été publié par L. COUTURAT (*Op.*, 239-243).
2. COUT., *Op.*, 356-398.
3. *Ibid.*, 385.
4. *Ibid.*, 383-385.
5. *Ibid.*, 235-237.
6. *Ibid.*, 421-423.
7. L. COUT., *Log.*, 361.
8. ERD., 94ᵃ-97ᵇ.

Tout en poursuivant ses essais de notation numérique ou algébrique, Leibniz songe parfois, comme on vient de le voir, à résoudre la question géométriquement. C'est l'un de ces efforts que représente le fragment intitulé *De formæ logicæ comprobatione per linearum ductus*. L'auteur s'y place d'abord au point de vue de l'extension; et dans ce cas, voilà comment il procède. Soit la proposition universelle affirmative : *Tout homme est animal;* supposons qu'on en désigne le sujet par B et le prédicat par C. On peut écrire :

$$\text{Tout B est C} \begin{cases} B \\ C \end{cases} \rule{3cm}{0.3cm} \; ;$$

vu que B ne s'étend pas à toutes les espèces représentées par C[1].

Un peu plus loin, l'auteur, au contraire, raisonne du point de vue de la compréhension, celui qui lui semble fondamental et qu'il n'oublie jamais; et, dans cet autre cas, la même proposition prend une expression tout opposée. On a :

$$\text{Tout B est C} \begin{cases} B \\ C \end{cases} \rule{3cm}{0.3cm}$$

car alors B ou l'homme est un tout logique dont C ou l'animal ne représente qu'une partie[2].

Pourquoi Leibniz n'est-il pas arrivé définitivement à construire une logique algorithmique? On en peut fournir deux raisons principales. D'abord, il s'est borné à peu près constamment aux rapports d'identité et d'inclusion; il aurait dû suivre l'idée qu'il émet si largement à propos des catégories mathématiques[2] et chercher s'il n'y a pas entre les objets d'autres relations que celles de l'enveloppement logique. En second lieu, il s'est presque toujours placé au point de vue de la compréhension; et, s'il s'est mis

---

1. Cout., *Op.*, 292.
2. *Ibid.*, 300. — Consulter d'ailleurs, sur toute cette partie de la logique de Leibniz, l'ouvrage de M. L. Couturat qui porte ce nom (323-387). On ne saurait étudier ces choses un peu ardues avec plus d'exactitude et même de pénétration qu'il ne l'a fait.
3. V p. 141-144.

parfois sous l'aspect de l'extension, on ne remarque pas qu'il en ait discerné l'importance. Là se trouvait cependant le nerf du succès, et pour une raison assez obvie : l'extension est seule à contenir de la quantité, seule, par suite, à pouvoir subir un traitement mathématique. Plus tard, Boole, Morgan, Peirce et Schröder devaient discerner nettement ce fait mental, en voir toute la fécondité et donner ainsi un puissant essor à l'algèbre de la logique. Il est vrai que Leibniz n'était pas sollicité à marcher dans cette voie par sa théorie de la substance, où tout se ramène à l'inclusion et par là même à la compréhension. En l'espèce, le métaphysicien nuisait peut-être au logicien.

### IV. — AVANTAGES DE LA CARACTÉRISTIQUE.

La caractéristique s'applique à tous les domaines du savoir humain; elle concerne « la métaphysique et la morale » aussi bien que les mathématiques : son trait distinctif est l'universalité[1]. Inutile d'objecter que « les figures géométriques paraissent plus simples que les choses morales »; elles ne le sont pas, et parce que le continu enveloppe l'infini d'où il faut choisir. « Par exemple, pour couper un triangle en quatre parties égales par deux droites perpendiculaires entre elles, c'est une question qui paraît simple et qui est assez difficile. Il n'en est pas de même dans les questions morales, lorsqu'elles sont déterminables par la seule raison[2]. » La qualité est moins complexe que la quantité. Bien plus, en métaphysique et en morale, l'usage de la caractéristique se recommande à deux titres spéciaux. « Dans les mathématiques il est plus aisé de réussir, parce que les nombres, les figures et les calculs suppléent aux défauts cachés dans les paroles »; ce sont là autant de

1. GERH., *Math.*, I, 85-86 (*L. à Old.*, 1675); *Ibid.*, 120-121 (*L. à Old.*, 1676); *Ibid.*, 180-181 (*L. à Galloys*, 1677); *Ibid.*, 186-187 (*L. à Galloys*, 1678); *Ibid.*, IV, 461-462 (*L. à Tschirnhaus*, 1678); *Ibid.*, II, 20-21 (*L. à Hugens*, 1679); — COUT., *Op.*, 335-348 (*Elementa rationis*, 1686); — P. JAN., 687-688 (*L. à A. Arnauld*, 14 janv. 1688); — ERD., 418ᵃ 426ᵇ (*L. à Wagner*, 1696).
2. ERD., 349ᵇ-350ᵃ (*N. Essais*).

secours « dont la métaphysique est privée [1] ». D'autre part, tandis que les mathématiques trouvent dans l'expérience un guide et un moyen de vérification, les raisonnements des philosophes s'échafaudent à l'indéfini sans pouvoir reprendre contact avec la terre ferme [2].

La portée de la caractéristique égale celle de la raison : elle en est comme l'organe ou l'instrument [3]. Et, partout où elle intervient, son efficacité se traduit par deux privilèges essentiels. D'abord, elle supprime l'élément sensible de la connaissance : elle supprime les images, de quelque ordre qu'elles soient, et nous permet ainsi de raisonner « à la manière des anges » [4]. De plus et surtout, la caractéristique confère à la suite de nos déductions une sorte d'infaillibilité. On y passe d'un terme à l'autre par un simple jeu de symboles dont la marche est fixée d'avance; on y suit une « méthode toute mécanique » : « ce qui donne à la vérité une force irrésistible », égale à celle que l'on peut obtenir dans une opération d'arithmétique [5].

Aussi faut-il croire que l'usage de la caractéristique mettra fin à ces disputes stériles où les philosophes du moyen âge ont dépensé tant d'ardeur et de talent. Car on pourra toujours couper court aux discussions, en disant comme les banquiers : allons à la preuve, « comptons » [6]. Et quelle merveilleuse nouveauté, vu que, faute de bien conduire son esprit, on n'a pas encore réussi à s'entendre sur les vérités les plus fondamentales, celle de l'existence de Dieu, par exemple, et celle de la vie future! « Les éléments de la caractéristique une fois donnés, on ferait plus

---

1. GERH., *Phil.*, VII, 79 (*De l'usage de la Méditation*); — D. CAR., D. 150 (*Animadversiones ad Weig.*); — GERH., *Phil.*, III, 259 (*L. à Burnett*, 1699); *Ibid.*, *Phil.*, VI, 349 (*Remarques...*, févr. 1711); — Cf. COUT., 343-344 (*Elem. Rat.*): — GERH., *Phil.*, III, 591-592 (*L. à Bourguet*, 3 avril 1716).
2. GERH., *Phil.*, I, 331 (*L. à Malebr.*, 22 juin 1679); — ERD., 312ᵃ (*N. Essais*).
3. GERH., *Phil.*, VII, 14, 17, 20, 27, 32, 187, 202, 205; *Ibid.*, *Phil.*, III, 545.
4. GERH., *Math*, II, 20-21.
5. GERH., *Math.*, I, 85 (1675); — F. CAR., B, 31-32.
6. GERH., *Math.*, I, 181, 187; *Ibid.*, II, 20-21; *Ibid.*, *Phil.*, VII, 26 (*L. au duc de Hanovre*, 1690?); *Ibid.*, 64-65, 125, 200; — ERD., 418 et sqq. (*L. à Wagner*, 1696); — DUT., VI, I, 72 (*L. à Placcius*, 1696); — KLOPP, IX, 171 *L. à l'Electrice Sophie*, 1706); — Cf. COUT., *Op.*, 175-182 (... *Pour finir une bonne partie des disputes...*, 1686).

de progrès en vingt ans... que n'en ont réalisés jusqu'ici des siècles d'expérience et de raisonnement[1]. » Il est vrai que l'organisation complète de ces éléments suppose que la science, telle qu'on la conçoit en général, est déjà une œuvre achevée. Mais, avant d'*être*, ces deux choses doivent *se faire;* et leur développement présente une sorte de parallélisme où la caractéristique accuse de plus en plus son rôle d'ordonnatrice : tout progrès de la science fait avancer la caractéristique; mais aussi tout progrès de la caractéristique fait avancer la science. Ces deux formes d'un même savoir grandissent de pair et l'une par l'autre, sur la route indéfinie de leur devenir. Supposez d'ailleurs que la science ordinaire atteigne un jour son point suprême de perfection, la caractéristique n'y perdra rien de son utilité. Celle-ci sera encore l'expression la plus exacte de celle-là; et, par suite, elle en fondera comme auparavant l'emploi le plus commode et le plus sûr.

..

La caractéristique est le but ultime auquel il faut tendre. Mais en attendant cette conquête définitive, et même pour la préparer, il est nécessaire de construire une sorte d' « Atlas » rationnel de toutes les connaissances humaines que l'on possède déjà : ce qui peut s'appeler du nom d' « encyclopédie »[2]. On aurait ainsi le seul moyen provisoire possible de « faciliter l'invention » et de « pousser la science »; « car il soulagerait la mémoire et nous épargnerait souvent la peine de chercher de nouveau ce qui est déjà trouvé[3] ». En même temps, chacun des progrès que l'on ferait dans cette entreprise, serait un gain de plus pour « l'art des arts » qui est comme la limite de notre activité. Un labeur de ce genre provoquerait peu à peu et naturellement l'éclosion du « grand œuvre », tout en répondant au besoin le plus

---

1. Gerh., *Math.*, VII, 16; — Erd., 350$^b$ (*N. Essais*).
2. Cout., *Op.*, 31 (*Consilium de Encyclopædia nova...*, 1672-1679); *Ibid.*, 165, 222; — Erd., 416$^b$-117$^a$ (*N. Essais*).
3. Erd., 417.

pressant des connaissances actuelles, qui est de « mettre un peu d'ordre » dans le capital acquis[1].

Il ne faut donc pas s'étonner que Leibniz ait apporté autant d'ardeur et de persévérance à réaliser son « Encyclopédie » qu'à construire la caractéristique elle-même. Si elles nous apparaissent l'une et l'autre comme deux préoccupations dominantes de sa vie, c'est qu'elles partent de la même idée et sont essentiellement solidaires[2].

Comment Leibniz concevait-il son « Encyclopédie »? Il nous l'a dit lui-même à plusieurs reprises, particulièrement dans un coupon sur la division de la philosophie et vers la fin des *Nouveaux Essais*. Son désir était que l'encyclopédie fût disposée en deux parties principales : l'une « *synthétique et théorique,* rangeant les vérités selon l'ordre des preuves, comme font les mathématiciens, de sorte que chaque proposition viendrait après celles dont elle dépend »; l'autre « *analytique et pratique,* commençant par le but des hommes, c'est-à-dire par les biens, dont le comble est la félicité, et cherchant par ordre les moyens qui servent à acquérir ces biens ou à éviter les maux contraires ». Mais ce recueil de connaissances devait être accompagné d'une « espèce de *répertoire,* soit systématique, rangeant les termes selon certains prédicaments, qui seraient communs à toutes les nations; soit alphabétique selon la langue reçue parmi les savants ». Car « ce répertoire serait nécessaire pour trouver ensemble toutes les propositions où le terme entre d'une manière assez remarquable »[3]. En somme, l'Encyclopédie, telle que la concevait Leibniz, était une ébauche de sa caractéristique, et faite d'après la même loi de coordination qui consiste à remonter du complexe au simple pour y trouver « l'origine de toutes les inventions »[4].

---

1. Cout., *Op.*, 30-31, 164-165.
2. V. plus haut, p. 75 : ce que l'on a dit en ce passage concerne peut-être encore plus directement l'Encyclopédie que la caractéristique. En tout cas, l'une et l'autre y sont toujours en vue et cherchées par les mêmes moyens.
3. Cout., *Op.*, 524-525 (après 1696); — Erd., 116ᵇ-417; Cf. *Ibid.*, 675ᵇ (*De la sagesse*, 1667).
4. Cout., *Op.*, 31, 165.

A la caractéristique se rattache un autre projet également cher à Leibniz, celui d'une langue rationnelle qui deviendrait celle du genre humain.

Cette idée était à la mode depuis un certain temps. Joachim Becher[1], Athanase Kircher[2], John Willkins[3], George Dalgarno[4] avaient publié des ouvrages sur cette matière. Le problème attirait l'attention publique ; et la chose se comprend sans peine. Grâce à la Renaissance, au développement du commerce, au récit des voyageurs toujours plus nombreux, on avait pris conscience de l'unité de la pensée humaine et du savoir qui en est comme l'efflorescence ; il était naturel qu'on eût l'idée de créer une langue qui ne tînt plus compte d'aucune frontière, qui fût commune à tous les peuples.

Leibniz cède à l'attrait de ce mouvement, qui a par ailleurs des affinités profondes soit avec sa nature soit avec la culture de son esprit. Mais, au lieu de donner un système plus ou moins arbitraire, comme l'ont fait ses prédécesseurs, il remonte aux principes philosophiques qui dominent l'œuvre à faire et s'efforce d'en dériver méthodiquement tout le reste. La question, pour lui comme pour Descartes[5],

---

1. *Character pro notitia linguarum universali*, Francfort, 1661. — V. note de Leibniz (Cout., *Op.*, 283).
2. *Polygraphia nova et universalis...*, Rome, 1663.
3. *Mercury, or the secret and swift messenger...*, London, 1641. Plus tard, en 1668, le même auteur devait revenir à la charge, avec un nouvel ouvrage où il s'inspirait de Dalgarno : *An essay towards a real character and a philosophical language...*, London. V. note de Leib. (Cout., *Op.*, 282).
4. *Ars signorum, vulgo Character universalis et lingua philosophica*, London, 1641.
5. V. Desc., *L. à Mersenne*, du 20 nov. 1629, éd. Adam-Tannery, 1, 76 ; — Comparer Cout., *Op.*, 27-28 ; on trouve dans ce coupon une partie de la lettre à Mersenne copiée de la main d'un secrétaire, plus une réponse de la main même de Leibniz où il maintient la possibilité de son projet : « *Quoyque cette langue dépende de la vraye philosophie* (c'est cela que disait Descartes), *elle ne dépend pas de sa perfection. C'est à dire cette langue peut être établie, quoyque la philosophie ne soit pas parfaite : et à mesure que la science des hommes croistra, cette langue croistra aussi.* » Caractéristique, par conséquent, Encyclopédie, langue rationnelle : trois termes d'une même pensée qui se développent parallèlement et l'un par l'autre.

est de dresser la liste des « concepts simples », de leur attribuer des signes, puis de les combiner entre eux. C'est à « l'art combinatoire » qu'il revient pour fonder une langue universelle ; on peut même dire que, dans cette œuvre de sa jeunesse, la formation d'une caractéristique et celle d'une langue rationnelle ne font encore qu'une seule et même chose[1].

C'est d'ailleurs à cette pensée qu'il s'arrête pendant une dizaine d'années. Son but, durant cet intervalle, est simplement de calquer sur la caractéristique elle-même une sorte de langue idéographique, un système de signes qui représentent immédiatement les choses, de sorte que chaque peuple soit à même de les comprendre. Et les signes qui ont ses préférences sont ceux des Chinois ; car, d'après son sentiment, ce qui manque à ces hiéroglyphes, ce n'est pas la précision ; mais seulement un peu d'ordre logique[2]. Aussi ne se permet-il à lui-même de proposer d'autres caractères, qu'en s'inspirant de ce mode oriental d'écriture[3].

Vers l'année 1677, Leibniz se fait encore la même idée de son projet. « Les caractères qui expriment toutes nos pensées, dit-il à cette date, composeront une langue nouvelle, qui pourra être écrite et prononcée : cette langue sera très difficile à faire, mais très aisée à apprendre. Elle sera bientôt reçue par tout le monde à cause de son grand usage et de sa facilité surprenante et elle servira merveilleusement à la communication de plusieurs peuples... ceux qui écriront en cette langue ne se tromperont pas pourveu qu'ils évitent les [erreurs de calcul] barbarismes, solécismes et autres fautes de grammaire et de construction. De plus, cette langue aura une propriété merveilleuse, qui est de fermer la bouche aux ignorants. Car on ne pourra pas parler ny ecrire en cette langue que de ce qu'on entend. »

« C'est une de mes ambitions de venir à bout de ce projet

---

1. GERH., *Math.*, V, 49.
2. GERH., *Phil.*, VII, 21 (*L. à Galloys*, 1677); *Ibid.*, 25, 204 (ici cependant Leib. a déjà moins de confiance au chinois).
3. COUT., *Op.*, 29. — Plus tard, janvier 1680, Leibniz aura l'idée de recourir à des signes d'ordre tout géométrique, « points, droites, angles, intersections, contacts, mouvements » (COUT., *Op.*, 152).

si Dieu me donne la vie. Je ne le dois qu'à moy, et j'en ay eu la première pensée à l'aage de 18 ans comme j'ai témoigné [alors] [un peu après] dans un discours imprimé[1]. »

Mais Leibniz sent de plus en plus la complexité de son œuvre, au fur et à mesure qu'il y travaille. Il s'aperçoit en particulier qu'il est très difficile de ramener à la caractéristique tous les rapports de lieu, de temps, de dépendance, d'action et de passion que renferment nos pensées. L'idée lui vient alors que l'unique moyen d'instituer une langue rationnelle, c'est de faire une grammaire qui le soit. Et comme, dans une tentative de ce genre, il est bon d'avoir un échantillon assez complet pour qu'on se borne à le parfaire, il s'en prend au latin qui était alors la vraie langue des savants.

Voici quelques-uns des amendements qu'il se propose d'y introduire. Il n'y aura, dans la nouvelle langue, qu'une déclinaison et qu'une conjugaison ; on n'y tiendra plus compte ni du genre « qui n'entre pas dans le concept d'une grammaire rationnelle », ni du nombre qu'indique déjà l'article. Les flexions du substantif et de l'adjectif seront remplacées par des particules « à la française » ; et les modes verbaux par les conjonctions, qui suffisent à les indiquer. Comme le nom sert à désigner une idée et que tel est aussi le rôle de l'adjectif, il sera superflu d'en faire deux catégories. Le verbe lui-même, n'exprimant au fond que le rapport de deux termes, à savoir une affirmation ou bien une négation, on lui rendra l'unique fonction qui lui revient. On dira, par exemple : *Sum calens*, au lieu de *caleo*; *Petrus est scribens*, et non *Petrus scribit*. Bref, le nom *ens*, le verbe *est* et les particules : voilà le fond sur lequel doit se broder toute la grammaire future[2]. C'est encore, comme dans les concepts simples, la loi d'économie qui triomphe. Il est vrai que Leibniz demeure assez inquiet sur le sort des

---

1. Cout., *Op.*, 156-157 (Préface à la Science générale); *Ibid.*, 277 (*Lingua generalis*, févr. 1678); *Ibid.*, 279 (*Lingua universalis*).
2. Cout., *Op.*, 280 (*De grammatica rationali*, avril 1678); *Ibid.*, 281-282; *Ibid.*, 352-353 (*Analysis linguarum*, 11 sept. 1678); *Ibid.*, 35 (*Consilium de Encyclop. nova*, 25 juin 1679); *Ibid.*, 281-290; *Ibid.*, 152 (*Linguæ Philosophicæ specimen in geometria edendum*, januar. 1680).

particules. A cet égard, il n'a pas réussi à se satisfaire lui-même. « La doctrine des particules est importante, dit-il dans les *Nouveaux Essais*, et je voudrais qu'on entrât dans un plus grand détail là-dessus. Car rien ne serait plus propre à faire connaître les diverses formes de l'entendement ». « On trouve cependant qu'ordinairement c'est plutôt par des exemples et par des synonymes qu'on prétend les expliquer, que par des notions distinctes [1]. »

\* \*

Inachevée, la caractéristique ; inachevée, l'encyclopédie ; à peine ébauché, le projet d'une langue rationnelle : trois échecs à la fois et sur trois œuvres que Leibniz a toujours regardées comme fondamentales et naturellement inséparables. A quoi faut-il attribuer cette série d'insuccès? Est-ce simplement à ces fameuses « distractions » dont le philosophe de Hanovre s'est plaint si souvent? Le problème vaut la peine d'être examiné, ne serait-ce que pour pénétrer un peu plus avant dans le mystère de ce grand esprit, le plus inventif, sinon le plus puissant des génies qui font l'honneur de notre race.

La caractéristique est-elle possible? Voilà la question qui se pose d'elle-même après l'exposé que nous venons d'en faire. Or à cette question d'ordre originel, il est bien difficile de faire une réponse pleinement affirmative; et Leibniz lui-même n'a pas tardé à s'en rendre compte.

Admettons, pour être bon prince, qu'il y ait des « concepts simples », objectivement irréductibles à d'autres; et que, comme le veut Leibniz lui-même, ces concepts ne soient « pas très nombreux ».

Admettons également que ces « notions génératrices » trouvent en Dieu lui-même leur dernier sujet d'inhérence, qu'on puisse les regarder comme autant « d'attributs absolus » de la Cause première, suivant la pensée dominante du XVII° siècle.

---

[1] End., 324ª.

Ces concessions pourtant généreuses une fois faites, le problème de la caractéristique n'en présentera pas moins tout un ensemble de difficultés auxquelles on ne voit aucune issue.

D'abord, pouvons-nous connaître tous les « concepts simples »? Il est vrai que, pour Leibniz comme pour Descartes, notre esprit contient « en son fonds, bien qu'à l'état implicite, toutes les idées que requiert une science universelle. Mais, outre que cette assertion colossale n'a jamais été démontrée, elle ne suffit pas d'elle-même à résoudre la question. Ce trésor infini d'idées que l'on nous prête si aisément, ne se révèle pourtant à notre regard que dans la mesure où nous y faisons « attention »; et nous n'y faisons attention que dans la mesure où « les sens » nous donnent « l'occasion » d'y voir ceci plutôt que cela. Quelle que soit la puissance de la déduction, nous ne connaissons toujours que les catégories de l'être dont l'expérience éveille en nous la pensée. Mais, dès lors, qui peut nous assurer que nous les connaîtrons jamais toutes? Pourquoi n'y aurait-il pas des éléments simples dont l'image et même le concept dépassent totalement notre condition humaine?

Supposé que nous parvenions à découvrir tous les « éléments simples », quelle connaissance en pouvons-nous avoir?

On avouera sans peine qu'il nous est bien difficile de discerner, par voie d'analyse logique, la manière dont ils se rattachent à leur sujet suprême d'inhérence, qui est Dieu. Car où trouverions-nous la force de pénétrer ce mystère des mystères? D'après Leibniz lui-même, nous sommes incapables de savoir pourquoi « le Houx » a « des feuilles dansés » et porte un « fruit petit et rouge ». Il est vrai que, selon l'avis persévérant du même penseur, on ne conçoit pas de contradiction dans la suite pure de l'Être. Mais ce principe n'est qu'un postulat commode. Leibniz ne l'a jamais démontré; et l'on peut dire, en se rappelant la critique de Kant, que toute déduction à priori est impuissante à l'établir. Le pourrait-elle d'ailleurs que l'on n'aurait encore qu'une partie de la lumière voulue : on saurait par là que les éléments simples se concilient en Dieu; on ne saurait point comment.

Si, au lieu de considérer les éléments simples dans le rapport d'inhérence qu'ils soutiennent avec l'Absolu, on examine la nature qui est propre à chacun d'eux, « l'harmonie thébaine » continue, bien que sous un autre mode. Étendue et mouvements, pensées, émotions, désirs et volitions : tout cela ne nous est donné que du dehors et comme en façade ; de tout cela nous n'avons qu'une connaissance épidermique. D'après Leibniz lui-même, les phénomènes extérieurs renferment une complexité qui va jusqu'à l'infini et qui nous les rend à jamais impénétrables. Et l'on peut raisonner de même à l'égard des phénomènes intérieurs. Qu'on essaie donc de définir comment la représentation suscite l'émotion, et l'émotion le mouvement ; qu'on essaie de pénétrer le point d'attache qui relie nos concepts entre eux et surtout nos concepts à l'activité. Et l'on sentira jusqu'à quel degré Malebranche a vu juste, en disant que nous n'avons que « le sentiment de nous-mêmes ». Chose plus singulière encore et qu'on ne remarque pas assez : c'est que notre pensée, dont nous voulons qu'elle éclaire toutes choses, est à elle-même une x impénétrable. Que suppose-t-elle, en effet ? un sujet, un objet et quelque chose qui rattache ces deux termes sans les identifier ; et voilà une trinité sublunaire, presque aussi réfractaire que l'autre aux lois de notre esprit. Heureusement, c'est un fait qui entre, à titre d'élément constitutif, dans toutes les démarches de la raison ; autrement, on aurait depuis longtemps bâti des montagnes de syllogismes pour montrer qu'il est inintelligible et que par suite il n'est pas.

Il n'y a point de concept clair et distinct qui n'entre bien vite dans une sorte de pénombre pour se perdre ensuite dans la nuit ; il n'y a point de concept dont la pensée envahisse tous les contours et toutes les profondeurs. Il faut revenir à la formule de Pascal : « La dernière démarche de la raison, c'est de connaître qu'il y a une infinité de choses qui la surpassent. »

Ces remarques nous semblent radicales. On peut en ajouter une autre sur la manière dont Leibniz veut qu'on passe des concepts simples aux combinaisons ou définitions dans lesquelles ils entrent. Il traite ces concepts « à la mathématicienne »; il les traite comme des nombres : c'est d'après cette idée qu'il construit le tableau de la caractéristique ou ses classes. Il y a là, sûrement, une assimilation qui est inexacte; et l'œuvre tout entière en pâtit. Tandis que, comme Aristote le disait déjà, les nombres n'ont rien de commun, les concepts, au contraire, présentent toujours certains points par lesquels ils s'identifient les uns avec les autres. Soient, par exemple, *ens* ou *res, verum, bonum :* il n'est pas d'objet où ces prédicaments ne soient pour quelque chose. Dès lors, comment pourra-t-on, en suivant le tableau dressé par Leibniz, leur trouver une case à part? Par définition même, ils sont de tous les compartiments. On peut dire, il est vrai, que Leibniz ne s'en est pas tenu jusqu'au bout à la coordination numérique que l'on trouve dans « L'art combinatoire ». Mais aussi n'a-t-il rien substitué de précis à cet essai de sa jeunesse, sur le point qui nous intéresse actuellement.

Hugens lui écrivait en ces termes, vers la fin de novembre 1679 : « J'ay examiné attentivement ce que vous me mandez touchant vostre nouvelle characteristique, mais pour vous l'avouer franchement, je ne conçois pas, par ce que vous m'en estalez, que vous puissiez y fonder de si grandes espérances[1]. » Moins d'un mois plus tard, le même savant affirmait de nouveau son incrédulité. « Pour ce qui est des effets de vostre characteristique, disait-il, je vois que vous persistez à en estre persuadé, mais, comme vous dites vous mesme, les exemples toucheraient plus que les raisonnements[2]. » Hugens voyait juste; et, dès cette époque, Leibniz commençait à rabattre de son dogmatisme. Le projet de la caractéristique lui demeure; mais il en parle sur un ton de moins en moins absolu. « Supposé, remarque-t-il le 22 février 1679, supposé que nos analyses n'aillent pas jusqu'au bout, nous pouvons encore démontrer toutes les vérités[3]. » Dans un autre coupon, qui doit être à peu près du même temps,

---

1. Gerh., *Math.*, II, 27.
2. *Ibid.*, *Math.*, II, 35 (*Lettre* du 11 janv. 1680).
3. Cout., 539; *Ibid.*, 220.

Leibniz fait un pas de plus vers l'incertitude. A son sens, « les premiers termes indéfinibles ne se peuvent aisément reconnoistre de nous, que comme les nombres premiers : qu'on ne sçaurait discerner jusqu'icy qu'en essayant la division [par tous les autres qui sont moindres]. De même les termes irresolubles ne se sçauraient bien reconnoistre que négativement, et *comme par provision*... vous direz, que cela pourrait aller à l'infini, et qu'il se pourrait tousjours prouver de nouvelles propositions, qui nous obligeraient à chercher des nouvelles resolutions. Je ne *le croy pas*. Mais si cela estait, cela ne nous *nuirait,* car par ce moyen nous ne laisserions pas d'avoir demonstré parfaitement tous nos theoremes[1]. » En 1684, Leibniz va plus avant sur la voie des concessions : c'est alors le doute qui triomphe. « L'homme peut-il faire l'analyse parfaite des notions...? Je n'oserais maintenant l'affirmer[2]? » Enfin, deux ou trois ans plus tard, on trouve sous sa plume l'assertion justement contraire à celle du début : « Il n'est pas suffisamment en notre pouvoir de pousser l'analyse jusqu'aux notions primitives... Plus facile est l'analyse des vérités; car il y en a un grand nombre que nous pouvons démontrer d'une manière absolue en les réduisant à l'évidence. Là est donc la tâche principale à laquelle il faut nous adonner[3]. »

Que reste-t-il donc de la caractéristique? elle devient une limite dont il faut s'approcher sans cesse, mais que l'on n'atteindra jamais. Et, par suite, que reste-t-il de la science elle-même ? une série de vérités qui peut s'accroître à l'indéfini, mais dont les principes originels échapperont toujours aux prises de notre pensée. Si l'on établit, par exemple, qu'entre A et B il existe une connexion nécessaire, il faudra bien que, partout où le premier de ces deux termes se pose, le second se pose également et du même

---

[1]. Cout., 187 (Dans ce dernier fragment, comme dans le précédent, il s'agit de l'objection de Pascal tirée de la « résolution à l'infini »).
[2]. Erd., 80ᵇ (*Medit.*).
[3]. Gerh., *Phil.,* I, 392 (*L. à Foucher*, 1687); — Cout., Co., 514 et 373-375 (1686); — Erd., 674ᵇ (*Leibniz faisait déjà la distinction des concepts simples et des vérités,* en 1667, à l'époque où il croyait pleinement à la possibilité de sa caractéristique*).

coup : ainsi de toutes les affirmations analogues. Supposé, par conséquent, que A soit éternel, B l'est pareillement ; et la démonstration, bien qu'inadéquate, devient absolue. Supposé, au contraire, que A relève du monde des réalités contingentes, B en relève aussi ; et la démonstration n'a qu'une valeur plus ou moins hypothétique. Il en va de la science entière, comme de la géométrie actuelle ; l'on n'y remonte pas au delà des axiomes. La pensée ne pénètre jamais tout son objet[1].

D'après Leibniz lui-même, le problème d'une caractéristique universelle n'a pas de solution complète. De fait, il ne saurait en avoir de telle ; et l'on trouvera peut-être que ce n'est pas fort regrettable. Bannir de nos opérations intellectuelles la présence réelle des images et même celle des idées, n'y laisser en exercice qu'une théorie de symboles qui se déroulent tout seuls quand une fois on en a touché le déclic, réduire nos raisonnements au travail d'une machine semblable à celle qu'avait fabriquée Leibniz et dont il a tant parlé[2] : non, vraiment, nous ne nous faisons pas à cette perspective. Le succès de la caractéristique universelle, ce ne serait pas seulement la mort de la poésie, mais encore à la longue l'atrophie de la raison elle-même : ce serait la victoire finale de l'automatisme. Qu'on nous laisse donc le plaisir et la douleur de chercher, puisque les dieux ont enchaîné « par la tête » ces deux « acolytes » de notre vie ; qu'on nous laisse aller à la vérité « avec toutes nos pièces ».

Bref, Leibniz a trop accordé à « l'esprit géométrique » et trop peu à celui de « finesse », dont il appréciait cependant la valeur. On peut dire aussi qu'il ne s'est pas suffisamment défendu contre les hardiesses prématurées de la Renaissance ni contre l'influence de la scolastique déca-

---

1. Cout., 187, 220, 373-375, 513, 539.
2. Gerh., *Math.*, I, 26-45, 50, 52, 59 ; — *Ibid.*, *Math.*, II, 32, 254, 271, 291, 312, 329, 310-311, 312-313 ; — *Ibid.*, *Math.*, III, 45, 49, 65, 414, 856-857, 863 ; — *Ibid.*, *Math.*, IV, 341, 519 ; — *Ibid.*, *Math.*, VII, 361-362 ; — *Ibid.*, *Math.*, VIII, 129. Oldenburg, Hugens, L'Hospital, les deux Bernoulli, Tschirnhaus, Hermann, Wolf et d'autres encore sont informés par Leibniz et de la nature et du progrès que fait sa machine ; et ce soin dure du commencement à la fin de sa carrière. Véritablement, il y voit comme le symbole de ce que deviendra le savant, quand l'ère de la caractéristique sera ouverte.

dente de son temps, bien qu'il n'ait pas ménagé ses critiques à « ce fatras d'inutilités » dont il veut qu'on « ne charge pas la jeunesse [1] » .

Vu de cet aspect, Leibniz est encore « un homme du XVIe siècle.

### V. — Calcul des probabilités.

Le calcul des probabilités se rattache à la caractéristique : il en est un département [2].

Quelque problème qui se pose, on est toujours en face de la même alternative. Ou bien les données suffisent à déterminer sa solution; et alors on peut la déduire par voie d'analyse et d'une manière certaine. Ou bien les données sont insuffisantes; et alors la solution du problème n'est pas précisée, elle n'est que plus ou moins circonscrite. Il peut donc y en avoir plusieurs et qui soient elles-mêmes ou simplement possibles ou plus ou moins probables. C'est dans la seconde hypothèse qu'intervient le calcul en question. Or il est bien vrai qu'il n'aboutit jamais à la certitude; mais il peut en approcher indéfiniment : il y tend comme vers sa limite, à la manière dont les quantités incommensurables tendent vers leur mesure. « Les probabilités aussi relèvent du calcul et de la démonstration; car, les circonstances une fois données, on peut toujours en déduire ce qui surviendra plus probablement [3]. »

« Soit supposé, par exemple, qu'avec deux dés, l'un doit

---

1. Erd., 57[b]-58[a], 68[a]-68[b], 371[b].
2. Gerh., *Math.*, I, 181 (*L. à Galloys*, 1677); *Ibid.*, *Phil.*, VII, 22; *Ibid.*, *Phil.*, III, 183 (*L. à Burnett*, 1696).
3. Erd., 674[a] (1667); — Gerh., *Phil.*, VII, 188; *Ibid.*, *Phil.*, I, 187 (*L. à Conring* 1678); *Ibid.*, *Phil.*, VII, 125 (*Unitia et specim. scientiæ gener.*); — Erd., 84[a-b] (*De scientia univ.*); — P. Jan., 687-688 (*L. à Arnauld*, 11 janv. 1688); — Gerh., *Math.*, VII, 355 (*L. à Bodenhausen*); *Ibid.*, *Phil.*, VII, 20 (*L. au duc de Hanovre*, vers 1690); *Ibid.*, *Phil.*, VII, 167, 201, 477; *Ibid.*, *Phil.*, III, 259 (*L. à Burnett*, 1699); *Ibid.*, *Phil.*, VII, 60-63 (frag. sur la science géné.); — Erd., 184[b], 388[a]-389[a] (*N. Essais*); — Gerh., *Math.*, VIII, 17 (*L. à Wolf*, 1705); *Ibid.*, III, 845 (*L. à Joh. Bernoulli*, 6 sept. 1709). — Cf. Gerh., *Phil.*, IV, 345; — Cout., *Op.*, 220-227; — Dut., V, 403-404 (*Ep. ad D. Eterum...*, 10 mai 1716). — Ces références contiennent toute la question.

gagner s'il fait 7 points, l'autre s'il en fait 9 ; on demande quelle proportion se trouve entre leurs apparences de gagner? Je dis que l'apparence pour le dernier ne vaut que deux tiers de l'apparence pour le premier, car le premier peut faire 7 de trois façons avec deux dés, savoir par 1 et 6, ou 2 et 5, ou 3 et 4 ; et l'autre ne peut faire 9 que de deux façons, en jettant 3 et 6 ou 4 et 5. Et toutes ces manières sont également possibles. Donc les apparences, qui sont comme les nombres des possibilités égales, seront comme 3 est à 2, ou comme 1 à $\frac{2}{3}$ [1]. »

Une telle définition du calcul des probabilités fait déjà prévoir quelle est l'étendue de son domaine.

Pascal, Fermat, Hugens l'ont appliqué aux jeux. Et c'est bien par là qu'il fallait commencer; c'est également par là qu'il faut continuer pour en pénétrer la nature. Mais il est par essence d'une portée infiniment plus grande : il intéresse tous les ordres de la connaissance humaine; et, dans chacun d'eux, son rôle commence à l'endroit même où finit la certitude. Le calcul des probabilités, c'est la logique de l'incertain. La jurisprudence, la politique, la stratégie, l'économie, la médecine, la casuistique et l'art de diriger les âmes : autant de formes de la pensée où les conjectures tiennent une place considérable; et, par suite, autant de formes de la pensée qui relèvent en grande partie du calcul des « vraisemblances » et qu'il est appelé à transformer radicalement. Il ne s'agira plus dès lors de « compter les suffrages, mais de les peser » : on ne se fondera plus sur des impressions, mais sur des raisons; les controversistes pourront couper court à leurs querelles, en disant comme les mathématiciens : « comptons »[2].

---

1. Erd., 388[b] (*N. Essais*); — Gerh., *Math.*, VIII, 110 (*L. à Wolf*, vers 1709); dans ce dernier cas, il y a une variante : le nombre de points est 7 et 12, au lieu de 7 et 9.

2. Cout., 211-214 (*Ad stateram Juris...*, de 1672-1676); *Ibid.*, 226-228 (*Nouvelles ouvertures*); — P. Jan., 688 (*L. à Arnauld*, 14 janv. 1688); — Erd., 84[a.b] (*De scientia univ.*); *Ibid.*, 388[a.b] (*N. Essais*); — Gerh., *Math.*, III, 83 (*L. à Jac. Bernoulli*, entre 1703 et 1704); *Ibid.*, 850 (*L. à Joh. Bernoulli*, 6 juin 1710); *Ibid.*, VIII, 110 (*L. à Wolf*, 1709).

Faire du calcul des probabilités une sorte de « dialectique morale »[1] et qui se ramène au « calcul différentiel »[2] : voilà qui revient à Leibniz. Y a-t-il, dans cette matière, d'autres vues dont la science lui soit redevable? C'est le point qui nous reste à définir.

Leibniz s'est occupé du calcul des probabilités bien avant de venir à Paris; il y a travaillé « dès son enfance »[3]. Et ce qui a le plus contribué à diriger son attention de ce côté-là, c'est l'étude du droit. Il lui a semblé que la manière dont les jurisconsultes parlent « des conjectures, des indices, des présomptions, des preuves semi-pleines ou pleines » « n'est autre chose... qu'une espèce de logique appliquée aux questions de droit » et dont la forme rappelle le langage des mathématiques. D'après lui, ces gens possèdent déjà un calcul des probabilités, mais « qui manque encore de principes certains et de méthode »[4]. Il n'y a qu'à marcher dans la voie qu'ils ont ouverte, en s'y dirigeant à la lumière de la science des nombres.

Parti de cette idée, Leibniz se met à l'œuvre, pour formuler les principaux éléments de son système. En 1665, il publie son *De conditionibus*[5] où il s'agit d'une théorie des jugements hypothétiques, appliquée au droit. En 1669, il donne, à l'occasion de l'élection du roi de Pologne, son *Spécimen de démonstrations politiques,* dont le but est de mesurer la valeur des candidats en présence[6]. Viennent

---

1. GERH., *Phil.*, III, 193-194 (*L. à Burnett*, 1/11 févr. 1697).
2. GERH., *Phil.*, VII, 183 (*Discours touchant la méthode de la certitude...*).
3. GERH., *Math.*, III, 377 (*L. à Joh. Bernoulli*, 5 mars 1697); *Ibid.*, *Phil.*, III, 193-194 (*L. à Burnett*, 1697); *Ibid.*, *Math.*, III, 850 (*L. à John Bernoulli*, 6 juin 1710); *Ibid.*, VIII, 110 (*L. à Wolf*, 1709).
4. ERD., 84ᵃ⁻ᵇ (*De scientia univ.*); — P. JAN., 688 (*L. à Arnauld*, 14 janv. 1688); — COUT., *Op.*, 211-214 (1672-1676); — ERD., 388ᵃ (*N. Essais*); — GERH., *Math.*, III, 850 (*L. à Joh. Bernoulli*, 6 juin 1710); *Ibid.*, *Phil.*, VII, 477 (*L. à Koch*, 1708).
5. Titre complet : *Specim. certitudinis seu demonstrationum in jure, exhibitum in natura conditionum*. Ce traité « a été remanié et publié avec les autres mémoires relatifs au droit en 1672 sous le titre général *Specimina Juris* (GÜHR., I, 37); — Cf. ERD., 349ᵇ (*N. Essais*) : Leibniz, en ce passage, exprime le désir de « retoucher » encore son livre *Sur les conditions*.
6. Titre complet : *Specimen demonstrationum politicarum pro eligendo rege Polonorum, novo scribendi genere ad claram certitudinem exactum* (GÜRHAUER, II, notes, 59; KLOPP, I, XLI).

ensuite sa première *lettre à Arnauld*[1] et sa *Définition de la Justice universelle*[2], qui portent aussi sur le calcul des vraisemblances. En outre, il avait depuis longtemps le dessein d'écrire un traité « des degrés de probabilité », comme on peut le voir par une lettre à Placcius[3].

Il résulte de l'examen de ces ouvrages que Leibniz a découvert de lui-même les règles de la probabilité *totale* et de la probabilité *composée*[4]. La somme des chances pour qu'un événement se produise est le rapport des cas favorables aux cas possibles : Par exemple, on parie en jetant un dé qu'il montrera le point 4, la chance du joueur est $\frac{1}{6}$. Dès lors, s'agit-il simplement de cas qui n'influent pas les uns sur les autres, on se borne à les additionner quand ils sont « également faciles », à prendre leur moyenne arithmétique quand ils sont « d'inégale facilité »[5] : c'est ainsi qu'à la seconde jetée, la proportion précédente deviendra $\frac{2}{6}$; et, à la troisième, $\frac{3}{6}$. Mais s'il s'agit de faits qui se renforcent mutuellement pour produire l'effet attendu, l'addition ne suffit plus à les représenter; on les multiplie entre eux. Supposé que la question soit d'évaluer le bonheur, il faut, dit Leibniz, « prendre le produit de son intensité par sa durée; il en est comme des aires dont la mesure répond au produit de la largeur par la longueur »[6].

---

1. Gerh., *Phil.*, I, 73-74 (*L. à Arnauld*, nov. 1671).
2. Trendelenburg, *Buchstücke in Leibnizens nachlass zum naturrecht gehörig*, II, 257-282. Dans les années 1671-1672, Leibniz préparait un traité intitulé *Elementa Juris naturalis;* c'est très probablement un fragment de cet ouvrage qu'a publié Trendelenburg.
3. Dut., VI, I, 36 (janv. 1687).
4. Dut., IV, III, 579, 604; — Cf. Gerh., *Phil.*, III, 190, 191 (*L. à Burnett*, 1697); Gerh., *Math.*, III, 815 (*L. à Joh. Bernoulli*, 6 sept. 1709) : dans ce dernier passage, ces mots *Principis Jussu* désignent le baron de Boineburg à la demande duquel fut retouché le *Specimen demonstrationum...*
5. Erd., 723[b]; — Cout., *Op.*, 569-571.
6. Gerh., *Phil.*, VII, 115. — Soit un exemple très familier, pour faire mieux entendre la loi de la *probabilité composée*. Voici un malade dont l'état est grave. Supposez que l'on ait $\frac{9}{10}$ de chances pour que le médecin vienne, $\frac{1}{3}$ de chances pour que le malade guérisse, si le médecin vient : la probabilité de la guérison est $\frac{9}{10} \times \frac{1}{3} = \frac{3}{10}$.

Voilà ce qu'a trouvé Leibniz au cours de ses méditations personnelles. Mais, pendant ces années d'isolement, il se produisait, en France et même en Hollande, un mouvement incomparable d'idées mathématiques où le calcul des probabilités prenait une place de plus en plus grande. C'est ce que Leibniz lui-même a fort bien dépeint. « Les mathématiciens de notre tems, dit-il, ont commencé à estimer les hazards à l'occasion des jeux. Le chevalier de Mere, dont les « Agrémens » et autres ouvrages ont été imprimés, homme d'un esprit pénétrant et qui était joueur et Philosophe, y donna occasion en formant des questions sur les partis, pour savoir combien vaudrait le jeu, s'il était interrompu dans un tel ou tel état[1]. Par là il engagea M$^r$ Pascal son ami à examiner un peu ces choses. La question éclata et donna occasion à M. Hugens de faire son traité de *Alea*[2]. D'autres savans hommes y entrèrent », en particulier M. Fermat[3]. « M. le Pensionnaire Wit[4] et M. Hudde[5] ont aussi travaillé là-dessus depuis[6]. »

En mars 1672, Leibniz vient à Paris pour une mission diplomatique. Le voilà dans le centre du mouvement. Il lit, s'informe de tous côtés et se rend compte du travail qui se fait depuis trente ans autour du problème des probabilités. Ce qui le frappe avant tout, c'est la rigueur mathématique avec laquelle on procède; il éprouve aussi l'impression très vive que « l'examen des jeux de hazard » est le moyen le plus efficace de connaître à fond la logique du probable et même « de perfectionner l'art d'inventer ». Aussi ne manquera-t-il pas désormais de conseiller ce genre d'étude, quand il en trouvera l'occasion[7]. A partir de cette

---

1. *Œuvres complètes de Blaise Pascal, Première Lettre de Pascal à Fermat*, III, 223, Hachette, Paris, 1869.
2. *De ratiociniis in ludo aleæ* (1657).
3. *Œuvres complètes de Blaise Pascal, Corresp. de Pascal et de Fermat*, III, 226-237.
4. Le traité de Wit, intitulé *Évaluation des rentes viagères en proportion des rentes ordinaires*, fut publié en 1671 pour la première fois.
5. Cout., *Op.*, 561; Cf. Gerh., *Math.*, VII, 133-137.
6. Erd., 388$^b$, 723$^b$.
7. Gerh., *Math.*, III, 363 (*L. à Joh. Bernoulli*, 29 janv. 1697); *Ibid.*, 377 *L. au même*, 5 mars 1697); — Erd., 389$^a$ (*N. Essais*); — Gerh., *Math.*,

époque, les Jurisconsultes passent au second plan; pour lui, ce sont les mathématiciens qui ont trouvé la vraie méthode, celle d'ailleurs à laquelle il s'essayait avant de les connaître : le succès de leurs efforts en fournit une preuve éclatante.

Le voilà donc à marcher sur leurs traces. En 1676, Leibniz, sur la proposition du duc de Roannez, écrit un mémoire sur le calcul des Partis[1]. Vers l'année 1678, il étudie le jeu du Quinquénove, celui du Solitaire « qu'il imagine de pratiquer à l'envers », celui de l'Hombre et les « Loix de la Bassette »[2]. C'est aussi durant cette même année qu'il compose son mémoire sur l'*Estimation de l'incertain*, où l'enchaînement des idées et la précision du langage rappellent la manière de Pascal[3]. En 1680, Leibniz écrit sur une note d'hôtel le plan d'une nouvelle « combinatoire » où la théorie des jeux est encore recommandée à côté de celle des rentes viagères[4], et qui n'a pas été réalisé. Il faut sans nul doute rapporter à la même époque ce qu'il nous a laissé sous le titre *De reditibus ad vitam*[5], étude qui se borne peut-être à reproduire un calcul de Hudde[6]. Un peu plus tard, vers 1682, Leibniz rédige son *Essay de quelques raisonnements nouveaux sur la vie humaine et sur le nombre des hommes*[7]. Ce qu'il est bon de noter à propos de cet opuscule, c'est que l'auteur y suit encore la méthode à priori, si profondément conforme à sa manière habituelle de penser. Pour calculer la longueur moyenne de la vie

---

III, 71 (*L. à Jac. Bernoulli*, avril 1703); *Ibid.*, *Phil.*, III, 667-669 (*L. à Remond de Montmort*, 17 janv. 1716); Cf. COUT., *Op.*, 561.

1. COUT., *Op.*, 575. — A la page suivante, se trouve la mention d'un autre problème, proposé aussi à Leibniz par le duc de Roannez et qui concerne la longévité de la vie.

2. COUT., *Op.*, 568-569 : on trouvera, dans ce passage, des détails intéressants sur la nature des jeux dont il est question ici.

3. *Ibid.*, 569-571 : il s'agit ici d'un fragment du *De incerti estimatione*, daté de sept. 1678.

4. COUT., *Op.*, 561-563. On trouve un autre plan *De arte combinatoria scribenda* à la page 560 du même ouvrage; la date n'en est pas donnée.

5. GERH., *Math.*, VII, 133-137.

6. Voici, en effet, comment Leibniz s'exprime dans le plan d'une nouvelle « combinatoire » daté de 1680 et que l'on vient de mentionner : Huddenius ex tabulis aliquot millium qui Amstelodami reditus ad vitam habebant inde ab 80 annis condidit regulam quam alibi retuli.

7. KLOPP, V, 326-337. L'auteur rappelle dans cet ouvrage son travail sur *Les Rentes à vie;* c'est donc que cet ouvrage n'est venu qu'après.

humaine, il part de cette supposition fondamentale, que « quatre-vingt un enfants nouvellement nés mourront uniformément, c'est-à-dire un par année dans les quatre-vingt un ans suivants » : ce qui demande que toutes les années de leur vie soient également sujettes à la mort. Cependant, Leibniz ne dédaigne pas l'expérience au point où Malebranche le fait de l'histoire ; ce qui le prouve, c'est la liste des 56 *questions sur la vie humaine* que contient l'opuscule de ce nom et qui sont pour la plupart d'ordre démographique[1]. La pensée de Leibniz est celle-ci : les faits sont d'une complexité et d'une mobilité infinies[2]. Par suite, on n'a le droit de s'y fonder qu'en les rattachant à quelque principe métaphysique ou tout au moins mathématique : il n'y a de démonstration rigoureuse qu'à la lumière de l'intelligible, qui, lui, est à la fois fixe et nécessaire.

En 1710, Leibniz revient à la question des jeux, dans un article de la *Revue de Berlin*[3]. Il rappelle que les jeux sont particulièrement propices « à l'estimation des probabilités », mentionne à ce propos les recherches de Pascal et loue plus haut que jamais l'efficacité de sa caractéristique. Naturellement, il pense encore à son projet d'une nouvelle « combinatoire » ; et quel malheur que ses « distractions » toujours plus grandes et plus pénibles l'aient empêché de réaliser ce dessein! Il eût été profitable de comparer la « combinatoire » de la fin à celle du commencement dont il s'est plu lui-même à relever les imperfections[4].

Chose singulière chez un esprit de sa force, Leibniz continue au moins jusqu'en 1704 à regarder la méthode à posteriori comme accessoire : tant il est convaincu de son incurable débilité! Voici, en effet, ce qu'il répond vers cette époque à Jacques Bernoulli : « Vous demandez si, en se fondant uniquement sur les faits, on peut obtenir une exacte estima-

---

1. *Quæstiones Calculi politici circa hominum vitam, et cognatæ* (KLOPP, V, 337-340).
2. GERH., *Math.*, III, 83-84 (*L. à Jac. Bernoulli*, vers déc. 1703).
3. DUT., V, 203 (*Annotatio de quibusdam ludis, imprimis de ludo quodam Sinico, differentiaque Scachici et Latrunculorum, et novo genere ludi navalis*).
4. ERD., 349[b] (*N. Essais*); *Ibid.*, 701[a] (*L. à Remond de Montmort*, 1714).

tion des probabilités; et vous croyez l'avoir découvert. Mon objection est celle-ci : les contingents qui dépendent d'une infinité de circonstances ne peuvent se déterminer à l'aide d'une infinité d'observations. Je veux bien que la nature ait ses routines; mais le retour des mêmes causes n'a lieu que dans la majorité des cas, ὡς ἐπὶ τὸ πολύ. Qui nous dira si l'événement ultérieur ne s'écartera pas quelque peu de la loi de tous ses précédents, vu la mobilité même des choses? De nouvelles maladies envahissent le genre humain : si bien que vous ayez compté jusques-là les cas de mortalité, vous n'avez donc pas apposé à la nature des limites où l'avenir soit devenu captif[1]. »

Il faut à l'immortel auteur de *L'art de conjecturer* toute la rigueur de son argumentation, pour ébranler cette manière de voir. Qu'importent vos principes? répond-il. La loi des grands nombres existe; et son emploi suffit, car elle porte en elle-même son propre correctif. Supposez 12 boules blanches et 6 boules noires dans la même urne; je dis qu'à force de répéter les tirages, on aura une moyenne de $\frac{201}{100}$ ou de $\frac{199}{100}$ qui tendra elle-même à l'indéfini vers $\frac{200}{100}$[2]. Le hasard redresse le hasard, si bien qu'il finit par être juste. Le tout est d'avoir la vaillance requise, pour réunir un nombre d'épreuves suffisant[3].

Il semble bien que Leibniz se soit enfin rendu en présence de ce raisonnement, comme on peut le constater par une *Lettre à Wolf* de l'année 1709[4]. Mais on regrette que sa défiance toute platonicienne à l'endroit de l'expérience sensible l'ait empêché de voir la chose par lui-même. La loi

---

1. Gerh., *Math.*, III, 83-84 (*L. à Jac. Bernoulli*, 3 déc. 1703).
2. Gerh., *Math.*, III, 88 (*L. de Jac. Bernoulli*, 20 avril 1704); — Cf. *Ibid.*, 77-78.
3. D'après l'ouvrage très connu de Joseph Bertrand sur le calcul des Probabilités, entre la moyenne de longévité et la moyenne du tirage à l'urne, l'accord se fait; mais l'écart n'est pas le même. Si dans le premier cas l'écart est de cent, il est de quarante dans le second (p. 308-309).
4. Gerh., *Math.*, VIII, 110.

des plus grands nombres, c'est comme le moteur immobile du calcul des probabilités.

Ce qu'il importe de noter, en terminant ce chapitre, c'est l'unité organique de l'œuvre logique de Leibniz. Tout y vient de ce qu'il appelle son « essai d'écolier »; tout y dérive d'une seule et même idée, celle qui paraît dans « l'art combinatoire ». La Caractéristique, l'Encyclopédie, la langue rationnelle, le calcul des probabilités : autant de rameaux qui sont sortis du germe découvert par Leibniz à l'âge de vingt ans. Aussi n'a-t-il jamais varié sur ce point. D'un bout à l'autre de sa longue carrière, on le voit perpétuellement attribuer à sa « combinatoire » la même fécondité d'inspiration, toutes les fois que l'occasion s'en présente; et, quand elle ne se présente pas, il aime à la faire naître : il s'y plaît et complaît. Voici comment il s'exprime en 1679 dans une lettre à Tschirnhaus : « A l'âge de dix-huit ans, j'écrivis un livre sur l'art combinatoire que je publiai deux ans après : J'y trouvai un certain fil de la méditation, secret admirable de la vraie analyse, qui a pour corollaires une langue et une caractéristique rationnelles. Nul autre ne l'a compris à ce que je sache; et si quelqu'un en avait eu l'idée, il se serait détaché de tout le reste pour suivre cette conquête; car il n'est rien de plus grand qui puisse sortir de la pensée humaine[1]. » Voilà, d'après Leibniz, la perle précieuse dont a parlé l'Évangile : c'est la « combinatoire ». En 1686, il nous présente cette œuvre qui « sent le jeune homme et l'apprentif » comme le fondement sur lequel il a « basti » tout le reste[2], et en 1690 comme « la semence de son art d'inventer »[3]. Il y revient en 1700 et 1704, avec l'intention manifeste d'en faire connaître au public la capitale impor-

1. Gerh., *Math.*, IV, 482.
2. Cout., *Op.*, 175.
3. Gerh., *Phil.*, IV, 103. Il s'agit d'une note publiée en 1691 dans les *Acta eruditorum*, à propos de la réédition de « l'art combinatoire » qui eut lieu à Francfort-sur-Mein en 1690. Leibniz ne l'avait pas autorisée; il ignorait même le fait. Il ne laissait pas cependant de le regarder avec une discrète complaisance.

tance¹. Enfin, dans une lettre à Remond de 1714, c'est-à-dire deux ans avant sa mort, il expose assez longuement les conséquences qu'il pensait tirer de son traité de 1666; et ces conséquences, c'est toute sa logique, y compris la « nouvelle combinatoire » qui devait en être l'expression définitive. « J'oserais ajouter une chose, que si j'avais été moins distrait, ou si j'étais plus jeune, ou assisté par de jeunes gens bien disposés, j'espérerais donner une manière de *spécieuse générale,* où toutes les vérités de raison seraient réduites à une façon de calcul. Ce pourrait être en même tems une manière de Langue et d'Ecriture universelle, mais infiniment différente de toutes celles qu'on a projetées jusqu'ici; car les caractères, et les paroles mêmes, y dirigeraient la Raison; et les erreurs, excepté celles de fait, n'y seraient que des erreurs de calcul... Elle servirait aussi à estimer les degrés de vraisemblance, lorsque nous n'avons pas *sufficientia data* pour parvenir à des vérités certaines, et pour voir ce qu'il faut y suppléer². »

De la logique elle-même, l'influence de « l'art combinatoire » se répand sur la manière dont Leibniz a compris les sciences et la métaphysique et la morale : elle est toujours là comme un levier dont il se sert et un idéal qu'il faudrait atteindre.

---

1. GERH., *Math.,* V, 349 (*Réponse à Duilliers.....*); — ERD., 349ᵇ (*N. Essais*); — Cf. COUT., *Op.,* 347.
2. ERD., 701ᵃ·ᵇ; — F. CAR., B, 24 : « Pour Moy Je ne chérissais les mathématiques que parce que j'y trouvais les traces de l'art d'*inventer en général* »; — GERH., *Phil.,* III, 193-193 (*L. à Burnett,* 1697). — A consulter sur le même point : GERH., *Phil.,* I, 57 (*L. à Jean Frédéric,* 1671 ou 1672); *Ibid.,* 174-175 (*L. à Conring,* au delà de 1671); *Ibid.,* 185-186 (*L. au même,* 3 janv. 1678); *Ibid.,* 194-195 (*L. au même,* 19 mars 1678); *Ibid.,* VII, 516 (*L. à Gabriel Wagner,* 1696); *Ibid.,* 292 (*De Synthes. et anal. univ.,* non daté); *Ibid.,* 477 (*L. à Koch,* vers 1708); *Ibid.,* 32, 33-37 (Discussion à propos du Projet Rödeken).

# CHAPITRE IV

## SCIENCES[1].

I. Calcul différentiel. — Son origine, sa nature et sa portée; distinction des deux idées essentielles qu'il contient; ce que Leibniz doit à ses contemporains, tels que Pascal, Mercator, Grégory, Newton en particulier.
II. De la « Géométrie sublime ». — Imperfections relevées par Leibniz dans la « Mathématique » de son temps; définition de cette science; catégories mathématiques; analyse des sites.
III. De l'Arithmétique binaire ou dyadique. — En quoi elle consiste; son analogie avec celle du roi Fohy; les avantages « merveilleux » qu'y trouve Leibniz; jugement des frères Bernoulli sur ce nouvel art de décompter.
IV. De la force. — Preuves de son existence; de son rapport avec le mouvement; une trinité de constances, celle de l'énergie, celles de l'action et de la direction; application de l'idée de force à l'interprétation des phénomènes célestes; lumières nouvelles qui en résultent sur la nature des corps; un mot sur la manière dont Leibniz inventait dans le domaine des sciences.

Il n'est pas de question scientifique où Leibniz n'ait promené son regard; et, sur tous les points dont il s'est occupé, il a laissé la marque de son génie, soit en émettant des vues nouvelles, soit en faisant des inventions décisives et parfois d'une portée incalculable. Il n'étudiait la tradition que pour la dépasser; son but était toujours d'obtenir du « déjà donné » des solutions prises de plus haut, plus précises et par là même plus fécondes. Il prenait son élan dans le passé; mais c'est vers l'avenir que sa pensée se trouvait naturellement tournée et tendue. Sur le domaine des sciences proprement dites, ce puissant métaphysicien fut aussi l'un des plus merveilleux semeurs d'idées qui aient honoré la race

---

1. Au cours de ce chapitre, toutes les références qui porteront *Gerhardt sans autre indication*, seront relatives à l'édition des *Œuvres mathématiques;* vu l'objet dont il est question dans cette partie de notre étude, ce mode de renseigner le lecteur sur les sources nous a paru le plus simple.

humaine : comme savant, il est plus grand que Descartes et peut se comparer à Newton.

Quelques-unes de ses découvertes sont devenues après lui comme des phares allumés pour toujours sur la route du savoir humain. Telle est, par exemple, la découverte du « calcul différentiel ».

### I. — CALCUL DIFFÉRENTIEL.

Jeune encore, Leibniz prend plaisir à « chercher les sommes des séries des nombres ». Et voici l'observation qu'il ne tarde pas à faire. Supposez une série infinie, c'est-à-dire qui ne s'épuise pas : on peut démontrer que son premier terme est égal à la somme de ses différences, pourvu que ces différences décroissent elles-mêmes jusqu'à l'infini[1].

Soit, par exemple, la progression géométrique suivante, dont la raison est $\frac{1}{2}$ :

$$\frac{1}{1} + \frac{1}{2} + \frac{1}{4} + \frac{1}{8} + \frac{1}{16} + \frac{1}{32};$$

On peut écrire :

$$1 = \frac{1}{2} + \frac{1}{4} + \frac{1}{8} + \frac{1}{16} + \frac{1}{32}, \text{ etc.}$$

Car, en sommant les différences au fur et à mesure que le nombre s'en accroît, on a successivement : $1 > \frac{3}{4}$, puis $1 > \frac{7}{8}$, $1 > \frac{15}{16}$, $1 > \frac{31}{32}$, etc. Comme on le peut voir, le total des fractions tend toujours plus vers l'unité : si bien qu'à la limite il l'égale et se confond avec elle[2].

Ainsi de la série $\frac{1}{1} + \frac{1}{3} + \frac{1}{6} + \frac{1}{10} + \frac{1}{15}$, proposée comme exemple par Leibniz lui-même dans une de ses

---

1. Gerh., II, 259-260.
2. Ibid., IV, 93.

lettres à Oldenburg[1]; et de cette autre, $\frac{1}{1} + \frac{1}{4} + \frac{1}{10} + \frac{1}{20}$, que Leibniz aussi soumet à L'Hospital en lui traçant l'historique de son calcul[2]. La méthode est générale; car, de quelque cas qu'il s'agisse, elle repose toujours sur le même principe.

Ce n'est pas qu'il soit toujours facile d'instituer une série décroissante. Il faut la combiner de telle façon qu'à chaque pas l'on obtienne une erreur en moins et la moindre possible; Or cette sorte de métrique suppose un art, et qui est parfois très délicat. « Soit un diamètre de $\frac{1}{8}$, la circonférence sera $\frac{1}{3} + \frac{1}{35} + \frac{1}{99} + \frac{1}{195}$, ainsi à l'infini, pourvu que le numérateur des fractions soit l'unité, et que les dénominateurs se composent des impairs suivants combinés deux à deux : 1 et 3, 5 et 7, 9 et 11, 13 et 15, 17 et 19[3]. » Mais cette série de multiplicateurs n'est pas donnée par la nature même du problème; il faut la découvrir à l'aide d'une sorte de tâtonnement. La règle qui préside au calcul des différences n'en demeure pas moins saine et sauve; elle doit aboutir quand on y met la patience et l'ingéniosité voulues : la vérité se donne aux vaillants, suivant la pensée de Platon[4].

Dès 1673, Leibniz est complètement maître de sa théorie des sommations, quelques difficultés qu'il doive rencontrer par la suite en l'appliquant à certains cas. Cette année-là, il passe de France en Angleterre; à Londres, il fait connaissance avec Newton, Wallis, Boyle, Grégory, Collins, Oldenburg, etc. Un jour, il rencontre chez Boyle le mathématicien Pell; et la conversation s'engage sur les propriétés des nombres. Leibniz se hasarde à dire qu'il possède une méthode qui permet de sommer les séries à l'aide de leurs

---

1. Gerh., I, 46 ; Cf. *Ibid.*, II, 260.
2. *Ibid.*, II, 260.
3. *Ibid.*, VII, 37.
4. N'empêche que Leibniz lui-même, en 1706, trouvait encore d'insurmontables difficultés à certaines sommations, celles, par ex., qui comprenaient « des carrés, des cubes et d'autres puissances » (Gerh., VIII, 56).

différences. Il s'explique sur ce sujet; mais Pell lui répond que sa méthode se trouve déjà dans l'ouvrage de Mouton sur *les diamètres apparents du soleil et de la lune*[1]. Leibniz, qui ne connaît pas encore cette étude, se la procure immédiatement et constate non seulement que son procédé ne ressemble pas à celui du chanoine de Lyon, mais encore qu'il est beaucoup plus général[2].

En France, Leibniz se met à lire Descartes, Pascal et Fermat; la supériorité de son esprit ne tarde pas à lui gagner l'estime et l'amitié du célèbre Huyghens. Sa théorie des différences prend alors une ampleur nouvelle : elle s'étend des nombres aux figures et touche assez vite son point de maturité.

Leibniz remarque d'abord que sommer une courbe, c'est sommer son ordonnée; et que sommer l'ordonnée d'une courbe, c'est l'égaler à une série de différences infinie[3]. De là l'idée d'appliquer la méthode des sommations au problème de la quadrature du cercle.

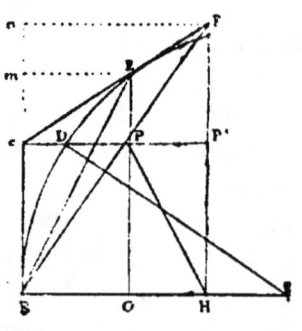

Soit la figure ci-jointe où BDF représente un arc et BEF un triangle infinitésimal dont la base est EF. Abaissons des points E et F deux coordonnées, EG et FH. Il n'est pas difficile de démontrer, par les ressources de la géométrie ordinaire, que le rectangle PGH est le double du triangle BEF. On a donc la mesure de ce triangle; et l'on peut, à l'aide du même procédé, trouver celle de tous les autres.

Jusqu'ici rien de nouveau qu'une ingénieuse application de la méthode des indivisibles pratiquée par les contemporains. Mais, à partir de ce point, tout continue par une autre voie.

Soit un cercle dont le rayon est l'unité; appelons $b$ la tan-

---

1. Lyon, 1670, in-4°.
2. Gerh., I, 27-31.
3. Gerh., II, 260.

gente BC de la moitié BD d'un arc donné BDE; « la grandeur de l'arc sera : $\frac{b}{1} - \frac{b^3}{3} + \frac{b^5}{5} - \frac{b^7}{7} + \frac{b^9}{9} - \frac{b^{11}}{11}$, etc. ».
« Et le corollaire de ce théorème est que, le diamètre et son quarré estant 1, le cercle est $\frac{1}{1} - \frac{1}{3} + \frac{1}{5} - \frac{1}{7} + \frac{1}{9} - \frac{1}{11}$, etc. »
On n'a plus qu'une série infinie, on ne peut plus élégante et qui renferme uniquement des termes « rationaux ». La méthode d'ailleurs s'applique à la parabole, à l'hyperbole, comme au cercle lui-même : elle vaut pour toutes les courbes, quelle qu'en soit la nature. Tant il est vrai « que les origines des inventions valent mieux que les inventions mêmes, à cause de leur fécondité et parce qu'elles contiennent en elles la source d'une infinité d'autres qu'on en pourra tirer par une certaine combinaison[1] » !

*La quadrature arithmétique du Cercle* parut en février 1682, dans les *Actes* de Leipzig. Mais Leibniz a soin de nous dire qu'il y travaillait depuis longtemps déjà. Le 26 octobre 1674, il l'annonce à Oldenburg comme une découverte dont l'honneur lui revient. « Personne, dit-il, n'a donné jusqu'ici une série de nombre rationaux, dont la somme poussée à l'infini soit la mesure exacte du Cercle[2] »; et, comme son correspondant lui réplique que Grégory et Isaac Newton sont déjà plus avancés en cette matière, qu'aucune espèce de courbes ne résiste à l'efficacité de leurs méthodes, Leibniz s'inquiète de cette découverte et veut s'informer de ce qu'il en est[3]. Nous savons également par ses lettres qu'il a communiqué le manuscrit de sa quadrature du cercle à Huyghens lui-même[4], qu'il l'a laissé à Paris, et dans l'espoir que « peut-être on l'y pourra faire imprimer[5] ». En 1679, 8 septembre, il nous apprend qu'il a « fort avancé ses recherches en cette matière[6] »; et, en 1679, 10 octobre,

---

1. Gerh., V, 88-89.
2. *Ibid.*, I, 55.
3. *Ibid.*, I, 56-58, 59-63.
4. *Ibid.*, II, 16.
5. *Ibid.*, I, 182, 186.
6. *Ibid.* II, 17

que sa démonstration est « achevée » et « dans ses formes[1] ».

L'extension du calcul différentiel à la géométrie représentait un progrès immense; et Leibniz le sentait vivement. « Descartes, dit-il, a rejeté de la géométrie... les lignes dont les équations ne présentent pas un degré déterminé... mais il faut savoir qu'elles aussi, telles que la cycloïde, la logarithmique et les autres de même genre, qui sont d'un très grand usage, se peuvent calculer et traduire en équations exactes, non point algébriques et d'un degré fini, mais d'un degré indéfini et transcendant : elles se calculent comme les autres, bien que ce calcul soit d'une autre nature que celui dont on se sert généralement[2]. » Toutefois, ce pas de géant ne suffit pas à le satisfaire. Reste encore à simplifier l'emploi des ordonnées, en le soumettant aux ordres d'une même loi; et cette dernière difficulté finit par s'aplanir comme les précédentes, sous l'effort de sa réflexion sans cesse en travail.

« Lorsque M. Hugens me presta les lettres de Dettonville ou de M. Pascal, j'examinay par hazard sa démonstration de la mesure de la superficie sphérique et j'y trouvay une lumière que l'auteur n'avait point veue, car je remarquay generalement que par la même raison, la perpendiculaire quelconque Pc appliquée à l'axe ou transférée en BE donne une ligne FE telle que l'aire de la figure FABEF fournit l'explanation de la surface faite par la rotation de AE à l'entour de AB. M. Hugens fut surpris quand je luy parlay de ce theoreme et m'avoua que c'estait justement celuy dont il s'estait servi pour la surface du conoïde parabolique, mais comme cela faisait connoistre l'usage de ce que j'appelle *le triangle caractéristique* CFG composé des éléments des coordonnées et de la courbe, je trouvay comme dans un clin d'œil presque tous les theoremes

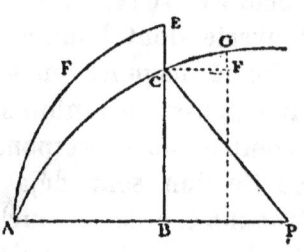

---

[1]. Gerh., II, 27, 31. — Cf. sur l'historique de la quadrature du Cercle : *Ibid.*, V, 93-98, 124, 128.
[2]. *Ibid.*, V, 124.

que je remarquay depuis chez MM. Grégory et Barrow sur ce sujet[1]. »

L'éclair avait jailli : d'un seul coup et par l'effet d'une simple généralisation, la méthode des indivisibles était transformée et réduite à l'unité d'un même type.

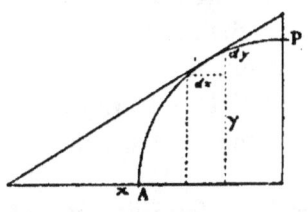

Supposez, en effet, une courbe quelconque AP, par exemple. On peut toujours la saisir à l'aide d'un triangle rectangle formé d'une tangente, d'une portion d'axe $x$ et d'une coordonnée $y$; puis, ce triangle une fois donné, il est également facile d'en tracer un autre, semblable au premier et composé d'une partie infinitésimale de $y$, d'une partie infinitésimale de $x$ et d'une partie infinitésimale de la courbe à mesurer. Dès lors on obtient tout naturellement l'équation $\dfrac{dx}{dy} = \dfrac{x}{y}$; et de là vient tout le reste, pour qui tient compte des propriétés de la courbe emprisonnée : on a ce que Leibniz lui-même appelle « le calcul en trois lignes »[2].

« L'algorithme de la méthode différentielle » fut publié en 1684, deux ans après la « quadrature du cercle », et dans le même périodique[3]. Mais la théorie en était déjà prête depuis neuf à dix ans. La découverte du « triangle caractéristique » en représente le dernier stade. Or elle se produisit au cours des relations de Leibniz avec Huyghens, pendant les derniers mois de l'année 1675, comme l'indique la lettre à L'Hospital que l'on vient de citer[4], et d'une manière plus précise, une autre lettre de 1716 à la Comtesse Kielmannsegge[5].

1. Gerh., II, 259 (*L. à L'Hospital*).
2. *Ibid.*, V, 225; VI, 97 (*réponse à Fabre*, 1676).
3. *Ibid.*, V, 220 et suiv.; *Ibid.*, 415.
4. *Ibid.*, II, 255-261; — Cf. *Ibid.*, III, 963; IV, 11-12; V, 227, 231-233, 257-258, 307-308, 316-317, 350, 390-392, 392-410 (à la page 401, est indiquée une autre manière de démontrer la quadrature du Cercle, qui repose sur l'usage du *Triangle caractéristique* et qui remonte, comme la première, à l'année 1675; aussitôt son triangle caractéristique découvert, Leibniz se serait donc empressé d'en faire l'application au problème qu'il avait alors à cœur : ce qui paraît très naturel).
5. Baruzi, *Leib.*, 28-29.

*⁎*

On voit dès maintenant ce que le calcul différentiel apportait de nouveau dans le domaine des méthodes usitées jusqu'alors. Il comprenait deux éléments distinctifs : la sommation par différences, applicable aux problèmes géométriques comme aux nombres eux-mêmes; et le « triangle caractéristique », qui ramenait à l'unité la manière d'analyser les figures.

On pouvait croire au premier abord qu'une telle découverte ne contenait rien de si merveilleux. Elle avait une portée immense; et Leibniz a le mérite de s'en être rendu compte.

La méthode différentielle est infiniment plus simple que celle des indivisibles : quelque problème qui se pose, elle offre toujours le même point de départ et la même loi de développement; c'est elle aussi qui pare le mieux à la complexité et à la longueur des calculs[1]. Il faut observer surtout qu'elle est d'une généralité absolue : il n'y a pas de cas qui lui résiste jusqu'au bout; la victoire finale lui est toujours assurée. Descartes croyait que l'analyse géométrique s'arrête aux équations d'un degré défini; cette fiction s'est dissipée maintenant : les quantités d'un degré indéfini ou transcendantes cèdent à l'effort du calcul, comme les autres. Ces deux ordres de problèmes, toujours séparés jusqu'ici, n'en font plus qu'un, comme le demande le principe de continuité. Et l'on peut voir aisément comment se fait cette sorte d'alliance intime. « Calculer une courbe quelconque, c'est lui mener une tangente qui réunisse deux de ses points dont la distance est supposée infiniment petite. » Car on obtient de la sorte le côté d'un polygone infinitangle qui peut toujours se déterminer à l'aide d'une autre droite connue; et le côté de ce polygone représente lui-même la courbe en question[2]. Voilà le principe. L'application n'en est pas toujours facile; il y faut parfois beaucoup de travail et de

---

1. Gerh., I, 117; II, 104; IV, 446, 505; V, 223.
2. *Ibid.*, 223.

temps. Elle reste néanmoins possible, « doch ist es Mü-glich »[1].

En outre, le calcul différentiel a l'avantage de supprimer les puissances et les radicaux, ces deux obstacles auxquels le mathématicien se heurte si fréquemment dans sa marche vers l'inconnu.

Mercator résolvait la première difficulté par voie de divisions, Newton par extraction de racines. La sommation par différences est un procédé beaucoup moins complexe et plus efficace[2]. Soient deux différences voisines, par exemple, l'ordonnée $y$ et cette ordonnée plus un accroissement infinitésimal, c'est-à-dire $y + dy$; on peut écrire : $(y + dy)^2 = y^2 + dy^2 + 2ydy$; ce qui donne, pour l'accroissement de $y^2$, $dy^2 + 2ydy$. Et comme $dy^2$ peut être supprimé, vu que c'est un infiniment petit, on obtient $dy^2 = 2ydy$. On montrerait de même que $dy^3$ égale $3y^2 dy$. Et voilà comment les puissances se peuvent ramener à des nombres simples[3]. Voilà par là même aussi l'un des moyens de résoudre les équations où l'on trouve une ou deux inconnues en exposant[4]. Mais c'est là surtout que la voie devient dure et tortueuse, *hic labor, hoc opus*.

A leur tour, et par le même procédé, les racines peuvent également disparaître. Soit un carré dont le côté s'appelle $a$; sa diagonale est $a\sqrt{2}$. On peut traduire de la façon suivante « le nombre sourd » qu'elle contient :

$$\sqrt{2} = \frac{23}{16} - \frac{5}{2^6; 1.2} + \frac{7}{2^7; 1.2} - \frac{7.9}{2^9; 1.2.3} + \text{etc.}^5,$$

---

1. Gerh., II, 104; IV, 54; *Ibid.*, 446, 456-458, 479, 485, 491-493, 506 (*Lettres à Tschirnhaus*); *Ibid.*, V, 224-230.
2. I, 119; *Ibid.*, VII, 189.
3. *Ibid.*, 154 (*L. à Oldenburg*, juillet 1677).
4. Telles sont les équations : $X^y + y a^x + $ etc. $= 0$ (IV, 457); $X^y + y^x = a$ (IV, 493). Au tome IV, p. 27, Leibniz résout une de ces équations. Supposez que l'on ait $X^x + X = 30$, « il est évident que $X = 3$ satisfait, car $3^3 + 3 = 27 + 3 = 30$ ». Mais, manifestement, il n'y a là qu'un artifice et d'où ne se dégage aucune règle générale. Au t. II, p. 18, dans une lettre à Huygens de 1679, on trouve un exemple analogue. Soit $X^x - x = 24$ : la valeur de $X$ est encore 3. Ce second cas n'a pas plus de portée que le premier. Aussi Leibniz note-t-il à propos de cette sorte d'équation : « il y a encore une espèce de calcul qui m'arreste ».
5. Gerh., VII, 155-156. Un point et parfois un point-virgule désignent la mul-

série infinie que Tschirnhaus institue d'une manière beaucoup plus simple.

D'après lui,

$$\sqrt{2} = 1 + \frac{1}{2} - \frac{1}{10} + \frac{1}{60} - \frac{1}{348}, \text{ etc.}^1$$

« Au lieu que les affections des grandeurs, qu'on employait jusqu'icy en calculant, n'estaient que les racines et les puissances, j'employe les sommes et les différences, $dy$, $ddy$, $d\,d\,d\,y$, c'est-à-dire différences et increments ou éléments de la grandeur $y$, ou bien les differences des differences, ou les differences des differences des differences, etc. Et comme les racines sont réciproques aux puissances, de même les sommes sont réciproques aux différences[2]. »

En dernière analyse, le calcul différentiel aboutit toujours à une série de nombres simples, qui, poussée à l'infini, donne elle-même la mesure de l'incommensurable. Mais cette mesure est-elle exacte ou ne représente-t-elle encore qu'une simple approximation? Là se pose un gros problème.

« Je ne ferai, dit Pascal, aucune difficulté d'user de cette expression, *la somme des ordonnées*, qui semble ne pas être géométrique à ceux qui n'entendent pas la doctrine des indivisibles, et qui s'imaginent que c'est pécher contre la géométrie, que d'exprimer un plan par un nombre indéfini de lignes; ce qui ne vient que de leur manque d'intelligence, puisqu'on n'entend autre chose par là sinon la somme d'un nombre indéfini de rectangles faits de chaque ordonnée avec chacune des petites portions égales du diamètre, dont la somme est certainement un plan, qui ne diffère de l'espace du demi-cercle que d'*une quantité moindre qu'aucune donnée*[3]. »

Telle est aussi la réponse de Leibniz. On a tort, dit Neuwentiit, de rejeter « ce qui est infiniment petit, comme ce

---

tiplication, deux points la division (V. p. la notation de Leibniz : IV, 211, 319, 400 ; V, 15 ; VII, 54-58, 218-223).

1. Gerh., IV, 433 ; Cf. *Ibid.*, II, 18 (*L. à Hugens* de 1679).
2. *Ibid.*, II, 43. Cf. *Ibid.*, II, 301 ; V, 223, 225-226 ; VII, 69-72, 151, 329.
3. *Œuvres complètes de Pascal*, t. III, p. 372, 1889.

qui n'est absolument rien ; le calcul différentiel se fonde tout entier sur une équivoque qui saute aux yeux dès qu'on y prend garde[1] ». La même objection se retrouve dans la correspondance de Wallis et celle des deux Bernoulli[2]. Leibniz réplique invariablement : « Qu'il s'agisse d'infiniment grands ou d'infiniment petits, la méthode est sauve, pourvu que l'erreur soit moindre que toute erreur donnée. » « Il y a égalité, non seulement lorsque la différence est absolument nulle, mais aussi lorsqu'elle est incomparablement petite. » Puis, essayant dans un autre endroit de s'expliquer à l'aide de quelques exemples, il ajoute en propres termes : « On n'a pas besoin de prendre l'infini ici à la rigueur, mais seulement comme lorsqu'on dit dans l'optique, que les rayons du soleil viennent d'un point infiniment éloigné, et ainsi sont estimés parallèles. Et quand il y a plusieurs degrés d'infini ou infiniment petits, c'est comme le globe de la Terre est estimé un point à l'égard de la distance des fixes, et une boule que nous manions est encore un point en comparaison du semidiamètre du globe de la Terre, de sorte que la distance des fixes est un infiniment infini ou l'infini de l'infini par rapport au diamètre de la boule [3]. »

Mais, si l'opinion de Leibniz est que son calcul différentiel ne donne, comme les autres, que de simples approximations, il a des principes qui mènent plus loin ; et ces principes, on les peut discerner à travers la série énorme de ses œuvres mathématiques.

D'abord, il arrive très souvent que les signes qui représentent l'infini s'annulent en partie ou même entièrement ; et, dans les cas de ce genre, le calcul fournit une approximation plus grande ou bien atteint l'exactitude.

Il y a quelque chose d'autre, de plus particulier à la méthode des différences et de plus général en même temps. Un infiniment petit n'est jamais nul[4]. On ne l'imagine plus ; mais on continue à le concevoir. Un nombre, pour at-

1. Gerh., II, 287-294.
2. Gerh., III, 49, 81, 522 ; Ibid., IV. 24-26, 63 ; Ibid., V, 322, 350.
3. Ibid., V, 350.
4. Gerh., III, 523 ; Cf. VI, 151 et 70 (Leibniz avait déjà cette notion de l'infini avant 1671, quand il écrivait sa théorie du mouvement abstrait).

ténué qu'il soit, ne cesse pas d'être un nombre ; et un triangle, si courts que deviennent ses côtés, n'en est pas moins un triangle. « C'est pourquoi, dit Leibniz, non seulement les lignes infiniment petites, telles que $dx$, $dy$, sont à mes yeux de vraies quantités dans leur genre ; mais il en va de même pour leurs carrés ou rectangles $dx\,dx$, $dy\,dy$, $dx\,dy$, il en va de même aussi pour leurs cubes et puissances supérieures[1]. »

Il existe donc une sorte de hiérarchie descendante d'infiniment petits. Supposez qu'un nombre, au lieu d'être simplement inférieur à l'unité, soit infiniment petit, « son carré sera infiniment petit par rapport à lui, son cube infiniment petit par rapport à son carré, et ainsi de suite ». De là une voie nouvelle vers la rigueur du résultat : on peut supprimer, dans une équation, tous les infiniment petits d'un ordre supérieur à ceux qu'on emploie pour la détermination des limites ; car entre eux, il n'y a pas de rapport qui se mesure, et les premiers ne s'ajoutent pas plus aux seconds que le point à la ligne ou le plan au cube[2].

Cette suite de retranchements dans le domaine des infinis représente un grand succès ; Leibniz avait, dans sa théorie elle-même, la puissance de le dépasser. D'après l'un des principes qui dominent toute sa philosophie, la nature ne fait pas de saut ; « tout changement doit arriver par des passages inassignables ». Le repos est un mouvement évanescent, la coïncidence une « distance infiniment petite » et « l'égalité la dernière des inégalités. A la limite, les contradictoires se confondent et ne font qu'une seule et même chose. « La détermination des limites est la partie essentielle de la doctrine des séries infinies[3]. » Là se trouvait le moyen d'obtenir, au lieu d'approximations croissantes, l'absolue exactitude. Mais cette conquête finale, Leibniz ne l'a pas faite ; elle ne devait se produire que longtemps après

---

1. GER.H, V, 322.
2. GERH., V, 323-32. — M. de Freycinet a très bien exposé ce point de la théorie de l'infini, dans son livre sur *Essais de la philosophie des sciences*, p. 67, 105-106, Gauthier-Villars, Paris, 1900.
3. GERH., IV, 93, 219, 272 ; VI, 70, 97, 129-130, 229, 248-249.

lui, et au terme d'une infinité de tâtonnements[1]. Leibniz a vu nettement et du premier coup la portée incalculable de sa méthode ; il n'est jamais arrivé à la conscience adéquate de l'idée qui en faisait le fond et comme le ressort invisible.

Ici, nous touchons au côté métaphysique du « calcul différentiel » ; il faut y pénétrer plus avant, et en vue de savoir quel est le rapport de ce calcul, non plus avec les quantités d'ordre purement formel qu'on lui soumet, mais avec la réalité des choses elles-mêmes.

D'après Leibniz, il n'y a point d'infinitésimaux dans la nature, c'est-à-dire d'éléments derniers qui soient moindres que toute grandeur assignable. Car chaque fragment de matière, si ténu qu'il soit, peut toujours se diviser en plusieurs parties, qui peuvent elles-mêmes subir une opération toute semblable : ainsi de suite sans qu'on y trouve jamais

---

[1]. Voici en quelques mots la marche à suivre pour montrer qu'à la limite la quantité à mesurer et la série infinie sont égales.
Soit la progression géométrique décroissante :
$$1 + \frac{1}{2} + \frac{1}{2^2} + \frac{1}{2^3} + \ldots \frac{1}{2^n},$$
ou, sous des termes plus généraux :
$$1 + \frac{1}{q} + \frac{1}{q^2} + \frac{1}{q^3} + \ldots \frac{1}{q^n}.$$
On a par division :
$$\frac{1 - \frac{1}{q^n}}{1 - \frac{1}{q}} = 1 + \frac{1}{q} + \frac{1}{q^2} + \frac{1}{q^3} + \ldots \frac{1}{q^{n-1}}.$$
Si l'on fait $n = \infty$, on a $q^n = 0$ ; et par là même $\frac{1}{q^n} = 0$. D'où :
$$\frac{1}{1 - \frac{1}{q}} = 1 + \frac{1}{q} + \frac{1}{q^2} + \frac{1}{q^3} \ldots \frac{1}{q^{n-1}} :$$
ce qui donne la mesure exacte et finie de la série proposée. Supposez maintenant qu'on ait l'arc ci-contre AB et le polygone inscrit AMM'M"B. Cet arc est la limite vers laquelle tend le polygone. Or il est démontré par calcul intégral que, si l'on divise ce polygone à l'infini, la somme de ses côtés est égale à sa limite qui est l'arc. On peut raisonner de la même manière à propos de toutes les courbes, quelles qu'elles soient ; on le peut également à propos des surfaces et des volumes. Quand on divise à l'infini, la variable et sa limite ne font plus qu'un et rigoureusement. Mais qu'est-ce que le passage à l'infini ? Là reste encore un mystère.

d'obstacle. Transportés de la pensée dans les objets, les infinitésimaux ne représentent plus que des impossibilités[1].

Jean Bernoulli proteste contre cette affirmation, et au nom de la doctrine philosophique de Leibniz lui-même. Vous admettez, lui dit-il, qu'il existe en acte un nombre infini d'êtres, et, dans chacun d'eux, un autre nombre d'êtres également infini; il faut donc que l'infiniment petit se montre en quelque endroit dans la série décroissante des choses. Autrement, il se produirait un résultat contradictoire : à partir de la limite minima de décroissance, les composantes déborderaient l'ensemble auquel elles appartiennent, et la partie deviendrait plus grande que le tout[2].

Leibniz se débat contre l'objection; mais il ne lâche pas prise; et voici le fond de sa réponse. L'infini n'a pas de limite : c'est vrai par définition. Il ne faut donc pas le concevoir comme un « tout »; il ne faut pas se le représenter comme « un nombre ». C'est une pluralité où l'on peut compter autant de nombres que l'on voudra : c'est une « multitude » inépuisable. Ainsi l'entendaient déjà Descartes et Spinoza, et ils avaient raison. Mais dès lors, la difficulté s'éclaire. On peut prendre dans l'infini une série descendante de grandeurs réelles aussi longue que l'on voudra : on n'y trouvera jamais d'éléments ultimes, on n'y trouvera jamais d'infinitésimaux; puisque, à quelque point que l'on s'arrête, il en reste encore d'autres, plus petits, mais qui peuvent également être ou devenir réels. Rien n'empêche d'enfermer « dans un grain de poussière » un monde qui ne différerait du nôtre que par ses proportions : plus petits en grandeur, ses éléments constitutifs n'en seraient pas moins numériquement infinis[3].

D'ailleurs, la question de l'infini ne se pose pas tout à fait comme le veut Jean Bernoulli. Qu'y a-t-il en dehors de nous? Dieu et des âmes, deux formes de l'être où la quantité n'entre pas en considération. Tout le reste est nous, le

---

[1]. Gerh., III, 499, 516, 524 ; IV, 98, 110, 218 ; VII, 239.
[2]. Ibid., III, 529, 555, 563.
[3]. Ibid., III, 535-536, 551, 555, 560, 575.

nombre, le temps et l'espace. Or ces trois modes de la quantité supposent sans doute l'infini, celui qui l'est absolument. Mais, pris en eux-mêmes, ils impliquent simplement que l'on peut augmenter ou diminuer sans borne la part que l'on y détermine; ils signifient uniquement que, si l'on prend par exemple une ligne droite, on peut la prolonger, « en sorte qu'elle soit le double de la première », et celle-là le double de la seconde. Ce ne sont pas proprement des infinis, mais seulement des indéfinis : ce qui tranche la question par la racine, puisqu'il se trouve alors qu'elle n'a plus d'objet[1].

A quoi se ramène donc la valeur réelle du calcul infinitésimal? C'est « une fiction bien fondée », rien de plus ; et, par suite, sa conformité à la nature des choses ne peut être qu'approximative. Le calcul infinitésimal s'étaie sur le principe de continuité, d'après lequel rien n'arrive que par degrés insensibles : il représente une règle des choses qui domine leur développement tout entier; nous obtenons par là même le pouvoir de découvrir et de formuler les lois du monde qui nous entoure. Mais il ne faut jamais oublier que cette méthode a quelque chose « d'idéal et d'abstrait » qui s'accorde mal avec la réalité concrète : il n'y a pas d'infiniment petits métaphysiques » ; et les découpures subtiles que nous pratiquons dans les objets en les analysant, ne sont que des procédés de notre esprit, « tout comme les racines imaginaires de l'Algèbre »[2].

\*
\*\*

Comment s'est formée dans l'esprit de Leibniz la théorie de son calcul, quelles en sont et la portée scientifique et la nature intime? C'est ce que l'on a voulu faire entendre jus-

---

1. GERH., III, 500 : « Reale infinitum fortasse est ipsum absolutum, quod non ex partibus conflatur sed partes habentia, eminenti ratione et velut gradu perfectionis comprehendit » (*L. à Joh. Bernoulli*, 7 juill. 1698). GERH., VII, 240 (1698) ; — ERD., 244$^{a-b}$ (*N. Essais*) ; — GERH., IV, 218 (*L. à Gandi*, 6 sept. 1713).

2. GERH., IV, 91-92, 95, 98, 110, 218 ; — ERD., 244$^{a-b}$ (*N. Essais*). — Il est bon d'observer ici, pour préciser la pensée, que, d'après Leibniz, les racines imaginaires ne sont pas de simples signes. Elles signifient des quantités réelles : V. GERH., II, 12, 15 (*L. à Hugens*) ; *Ibid.*, IV, 53 (*L. à Wallis*, 1698) ; 93 (*L. à Varignon*, 1702) ; VII, 73 112.

qu'ici. Reste encore une question à définir et qui est la suivante : Qu'est-ce que Leibniz doit en l'espèce à l'influence du milieu? On a déjà touché à ce sujet en parlant de l'origine psychologique du « calcul différentiel »; il importe d'y revenir et de le traiter pour lui-même.

On a dit que l'idée d'infini dominait tout le xvii<sup>e</sup> siècle, qu'il en avait comme l'ivresse et que là se trouve la pensée de fond d'où s'est épanoui le calcul différentiel : il aurait la même source que le mysticisme de Malebranche, de Condren, de Fénelon et de M. Olier. — C'est vrai, mais c'est vague. Il faut préciser.

On peut dire que la sommation par différences décroissantes revient tout entière à Leibniz. Il possède déjà cet art avant de mettre le pied sur le sol de l'Angleterre; et, une fois arrivé à Londres, il montre que, vu la nature spéciale de sa découverte, elle ne peut venir que de lui-même[1]. Gregory confond les séries finies avec celles qui sont infinies[2], les seules pourtant dont s'occupe Leibniz; Mercator procède par division et Newton par extraction de Racines[3]. D'où Leibniz tient-il donc son idée de la sommation par différences, idée initiale et dont tout le reste n'est que l'extension et comme le rayonnement naturel? De son principe de continuité qu'il avait déjà dès 1671, en rédigeant sa *théorie du mouvement concret et abstrait*[4], et d'après lequel tout s'accroît et décroît dans la nature par degrés insensibles. Mais ce principe lui-même n'est qu'un aspect de l'idée du meilleur, qui à son tour se fixe au centre de la pensée divine. Et c'est là, c'est au sein de l'Être infini que se concilient pour de bon le mysticisme et la mathématique, si distincts l'un de l'autre et même opposés, pour qui se borne à considérer superficiellement leurs rapports mutuels.

La partie géométrique ou figurative de la théorie est-elle aussi la propriété exclusive de Leibniz? Cet autre point me semble moins facile à trancher.

1. V. plus haut, p. 118.
2. Gerh., I, 59 (*L. à Old.*, vers 1674).
3. *Ibid.*, I, 114 (*L. à Old.*, août 1676).
4. *Ibid.*, VI, 27. 41, 70-71, 97.

Leibniz s'est beaucoup occupé de Pascal. Il a lu chez Huygens celles de ses œuvres qui s'y trouvaient. Il demande à Perier de vouloir bien lui communiquer les manuscrits de ce grand homme. On lui envoie en retour « Les éléments de géométrie », avec la promesse de lui faire parvenir aussi « Les coniques », quand il aura rendu les feuilles déjà reçues[1]. Bref, Leibniz s'est passionné pour le génie mathématique de Pascal dont il sentait la merveilleuse puissance ; il s'est imprégné à fond de ses vues et de ses méthodes. Et voilà, sans doute, ce qui l'a préparé à discerner dans l'une de ses démonstrations « le triangle caractéristique » et sa portée. Sa découverte n'était pas seulement l'œuvre du hasard, mais aussi et surtout le fruit naturel d'une longue incubation.

Il y a peut-être quelque chose de plus dans l'influence de Barrow[2] sur la pensée de Leibniz. Barrow, en calculant une parabole, s'était déjà servi et très nettement du *triangle différentiel* ; il avait également employé la suppression des infinitésimaux qui sont d'un degré supérieur relativement aux autres[3]. Or, sans nul doute, il faut croire Leibniz, lorsqu'il nous dit que, lors de la première édition du livre de Barrow, il avait déjà écrit quelques centaines de feuilles... « sur les quantités inassignables et en se servant du triangle caractéristique » ; et que, par suite, il n'a pu tirer « aucun secours » de cet ouvrage « pour ses méthodes[4]. Mais ces remarques ne tranchent pas complètement la question. Il est bien difficile qu'à Londres Leibniz n'ait pas entendu parler une fois ou l'autre du triangle de Barrow ou de quelque chose d'approchant[5] : le fait semble d'autant plus probable qu'il était toujours aux aguets sur les nouvelles scientifiques. C'est ce que Jean Bernoulli insinue assez nettement dans sa *solution du problème de la chaînette :* « Le calcul de Barrow, dit-il, a présenté l'anse à celui de Leibniz[6]. »

1. Gerh., I, 70, 74, 80 ; II, 259 ; III, 67, 71-73 (notes) ; Gerh., *Phil.*, III, 612-613 (*L. à Remond*, 14 mars 1711). — Cf. plus haut, p. 10.
2. Barrow (1630-1677), Maître de Newton.
3. Montucla, *Histoire des Mathém.*, t. II, p. 359.
4. Gerh., III, 67.
5. *Ibid.*, II, 259 ; les *leçons de géométrie et optique* parurent, pour la première fois, en 1684, à Londres.
6. *Ibid.*, V, 254.

Le point vif n'est pas là ; le point vif est de savoir si Newton lui-même n'a pas une part à revendiquer dans la découverte du triangle infinitésimal. Et cette question demande quelques développements, vu la querelle générale qui s'en est suivie, à un moment donné, dans le monde savant du XVIIe siècle.

Les rapports de Newton avec Leibniz furent toujours réservés. Newton redoutait la publicité à cause des équivoques et des disputes vaines qu'elle suscite d'ordinaire[1]. Peut-être aussi ne goûtait-il pas beaucoup cet Allemand dont la curiosité lui semblait insatiable et qui parlait si volontiers de « ses admirables découvertes » : ce genre était le contraire de ce qu'il aimait et pratiquait.

Le 8 décembre 1674, Oldenburg écrit à Leibniz que Newton connaît déjà l'art de mesurer toutes les courbes, de quelque nature qu'elles soient[2]. Leibniz répond le 20 mai 1675 qu'il possède depuis quelques années « une méthode à lui de résoudre ces problèmes[3] ». Puis le 28 décembre de la même année, il promet à Oldenburg un spécimen de sa manière qu'il lui envoie d'ailleurs le 27 août 1676 et qui contient déjà la doctrine publiée en 1684[4].

Le 24 octobre 1676, Newton, qui suit le mouvement, se décide à rompre le silence et confie sa lettre aux soins d'Oldenburg. Il avoue que la méthode de Leibniz « lui est particulière ». « J'en ai d'autant plus de plaisir, ajoute-t-il, que, connaissant déjà qu'il y avait trois moyens d'arriver au même but, j'espérais à peine que l'on en pût trouver un autre. » Mais il se garde bien d'exposer sa méthode personnelle ; il l'enveloppe d'une formule si profondément énigmatique « qu'il aurait fallu l'habileté fabuleuse d'Œdipe pour y découvrir sa pensée » : 5 a c c d æ 10 e f f h 11 i 4 l 3 m q n 60 etc.[5] ; cette fois-là, le vulgaire, assurément, ne pouvait trouver matière à vaines disputes. Cette lettre, d'ailleurs, ne devait parvenir à Leibniz que très tard, lorsqu'il

---

1. Gerh., I, 170.
2. Ibid., I, 56, 61.
3. Ibid., I, 69.
4. Ibid., I, 87, 114-121.
5. Ibid., I, 122-147.

était déjà depuis longtemps dans sa résidence de Hanovre.

La situation en demeure là jusqu'en 1687, année où paraît pour la première fois le célèbre ouvrage de Newton intitulé *Principes mathématiques de la philosophie naturelle*[1]. Mais, si Leibniz est curieux de savoir le contenu de ce livre, il n'en conçoit encore aucune inquiétude. Il apprend son existence en juin 1688 dans un article des Actes de Leipzig, pendant qu'il voyageait en Italie « pour chercher des monumens historiques par ordre de Monseigneur le Duc[2] ». En 1690, il ne connaît encore de ce livre « qu'un extrait », « non pas le livre lui-même »[3]. C'est à Rome seulement, qu'il « le voit » pour la première fois ; et ce qui semble le préoccuper surtout en le lisant, ce n'est pas la question du calcul différentiel, mais celle de la circulation harmonique de la lumière et des tourbillons[4]. Cependant Newton, dans son ouvrage, parle expressément et en termes fort précis du point qui pouvait être délicat. « Dans un commerce de lettres que j'ai eu, dit-il, il y a environ dix ans par l'entremise d'Oldenburg, avec le très habile géomètre Leibniz, je lui fis savoir que je possédais une méthode pour déterminer les *maxima* et les *minima*, pour mener des tangentes et effectuer d'autres choses semblables, en termes irrationnels aussi bien qu'en termes rationnels, et cette méthode je la lui cachais sous des lettres transposées qui renfermaient ce sens : *Une équation donnée, qui contient des quantités fluentes, trouver les fluxions, et réciproquement.* Cet homme célèbre me répondit qu'il était tombé sur une méthode du même genre, et me la communiqua : elle ne différait de la mienne que dans le mode d'expression, et de la notation[5]. » C'est donc que Leibniz n'a pas de remarque sérieuse à faire. Il affirmera d'ailleurs un peu plus tard, dans sa réponse à Nicolas Fatius Duillier, que

---

1. *Philosophiæ naturalis principia mathematica*, Londini.
2. Gerh., VII, 329.
3. *Ibid.*, II, 41.
4. *Ibid.*, VI, 189-192.
5. ... Methodum suam communicavit a mea vix abludentem præterquam in verborum et notarum formulis (*Philos. nat. princip...*, livre II, p. 253-254, *Schol.*, London, 1687).

Newton, par cette appréciation, a publiquement reconnu la propriété de sa découverte[1]. D'un autre côté, Newton lui-même intervient de nouveau, dans la crainte que son rival ne soit satisfait de la manière dont il en a parlé. « J'espère, lui dit-il dans sa lettre, n'avoir rien écrit qui puisse vous déplaire; mais, s'il m'était échappé quelque chose de répréhensible, je vous prie de me le faire savoir; car l'amitié m'est plus chère que les inventions mathématiques[2]. » Or cette invitation si gracieuse à réclamer ce qui pourrait être inexact, n'est suivie non plus d'aucun effet. Leibniz ne proteste pas, du moins sur le point essentiel.

Mais un autre va mettre le feu aux poudres. De 1693 à 1696, Wallis publie à Oxford l'ensemble de ses œuvres mathématiques. Au tome troisième, il insère, après en avoir demandé la permission à Leibniz, un certain nombre des lettres qui composent sa correspondance avec Oldenburg et Newton; et, de la comparaison de ces documents, il croit pouvoir conclure qu'entre le calcul de Leibniz et celui du savant anglais il y a « quasi coïncidence » et que, si leurs méthodes diffèrent, c'est uniquement par la notation. Leibniz s'émeut cette fois et réclame. Wallis lui répond : J'ai dit ce que je savais; si je me suis trompé sur la nature de votre calcul, expliquez-vous plus complètement[3].

L'Hospital ne se méprend pas sur l'intention de Wallis. Son dessein, écrit-il à Leibniz, est « d'attribuer à [Newton] l'invention de votre calcul différentiel ». « Il me semble que les Anglais cherchent en toute manière d'attribuer la gloire de cette invention à leur nation[4]. » Joh. Bernoulli éprouve aussi la même impression[5]; elle ne tarde pas à devenir celle de tout le monde. Il ne s'agit plus seulement des droits de Leibniz, mais aussi et surtout d'une lutte d'amour-propre entre deux peuples[6].

---

1. Gerh., V, 345 (1700).
2. Ibid., I, 170.
3. Gerh., IV, 6, 15, 29, 41, 45-52, 57 (*Corresp. entre Vallis et Leibniz*, 1ᵉʳ décembre 1696 ou 16 janvier 1698/9). — Cf. II, 337; III, 617.
4. Ibid., II, 336 (13 juillet 1699).
5. Ibid., III, 312, 317; Cf. IV, 195 (*Varignon à Leib.*, 9 août 1713).
6. Ibid., III, 620, 629.

Pour conjurer l'orage qui grandit, Leibniz conçoit le dessein d'écrire un ouvrage sur la « science de l'infini[1] » ; et ses amis accueillent avec joie cette heureuse idée ; ils le pressent de se mettre à l'œuvre, dans l'espoir que c'est là l'unique moyen de lever l'équivoque dont Wallis est le premier auteur. Joh. Bernoulli[2], L'Hospital[3], « Hugens »[4] espèrent que le livre ne tardera pas à voir le jour et l'attendent avec une impatience croissante. Joh. Bernoulli va jusqu'à promettre d'y joindre des notes explicatives, afin que le public en comprenne mieux le sens[5]. Mais rien ne paraît. Leibniz a trop de « distractions »[6] ; le temps lui fait défaut.

Pendant ce temps, la lutte s'envenime et s'organise. Le 13 août 1712, Leibniz apprend par Joh. Bernoulli « que l'on est occupé présentement à la Société (de Londres) à démontrer par des lettres originales » que son calcul différentiel n'est pas de lui, mais de Newton lui-même[7]. Au cours de la même année, on lui annonce de plusieurs côtés à la fois que « le livre des Anglais a paru »[8] : il s'agit d'*Un commerce épistolaire* par D. Jean Collins et autres *sur le progrès de l'analyse*. On y soutient, de fait, au sujet de la méthode différentielle que « Newton en est le premier inventeur », « qu'il n'y a ni calomnie ni injure à l'affirmer »[9]. Et cette thèse, l'Académie l'approuve ; elle la déclare sienne : la preuve, c'est qu'elle a fait imprimer l'ouvrage à ses frais et « qu'elle paiera également pour qu'il soit répandu en Italie, en Bavière et en Allemagne »[10].

Le 20 avril 1714, Leibniz reçoit de Wolf un exemplaire du livre qui le concerne et qui circule déjà depuis presque deux ans. Il constate qu'on ne lui a rien dit d'exagéré ; il

---

1. Gerh., III, 136 (*L. à Joh. Bernoulli*, 21 mars 1694).
2. *Ibid.*, III, 138.
3. *Ibid.*, II, 270 (*L. de L'Hospital*, 2 mars 1695) ; 327.
4. *Ibid.*, III, 143.
5. *Ibid.*, III, 163.
6. *Ibid.*, II, 329 (*Leib. à L'Hospital*, 3/13 octobre 1697) ; Cf. VII, 392.
7. *Ibid.*, III, 892-893, 980-981.
8. *Ibid.*, IV, 193.
9. *Ibid.*, IV, 193-194 ; VIII, 149-152.
10. *Ibid.*, VIII, 156-157.

peut voir, et sans doute avec une profonde tristesse, que les sentiments de Newton à son égard sont entièrement changés, qu'il est devenu l'âme du complot et que le fameux Keil, cet odieux intrigant, ne fait en définitive que réaliser ses ordres. Newton, Newton lui-même a cédé; et voilà surtout ce qui l'émeut jusqu'à l'indignation[1].

En face de cette nouvelle tactique, Leibniz essaie de modifier ses moyens de défense. Il ne songe plus désormais à composer un traité sur « La science de l'infini »; il lui faut des armes plus précises. Son désir est de publier un autre *commerce épistolaire* qui soit la réplique du premier; et ses amis, tels que Joh. Bernoulli, Hermann et Wolf, l'exhortent vivement à réaliser ce projet[2]. Il parle aussi d'une œuvre moins considérable, mais plus simple, qui serait *une histoire du calcul différentiel;* il opposerait ainsi les faits eux-mêmes à ce qui n'en est que l'odieuse parodie. Mais le premier de ces deux travaux était pratiquement impossible, vu que Leibniz n'avait pas sous la main tous les éléments voulus pour le mener à bonne fin; et le second ne put arriver à temps : la cause du fait, ce furent encore les fameuses « distractions ». La seule défense que l'on vit paraître, ce fut l'*apologie* anonyme de Joh. Bernoulli[3].

Mais il est temps d'en finir avec ce débat. A partir de l'apparition du *Commerce épistolaire*, ce n'est plus qu'un conflit de passions irréductibles, où l'amour de la vérité scientifique n'a plus de profit à chercher[4]. Essayons donc dès à présent, et avec les documents déjà mentionnés, de définir ce qui revient à Newton dans la découverte du triangle infinitésimal.

Leibniz et Newton ont découvert l'un et l'autre le triangle infinitésimal : cette invention leur est commune et ne laisse pas cependant d'appartenir tout entière à chacun d'eux. De leur temps, l'idée du triangle infinitésimal était dans l'air;

---

1. Gerh., III, 894, 898, 919; VIII, 164-165, 175, 177, 182.
2. *Ibid.*, III, 936, 953; IV, 395; VIII, 161.
3. *Ibid.*, III, 929, 931.
4. Consulter sur ce point J.-B. Biot et F. Lefort, édition du *Commercium epistolicum*, Paris, 1856; Montucla, *loc. cit.*, p. 376-387; Ferdinand Hoefer, *Histoire des mathématiques*, p. 495-502, 1874, Paris.

l'attention des savants convergeait alors vers les questions qui devaient la faire surgir : on parlait à chaque instant de ce genre de problèmes. On en discutait avec passion[1] : c'est dans le génie de Leibniz et celui de Newton que l'éclair a jailli pour la première fois, et cela sans qu'ils se soient communiqué formellement leur découverte.

C'est d'ailleurs sous deux modes très divers qu'ils ont conçu le triangle infinitésimal. Leibniz se fonde sur sa métaphysique, tandis que Newton ne s'inspire que de l'expérience[2]. Leibniz part de l'idée de nombre ; son triangle est d'ordre statique. Newton, au contraire, part de l'idée de mouvement ; c'est par voie de glissement que s'obtient son triangle : il est d'ordre essentiellement dynamique.

Les deux inventeurs diffèrent aussi par la notation qu'ils emploient. Leibniz se sert des lettres $x, y, dx, dy$, comme on l'a déjà vu. Newton représente les quantités variables ou fluentes par les lettres $u, x, y, z$, et leurs accroissements par les mêmes lettres surmontées d'un point : $\dot{u}, \dot{x}, \dot{y}, \dot{z}$.

Wallis diminuait donc outre mesure la part de Leibniz, lorsqu'il avançait qu'entre les deux méthodes il n'y avait qu'une différence de signes ; il ne tenait pas compte de la diversité du processus intellectuel dont le mathématicien allemand s'était servi pour faire sa conquête[2]

\*
\* \*

Leibniz a d'autres adversaires qu'Isaac Newton et de moindre allure : le Hollandais Neuwentiit, l'abbé Catelan, Cartésien irréductible, Tschirnhaus qui ergote sans cesse sur la nature et la valeur de son calcul. Mais la méthode nouvelle n'en va pas moins se propageant toujours et par la force des choses : elle s'acquiert des partisans parmi les plus illustres et se prouve à la lumière des applications que l'on en fait. Joh. Bernoulli « parle de Leibniz à tous ceux qu'il rencontre » : il n'omet aucune occasion d'exposer ses admi-

---

1. Gerh., III, 905.
2. F. Car., b, 327-328 (*L. à Fardella*, 1696) ; c'est d'ailleurs une assertion qui découle de tout ce qu'on a dit dans ce chapitre.

rables découvertes [1]. L'Hospital fait connaître le calcul par son ouvrage sur l'*Analyse des infiniment petits* et le défend contre l'Abbé Catelan. La nouvelle méthode le remplit d'admiration. Elle est « merveilleuse, dit-il, pour déterminer tout d'un coup les tangentes, les plus grandes et les moindres quantités, les points d'inflexion, les évolvés de Mr Hugens, les caustiques de Mr Tschirnhaus etc. Et cela me paraît achevé [2] ». C'est « avec un plaisir ineffable » que Varignon a pris connaissance « du calcul des différentielles » : « il n'a pu lire sans transport les Actes Leipsic de l'année passée » où se trouvait l'exposé de cette découverte [3]. Hugens a d'abord hésité ; mais, la nature du calcul une fois comprise, cet esprit si positif s'est rendu : à son sens, la méthode est fondée ; elle est de plus « très bonne et très utile [4] ». Au regard de Malebranche, « la seule méthode des infiniment petits » suffit à immortaliser son auteur [5]. En même temps, on soumet la théorie de Leibniz au contrôle de l'expérience. On essaie de résoudre avec ses ressources le problème de la cycloïde que Pascal après d'autres ont rendu si fameux [6], le problème de la chaînette, celui des centres de gravité et de la différence des latitudes [7]. Cette série de tentatives se traduit par une série de victoires : partout la mobile et complexe réalité vient se modeler sur les formules qu'on lui impose.

Vraiment, si la vie de Leibniz fut traversée de quelques épreuves, elle eut cependant ses joies, joies ineffables auxquelles s'attache comme un charme divin. Ce n'est pas de lui que l'on peut dire que l'étoile de la gloire se lève sur des tombes.

Restait à faire la théorie du calcul intégral qui est l'inverse du calcul différentiel, où l'on cherche, non plus des

---

1. Gerh., III, 263, 265; IV, 293; V, 226.
2. Gerh., II, 216, 249-250.
3. *Ibid.*, III, 162, 641-642.
4. *Ibid.*, II, 47, 98, 109 164; IV, 26; *Ibid.*, *Phil.*, II, 516 (*L. à Nicaise*, 1693); — F. Car., r, 327 (*L. à Fardella*, 3/13 sept. 1696).
5. Gerh., *Phil.*, I, 343-355 (*L. à Malebr.*, 8 déc. 1692).
6. Gerh., II, 43, 47, 115, 123, 128; IV, 9-10 (Histoire de la cycloïde par Wallis), 11-14, 21-23 (encore l'histoire de la cycloïde par le même).
7. *Ibid.*, II, 47, 49-51, 82, 87, 91, 93, 94, 95-96, 98, 101, 105,196; V, 248, 255 (il y a accord entre les concurrents), 258, 261, 263, 342.

« sommes de limites », mais des « limites de somme ». Leibniz s'en est occupé, comme ses contemporains. Il a senti les difficultés qui s'y rattachent et formulé quelques pensées à ce sujet [1]. Mais ce sont les frères Bernoulli qui, sous l'impulsion de son génie évocateur, ont le plus heureusement contribué pendant le xvii<sup>e</sup> siècle à l'avancement de cette partie des mathématiques. D'ailleurs, à l'époque où nous vivons, et malgré tant et de si profondes études qui ont été faites sur le calcul intégral, la théorie n'en est pas encore achevée : on y réussit d'une manière admirable, mais « à force d'artifices et de détours ingénieux [2] ».

## II. — De la Géométrie sublime.

Outre le « calcul différentiel » dont l'idée s'est imposée très vite et pour toujours, on trouve chez Leibniz des vues d'ordre également mathématique dont le retentissement a été moindre, mais qui ne laissent pas d'avoir provoqué des recherches fécondes.

Sans cesse stimulé et dirigé par sa « combinatoire », Leibniz a travaillé avec ardeur à se faire de la science mathématique une idée plus haute, plus large et plus cohérente, à lui donner l'unité organique qui lui manquait encore[3].

La science mathématique a « pour objet tout ce qui tombe sous nos sens ». Elle n'enveloppe donc pas seulement les modes de la quantité, mais aussi ceux de la qualité [4].

Or, on ne sait pas encore mesurer tous les modes de la quantité. « Viète et Descartes ne vont qu'aux problèmes de la géométrie rectilinaire, c'est-à-dire qui traite des moyens de trouver une ligne droite dont la relation à d'au-

---

1. III, 647; VIII, 17, 24, 33; VII, 69.
2. V. C. de Freycinet, *loc. cit.*, p. 128-130.
3. Gerh., I, 186 (*L. à Galloys*, 1678); II, 245; VII, 13-17 (*Inventorium mathematicum*); 53, 68-69 (*Mathesis universalis*); 159 (*Nova Algebræ promotio*); 205-206 (*De ortu, progressu et natura Algebræ...*); 260-261 (*Specimen geometriæ luciferæ*); V, 348-349 (*Réponse à Nic. Fat. Duillier*).
4. *Ibid.*, VII, 205, 207.

tres lignes droites est donnée ¹ ». Encore leur méthode ne parvient-elle pas à résoudre entièrement cet ordre de questions; ils n'ont pas découvert le moyen de dépasser le quatrième degré ². A plus forte raison sont-ils dans l'impuissance de mesurer les courbes où les équations sont naturellement d'un degré indéfini, c'est-à-dire « transcendantes ». Et c'est là une lacune de fond : Viète et Descartes après lui se sont arrêtés au seuil de la mécanique d'où dépendent pourtant les problèmes les plus difficiles et les plus utiles à la vie humaine ³.

Inférieurs à leur objet connaturel, les procédés en vigueur sont également une surcharge pour l'imagination. On n'y calcule une courbe que par l'intermédiaire de ses coordonnées. Supposez par exemple « que $x^2 + y^2$ æq. $a^2$ soit l'équation du cercle, il faut expliquer, par la figure, ce que c'est que ce x et y »; et cette figure, au cours des opérations, en amène d'autres qui en amènent d'autres encore ⁴. Puis, la réponse une fois trouvée, besoin s'impose d'en revenir à l'aide de constructions fort complexes : ce qui réintroduit le règne des lignes et de leurs entrecroisements. Les figures, dans les méthodes ordinaires, sont comme l'Infini dont parlaient les anciens : elles paraissent au commencement, au milieu et à la fin. Il faudrait en finir avec cet échafaudage qui encombre l'esprit, le fatigue inutilement et l'entrave dans sa marche. Il doit y avoir un moyen de se passer du concours des images; de ne plus employer que la raison, qui est la faculté des concepts ⁵.

L'imperfection actuelle de la « mathématique » s'accuse jusque dans le langage dont elle se sert : il est vague, et parce qu'il est arbitraire. Le même signe y représente une

1. Gerh., I, 184 (*L. à Galloys*, déc. 1678).
2. *Ibid.*, VII, 154, 158.
3. *Ibid.*, VII, 151-158; IV, 446; V, 278-279; VI, 96-97 (*à Fabre*, 1676); VII, 9 (*Præfatio clavis mathematicæ arcanæ*); 17 (*Initia rerum mathematicarum metaphysica*); 49-50 (*Mathesis universalis*); 53, 61, 154-159, 209-216, 315-316.
4. *Ibid.*, II, 30 (*L. à Hugens*, fin de 1678); Cout., 542 : « quæ res facit ut ex brevibus delineationibus geometricis prolixissimi sæpe exurgant calculi algebraici, et contra ut difficile sit ex calculo algebraico eruere commodas constructiones »; — Cf. Gerh., V, 142.
5. Gerh., I, 180-181 (*L. à Galloys*, sans doute en 1677), 183-184; II, 20, 21, 26, 228-229.

ligne aussi bien qu'un nombre, un solide aussi bien qu'une ligne. De là des confusions regrettables qui nuisent à l'exactitude des opérations. Il devient de plus en plus nécessaire d'inventer une notation plus rigoureuse, où chaque terme évoque une idée à l'exclusion de toutes les autres. Le même besoin se fait sentir, il est vrai, sur les autres domaines de nos langues, si mal instituées; mais en mathématiques il y a quelque chose de plus pressant, vu la précision qu'elles supposent et qui les caractérise [1].

Voilà le point où l'on en est pour la quantité : même sous cet aspect, on se trouve encore loin du but. Quant à la pensée d'introduire l'idée de qualité, qui n'est pas moins importante que la première si elle ne l'est pas davantage, on peut dire que personne ne l'a eue : on n'en discerne à peu près aucune trace dans l'histoire. Faute de remonter à l'origine des concepts une fois reçus, on n'a jamais dépassé en cette matière le point de vue des anciens : tout reste en l'espèce, non pas à continuer, mais à commencer.

Comment remédier à tous ces inachèvements? C'est l'œuvre qu'il faut entreprendre, bien que sans espoir de la conduire à son point de maturité; car, si elle s'impose, elle demande sans doute plus d'efforts que n'en peut fournir la vie d'un homme.

.·.

« Le calcul différentiel » réalise déjà un progrès considérable. Car il nous donne la possibilité de mesurer, non plus seulement le fini, mais encore l'indéfini et par le fini ; il nous permet de réduire les « transcendantes » et nous ouvre ainsi la porte de la mécanique. De plus, le calcul différentiel, qui commence aussi par les images, en dépasse ensuite la zone et ne procède plus que par concepts. L'autonomie de la raison pure s'y manifeste déjà ; et à tel point que, s'il existait, comme on le dira dans la suite, un espace à plus de trois dimensions, on y trouverait les ressources

---

1. Gerh., II, 21.

voulues pour en définir les propriétés et les relations[1].

Mais ce n'est là qu'une solution partielle. Pour épuiser la question, il faut la prendre de plus haut. La première tâche qui se présente, consiste à dresser un tableau des catégories de la « mathématique », comme l'a fait Aristote pour les catégories de l'être lui-même; car ce qu'il faut d'abord obtenir en chaque chose, ce sont les concepts fondamentaux qui la dominent et la régissent.

La première des catégories mathématiques est « la coïncidence », qui n'est qu'un aspect du concept d'identité. On dit que deux choses coïncident, lorsqu'elles ne diffèrent que de nom, ou si l'on veut, lorsqu'on ne les distingue l'une de l'autre ni par elles-mêmes ni par les rapports qu'elles soutiennent avec les autres objets. Tel est le cas qui se présente, « si, après avoir pris le point où se coupent deux diamètres d'un cercle, on prend ensuite le point où se coupent deux autres diamètres du même cercle ». « La conséquence, c'est que deux choses qui coïncident avec une troisième, coïncident par là même entre elles[2] ».

Vient ensuite « l'égalité », qui n'est encore qu'une sorte d'identité, mais d'ordre purement quantitatif. Sont tenues pour « égales entre elles les choses dont la grandeur est la même ». Par suite, supposez « deux objets qui ne se ressemblent pas, mais qui, moyennant une certaine transposition de points ou de parties », arrivent à donner la même quantité; il faut dire, dans ce cas, qu'ils sont égaux. C'est ce qui peut se présenter, quand on compare la surface d'un triangle à celle d'un carré : il se peut qu'elles se traduisent par le même nombre[3]. Mais ici se pose une question qui mène loin : comment mesurer la grandeur? On peut toujours y réussir, lorsqu'il s'agit de nombres purement abstraits : commensurables ou non, ils se laissent réduire à la fin et l'on obtient un résultat précis. Il en va tout différemment de la grandeur continue. Alors, il faut trouver une mesure qui reste fixe et qui, appliquée un certain nombre

---

1. Gerh., II, 229; VII, 15, 52, 211.
2. Gerh., V, 150; VII, 261, 275.
3. Gerh., V, 150, 179; VII, 266.

de fois sur la grandeur à connaître, finisse par l'épuiser. Mais qui nous donnera cette fixité dont nous avons besoin? Si petite que soit l'unité choisie, on ne peut discerner ni d'intuition ni par définition le *quantum* qu'elle présente : directement, ce quantum est un indéterminable. « Supposez, par exemple, que Dieu fasse grandir le monde tout entier avec toutes ses parties et dans la même proportion, nous n'aurions aucun moyen de nous en apercevoir. » Ce n'est point la mathématique qui peut ici nous éclairer; elle reste muette. Pour résoudre ce problème qu'elle nous pose pourtant et qui est essentiellement de son domaine, il faut la dépasser. L'idée d'un auteur des choses qui procède avec sagesse et par là même avec constance : voilà notre unique garantie[1].

En allant encore du même au divers, comme on l'a fait jusqu'ici, on ne tarde pas à découvrir trois autres catégories mathématiques : la « congruence », la « similitude » et « l'homogénéité ».

On appelle congruentes deux choses dont l'une peut s'appliquer sur l'autre ou s'y substituer en son lieu. Supposez que ABC et DEF désignent deux triangles égaux et semblables. On dit « qu'il y a de la congruité » entre eux « suivant l'ordre des points »; puisqu'on peut appliquer ou mettre l'une sur l'autre ces deux figures sans rien y changer que la place. « Ainsi en appliquant D sur A, E sur B et F sur C », on aura deux triangles qui « seront manifestement coïncidents ». Par suite, et comme on le fait observer dans ce passage, les congruents ne diffèrent entre eux que par le site; considérés en eux-mêmes, ils ne dépassent pas encore la zone de la coïncidence. « Imaginez deux œufs parfaitement semblables, tout à fait égaux et placés l'un à côté de l'autre : on peut remarquer que celui-ci est plus à l'orient ou à l'occident que celui-là, plus au nord ou plus au sud, plus haut ou plus bas, plus éloigné ou plus proche de quelque autre corps. » C'est uniquement par ces rapports de position que

---

1. GERH., VII, 267. — Cette idée de la relativité des dimensions de l'espace a été formulée de nouveau par H. Poincaré dans son livre intitulé *Science et Méthode*, p. 96-97, Paris, 1908.

les congruents accusent de la diversité : « Si bien que l'on ne peut rien affirmer de l'un que l'on ne puisse également concevoir de l'autre[1]. »

La similitude ne concerne plus la quantité ; elle est d'ordre purement qualitatif. Sont semblables les choses dont la forme est la même, quelle que soit leur grandeur[2]. Supposez, pour prendre un exemple à Platon, une sphère qui soit immense comme le monde ; elle n'en est pas moins semblable à celles que « nous faisons sur le tour », si toutefois la matière se montre aussi docile à notre art qu'à celui du « Démiurge ».

Mais Leibniz ne s'en tient pas à cette notion qui lui paraît un peu vague. Il la précise en ajoutant que les semblables ne peuvent se discerner que par leur *co-présence* et que là se trouve leur trait distinctif, celui qui fonde leur définition. Imaginez deux temples absolument semblables et par la matière dont ils sont faits et par la nature de leurs parois et par la forme et la disposition de leurs colonnes, tels enfin que, à l'exception de leur grandeur, on ne trouve rien dans celui-ci que l'on n'observe aussi dans celui-là. Imaginez de plus qu'un visiteur les vienne voir l'un et l'autre ; mais qu'il ne puisse les examiner qu'à la manière d'un pur esprit, d'un esprit qui soit clos au monde des images, où n'entrent que des concepts nus. Ce touriste étrange n'apercevrait que la nature de ces deux édifices, il n'en connaîtrait que la forme ou définition et serait par là même impuissant à les discerner l'un de l'autre. Les semblables ne peuvent donc se distinguer entre eux qu'à l'aide d'une confrontation empirique et matérielle ; et c'est là précisément ce qui constitue leur caractère spécifique[3].

Entre les semblables et les homogènes il n'y a qu'un degré et qui est toujours franchissable. De ceux-ci l'on arrive à ceux-là par voie de transformation. C'est ainsi qu'une courbe peut devenir une droite, un cercle se convertir soit en parabole soit en ellipse ; et cela, « sans que rien ne soit enlevé

---

1. Gerh., II, 22 (*L. à Hugens*, 1679) ; V, 150, 172 ; VII, 263-264, 275.
2. *Ibid.*, I, 180 ; V, 179-181 ; VII, 275-276, 281.
3. *Ibid.*, I, 180 ; V, 180-181 ; VII, 276-277.

ou ajouté aux données initiales ». Les homogènes suivent une loi d'une singulière fécondité : c'est qu'en allant d'un extrême à l'autre, ils traversent d'une manière continue tous les points intermédiaires et produisent par là même une infinité de figures; et rien n'est plus favorable que ces changements insensibles aux méditations du géomètre[1].

Outre ces diverses catégories qui toutes se rapportent plus ou moins à l'identité, il en est deux autres qui, elles, concernent la connexion des choses : à savoir l'inclusion et la détermination.

L'inclusion est un aspect de ce concept d'inhérence qui joue un rôle si considérable en métaphysique; vu que l'on ne peut rien affirmer d'un sujet donné qui ne s'y trouve déjà de quelque manière. Ce mot un peu rude, mais très expressif, signifie le rapport du contenant au contenu. « Si la ligne A, par exemple, est enfermée dans la ligne B et qu'à son tour la ligne B soit enfermée dans la ligne C, il faut aussi que A soit enfermée dans C. Si la courbe A est dans L et que la courbe B soit également dans L, il ne se peut pas que les composés de A et de B ne soient eux-mêmes dans L[2]. » De là des combinaisons qui se multiplient à l'infini et que la « combinatoire » apprend à découvrir.

La détermination consiste en ce que les données d'un problème soient assez précises pour ne permettre qu'une solution satisfaisante. Soient, par exemple, trois points donnés A, B, C; il est manifeste qu'on ne peut trouver qu'un cercle dont la courbe les traverse tous. A cette catégorie se rattache une série d'axiomes qui sont d'un grand usage. Tel est le suivant, dont l'application rend des services signalés dans le maniement du calcul infinitésimal : Supposez « que certains déterminants amènent un déterminé qui lui-même en amène un autre à son tour » ; on peut s'en servir dans cette nouvelle détermination » : cette substitution ne nuit pas à la justesse du calcul[3].

1. GERH., VII, 19, 282-283.
2. GERH., VII, 19, 261-262.
3. GERH., VII, 261-262.

*
* *

Ainsi se présente la liste des catégories mathématiques. Elles ne forment pas un système clos, comme les catégories métaphysiques d'Aristote. Sur ce point aussi, Leibniz a laissé son œuvre imparfaite. Il se souciait d'ailleurs beaucoup plus d'inventer que de classer. Mais telles quelles, ces idées fondamentales sont riches en aperçus nouveaux : elles rattachent la « mathématique » aux principes ultimes de la métaphysique, elles donnent à ses concepts constitutifs une coordination plus rigoureuse et lui préparent ainsi cette langue exacte que Leibniz souhaitait si fort et dont il a donné lui-même divers échantillons [1].

De plus, Leibniz a trouvé, dans ses catégories mathématiques, le moyen de pousser très avant le problème du « calcul sans images », qu'il regardait lui-même, et à bon droit, comme une partie essentielle de la « géométrie sublime »; et c'est sur ce point qu'il convient d'insister maintenant, si l'on veut bien comprendre sa pensée.

En vue de supprimer l'intervention des images ou figures, Leibniz a fait deux essais principaux et qu'il possède l'un et l'autre dès l'année 1679 [2].

Le premier se fonde sur la similitude. Cette catégorie porte uniquement sur la forme des choses ; elle n'enferme donc aucune considération de grandeur : il n'y reste que des proportions. Et de là, semble-t-il, un moyen de traduire les figures où les figures elles-mêmes ne soient plus pour rien, une sorte de substitution qui délivre l'esprit des incommodités de leur présence réelle [3]. Mais, à vrai dire, elles demeurent encore et dans les équivalents qui les remplacent. Pour affirmer, par exemple, que deux triangles sont semblables lorsqu'ils ont deux angles égaux, il faut mesurer l'écartement de ces angles; et voilà les figures qui rentrent

---

1. Gerh., II, 22-25; V, 147-168, 220-221 ; VII, 57-59, 83-100, 218-223, 261 et suiv.
2. Gerh., II, 19-20; V, 141 (*Caracteristica geometrica*, 1679).
3. *Ibid.*, V, 179-183.

en scène, ou plutôt, elles s'y trouvaient déjà sans qu'on s'en aperçût.

Leibniz paraît s'être rendu compte du vice interne de ce procédé. Il n'y revient pas dans la suite et en donne un autre qu'il a soutenu jusqu'à la fin, autant du moins qu'on le peut constater[1]. Cette fois, il s'agit de traduire les figures par sites; et la catégorie où l'on se fonde n'est plus la similitude, mais la congruence.

On appelle *site* ou *situation* un point considéré en tant qu'il est à telle distance de tel autre. Or tous les points assignables dans l'infinité du continu présentent deux caractères essentiels : ils sont dépourvus de grandeur et peuvent coïncider entre eux. Partant, un site quelconque se compose toujours de deux éléments dépourvus l'un et l'autre de grandeur et dont l'unique relation est de pouvoir coïncider : un site quelconque n'enveloppe que des congruents qui sont de simples formes et relèvent uniquement de la qualité[2].

Là se trouve le principe rédempteur de la géométrie, celui qui doit enfin lui donner toute la liberté de son élan, la racheter du servage des figures et lui permettre d'inventer encore dans un domaine où l'imagination n'a plus de prise[3].

Soient deux points A et B à une certaine distance l'un de l'autre; on peut toujours y faire passer une droite, et rien qu'une. Soient trois points A, B, C; on peut toujours y faire passer un cercle et rien qu'un.

Le même procédé est applicable à l'ellipse, à la parabole, à toutes les figures géométriques, quels qu'en soient l'ordre ou la forme : à toute figure on peut toujours substituer un système de points qui la traduise.

---

1. Gerh., II, 19, 20 (*L. à Hugens*, 1679); II, 228 (*L. à L'Hospital*, 1693); II, 319 (*L. au même*, 1696); II, 342 (*L. au même*, 1701); VII, 256 (*De constructione*), 263 (*Specimen geometriæ luciferæ*). C'est probablement ce dernier traité que vise Leibniz dans ses lettres à L. L'Hospital, quand il lui parle du projet qu'il nourrit depuis longtemps de publier son *Analyse de la situation ;* ce traité sera donc venu tard, et après avoir été longtemps à l'état de projet, puis d'ébauche.
2. Gerh., V, 141-148, 172, 178 ; VII, 263-266.
3. *Ibid.*, V, 182-183.

Ici, Leibniz est bien près du but. Pourtant, il n'y touche pas. Car, pour calculer un système de points, il faut encore des coordonnées, il faut encore des images; et l'ennemi que l'on croyait expulsé rentre par la fenêtre. Que fallait-il donc, pour obtenir le succès total? Après avoir réduit les figures à des points, il fallait encore considérer que ceux-ci pouvaient traduire les propriétés et relations projectives de celles-là. C'est ce que d'autres devaient faire après Leibniz et sous l'impulsion de sa pensée. Christian Staudt en 1847 et Grassmann de notre temps ont repris le problème des sites et par des voies différentes sont parvenus l'un et l'autre à le résoudre [1].

### III. — Arithmétique binaire.

Leibniz est moins heureux avec son « arithmétique dyadique ou binaire, qu'il avait déjà découverte vers 1679 [2], et dont il a défendu les prétendus avantages jusqu'à l'obstination : tant il est vrai qu'en mathématique, comme en poésie, le génie ne se connaît lui-même que d'une manière fort imparfaite!

L'arithmétique binaire est un art de compter où n'interviennent que trois éléments : le zéro, l'unité et leur valeur de position. « Je n'y employe point, dit Leibniz, d'autres caractères que 0 et 1, puis allant à deux, je recommence. C'est pourquoi deux s'écrit ici par 10, et deux fois deux ou quatre par 100, et deux fois quatre ou huit par 1.000, et deux fois huit ou seize par 10.000, et ainsi de suite [3]. »

« Ce qu'il y a de surprenant dans ce calcul, ajoute-t-il

---

1. V. sur ce point, Louis Couturat, *La logique de Leibniz*, p. 429-430, F. Alcan, Paris, 1901.
2. Il faut noter ici qu'avant de parler de sa nouvelle arithmétique, Leibniz y a pensé pendant « de longues années » (V. III, 657, 661) : « Molitus hoc sum ante multos annos »; — Cf. IV, 265. Il avait déjà conçu ce système le 15 mars 1679 (V. Cout., *Op.*, 571).
3. Gerh., VII, 223-224; II, 338 (*L. à L'Hospital*, 4 avril 1701); III, 657 (*L. à Joh. Bernoulli*, 5 avril 1701); III, 94-95 (*L. à Jac. Bernoulli*, 28 nov. 1704); — F. Car., D, 161-168 (*Animadvers. ad Weig.*).

un peu plus loin, c'est que cette arithmétique par 0 et 1 se trouve contenir le mystère des lignes d'un ancien Roi et Philosophe nommé Fohy, qu'on croit avoir vécu il y a plus de quatre mille ans et que les Chinois regardent comme le Fondateur de leur Empire et de leurs sciences. Il y a plusieurs figures linéaires qu'on lui attribue, elles reviennent toutes à cette arithmétique ». « La ligne entière — signifie [pour lui] l'unité ou 1 »; « une ligne brisée — — signifie le zéro ou 0 », et sur ces deux éléments s'édifie toute la science du calcul. Les Chinois ignorent maintenant le rapport qui s'établissait autrefois entre ces lignes et les nombres; ils l'ont oublié. Mais le « R. P. Bouvet, jésuite français célèbre, qui demeure à Pékin », « a déchiffré l'énigme de Fohy[1] et à l'aide de ce que je lui avais communiqué » de ma nouvelle arithmétique[2].

Leibniz se réjouit d'avoir un témoignage en faveur de l'identité de son arithmétique avec celle des anciens Chinois : son sens mystique se réveille à cette idée. Mais, évidemment, là ne réside pas la raison principale pour laquelle il prête un intérêt si vif à ce qu'il regarde comme une simple réinvention. S'il défend le calcul binaire avec tant de ferveur, c'est surtout à cause des avantages qu'il présente, d'après lui, dans les opérations mathématiques.

Il y voit un nouvel outil, et des plus heureux, à mettre au service du calcul différentiel. Il croit que son mode de numération ne permet pas seulement de pousser à l'infini les progressions décroissantes, mais encore d'y réussir de manière à ce que « les expressions par les rompus[3] » en disparaissent entièrement et ne laissent plus sous le regard que des dégradations continues ; il croit aussi que l'arithmétique binaire fournit des périodes de nombres qui sont sem-

---

1. On a contesté depuis ce temps l'interprétation du R. P. Bouvet (V. Ferd. Hoefer, *Histoire des Mathématiques*, p. 47; G. Milhaud, *Nouvelles études sur l'histoire de la pensée scientifique*, p. 48, F. Alcan, Paris, 1911). Mais il se pourrait encore que la vérité fût de son côté. On connaît si peu de chose de définitif sur les origines de la Chine.
2. Gerh., VII, p. 226-227 ; Cf. *Ibid.*, IV, p. 113, 151.
3. Telle est, d'après Leibniz, la tétragonistique $\frac{1}{1} - \frac{1}{3} + \frac{1}{5}$.

blables à l'échelle des puissances, et que donc celles-ci peuvent être remplacées par celles-là[1]. Tels sont les thèmes principaux que Leibniz met en avant pour établir et défendre sa découverte. Il y revient sans cesse, bien que sous des modes divers : il s'y plaît, il s'y complaît. Évidemment, ce qui le frappe avant tout, ce qui charme son intelligence éprise de beauté autant que d'exactitude, c'est que l'arithmétique binaire lui apparaît comme dominée par ce principe de continuité et cette loi du plus simple qui jouent un rôle si considérable dans sa métaphysique.

Mais cet art avait-il réellement, en mathématique, l'importance « merveilleuse » qu'y voyait Leibniz? Les deux Bernoulli lisent, se rendent compte et répondent à l'unisson qu'il n'en est rien. A leurs yeux, l'arithmétique ordinaire peut faire tout ce que fait l'autre, et même plus aisément[2]. C'est le jugement qui a survécu. Même au xvii<sup>e</sup> siècle, l'arithmétique dyadique n'a eu que très peu de partisans; puis on a fini et assez vite par n'en plus parler du tout.

## IV. — DE LA FORCE.

Leibniz retrouve en physique toute la solidité de sa puissance inventive : sur cet autre domaine, son génie n'a presque pas de défaillance; il y triomphe.

Il faut dépasser le mécanisme. Descartes s'est grossièrement trompé. La force et non l'étendue qui n'est qu'un phénomène dérivé, la force se déployant sans rupture à travers la hiérarchie de ses manifestations, la force se diversifiant à l'infini et par degrés insensibles : voilà ce qui explique le spectacle de l'univers. La nature est vie; de plus, la nature obéit au principe de continuité, comme la mathématique; c'est la raison profonde pour laquelle on peut se servir de celle-ci pour déchiffrer celle-là.

---

1. Gerh., II, 338, 341, 343; III, 94-95, 101, 657, 661, 667; IV, 215, 265-266, 271, 278-281, 285; VII, 221-226, 235-238, 239-242, 260.
2. Gerh., III, 94, 96, 101; *Ibid.*, 657, 659, 661, 667.

⁎
⁎ ⁎

Donnez-moi, dit Descartes, de la grandeur, des figures et du mouvement; et j'expliquerai l'univers[1]. Cette audacieuse gageure a contre elle la nature même des faits.

Il faut recourir à l'idée de force pour expliquer le choc du moteur et du mobile. Soit un corps en mouvement qui rencontre un corps en repos; ce phénomène n'est possible qu'à deux conditions : à savoir que le premier corps agisse réellement et que le second, recevant cette action, réagisse du même coup. L'énergie se révèle déjà dans le plus simple des faits mécaniques, qui est le heurt considéré comme tel[2].

Il faut également recourir à l'idée de force pour expliquer la proportionnalité qui s'établit entre l'action du moteur et celle du mobile. Soient un corps A en mouvement et un autre corps B en repos et beaucoup plus grand. « Il est clair que, si le corps B était indifférent au mouvement et au repos, il se laisserait pousser par le corps A sans lui résister et sans diminuer la vitesse, ou changer la direction du corps A; et après le concours, A continuerait son chemin, et B irait avec lui de compagnie en le devançant. Mais il n'en est pas ainsi dans la nature. Plus le corps B est grand, plus il diminuera la vitesse avec laquelle vient le corps A, jusqu'à l'obliger même de réfléchir si B est beaucoup plus grand qu'A[3]. » Descartes veut que le frôlement d'une aile d'oiseau puisse ébranler une montagne; l'expérience nous apprend que nous ne vivons pas dans un monde de fées.

La présence de la force, c'est encore ce que suppose l'infinie malléabilité qui se manifeste dans le choc du moteur et du mobile. D'après les lois du mouvement telles que Descartes les a formulées, « si deux corps B et C de même

1. GERH., VI, 49.
2. *Ibid.*, VI, 105-106, 210; ERD., 113 (Si l'essence du corps consiste dans l'étendue, 1691).
3. GERH., VI, 240-241; ERD., 112-213.

vitesse et de grandeur inégale viennent à se rencontrer directement, le plus petit se réfléchit avec la vitesse qu'il avait, le plus grand au contraire continue son mouvement : si bien qu'ils s'en vont tous deux de compagnie et du côté où tendait d'abord le plus grand... Mais, si les deux corps B et C sont tout à la fois de grandeur et de vitesse égale, ils se réfléchissent l'un et l'autre au moment du choc et chacun avec la vitesse qui lui est propre [1] ». Pourquoi ce saut brusque du contraire au contraire? Pourquoi les deux corps vont-ils de front, dans le premier cas, tandis que, dans le second, ils se mettent tout d'un coup à prendre deux directions diamétralement opposées? Ce n'est pas ainsi que procède la nature ; elle ne fait rien qu'elle n'ait d'abord préparé par degrés insensibles. Entre les deux extrêmes qu'expriment les lois de Descartes, il doit y avoir une infinité d'intermédiaires à peine différenciés qui en amènent l'apparition. Or ces intermédiaires ne peuvent se produire, si les corps ont l'inflexible rigidité d'un atome ; ils postulent la souplesse d'un principe d'énergie qui soit capable de se replier sur lui-même par décroissements « imperceptibles » et « continus ».

Le mouvement suppose dans les corps une cause qui dépasse l'étendue ; il suppose la force : ainsi le veulent à la fois la corrélation de l'agent et du patient, la proportionnalité de la cause à son effet et la loi de continuité elle-même partout présente et dominatrice. On peut donc affirmer déjà, et sans crainte d'erreur, que le mouvement et la force sont choses essentiellement distinctes. Cette distinction devient plus manifeste encore, quand on regarde aux lois qui les régissent l'une et l'autre.

.·.

On mesure d'ordinaire la « force mouvante » par la quantité du mouvement : on dit « qu'elle est égale au produit de la masse par la vitesse » ; et, comme il est raison-

---

1. Gerh., VI, 130-131, 229, 217, 252; II, 156 (L. à Huyens, 10/20 mars 1693).

nable d'admettre qu'il y a toujours dans le monde une somme identique de force mouvante, on en a conclu qu'il devait en être ainsi du mouvement lui-même [1]. C'est une erreur de fond qu'il est facile de démasquer; et l'on éprouve une vraie surprise à voir que Descartes en ait été victime; il est encore plus étonnant qu'avec l'esprit dont il était doué, il y soit resté jusqu'à la fin.

Soit le corps A qui pèse 1 livre; supposons qu'il tombe de la hauteur de 4 pieds en petit a. Soit en même temps le corps B qui pèse 4 livres; supposons qu'il tombe de la hauteur de 1 pied en petit b.

Arrivé au point a, le corps A aura la force voulue pour remonter à son point de départ; même chose pour le corps B[1]. Mais c'est un principe admis par Descartes lui-même : il faut autant de force pour élever un corps de 1 livre à 4 pieds que pour élever un corps de 4 livres à un pied[2]. Par suite, les forces dépensées par les corps A et B dans leur trajet ne changent pas de quantité; elles demeurent égales[3].

Il n'en va pas de même de la quantité du mouvement, d'après la démonstration de Galilée[4], la vitesse acquise par A est le double de la vitesse acquise par B. « Multiplions donc le corps A, qui est comme 1, par sa vitesse, qui est comme 2; le produit ou la quantité du mouvement sera comme 2. De même, multiplions le corps B, qui est comme 4, par sa vitesse, qui est comme 1; le produit ou la quantité du mouvement sera comme 4 [5] ». La somme du mou-

---

1. Est., p. 54; Gerh., VI, 117.
2. V., sur ce point, VI, 118, 439, 440. Voici la formule de cette loi : « Un corps qui tombe d'une certaine hauteur acquiert la force d'y remonter, si sa direction le comporte et que rien n'y fasse opposition du dehors : par exemple, un pendule reviendrait exactement à la hauteur dont il est descendu, si sa force n'était diminuée par la résistance de l'air et mille autres petits obstacles extérieurs. »
3. Est., p. 55-56; Gerh., VI, 118.
4. Consulter à ce sujet Hoefer, *Hist. de la Physique*, p. 10-102, Paris, 1872.
5. Leibniz a donné à plusieurs reprises la même démonstration, et à diverses dates. Voir Est., p. 55-56 (1685); Gerh., VI, 117-118 (1686); *Ibid.*, VI, 123-125 (peu après 1686); P. Jan., p. 633-634 (*Corresp. avec Arnauld*, 1686-

vement de A est la moitié de celle que donne son concurrent B.

Si cette preuve ne suffit pas, on peut partir du principe généralement admis, à savoir que la force est le produit de la masse par la vitesse; et l'on verra par ses conséquences qu'il en faut revenir. La conclusion qui résulte de ce principe, c'est la possibilité du mouvement perpétuel que tout le monde s'accorde à regarder comme contradictoire, et parce qu'il suppose une augmentation de la force. Soit un corps A de deux livres et d'une vitesse égale à l'unité, puis un autre corps C d'une livre et d'une vitesse égale à deux. Si l'interprétation reçue est fondée, on doit pouvoir substituer, et quand on le voudra, la force du premier corps, qui a pour point de départ le produit de deux par un, à la force du second, qui a pour point de départ le produit d'un par deux. Or il n'en est rien. Car supposez qu'A soit descendu de la hauteur de 1 pied et C de la hauteur de 4 pieds. Si l'on fait au bout du trajet la substitution indiquée, il se trouvera que C, avec une force égale à celle de A, aura réalisé un travail plus grand que lui : ce qui suppose qu'en route, il s'est créé de la force. Le mouvement perpétuel devient possible [1].

C'est donc démontré par l'expérience et par réduction à l'absurde : la force ne trouve pas sa mesure dans le mouvement. Mais cette assertion est encore vague; il faut la préciser.

L'asymétrie de la force et du mouvement n'est pas absolue. Elle n'a pas lieu dans le mouvement uniforme, celui dont le mobile met toujours la même portion de temps à parcourir la même portion d'espace. Soit, par exemple, un stade de cent mètres partagé en dix parties égales, et un coureur qui emploie le même nombre de secondes à couvrir chacune d'elles : dans ce cas, la quantité de force et la quantité de mouvement présentent une valeur

---

1690); Gerh., VI, 453 (vers 1689); *Ibid.*, VI, 204 (1691); *Ibid.*, *Phil.*, II, 159 (*L. à Volder*, 1698 ou 1699); *Ibid.*, *Math.*, VI, 104 (1702). La forme dans les différentes démonstrations varie, le fond en est toujours le même.

1. Est., p. 51; — Gerh., VI, 199, 204, 215, 289, 437, 461.

identique, qui est le produit de la masse par la vitesse[1].

Mais il n'en va pas de même pour le mouvement progressif, celui où la force a de l'élan. Celui-ci donne toujours du nouveau et tend par là même à s'épuiser : tels sont la chute d'un corps, l'oscillation d'un pendule ou le jeu d'un ressort. Dans les phénomènes de ce genre, il ne s'agit plus de force morte, mais bien de force vive[2]; et celle-ci ne correspond plus à la formule mv. Quelle est donc son expression à elle? c'est ce qu'il faut dire maintenant.

La force a pour mesure l'effet qu'elle produit, par exemple, l'espace qu'elle parcourt : ce principe est général. Or, tandis que dans le mouvement uniforme cet effet est proportionnel à la vitesse, il croît dans le mouvement progressif comme le carré de la vitesse.

Soient A et C deux corps de grandeur et de masse égales. Imaginons que le premier ait une vitesse 1 et le second une vitesse double ou 2. Dans ces conditions, si A peut en épuisant toute sa force s'élever à la hauteur de 1 pied, l'autre en épuisant également toute sa force atteindra la hauteur de 4 pieds. Même raisonnement, si la vitesse de C est 3; alors, la hauteur à laquelle s'élèvera ce dernier corps sera triple, c'est-à-dire $3 \times 3$ ou 9. Ainsi de suite pour les vitesses ultérieures, pour avant qu'on en pousse la série : c'est une conclusion qui résulte tout droit des célèbres expériences de Galilée sur les lois de la pesanteur.

Mais alors « on est fondé à dire d'une manière générale que les forces [vives] de corps égaux », calculées d'après leurs effets, « sont comme les carrés de leurs vitesses, et par suite que les forces [vives] des corps se manifestent en raison directe du produit de leur masse par le carré de leur vitesse ». Leur formule n'est plus mv, mais $mv^2$ [3].

---

1. GERH., VI, 220-221, 316-317.
2. GERH., VI, 218, 238, 243, 436. Sur cette distinction du mouvement *uniforme* et du mouvement *progressif* qu'il appelle aussi *violent*, Leibniz donne toute une série d'explications qu'il n'est pas toujours facile de comprendre et de mettre d'accord. On croit donner ici, après de longues réflexions, ce qui constitue le fond de sa pensée.
3. GERH., VI, 120-121, 244-245.

On peut donner de la même loi une démonstration plus simple, qui ne se fonde plus sur l'effet de la force, mais uniquement sur les notions « abstraites de temps, d'espace et d'action ».

Supposons un chariot qui fait un mille en une heure. Représentons son action par a. S'il fait un autre mille avec la même vitesse, cette action ajoutée à la première sera 2 a. Imaginons maintenant qu'il mette la moitié moins de temps à faire ses deux milles ; évidemment son action sera doublée de ce chef : elle deviendra 2 fois 2 a, c'est-à-dire égale au carré de a.

Supposons, de plus, que le même chariot, allant du même train qu'au début, fasse 3 milles, au lieu de 2 ; son action sera 3 a. Imaginons maintenant qu'il mette trois fois moins de temps à réaliser le même parcours ; la somme de son action sera le triple de 3 a, c'est-à-dire 9, le carré de la vitesse. De même, si la distance parcourue devient le quadruple, le quintuple de la première : de telle sorte que l'action croît toujours comme le carré des vitesses, dès qu'on passe du domaine de la force morte à celui de la force vive[1].

A quoi tient cette différence ? D'où vient que la force mouvante s'accroît dans les mouvements progressifs ? il en va probablement comme d'un bateau qui, sous la poussée du même vent, va toujours un peu plus vite[2]. Les impressions déjà reçues ne s'apaisent pas tout d'un coup ; elles persistent, au moins partiellement, jusqu'à ce que d'autres se produisent et s'y viennent ajouter ; de là une addition continue de force, et par là même un surplus de mouvement qui ne fait qu'augmenter toujours : l'énergie fait boule de neige. Quoi qu'il en soit, rien ne montre mieux que cet accrois-

---

1. Gerh., VI, 291 (1689) ; Ibid., III, 240 (L. à Joh. Bern., 28 janv. 1696) ; Ibid., VIII, 132-133 (L. à Wolf, vers 1710-1711) ; Leibniz jubile en donnant cette démonstration : « elle est profonde », s'écrie-t-il, et « d'une admirable simplicité ». — Cf. Gerh., Phil., II, 173 (L. à Volder, 1699).

2. Huygens s'était exercé à l'étude de ce phénomène. « Icy, dit Leibniz, je feray voir que cela se prouve par ces règles mêmes de la percussion que l'expérience a justifiées, et dont on peut donner raison par la méthode d'un bateau, comme l'a fait M. Hugens » (Gerh., VI, 226).

sement de la force vive l'impossibilité d'expliquer la mécanique par elle-même, sans faire appel à « quelque chose de non-mathématique qui a sa source de plus haut ». Rien ne fait mieux sentir également qu'il y a dans les phénomènes de la nature une flexibilité mystérieuse dont la géométrie ne donne aucune idée[1].

*<br>* *

De cet examen comparatif de la force et du mouvement résulte un certain nombre de corollaires importants qu'il est bon de mettre en lumière.

Qu'est-ce qu'il y a de constant à travers la mobilité des phénomènes ? C'est le point qu'il faut élucider ; et voici comment il se déploie dans la théorie dynamique de Leibniz. On y trouve une conception profondément différente de l'hypothèse cinétique du monde, issue de Descartes et qui a dominé si longtemps parmi nous. Ce qu'il y a de constant, d'après Leibniz, ce n'est pas le mouvement, c'est la force : Pour trouver ce qui ne varie pas, il faut passer de la quantité à la qualité.

Il existe toujours la même somme d'énergie dans le monde. La force considérée en elle-même, prise comme principe d'action, n'augmente pas, ne diminue pas non plus : elle se conserve. C'est une vérité qui se fonde sur l'expérience. « On trouvera tousjours que si les corps convertissaient leurs mouvemens horizontaux en mouvemens d'ascension, ils pourraient tousjours élever en somme le même poids à la même hauteur avant ou après le choc », supposé que rien du dehors ne vienne faire échec à la réalisation de cette loi. En outre, si cette loi dépasse le domaine de la mécanique, si l'on ne peut pas non plus la considérer comme un corollaire de la causalité, elle a du moins son fondement dans les causes finales. Il y a toujours le même total de force, parce qu'il est meilleur qu'il en soit ainsi. Autrement la nature deviendrait une source permanente de

---

[1]. P. Jan., p. 633-634 (*Corresp. avec Arnauld*) ; — Gerh., VI, 226.

surprises qui en supprimerait tout l'ordre et rendrait la vie impossible[1].

La conservation de la force entraîne celle de l'action motrice. Car, au fond, qu'est-ce que la force? Ce n'est pas une simple puissance, comme l'a pensé Aristote : il n'y a rien de tel dans les choses. La force est un effort qui ne varie pas en lui-même, bien que son « effet » soit variable. Elle donne donc à chaque instant un total identique d'action motrice. Même somme d'énergie, même somme de tension[2].

A la conservation de la force motrice elle-même se rattache un autre mode de permanence. Comme on vient de le voir, la somme des forces motrices est toujours la même. La direction qu'elles impriment au tout l'est donc aussi; dextre ou sénestre, fixée vers le haut ou vers le bas, positive ou nulle, elle ne change pas de ce côté-là. D'autre part, elle ne change pas non plus sous l'influence de corps extérieurs au monde; vu que, par hypothèse, il n'y en a pas et que l'espace est partout semblable à lui-même. Elle demeure donc nécessairement identique à ce qu'elle a été, identique à ce qu'elle sera. La question se résoudrait différemment, s'il s'agissait seulement d'une des parties de l'univers, par exemple de notre système solaire à nous. On pourrait se demander alors si ce système n'est pas attiré vers un astre plus grand (et il le serait, s'il faut en croire les observations que l'on a faites au cours de notre siècle en étudiant l'influence de la constellation d'Hercule sur le soleil); on pourrait se demander par là même si notre marche inconsciente vers cette cité lointaine de corps lumineux ne va pas s'accélérant toujours ou sortant parfois de sa route. Mais, pour Leibniz, ce n'est pas des parties du monde qu'il est question; c'est du monde lui-même[3].

Voilà les constantes. Elles se tiennent par la main et for-

---

1. Est., 54-56; Gerh., VI, 117-118, 202, 209-210, 217, 219-220, 436, 440 (ici, Leib. essaie de rattacher la permanence de la force au principe de causalité; mais son raisonnement suppose que rien ne peut intervenir dans l'enchaînement des causes et des effets; et cette impossibilité elle-même n'est que *morale* : elle se fonde uniquement sur le principe du meilleur). — Cf. plus haut, p. 42-46.
2. Gerh., VI, 102, 220, 226, 410-411.
3. Gerh., VI, 127, 216-217, 239, 496; — Erd., 711ᵇ (*Monad.*).

ment une trinité. Le mouvement n'en est pas. Et l'on peut s'en étonner, du moins au premier abord; vu qu'il ne peut avoir sa cause que dans la force, qui reste éternellement identique à elle-même. N'y a-t-il pas là un scandale de la raison, et commis par le plus confiant des rationalistes? Pour le savoir au juste, regardons encore de plus près à la pensée de Leibniz; tenons compte des explications, parfois un peu subtiles, qu'il en a données.

On peut dire qu'il y a toujours dans le monde la même quantité de mouvement uniforme, comme le veut d'ailleurs la formule MV. Mais il faut raisonner d'une autre façon lorsqu'il s'agit du mouvement progressif ou violent. Car, comme on l'a vu par la démonstration reproduite un peu plus haut, la permanence de la même quantité de mouvement implique un accroissement de force; et cela ne peut être. Comment faut-il donc entendre ces choses-là? Ces variations quantitatives du mouvement progressif ne sont pas une dérogation à l'infrangible proportionnalité qui rattache toute cause à son effet. La force est constante; son « action formelle » l'est également. Mais, suivant qu'on l'a fait observer déjà, elle se traduit dans le mobile par des impulsions successives qui durent assez pour s'ajouter les unes aux autres et produisent sans cesse un surplus de mouvement. Il se fait dans ce cas quelque chose d'analogue à ce qui se passe pour nos yeux, lorsque nous regardons tourner la roue d'une horloge : ses rayons se mêlent et ne forment plus qu'une seule traînée de lumière.

Mais ce surplus de mouvement lui-même n'accuse-t-il pas un accroissement, sinon de la force, du moins de son « action motrice »? Nullement, d'après l'auteur. Rien n'empêche que, sous les variations du mouvement, la force ne conserve la même « action formelle » ou tension. Il n'y a du plus et du moins que dans « l'effet » produit[1].

D'ailleurs, ajoute Leibniz, cette interprétation ne vise que la philosophie vulgaire, celle qui se borne aux apparences. En réalité, il faut penser ici à quelque chose d'absolument

1. V. plus haut, p. 157.

différent de ce que l'on croit en général. La question de savoir s'il y a toujours dans le monde un total identique de mouvement ne se pose même pas, et parce que le mouvement n'existe jamais que dans et par notre esprit. Il ressemble au temps dont il n'est d'ailleurs qu'un aspect : l'avenir ne lui appartient pas encore; il s'abîme dans le passé à mesure qu'il s'efforce d'être; il n'est jamais en lui-même qu'une limite indivisible, qui de ce chef ne présente aucune trace de quantité. Il est vrai que l'on s'en forme une certaine notion. Mais c'est grâce seulement à la mémoire dont l'œuvre est de transformer en éléments statiques ce qui de sa nature s'écoule sans cesse comme les rivières. Le mouvement ne peut être qu'une apparence; et donc on est victime d'une illusion, quand on cherche quelle somme il s'en produit dans les choses : autant vaudrait demander l'âge d'un enfant qui n'est pas encore né[1].

\*\*\*

La force graduée et différenciée à l'infini : voilà ce que l'on trouve partout sous la trame des phénomènes terrestres. On aboutit à la même conclusion, si l'on essaie d'expliquer la marche des astres; et de là sortiront de nouvelles lumières, non seulement sur la nature de la matière céleste, mais aussi sur celle des corps qui nous environnent.

Imaginez une nappe d'éther infinie dans les trois sens, absolument homogène, partout impondérable et partout également lumineuse; représentez-vous en même temps que les éléments qui la composent sont à la fois élastiques comme des ressorts et contigus les uns aux autres[2].

Qu'un tourbillon vienne à se produire dans cet océan d'uniformité; et l'on en verra sortir des mondes[3].

Suivons, en effet, la série des changements que doit produire la chiquenaude initiale.

1. Esr., p. 41; — Genn., VI, 69, 105, 202, 217, 99.
2. Genn., VI, 20, 86
3. *Ibid.*, 148-149, 163, 191-196.

Le tourbillon, une fois établi, forme immédiatement un centre autour duquel les autres parties de l'éther se mettent à tourner sur elles-mêmes, et avec une vitesse d'autant moindre qu'elles en sont plus éloignées. On voit un échantillon de ce mouvement, lorsqu'on établit le contact entre une bille en rotation et une autre bille qui est encore à l'état de repos : celle-ci commence à tourner aussi sur elle-même, bien qu'en sens inverse de celle-là [1].

Le tourbillon primitif fait également que les parties de l'éther qui sont extérieures à son centre, reçoivent un mouvement de translation qui ne peut être que curviligne. Cet autre mouvement des éléments éthérés procède, en effet, de la même cause que leur rotation elle-même, à savoir leur enserrement entre deux cercles dont l'un se meut déjà; et sa vitesse n'est pas partout la même non plus : elle décroît aussi à mesure que l'élément projeté s'en va plus loin du centre [2].

Ces inégalités du mouvement de translation entraînent deux conséquences dont chacune marque un progrès de plus vers l'hétérogène. De distance en distance, les plaines de l'éther se fragmentent. Il s'y forme des coupures circulaires, semblables à celles qu'on obtient sur une plaquette de bois, en faisant tourner un compas autour d'un même point; de là autant de sphères lumineuses et mouvantes, autant de diadèmes de feu dont la nature orne déjà son temple. En même temps, et dans les intervalles qui séparent ces sphères, il se produit un nombre incalculable de déchirures plus ou moins profondes, grâce auxquelles les parties de l'éther exercent les unes sur les autres des pressions différentes et forment ainsi des systèmes d'une cohérence également variée [3].

D'autre part, la vitesse centrifuge de ces éléments décroît, comme celle des sphères elles-mêmes, à mesure qu'ils s'éloignent du centre. Raréfiés vers le milieu et comme balayés par une tempête, ils se condensent en gagnant les extrémi-

---

[1]. Gerh., VI, 23, 88, 140.
[2]. Gerh., VI, 148-149.
[3]. *Ibid.*, VI, 91-92 (*Rép. à H. Fabre, Prop.* 19-20).

tés; et la grande loi de l'équilibre se trouve ainsi rompue. Il faut donc qu'il se détermine une action en retour pour la rétablir, à mesure qu'elle est violée : il faut que le mouvement centrifuge devienne centripète et regagne enfin la région dont il est parti [1].

Tout cela était; et les planètes n'existaient pas encore, ni le soleil non plus. Mais il y avait déjà dans les choses les causes immédiates d'où devaient sortir ces géants de l'espace et leurs balancements rythmiques : c'est ce que nous révèle la réalisation progressive des lois déjà énoncées.

Grâce au décroissement continu qui s'accuse à partir du centre dans la force de projection, il s'est produit autour du tourbillon initial un cercle de vitesse moindre qui l'a emprisonné. D'un autre côté, cette masse une fois captive est allée se condensant de plus en plus, sous une grêle de bulles éthérées qui lui venaient sans cesse de la périphérie en vertu de leur refoulement perpétuel. La lumière des premiers jours, d'abord partout également diffuse, a donc dû peu à peu se transformer en cet immense globe de feu que nous appelons le soleil [2].

La terre elle-même n'est que l'un de ces innombrables systèmes d'éléments éthérés qui se forment dans l'intervalle des sphères. Animée d'un mouvement de rotation à cause de la vitesse inégale des grands cercles qui l'enserrent, elle est en même temps frappée sans répit et par les rayons qui lui viennent directement du soleil et par ceux que la force centripète lui ramène et par les tourbillons minuscules qui ne cessent d'affluer à sa surface. Elle s'est donc arrondie, à peu près comme une pièce de bois sur le tour pendant que le ciseau la façonne. Elle s'est également condensée sous la pression continue qu'elle subit du dehors et sa croûte a dû

---

[1]. Gerh., VI, 25-26, 88, 164-165, 252.

[2]. Leibniz, dans sa première rédaction qui contient la *Théorie du mouvement concret*, suppose l'existence du soleil et de la terre (Gerh., VI, 20). Mais cette hypothèse n'est pas nécessaire à son explication, comme il le déclare d'ailleurs à la page 22° du même traité (*Prop.* 7). En réalité, son système n'a pas besoin de cette double supposition; il la dépasse. Il s'applique également, si, remontant jusqu'à l'origine, on ne fait plus appel qu'à l'idée d'une masse d'éther homogène et en mouvement. Et c'est bien cette interprétation intégrale que Leibniz veut faire triompher. La chose ne souffre pas de doute.

gagner en épaisseur[1]. Cette loi de pétrissement n'est pas propre d'ailleurs à la formation de notre globe; on peut l'étendre à toutes les planètes.

La gravitation et la pesanteur sont deux aspects d'un même fait, qui a sa cause dans le mouvement en retour des bulles éthérées.

Les planètes devraient d'elles-mêmes s'enfuir par la tangente[2]. D'où vient donc qu'elles se mettent à tourner? Il faut de rigueur qu'elles rencontrent quelque obstacle, à leur exode de la masse en rotation qui les projette; il faut qu'il y ait des tourbillons ambiants contre lesquels leur élasticité les fait réagir et qui en changent la direction. Analysée jusqu'au bout, la gravitation apparaît comme un phénomène de refoulement[3].

Il en est de même pour la pesanteur. A quoi tient, par exemple, que les corps plus lourds que l'air retombent vers la terre? C'est qu'il existe autour de notre planète, comme autour des autres, une bordure d'éther qui se fait de plus en plus dense à mesure que l'on s'éloigne de son centre. Vu cette différenciation du milieu, une masse incalculable de bulles d'éther prend une marche opposée à celle qu'on y voyait d'abord, et pousse dans son sens les objets qui se trouvent sur sa route. Le repos ne s'établit que lorsque la force centripète est devenue égale à la force centrifuge[4].

L'observation elle-même nous donne quelque idée de ce fait. Soit un tube très long et de matière transparente. Supposez qu'on le remplisse de mercure en y glissant un petit globe de verre, qu'on le ferme ensuite aux deux bouts et qu'après l'avoir fixé sur un axe par l'une de ses extrémités, on lui imprime un mouvement horizontal et de vitesse croissante. A un moment donné, on verra le petit globe de verre se diriger vers l'extrémité fixe et s'en approcher de plus en plus. « L'expérience réussit encore, lorsqu'on incline un peu

---

1. Gerh., VI, 22, 88, 164, 197.
2. *Ibid.*, VI, 20-21 (*Prop.* 4), 90, 152-153 (*Prop.* 10), 252, 312 (*Prop.* 2), 150 (*Prop.* 26).
3. Gerh., VI, 90 (*Prop.* 15), 252.
4. *Ibid.*, VI, 25-26 (*Prop.* 16-18), 31 (*Prop.* 24), 88 (*Prop.* 10-11), 164 (fond), 165, 196, 198, 252-253.

le cylindre par rapport à l'horizon »; elle réussit aussi longtemps que la force de refoulement reste supérieure à la résistance de la colonne de mercure qui soutient le globe immergé. L'équilibre ne s'établit qu'à cette condition[1].

\*
\* \*

Ainsi se développent les phénomènes célestes, d'après Leibniz. Le monde est un palais de lumière varié à l'infini dans l'unité d'un même principe : ce qui constitue la marque distinctive de la beauté. Platon se représentait le monde comme un palais d'émeraudes. Le philosophe allemand a gardé quelque chose du sens esthétique qui inspirait le philosophe grec.

Mais, en même temps, il croit être d'accord avec les données de la science, et mieux que personne : il présente son système comme le plus complet et le plus conforme aux faits connus.

Newton ne remonte pas aux causes; il se borne à déduire les conséquences mathématiques qui découlent des faits : son œuvre manque de philosophie[2].

Il en va tout différemment de Descartes; mais il s'est arrêté au premier plan des choses, qui est celui de l'étendue. Son mécanisme n'est que « l'antichambre de la philosophie »[3]; et de là toute une série d'erreurs dont il fallait sortir.

Descartes a cru à l'unité de la matière; et c'est un point de sa doctrine qu'il faut approuver. Mais il n'a pas su voir en quoi consiste ce principe unique sur lequel la nature brode toute son œuvre. Si la matière n'est qu'un agrégat de parties inertes, impossible que le mouvement se communique de l'un à l'autre de ces éléments : passifs et d'une entière indépendance, ils sont essentiellement incapables d'engendrer une combinaison quelconque.

Descartes a cru qu'il n'y a pas de vide dans la nature[4]; et

---

1. Gerh., VI, 196.
2. *Ibid.*, VI, 190.
3. *Ibid.*, VI, 95 : « Cartesii scripta vestibulum appellare solco philosophiæ veræ ».
4. Leibniz avait d'abord admis le vide comme une condition du mouvement.

l'on n'y saurait contredire. Mais il n'a point donné la véritable raison où se fonde cette assertion. Il ne le pouvait d'ailleurs dans son système où l'agencement de figures différentes, lisses ou crochues, est toujours de nature à laisser des interstices[1]. Il est vrai que Descartes concevait les corps comme baignant dans un espace à la fois indestructible et continu ; mais il n'y a là qu'une illusion de géomètre qui se dissipe très vite sous le regard de la réflexion. Pour expliquer l'impossibilité du vide, il fallait introduire l'élasticité dans les éléments matériels et se les représenter comme se substituant les uns aux autres d'après la loi d'équilibre.

Descartes a soutenu qu'il existe des tourbillons dans la matière. C'est une troisième affirmation qu'il faut admettre, comme les deux autres ; mais, à supposer que ces tourbillons se puissent produire d'après son hypothèse de l'inertie, reste encore qu'il n'en explique pas la nature. Imaginez, par exemple, que deux corps égaux et de vitesse inégale se rencontrent l'un l'autre ; d'après Descartes, ils se mettent à marcher de compagnie ; et diminuez autant qu'il vous plaira leur différence de rapidité, vous aurez toujours le même effet. Mais, si vous allez jusqu'à l'égalité elle-même, brusquement les deux corps vont « réfléchir » et chacun d'eux avec sa vitesse propre. Évidemment, ce passage subit d'un extrême à l'autre n'est pas conforme à la nature où tout se fait par degrés insensibles ; il postule une série incalculable d'intermédiaires qui l'ont préparé. Et cette série elle-même ne peut se produire qu'à une condition : c'est qu'il existe dans les éléments matériels une certaine élasticité, variable à l'infini. Les tourbillons, qui supposent une action mutuelle des corps, doivent donc avoir une souplesse dont le mécanisme brutal est incapable de rendre compte[2].

D'après Descartes, il y a toujours une certaine « fermeté »

---

Voir GERH., VI, 73 (*Théor. du mouv. abstr.*, Prop. 22), 48 (*Théorie du mouvement concret*, Prop. 56). Dans sa Rép. à H. Fabre, il admet au contraire que « le monde est plein ». Voir GERH., VI, 84 ; COUT., *Op.*, 618, 623 (*Pacid.*, 1676) ; GERH., VI, 80, Prop. 1 (1676). Et, à partir de ce moment, Leibniz ne change plus d'avis.

1. GERH., VI, 49.
2. V. plus haut, p. 151-152.

dans les corps; et c'est un fait qui s'impose. Mais quelle en peut être l'explication? Si deux tables de marbre parfaitement lisses adhèrent l'une à l'autre, la cause en est, nous dit-on, dans la pesanteur de l'air. Mais d'où vient que l'air lui-même est pesant? Faudra-t-il donc renouveler ici le raisonnement des Chinois, tout en le modifiant un peu? Faudra-t-il supposer une tortue énorme qui pèse de toute sa masse sur la calotte du ciel? On pourra le supposer et même placer un autre monstre au-dessus, sans faire avancer la question d'un iota. La « fermeté » des corps ne se comprend que si leurs parties constitutives sont poussées les unes contre les autres par certains tourbillons ambiants qui les enserrent et les brident à la manière dont le ferait un réseau de bandes de caoutchouc [1].

Il se révèle un autre vice, et plus fondamental encore, dans la théorie physique de Descartes. D'après lui, tout corps, une fois mis en mouvement, continue à se mouvoir et avec la même vitesse, aussi longtemps que rien ne vient s'opposer à sa marche. Cela, c'est plus qu'un miracle, c'est la négation formelle de la « raison suffisante ». Si l'on ne veut pas introduire le caprice dans le domaine de la science après l'avoir implanté au sein même de la divinité, il faut dire hardiment que rien ne continue à se mouvoir que sous l'influence ininterrompue d'impulsions nouvelles [2] : ce principe est absolu; ce principe est inébranlable. Mais dès lors, comment expliquer les oscillations du pendule? Comment expliquer la vitesse des projectiles, si le fluide déplacé ne tend comme un ressort à reprendre son équilibre, exerçant ainsi sur le mobile en marche une suite de percussions *a tergo* qui le forcent à continuer sa route [3]? Comment comprendre les phénomènes d'explosion, à moins que l'on ne suppose des éléments élastiques qui reviennent subitement à

---

1. GERH., VI, 27-28, 52, 69, 73, 78, 89, 164-165, 198, 252-253.
2. GERH., VI, 252-253, 105. — Cf. *Ibid.*, III, 851 (*L. à Joh. Bernoulli*, 6 juin 1710) : mode d'action du vent; « vis ejus æstimanda est non tantum impetu, sed et impetuum repetitorum multitudine ». Se rappeler ici ce qu'on a dit de « la voile ».
3. *Ibid.*, VI, 30.

leur degré de tension naturelle un moment violentée[1]?

De quelque côté qu'on s'y prenne, la conclusion reste la même : c'est que l'on peut partir de Descartes, mais qu'il faut en sortir. Tout est compromis par quelque endroit, quand on ne met à l'origine que des figures et du mouvement; tout s'illumine au contraire, dès qu'on introduit l'idée d'énergie et celle de continuité.

On voit par cette conception dynamique du monde comment Leibniz invente dans le domaine des sciences. Il part de la métaphysique : il prend pour base d'élan l'idée d'infini, la loi de continuité et celle du plus simple, qui sont comme autant de rayonnements de la perfection divine telle qu'il la comprend. Et, quand de ces sommets de la pensée il faut descendre aux détails de la nature, son intelligence suit, selon les cas, deux voies différentes et même opposées. D'abord, il déduit autant qu'il peut. C'est ainsi, par exemple, qu'il arrive à découvrir l'idée fondamentale de son calcul différentiel, qui n'est qu'un aspect de la loi de continuité. Quand la déduction n'y va plus, il se rabat sur l'expérience, mais pour déduire encore et cette fois sur ses données. C'est de cette façon qu'il démontre l'existence de la force et détermine les rapports qu'elle soutient avec le mouvement. Raison et observation : ce sont là comme deux phares qui mêlent sans cesse leur lumière et la fortifient du même coup[2].

1. Gerh., VI, 33.
2. V. plus haut, p. 54-60.

# CHAPITRE V

## MATIÈRE ET PENSÉE

I. Genèse du système. — La « nouvelle hypothèse »; — la Théologie; — l'Alchimie; — Aristote; — les mécanistes; — Galilée; — Platon; — le voyage à Paris; — entrevue avec Spinoza; — la « communication des substances » : Spinoza, Malebranche.
II. Nature de la substance. — De la pluralité à l'unité; — l'essence de l'être est d'agir; — l'essence de l'être est de connaître; — comment les substances sont des « miroirs vivants de l'univers »; — la matière première et la matière seconde; — pourquoi les substances n'ont pas d'action transitive.
III. Infinité numérique des substances. — Pluralité des substances : Locke et Spinoza; — qu'il existe un nombre infini de substances; — analyse de l'idée d'infini et critiques du P. des Bosses.
IV. Du parallélisme. — Principes théologiques de la théorie; — la loi d'accord; — comment la similitude de la représentation et de son objet peut varier à l'infini; — qu'est-ce qu'*agir* et *pâtir*?
V. Corollaires du monadisme. — Idéalité du corps et théorie de la « monade dominante » : encore le P. des Bosses; — idéalité de la matière, de l'espace et du temps; — critique du monadisme par le chanoine Foucher; son importance historique.

« Tous les phénomènes corporels se font mécaniquement; mais les principes généraux du mécanisme découlent d'une source plus haute[1]. » J'ai montré « par les Mathématiques mêmes », que les [Cartésiens] « n'ont point les véritables lois de la nature », et que pour les avoir il faut considérer dans la nature « non seulement la matière, mais aussi la force[2] ». Et voilà le point central auquel se rattache tout ce vaste système de philosophie qui s'appelle le Monadisme.

---

1. Erd., 161ᵃ (*L. à Hoffmann*, 1699); *Ibid.*, 113ᵇ.
2. *Ibid.*, 116ᵃ (*L. au P. Bouvet*, 1697). — Cf. Est., 57-58 (*Disc. Mat.*, 1685); — Gerh., *Phil.*, I, 391-392 (*L. à Foucher*, vers 1687); — Erd., 113 (1693); *Ibid.*, 123 (1695); — Gerh., *Phil.*, VII, 271, 230, 343-344; Gerh., *Math.*, VI, 211-212 (vers 1697); — Erd., 145ᵇ (*L. ad Sturm*, 1697); *Ibid.*, 438ᵇ, ad 25 (*L. au P. des Bosses*, 1ᵉʳ sept. 1706); *Ibid.*, 702ᵃ (*L. à Remond de Montmort*, 10 janvier 1714).

Comment ce système s'est-il formé dans la pensée de Leibniz? et quelles sont les propositions dominantes qui le composent? Ce sont les deux questions que l'on va développer.

## I. — GENÈSE DU SYSTÈME.

Le 20/30 avril 1669, Leibniz écrit une longue lettre à Jac. Thomasius, son ancien maître : il y défend la doctrine de Descartes et s'efforce de la concilier avec celle d'Aristote ; on n'y trouve pas une parole qui fasse pressentir l'incubation d'une explication nouvelle[1].

Mais le 10 août 1670, Oldenburg sait déjà que Leibniz prépare sur le mouvement un travail dont l'avant-goût lui « fait venir la salive à la bouche[2] ». Le 8 décembre 1670, la « nouvelle hypothèse » est sur le point de paraître ; on l'attend à l'Académie Royale de Londres[3]. Au cours du même mois, le 19/29 décembre, Leibniz fait part à Jac. Thomasius du changement profond qui vient de se produire dans sa conception du mouvement. « Dernièrement, dit-il, j'ai eu comme un songe physique » ; et il esquisse quelques-uns des principes sur lesquels repose sa récente découverte[4]. Vers la même époque, Conring est également renseigné sur le fait nouveau. Il ne sait encore ce qu'il en doit penser; car, pour comprendre l'idée de Leibniz, il lui faudrait des explications plus complètes et plus précises. Mais il admire l'ardeur et la puissance de son génie. Sa crainte est seulement que le jeune savant ne se hâte trop de livrer au public le résultat de ses méditations : la patience est le vrai chemin de la gloire[5].

Leibniz n'en travaille pas avec moins d'activité, et malgré les occupations d'un ordre tout autre qui lui prennent alors la meilleure partie de son temps. Le 14 avril 1671, « L'hypothèse physique » est entre les mains d'Oldenburg, qui l'a

---

1. GERH., *Phil.*, I, 15-27.
2. GERH., *Math.*, I, 11.
3. *Ibid., Math.*, I, 15.
4. GERH., *Phil.*, I, 33-34.
5. GERH., *Phil.*, I, 171-172; Cf. *Ibid.*, 173-174.

déjà fait connaître à l'Académie Royale de Londres [1].

Qu'y avait-il donc dans ce traité ? A peu près tous les principes du Monadologisme.

L'étendue ne suffit pas à rendre compte de la nature des corps ; il y faut ajouter un « effort », une tendance à l'acte « qui a toujours quelque succès ». Le fond de l'être est la force?

L'étendue suffit encore moins à rendre compte de l'activité mentale. Comme l'a très bien vu Platon, il n'y a rien de fixe dans le corps : il est toujours en mouvement ; son essence est de Devenir. Par suite, les phénomènes d'extension ne peuvent expliquer ni la mémoire, ni même une connaissance quelconque, si fugitive qu'on la suppose ; car toute perception exige un « arrêt » : c'est encore ce que Platon a très fortement mis en lumière, particulièrement dans son *Théétète*. La pensée implique quelque chose de plus que du « momentané » ; il y faut du « permanent », et par là même de l'hypermatériel[3].

Les parties du continu sont actuellement divisées et numériquement infinies : l'indéfini de Descartes n'est qu'un être de raison ; il n'existe pas dans les choses[4]. Et le corollaire immédiat de cette proposition, c'est que chaque fragment de la matière contient lui-même un nombre infini de parties infiniment variées, c'est que chaque atome est encore un monde. Cette vérité trouve d'ailleurs sa confirmation dans les expériences micrographiques de Kircher et de Hooke[5].

Il y a une nature, c'est-à-dire un système de causes secondes dont le trait distinctif est l'activité. Dieu n'est pas comme un horloger qui passerait son temps à mouvoir lui-même les aiguilles de son horloge : sa machine marche toute seule[6].

Cette nature n'est pas exclusivement soumise aux prin-

1. Gerh., *Math.*, I, 17 ; Cf. *Ibid.*, 17-19.
2. Gerh., *Math.*, VI, 20, 33-34, 68.
3. *Ibid.*, 69.
4. *Ibid.*, 67.
5. *Ibid.*, 41.
6. Supposée par tout le traité *De motu*, cette idée est explicitement formulée dans la lettre à Jac. Thomasius du 10-29 déc. 1670 (Gerh., *Phil.*, I, 33). C'est déjà comme une réfutation anticipée de l'occasionalisme.

cipes de la nécessité géométrique. Elle contient des marques indéniables de contingence : telles sont l'origine, l'intensité et la direction du mouvement[1]; telles sont peut-être aussi la loi de la réflexion et celle de la réfraction. Pourquoi les rayons d'incidence ne dévieraient-ils pas sous mode d'arcs imperceptibles, dont la courbe échapperait à la grossièreté nos sens[2]?

S'il existe de la contingence dans la nature, la finalité y pénètre du même coup[3], contrairement à la philosophie de Descartes; et de là toute une série d'idées lumineuses qui sont plantées comme des phares sur les cimes de la pensée. Ce qui domine la marche des choses, c'est le principe du meilleur; c'est par là même la loi de continuité, qui veut que tout se transforme par degrés insensibles[4]; c'est également la loi d'économie ou du plus simple, d'après laquelle on obtient le maximum d'effets par le minimum de dépense[5].

*
* *

C'est donc approximativement du mois de mai 1669 à la fin de 1670 que Leibniz a jeté les bases de sa métaphysique, celle qu'il défendra jusqu'au bout. Il ne lui a fallu qu'un an et demi pour rédiger sa « nouvelle hypothèse », si large et si puissamment personnelle. Encore était-il sans cesse arrêté, durant ce court intervalle, par l'obligation d'étudier une série intarissable de questions politico-religieuses ou simplement juridiques. Évidemment, ce prodigieux ensemble de « fulgurations » ne s'explique pas, si l'on ne remonte plus haut; les nuages se chargent dans l'ombre avant de produire des éclairs. La question des origines du Monadisme est amorcée; elle n'est pas tranchée.

1. Également impliquée dans le *De motu*, cette remarque pénétrante est nettement formulée dans la *Confessio naturæ contra Atheistas* qui parut en 1668 (ERD., 45ᵃ-47ᵇ).
2. GERH., *Math.*, VI, 27, 29, 73.
3. *Ibid.*, 27, 44.
4. *Ibid.*, 27, 57, 70-71.
5. *Ibid.*, 41.

A peine arrivé chez le Baron de Boinebourg, Leibniz se met à méditer sur la possibilité des mystères chrétiens, particulièrement sur celle de l'Eucharistie[1] : tel est le désir de l'ancien conseiller; et le sujet ne sourit guère moins au nouveau secrétaire qu'à son maître lui-même.

Antoine Arnauld a victorieusement établi contre M. Claude que la croyance en la présence réelle est conforme à la tradition. Mais ce dogme est-il possible? voilà le point qui reste à mettre en lumière. Or, à l'heure actuelle, non seulement il a pris une importance capitale dans le problème de la réunion des Églises, mais encore il enveloppe plus de difficultés que jamais. C'est Descartes qui domine de tous côtés; et, dans sa philosophie, on ne conçoit pas qu'un corps soit présent en plusieurs lieux à la fois. Qu'est-ce, en effet, que l'essence du corps, d'après la doctrine de Descartes? l'étendue et rien que cela. Mais la même portion d'étendue ne peut être présente au même moment qu'à un seul système de points, celui auquel elle s'applique : c'est une conséquence rigoureuse[2].

Ainsi se pose la question pour Leibniz; et voici la réponse à laquelle il aboutit après quatre ans d'examen. « L'essence du corps ne consiste pas dans l'extension..., mais dans le mouvement. » Le mouvement, à son tour, suppose un « principe immatériel, distinct de la masse », qui peut prendre un déploiement spatial, mais qui par lui-même n'est pas étendu. Dès lors, rien d'impossible à ce qu'un corps quelconque soit présent à la fois en plusieurs lieux, et aussi distants les uns des autres que l'on voudra. Car, dans cette hypothèse, il ne s'agit plus de l'application de points donnés à d'autres points correspondants; la substance corporelle est comme un centre d'action dont le champ n'a pas de limites déterminées : elle contient dans son unité elle-même une possibilité radicale de multilocation[3].

Cette solution nous entraîne déjà bien loin de Descartes.

1. GERH., *Phil.*, I, 69, 71, 74-75.
2. *Ibid.*, 61-62 (*L. à Jean Frédéric*, entre fin de 1671 et commencement de 1672); 69-71 (*L. à Arnauld*, nov. 1671).
3. *Ibid.*, 62, 74-77. — Consulter sur l'Eucharistie BARUZI, *Leib.*, 72-73, 225, 248 et suiv., 254, 261.

L'étendue y perd le rang de substance, pour devenir un simple accident. La substance, à son tour, y revêt un sens profondément nouveau : ce qui la caractérise, c'est l'unité, c'est l'immatérialité, c'est l'activité. Leibniz va spiritualisant tout ce qu'il touche.

Vers la même époque et sous la même influence directrice, celle du Baron de Boinebourg, Leibniz aborde une seconde question d'ordre également théologique, à savoir le dogme de la *résurrection des corps;* et ce thème lui suggère sur la notion de substance une autre idée de fond qui, elle aussi, s'intégrera pour toujours dans son système : c'est que toute âme s'enveloppe d'une certaine corporéité. La matière qui se dissout après la mort, est la « terre damnée dont parlent les chimistes » : elle ne constitue que la partie superficielle et la plus « grossière » de notre corps; elle en est une sorte de pénombre. Il y a dans chaque substance « un noyau » central qui est invisible, inaccessible au feu naturel, qui reste identique à travers toutes les vicissitudes de la vie et que la mort elle-même ne saurait atteindre jusqu'au fond. Tout animal est donc immortel et de deux manières à la fois : il l'est dans son âme; il l'est également et par suite dans cet organisme subtil et profond dont son âme est « accompagnée ». La survivance du principe immatériel et la résurrection du corps ne sont que deux aspects d'une seule et même chose[1].

On peut constater une seconde fois que tout s'immatérialise, au contact du génie de Leibniz; on peut remarquer aussi que, sous son influence purificatrice, tout tend du même coup à s'intérioser. Leibniz s'avance à grands

---

1. GERH., *Phil.*, I, 53-54 (*L. à Jean Frédéric*, 21 mai 1671). — Dans cette lettre, Leibniz nous apprend qu'il a écrit pour Boinebourg un « appendice sur la résurrection des corps ». Cet appendice se trouve dans les manuscrits de Hanovre (V. BARUZI, *Org.*, p. 207) et fait partie d'un fragment de quatre grandes pages dont les trois premières et une partie de la quatrième révèlent tout un plan de métaphysique religieuse (*Inédits, théol.*, vol. III, 4, f° 5 verso). On n'y trouve pas de date; mais c'est un point que l'on peut fixer, au moins approximativement. Le *De resurrect.* est antérieur au 21 mai 1671, comme l'indique la lettre à J. Frédéric que l'on vient de citer; mais il est postérieur à 1669, puisque Leibniz y parle des *Pensées* de Pascal dont la première édition ne parut que vers la fin de cette année-là (*Pensées...*, éd. Ern. Havet, *Introd.*, p. xii).

pas vers le terme où se produira la pleine révélation.

Mais où Leibniz a-t-il pris l'idée d'un « noyau » central qui ferait le fond de tout être vivant? Là s'ouvre une piste nouvelle dans laquelle il faut entrer.

. .

Leibniz s'est occupé d'alchimie dès sa jeunesse; et plus tard, il n'a jamais cessé de consacrer à ce genre d'études une partie de son temps[1].

L'alchimie lui a toujours apparu comme une mine infiniment féconde. Il appartient aux alchimistes de « pénétrer jusqu'à la nature intime des choses[2] ». « Grâce à leur [double] procédé d'analyse et de synthèse, ils produisent déjà un certain nombre de corps nouveaux[3]. » Ces succès ne sont que l'humble commencement d'une suite illimitée de victoires. La nature est un grand art; et cet art, l'alchimie finira peu à peu par le découvrir tout entier. Dans le « four » de quelque « Dédale » ou de quelque « Vulcain », s'élaboreront un jour les mêmes pierres que nos outils arrachent maintenant des ténèbres du sol. Il est vrai que les alchimistes ont encore une langue mystérieuse. Mais rien ne semble plus naturel; c'est presque toujours dans une demi-clarté que l'esprit humain fait ses découvertes les plus fécondes : la pleine lumière ne se produit que dans la suite et par degrés, comme celle du soleil levant[4]. C'est surtout de la chimie que dépend le progrès des sciences de la nature, et parce qu'elle représente une application directe de la combinatoire. Du même coup, c'est de la chimie que relèvent au premier chef les connaissances métaphysiques. « On ne saurait rien dire de si splendide sur l'excellence de cet art, que je n'applaudisse de tout cœur[5]. »

---

1. Gerh., *Math.*, IV, 130 (*L. à Varignon*, 27 juill. 1705); Eckhart, p. 150 : « Der Chymie, allerley curiosen experimenten und den... Bergsachen Widmete er auch ein gutes Theil seiner zeit. »
2. Gerh., *Phil.*, IV, 105 (*Confessio nat.*, 1668).
3. *Ibid.*, 143 (*Dissert prælim... de lapsibus Nizolii*, 1670).
4. Dut., II, II, p. 209; — Gerh., *Phil.*, IV, 149.
5. Dut., II, II, p. 128 (*Ad Jo. And. Stisserum*, 25 mars 1700).

Aussi voyez la place que tient l'alchimie dans les recherches de Leibniz : il n'omet aucune occasion d'y faire du progrès ou d'en tirer profit[1].

A Nürnberg, il entre dans la société des Rose-Croix ; il en devient le secrétaire. Et, s'il prend part aux questions qui s'y traitent, ce n'est pas seulement pour toucher une pension; il cherche avant tout son bénéfice intellectuel : son principal désir est de s'initier aux mystères de l'alchimie, afin de voir ce que la science en peut tirer de solide[2].

Sa « théorie du mouvement concret » est elle-même chargée de termes, de formules et de notions qui lui viennent tout droit des alchimistes; et l'on voit, à la lecture, qu'il tient à rester d'accord avec ces vieux pionniers du savoir, qu'il n'y tient guère moins qu'à marcher en compagnie de Descartes, de Hobbes ou de Bayle[3]. On retrouve le même langage et la même préoccupation dans la lettre qu'il adresse au duc Jean Frédéric le 21 mai 1671 : ces quelques pages sont également bondées d'alchimismes, et à ce point qu'on ne laisse pas d'en avoir une certaine surprise[4].

Leibniz suit avec une attention toute particulière les élucubrations de Franz Mercure van Helmont, l'auteur du *Seder olam*. Il les recueille, les commente, les critique, les rejette ou les intègre à sa pensée : les notes de ce genre comprennent plus de quarante folios inédits[5]. L'entrevue de Leibniz et de van Helmont, qui eut lieu dans le courant de mars 1696 en présence de la duchesse Sophie[6], nous a laissé un échantillon de ce libéral et sympathique examen que le philosophe faisait subir à l'alchimiste. M. Helmont, raconte Leibniz, a passé quelques jours ici. « Luy et Moy nous nous rendimes tous les matins vers les neuf heures

---

1. Pour comprendre Leibniz sur ce sujet, il est bon de se rappeler qu'à son époque, l'alchimie et la chimie ne faisaient encore qu'une même chose.
2. Gühn., I, 46-48.
3. Gerh., *Math.*, VI, 34, 37, 39-40, 41-42, 43-44, 49, 50, 56, 59.
4. Gerh., *Phil.*, I, 50-53; Cf. *Ibid.*, 79 (*L. à Arnauld*, nov. 1671) : Même manière encore.
5. V. Bantzi, *Leib.*, 85-87 (*Inéd., theol.*, V, f° 31).
6. Gerh., *Phil.*, III, 176 (*L. à Burnett*, 7/17 mars 1696); *Ibid.*, VII, 539.

dans la chambre de Madame l'Electrice; M. Helmont tenait le bureau, et Moy j'estois l'auditeur, et de temps en temps je l'interrogeais, car il a de la peine à s'expliquer clairement. » Voilà l'instruction du procès. Puis la réplique ne tarde pas à paraître; suit une appréciation des vues exposées qui naturellement se fait tout entière à la lumière des principes du monadisme [1].

Il n'est donc pas douteux que Leibniz ait emprunté quelques-unes de ses idées à l'alchimie; il n'est pas douteux en particulier, et surtout d'après certains passages de la « Nouvelle hypothèse »[2], qu'il doive à cet art sa théorie de la « terre damnée ».

\*
\* \*

La théologie scolastique et l'alchimie : deux sources auxquelles Leibniz a puisé. Et l'établissement de ce fait nous mène encore plus loin. La définition de la substance corporelle que Leibniz oppose à Descartes lui vient d'Aristote, comme il le reconnaît d'ailleurs lui-même, et dans sa lettre au duc Jean Frédéric [3] et dans sa lettre à Antoine Arnauld [4] : sans doute, il modifie cette notion en lui donnant un caractère plus dynamique; mais il en garde l'essentiel. Pareille est l'origine de la théorie du « noyau » vital; et cet autre point, on le peut maintenir, non seulement parce que les principes de l'alchimie se rattachent directement à l'idée aristotélicienne de la matière, mais encore pour une raison très spéciale que nous tirons du *Traité de la génération des animaux*[5]. Aristote admet, dans cet ouvrage, que le germe séminal présente une sorte d'enveloppe qui n'est « ni du feu ni rien de semblable », mais quelque chose « de plus divin », « un élément analogue à la matière des

---

1. Gerh., *Phil.*, VII, 539-541.
2. Gerh., *Math.*, VI, 11-42, 43-44, 57; — Cf. Gerh., *Phil.*, I, 54 (*L. à Jean Frédéric*, 21 mai 1071).
3. Gerh., *Phil.*, I, 62.
4. *Ibid.*, 75.
5. B, 736ᵇ, 35 et suiv., éd. Berlin, 1831.

astres ». Il ajoute que là réside l'architecte intérieur de la vie. Imaginez de plus que ce principe intime et subtil ne soit pas destiné à disparaître, qu'il ait de quoi persister encore après l'écroulement de son œuvre; et l'on a le « centre de force » dont parlaient les alchimistes.

\* \*

On a vu plus haut que, si Leibniz emprunte au stagirite sa notion de substance[1], il ne laisse pas de la transformer en y joignant un élément nouveau qui est l'idée de force. D'où lui est venue cette idée qui fait comme le centre de « l'hypothèse physique » et qui, dans le développement de sa pensée, ne perdra jamais cette place dominatrice?

Il est certain que Leibniz a pris pour point de départ une donnée d'ordre scientifique, qui est le mouvement. Mais comment a-t-il passé de ce fait à la notion de force?

Leibniz observe assez vite que la théorie de Descartes n'explique pas l'apparition du mouvement, qu'il est impossible d'en rendre compte, si l'on se borne à le considérer comme « une simple succession de sites »; qu'il y faut une cause que cette succession ne contient pas. Le mécanisme lui apparaît comme une solution manifestement insuffisante[2]. D'autre part, il n'a pas de peine à remarquer que la force s'accuse d'une manière à peu près indéniable dans certains phénomènes de la nature : tels que le jeu d'un ressort, la tension d'une corde, l'explosion d'une mine, l'adhérence de deux plaques de marbre poli appliquées l'une sur l'autre[3]. Cette induction lui semble d'autant plus solide que nombre de chercheurs l'ont déjà tirée avant lui : l'idée de force domine chez les alchimistes; on la trouve également dans Vossius, Honorat Fabre, et même

---

1. Erd., 145ᵃ [fond] (*L. ad Sturm.*, 1697).
2. Gerh., *Phil.*, VII, 265 (mai 1677) : quod vero hoc modo per machinam non poterit explicari, id ad cujusdam rei percipientis actionem erit referendum; *Ibid.*, 280, 313-314; — Erd., 123ᵃ (1695); *Ibid.*, 124ᵇ (*Système nouveau*, 1695); *Ibid.*, 702ᵃ (*L. à Remond de Montmort*, 10 janv. 1714). Cf. plus haut, p. 167, Référ. 1-2.
3. Gerh., *Math.*, VI, 57-58; — Gerh., *Phil.*, I, 79 (*L. à Arnauld*, 1671).

chez Thomas Hobbes[1]. Mais ce genre de raisonnement est encore vague. Jeune encore, Leibniz a lu Galilée[2]; et c'est de là que jaillit l'éclair décisif, la notion qui le dirigera dans ses analyses ultérieures du mouvement. Galilée, en effet, n'a-t-il pas vu qu'il faut recourir à l'idée de force pour expliquer « l'expérience des deux tables polies »[3]? bien plus, n'a-t-il pas découvert « la force vive » dans l'accélération que subissent les corps au cours de leur chute[4]?

On serait tenté de croire au premier abord que l'idée de force vient peut-être aussi du *Traité théologico-politique*, publié par B. Spinoza en 1670. Mais cette supposition ne résiste pas à l'examen. Le 14 avril 1671, « L'hypothèse physique » est déjà imprimée; et Leibniz vient d'en envoyer un exemplaire à Oldenburg[5]. Or le 12 avril de la même année, il ne possède encore aucun exemplaire du nouvel ouvrage du philosophe juif[6]. Il est vrai que le 23 décembre 1670, il apprend par Jac. Thomasius l'existence du fameux traité sous l'indication de son sous-titre : *Liberté de philosopher*[7]. Mais cette information était bien implicite; de plus, elle arrivait également trop tard pour que Leibniz pût y puiser son idée de fond, celle qui fait comme l'âme de la « théorie du mouvement ». D'ailleurs, l'idée de tendance ou de force n'apparaît qu'à l'état latent très implicite dans l'œuvre de Spinoza dont il est question. On l'y sent, et comme un levier invisible qui meut tout le reste; on ne l'y surprend pas[8]. L'influence de « l'excommunié de la synagogue » sur le philosophe de Hanovre sera profonde et comme écrasante. A l'époque où nous sommes, elle n'a pas encore commencé.

---

1. Gerh., *Math.*, VI, 54.
2. Erd., 45ᵇ (*Confess. nat...*, 1668); — Gerh., *Math.*, VI, 56, 79, 149, 163, 239; Gerh., *Phil.*, VII, 343.
3. Gerh., *Math.*, VI, 89.
4. *Ibid.*, 239; — Cout., *Op.*, 191. — M. Pierre Duhem, dans *Les précurseurs de Galilée* (p. 605, 1913, Paris), a montré que Galilée lui-même avait emprunté à Buridan son *impeto* ou *memento* où se fonde toute sa dynamique.
5. Gerh., *Math.*, I, 17.
6. Gerh., *Phil.*, I, 115.
7. *Ibid.*, 34-39; Cf. *Ibid.*, 76.
8. Bened. de Spinoza *opera...*, I, 347-396, éd. Van Vloten..., la Haye, 1890.

Inutile de chercher où Leibniz a puisé l'idée du meilleur, celles de contingence et de finalité. Elles lui sont venues tout droit du cœur même de la tradition, principalement d'Aristote et de Platon, ces deux génies qui dominent toute la pensée humaine. Il croit dès l'origine à cette trinité de concepts. Elle fait déjà le fond de la *Confessio naturae*[1]. Elle n'apparaît pas formellement dans *La combinatoire*; mais on y sent partout son invisible présence[2]. Et l'on en peut dire autant même de sa thèse sur *Le principe d'individuation*[3]. Leibniz a toujours pensé qu'il faut placer au fond des choses un esprit libre et qui veut le bien.

Mais d'où vient cette tendance perpétuelle à tout immatérialiser dont j'ai déjà parlé? à Platon principalement, à « l'admirable Platon ». Leibniz en a déjà lu quelque chose dans la bibliothèque de son père[4]; plus tard, il médite longuement sur ses œuvres et va même jusqu'à faire un abrégé du *Phédon* et du *Théétète,* afin de se mieux pénétrer du sens et de la profondeur de sa doctrine[5]. Pourquoi cette admiration si souvent exprimée? Pourquoi cette préférence du fondateur de l'Académie au maître du Lycée? C'est que Platon a rendu à l'esprit son primat naturel; c'est qu'il nous a ramenés des sens à la pensée[6]. A Platon revient l'honneur d'avoir vu que la matière est un devenir incessant, qu'elle n'est jamais, et que, par suite, il faut la bannir du domaine de l'être[7] pour la faire descendre dans la catégorie de la phénoménalité[8]. A Platon revient l'honneur d'avoir compris que l'âme seule peut être une substance et que, dans l'âme elle-même, ce qu'il y a de plus réel, ce n'est pas nous, mais l'intelligible qui est en nous et qui contient au

---

1. Erd., 47ᵃ.
2. *Ibid.*, 7-8. 14.
3. *Ibid.*, 1ᵃ.
4. F. Car., b. 380-381.
5. *Ibid.*, b. 45-145; — Cout., *Op.*, 568 (1676); *Ibid.*, 594;. *ibid.*, 598.
6. Erd., 122ᵃ (*De Primæ philos. emend.*, 1694); *Ibid.*, 143ᵇ (1697).
7. F. Car., b, 326 (*L. à Fardella*, 3-13 sept. 1696).
8. Gerh., *Phil.*, 1, 391-392.

degré suprême toute la positivité de notre existence¹. D'ailleurs, quelle doctrine plus favorable au triomphe final de l'esprit que celle où la mort est représentée, non comme une extinction, mais comme une rédemption; où la vie présente n'a d'autre but que de nous conduire au plein et éternel achèvement de nous-mêmes²! Platon a vu juste, beaucoup plus juste qu'Aristote³. Sans doute, il n'a pas poussé jusqu'au bout sa propre pensée; mais grâce à son puissant effort, la voie est ouverte et l'on n'a plus qu'à marcher sur ses traces.

∴

A partir de l'année 1671, le développement du Monadisme s'arrête un certain temps ou du moins se ralentit.

Leibniz est absorbé par une « masse » de questions soit politiques, soit juridiques : il s'agit en particulier de la « visite à Versailles » qu'il faut préparer et dont Leibniz voudrait bien faire partie⁴.

Au mois de mars 1672, il vient de fait à Paris pour la mission qu'il désirait avoir. Mais le voilà par là même aux prises avec un tourbillon d'affaires qui ne s'apaise que peu à peu : le 26 mars 1673, il se plaint encore d'en être accablé⁵. De plus, une fois en contact avec les mathématiciens modernes, Leibniz ne s'occupe presque plus que des mathématiques et de la science qui leur touche de plus près, la méthodologie. C'est ce qu'il est facile de voir par les fragments qui datent de cette époque⁶. En lisant les œu-

---

1. Cout., *Op.*, 34; — Cf. *Ibid.*, 7.
2. Gerh., *Phil.*, VII, 334-335; *Ibid.*, III, 637 (*L. à Remond*, 11 févr. 1715).
3. F. Car., b. 325-326 (*L. à Fardella*, 3/13 sept. 1696).
4. Gerh., *Phil.*, I, 63 (*L. à Jean Frédéric*, entre fin de 1671 et commencement de 1672).
5. Gerh., *Phil.*, I, 67 (*L. à Jean Frédéric*).
6. En 1674 paraissent *Generalia geometrica...* (L. Cout., *Op.*, 144). Viennent ensuite le 7 sept. de la même année : *Schediasma de arte inveniendi theoremata* (*Ibid.*, 170); le 10 sept. de la même année : *Methodus generalissima solvendi problemata numerorum in integris* (*Ibid.*, 577); initio sept. de la même année : *Schediasmata de æquationibus numericis affects...* (*Ibid.*, 578); déc. 1674 : *Constructor* (*Ibid.*, 571); janv. 1675 : *De examine per novenarium in calculo*

vres de Pascal, en suivant les travaux d'Hugens, il éprouve une sorte de griserie, et d'autant plus naturelle qu'il a toujours considéré les mathématiques comme le vrai type de la « combinatoire » et par là même de « l'art d'inventer ».

Cependant, Leibniz n'est pas homme à s'engloutir dans une spécialité. Tout en étudiant les mathématiques avec une ardeur incroyable, il ne perd pas de vue un projet à la fois plus vaste et plus profond, qui est de donner une métaphysique religieuse. Il aspire au moment où les circonstances lui permettront de revenir à ses « éléments de philosophie », cette œuvre qu'on lui demande de tous côtés et qui lui paraît capitale[1]; il trouve même le temps d'écrire « un dialogue en latin sur la liberté » « qu'il fait voir à Mons. Arnaud »[2]. Le problème religieux ! Pascal ne lui a donné que quelques années de sa vie ; Leibniz y a pensé toujours : et même dans les occupations qui ont semblé l'en écarter le plus, il a toujours espéré que Dieu « lui donnerait assez de loisir et de liberté d'esprit... pour contribuer à la piété et à l'instruction publique sur la matière la plus importante de toutes[3] ».

Aussi, à mesure que Leibniz peut reprendre haleine, on le voit revenir aux principes de « L'hypothèse physique », dont il lui tarde de pousser l'analyse plus avant.

---

*analytico;* le 3 janvier 1676 : *Linea infinita et immobilis* (*Ibid.*, 149); le 7 janv. 1676. *Ouverture nouvelle des nombres multiples...* (*Ibid.*, 587); 7 janv. 1676 : *Sur le calcul des partis* (*Ibid.*, 575); janv. 1676 : *De Numero Jactuum in tesseris* (*Ibid.*, 575); février 1676. *Triangulum Harmonicum* (*Ibid.*, 589) : 1er avril 1676 : *Invenire tres numeros...* (*Ibid.*, 577); mai 1676 : *Methodus physica. Caracteristica...* (*Ibid.*, 92); 28 juin 1676 : *Sur le calcul des aires* (*Ibid.*, 628); 1er août 1676. *Collactanea de inventione* (*Ibid.*, 182).
Ajoutez que nombre d'autres fragments, bien que non datés, se rapportent manifestement à la même période; ajoutez surtout que Leib. travaillait alors avec une singulière intensité à la découverte de son calcul infinitésimal et problèmes adjacents.

1. GERH., *Phil.*, I, 67. Cet ouvrage n'a d'ailleurs pas été terminé; Leib. n'en a donné que « des pièces détachées » (GERH., *Phil.*, III, 321 : *L. à Burnett*, 30 oct. 1710).
2. *Ibid.*, I, 353. Peut-être d'ailleurs, ce traité doit-il être distingué du dialogue « sur la cause du mal et sur la justice de Dieu », également « fait en latin » et à la même époque, 1673, également communiqué à Antoine Arnauld (V. ERD., 476b); et notre thèse s'en trouverait fortifiée.
3. GERH., *Phil.*, III, 195-197 (*L. à Burnett*, 2,12 févr. 1697).

En 1676, et peut-être avant de quitter Londres, il affirme déjà « que l'âme perçoit à chaque instant tout ce qui se passe dans l'univers », qu'elle en est le miroir vivant et conscient. Il ajoute que nos idées confuses, telles que celles des couleurs, des saveurs, de l'étendue et du mouvement, tiennent à l'infinie variété du spectacle qui nous est donné : ce qui revient à leur conférer un caractère purement phénoménal [1].

Dans le même fragment, Leibniz s'efforce encore de défendre le vide et les atomes, sur lesquels il a pourtant jeté la suspicion en certains passages de son « Hypothèse » [2]. Et le procédé qu'il emploie à cette fin est assez curieux. S'inspirant de son calcul infinitésimal, il soutient que les atomes ne peuvent être que sphériques; car c'est sous cette forme seulement qu'en diminuant de grandeur à l'infini, ces éléments insécables laissent le moins d'intervalle autour d'eux à travers les tourbillons du mouvement [3].

Mais on sent, par l'idée qui la commande, que cette position a quelque chose de provisoire; et, de fait, Leibniz ne tarde pas d'en sortir. Au mois d'octobre de la même année, il revient d'Angleterre en Hollande; il écrit sur le bateau son « Pacidius Philalethi ». Or, dans ce dialogue, la croyance au vide et aux atomes a complètement disparu [4]. La doctrine qu'y soutient l'auteur, et avec un superbe élan de triomphe, c'est qu'il n'y a pas de « points morts » dans la nature, c'est qu'on n'y trouve rien ni « de stérile » ni « d'inutile », c'est que la vie se répand partout et sans rupture de continuité, uniforme dans le fond et variée à

---

1. Cout., *Op.*, 10.
2. Gerh., *Math.*, VI, 49, 79.
3. Cout., *Op.*, 10-11.
4. Voir sur les atomes et le vide : Gerh., *Math.*, VI, 48, 73-74 (*Hypothèse physique*); Leibniz, en ces passages, maintient encore leur existence, bien que sur les atomes il ait déjà des réserves, comme on l'a déjà vu. Mais, à partir du *Pacidius Philalethi*, il prend position contre Démocrite, Épicure et Gassendi et ne cesse de lutter jusqu'à la fin contre leur doctrine. V. en particulier : Gerh., *Math.*, VI, 84-86 (*Rép. à Honorat Fabre*, 1677); — Cout., *Op.*, 522-523; — Gerh., *Phil.*, VII, 280-283; *Ibid.*, 284-288 (1690); Gerh., *Math.*, VI, 229, 248, 491: — Erd., 126[b] (1695); *Ibid.*, 159[b] (1698); *Ibid.*, 186[b] (1702); — Gerh., *Phil.*, III, 487-535 (*Corresp. avec Hartsoeker*, 1706-1712); *Ibid.*, V, 17 (1704); — Erd., 679[b] (1712).

l'infini[1]. Ce langage est déjà celui que l'on trouvera plus tard dans les « Nouveaux Essais »[2].

∴

Arrivé en Hollande vers la fin de la même année, Leibniz va voir Spinoza auquel il est recommandé à la fois par Oldenburg[3] et Tschirnhaus[4].

Que se passa-t-il dans cette entrevue entre l'auteur du *Traité théologico-politique* et celui de *L'hypothèse physique*, que Spinoza d'ailleurs connaissait déjà[5]?

D'après un passage de la *Théodicée*, il semble que l'entretien n'ait été qu'une série « d'anecdotes sur les affaires de ce temps-là »[6]. Mais, si l'on consulte les autres textes qui se rapportent au même sujet, on s'aperçoit bien vite que telle n'est pas la vérité. Leibniz nous dit lui-même, dans une lettre à Galloys, « qu'il a veu [Spinoza] en passant par la Hollande » et qu'il « luy a parlé plusieurs fois et fort longtemps[7] ». La question se précise encore à la lumière d'un fragment inédit qui fait partie de la liasse théologique : « Je l'ai, dit Leibniz, entretenu quelques heures, passant à la Haye, et j'ai appris le reste de quelques-uns de ses sectateurs que je connaissais assez familièrement[8]. » Et, parmi ces sectateurs du penseur juif qui sont en même temps des éclaireurs pour Leibniz, il en est au moins deux qui sont ici particulièrement visés : Tschirnhaus, disciple de Spinoza[9], et Frans Van den Ende, son ancien professeur de

---

1. Colt., *Op.*, 618, 623.
2. Erd., 205ᵇ.
3. Gerh., *Math.*, I, 150 (*L. à Oldenburg*, 22 févr. 1677).
4. Gerh., *Phil.*, I, 116-120 (*Préface de l'éditeur*). A Paris, Leibniz entre en relation avec Tschirnhaus et en devient l'ami. Or Tschirnhaus connaît déjà Spinoza et Oldenburg qui connaît lui-même Spinoza. Les entrées sont donc toutes préparées pour le jeune savant; d'autant que lui-même a déjà correspondu avec le philosophe juif (Gerh., I, 121-123).
5. Gerh., *Phil.*, I, 123 (*Spin. à Leib.*, 9 nov. 1671).
6. Erd., 613ᵇ, ad 376.
7. Gerh., *Math.*, I, 179 (1677).
8. Baruzi, *Leib.*, 32, note 3.
9. V. plus haut, p. 68-69.

latin, qui vers 1673 tenait « des pensionnaires au Fauxbourg S. Antoine » et que Leibniz y allait voir[1]. Leibniz n'était donc pas seulement recommandé, en se présentant à l'illustre solitaire; il était bien renseigné. L'entretien devait être surtout métaphysique; et il le fut. On sait même l'objet principal qui en fit les frais et la manière dont Leibniz conduisit le débat. C'est la preuve ontologique qui vint sur le tapis, et comme Leibniz ne parvenait pas à faire pénétrer son idée personnelle, il la rédigea par écrit et lut ensuite la note à Spinoza[2].

Leibniz a défendu sa thèse, à savoir que « l'Infini n'est qu'une suite simple du possible », et que par là même il n'enveloppe aucune contradiction. Mais, en même temps, il a entendu formuler la théorie dynamique des possibles qui veut que chacun d'eux porte en lui-même la force voulue pour s'élever à l'existence, toutes les fois que rien ne s'y oppose du dehors. Et cette explication laisse dans son esprit une impression profonde, d'autant plus profonde que, pour lui, l'essence de l'être créé c'est déjà l'effort ou tendance interne à se réaliser : la pensée de Spinoza lui apparaît tout à coup comme une extension infinie de celle qu'il a déjà formulée lui-même dans *L'hypothèse physique*. Comment ne l'accueillerait-il pas dans le palais d'idées qu'il est en train de construire ?

Aussi rédige-t-il, dès le 2 décembre 1676, une note qui paraît bien étrange chez un partisan de la liberté. D'après cette note, tout ce qui est à la fois possible et compossible s'actualise de soi, par sa propre vertu, *nulla alia ratione* : Dieu existe du fait qu'il est le premier des possibles en excellence; et tout le reste existe comme un déploiement essentiel de sa souveraine réalité. Spinoza est là tout vivant,

---

1. Erd., 613ᵇ, 376; Cf. Paul-Louis Couchoud, p. 15-16, 1902, Paris (*Collection des Grands Philosophes*).

2. Gerh., *Phil.*, VII. 261-262. L'argument soumis par Leibniz à Spinoza est résumé dans ce passage. Spinoza devait mourir peu après la visite de Leibniz, le 24 février 1677.

Cependant l'entretien porte aussi sur d'autres matières, particulièrement sur les lois du mouvement, telles que les avait données Desc., qu'acceptait encore Spinoza et dont Leibniz fit une critique pénétrante (V. F. Car., LXIV *Réfut. de Spinoza*...).

bien que Leibniz s'efforce d'en adoucir la forme brutalement géométrique[1].

Ce qu'il y a de plus curieux, c'est que cette doctrine n'apparaît pas chez Leibniz comme l'effet d'un moment de surprise. On la retrouve, et plus clairement encore, dans un autre fragment d'une époque ultérieure, mais qui malheureusement n'est pas daté[2]. Elle fait le fond du feuillet qu'Erdmann intitule *De veritatibus primis*[3], et du traité *De rerum originatione radicali*[4] qui est du 23 novembre 1697. Spinoza! Leibniz y est entré pour n'en plus sortir; j'essaierai du moins de le montrer dans la suite de cette monographie.

∴

Mais là ne réside pas le point capital, pour le moment. La logique du sujet nous amène à la question de la communication des substances : il s'agit de savoir comment Leibniz, en l'approfondissant, est arrivé à ce qu'on appelle « l'harmonie préétablie[5] ».

Il admet avec Descartes qu'entre l'âme et le corps ne peut exister aucune influence physique. Il l'admet avec Malebranche et Spinoza; il l'admet jusqu'à la fin comme une sorte d'*aliquid inconcussum*. Et le fait est si clair et si certain qu'il ne peut souffrir aucun doute : ce serait un

---

1. Cout., *Op.*, 529-530. « Principium autem meum est, quicquid existere potest, et aliis compatibile est, id existere. Quia ratio existendi præ omnibus possibilibus non alia ratione limitari debet, quam quod non omnia compatibilia. » Supposez que les possibles ne se contredisent nullement entre eux ; ils existeraient tous du même coup en vertu de leur élan interne et se réaliseraient jusqu'à total épuisement de leur essence.
2. Cout., *Op.*, 533-535. — Au fond de la page 534, Leibniz fait cette remarque : « Ut taceam quod alibi demonstravi ». Cette incidente suffit à reporter au delà de 1676 tout le fragment lui-même.
3. Erd., 99 ; Gerh., *Phil.*, VII, 194.
4. Erd., 147 ; Gerh., *Phil.*, VII, 302.
5. D'où vient cette « appellation »? Leibniz l'a « donnée lui-même à son hypothèse », dans un papier qu'il a fait tenir à M. le Président Cousin pour son journal. Il constate ensuite que Bayle attribue ce titre au P. Lami et il s'en déclare « fort content » (Gerh., *Phil.*, III, 67. *L. à Bayle, Ohne ort und datum*). Touchant le Père Lami, Bénédictin, auteur du livre « De la connaissance de soi-même », cf. *Ibid.*, 70 ; Erd., 458 (1709).

luxe superflu que de recourir aux textes pour mieux l'établir[1].

Dès lors, la question revêt une forme assez aiguë; si l'âme n'agit pas sur le corps ni le corps sur l'âme, comment s'explique l'accord perpétuel que nous constatons entre les modes de l'étendue et ceux de la pensée?

Leibniz n'approuve point le parallélisme de Spinoza, d'après lequel Dieu est la cause première et interne des idées, « en tant que chose pensante », et la cause première et interne des modes de l'extension, « en tant que chose étendue[2] ». Cette manière de tout ramener à la causalité divine et en Dieu lui-même répugne profondément au sens religieux de Leibniz; il trouve également qu'elle pèche à la fois contre les règles de la dialectique et les données de l'expérience.

« Il faut avouer que cet auteur a eu quelques pensées belles et profondes. Mais il y en a d'autres si brouillées et si éloignées de la clarté des Mathématiciens qu'on ne sçait que dire[3]. » On peut ajouter que nombre de ses propositions se heurtent violemment aux faits les moins contestables.

Pour soutenir « qu'il n'y a qu'une seule substance dans le monde », il faudrait avoir des démonstrations irréfragables; celles qu'apporte Spinoza « sont pitoyables ou non-intelligibles »[4].

Il ne nous dit pas au juste en quoi consiste cet Infini dont tout le reste n'est à ses yeux qu'une sorte de déploiement essentiel : la notion qu'il s'en fait est d'ordre tout quantitatif; mais il y a quelque autre chose[5]. Il ne réussit pas non plus à préciser ce que l'on doit entendre par idées distinctes et idées adéquates, bien que ces termes

1. Si d'ailleurs on désire des textes, on les trouvera grâce aux références qui vont suivre.
2. *Eth.*, II, prop. vii, sch., éd. Van Vloten. L'Éthique parut pour la première fois en 1677, quelques mois après la mort de Spinoza (van Vloten, t. I, p. 5; Cf. *Benoît de Spinoza*, par PAUL-LOUIS COUCHOUD, 157-159).
3. COUT., 179 (vers 1686); *Ibid.*, 314 (1686).
4. P. JAN., 687 (*L. à Arnauld*, 14 janvier 1688); ERD., 179$^b$ (1702).
5. GERH., *Phil.*, I, 137. — Cf. plus bas, p. 208-211, l'idée que Leib. se fait de l'infini.

reviennent sans cesse sous sa plume[1]. On constate également dans ses écrits une confusion souverainement regrettable entre le concept d'être *a se*, qui concerne uniquement la Cause Première, et le concept d'être *in se* qui s'étend à toutes les substances créées et signifie simplement qu'elles n'existent pas dans une autre chose comme dans un sujet d'inhérence[2]. Sa notion de la causalité est plus superficielle encore; on peut même dire qu'elle implique contradiction. Car tantôt il faut que l'effet ressemble de quelque manière à sa cause, et dans la mesure même où il est tel[3]; tantôt, au contraire, il faut que l'effet et sa cause soient complètement hétérogènes[4].

Tous ces concepts, pourtant fondamentaux, n'ont chez Spinoza « qu'une apparence de rigueur géométrique ». Encore n'y a-t-il là qu'une partie des crevasses et des trous que présente à l'examen le système de Spinoza. Comment n'a-t-il pas vu ce caractère de contingence qui s'accuse si visiblement dans la plupart des phénomènes de la nature[5]? Comment ose-t-il affirmer que l'âme n'est qu'un agrégat d'idées, que la volonté n'est qu'une volition et que par là même il n'existe en nous aucun principe à la fois simple et fixe, « source inépuisable de pensées », de désirs et de vouloirs[6]? D'où lui vient cette vaillance singulière qui le pousse à nier jusqu'au bout, et avec une sérénité glaciale, ce que nous avons de plus intime et de plus clair, à savoir ce *moi*

---

1. *Ibid.*, 131-132; Cf. Erd., 75-80 (*Med.*, 1684).
2. Gerh., *Phil.*, I, 131, 139; — Cf. F. Car., 24-26, 30, 36-42 (*Réfut. inéd. de Spinoza par Leib.*, parue entre 1706 et 1710, suivant l'argumentation de Foucher de Careil).
3. Gerh., *Phil.*, I, 141 ad 3, (*Remarques de Leib. sur la doctrine de Spinoza*): « Quae res nihil commune inter se habent, harum una alterius causa esse non potest, per axiom. 5. 4. » Voilà l'une des affirmations de *Spinoza* sur la causalité.
4. Gerh., *Phil.*, I, 146 (*Remarques de Leib...*) : « Dei intellectum etiam in essentia a nostro intellectu ait differre, nec nisi aequivoce tribui posse utrique nomen intellectus, quemadmodum canis signum coeleste et canis animal latrans. Causatum differt a sua causa in eo quod a causa habet. » Et voilà l'autre affirmation, qui est la contradictoire de la précédente.
5. Gerh., *Phil.*, I, 118-119; Erd., 557ᵃᵇ (1710); Est., 43-44 (*Disc. de Mét.* 1685).
6. Gerh., *Math.*, IV, 461 (*L. à Tschirnhaus* 1678); Gerh., *Phil.*, I, 150-152, (*Remarques de Leib..*); — Cout., 344; — Erd., 185ᵇ (1702); — F. Car., 46, 56, 64 (*Réfut...*).

qui s'affirme au premier rang dans chacun de nos états de conscience? Était-il donc nécessaire d'accumuler tant d'équivoques et d'erreurs pour créer un système qui détruit la moralité par sa base!?

La réponse de Spinoza n'est pas bonne; et celle du Père Malebranche, à la prendre au pied de la lettre, ne paraît pas beaucoup meilleure. Si mystique qu'il soit et peut-être en vertu de son mysticisme, le saint religieux glisse, sans le savoir, dans cette doctrine « monstrueuse », « impie », à peine croyable, qui fait du monde « une émanation nécessaire de la divinité »[2]. Pour lui, comme pour le solitaire de la Haye, il n'y a qu'une causalité, celle de Dieu. Les créatures n'agissent donc pas. Mais alors il faut dire aussi qu'elles n'existent pas; car l'essence de l'être est d'agir. Ou, si elles ont encore quelque existence, ce n'est qu'autant qu'elles participent en Dieu même à sa souveraine causalité, ce n'est qu'à titre de « modifications » de la substance divine. Nous voilà par suite en plein spinozisme : un tour de cheville, et l'on y est[3]. A cette conséquence théologique s'en ajoutent d'autres du même ordre et qui ne sont pas moins graves. D'après la doctrine de Malebranche, c'est Dieu lui-même « qui prend soin », et par une action directe, « de représenter continuellement à l'âme les changements qui se font dans son corps », et de modifier le corps d'après les changements qui se font dans l'âme. Quelle besogne singulière, quelle étonnante « obligation » pour un Dieu que l'on dit tout-puissant et dont la règle essentielle est de suivre la loi du plus simple! Que penserait-on d'un horloger dont les horloges ne pourraient marcher qu'à condition qu'il y « mît perpétuellement la main »[4]? Mais surtout, comment concilier la sainteté de Dieu avec un tel mode d'intervention? S'il est « le seul acteur » qui soit en nous, n'est-ce pas jusqu'à lui que remontent tous les crimes, au

---

1. Gerh., *Phil.*, I, 124, note 4 (*Remarques*...).
2. V. Malebr., *Entretiens Métaph.*, 205-207, éd. J. Simon, Paris.
3. Erd., 160ᵃ (1699); 156ᵇ-157ᵃ (1698); 161ᵃ (1698); 460ᵃ (1709); 617ᵇ (1710).
4. Erd., 151ᵇ (1698); *Ibid.*, 460ᵇ (1709); — Gerh., *Phil.*, I, 33 (*L. à Jac. Thomas*, 12/29 déc. 1670); *Ibid.*, III, 346 (*L. à Charlotte*, 8 mai 1704).

même titre que toutes les bonnes actions¹? Par suite, ne devient-il pas, d'une manière inattendue, le « monstre » dont parle Théodore dans les *Entretiens métaphysiques,* « un Dieu nécessairement haï, blasphémé, méprisé, ou du moins ignoré par la meilleure partie de ce qu'il est »; « un Dieu se punissant et se vengeant de soi-même »; « un Être infiniment parfait, composé néanmoins de tous les désordres de l'univers » ²?

Considéré du point de vue scientifique, l'occasionalisme implique également « une conclusion » qui n'est pas convenable », qui paraît même inadmissible, tant elle choque notre sens du réel! Si cette théorie est vraie, le cours des phénomènes qui forment le monde devient une suite de « miracles ». Or c'est là une extrémité à laquelle on peut se voir acculé, mais où l'on ne saurait se maintenir. Il y a des *lois naturelles :* la chose ne souffre pas de doute. Il faut donc aussi qu'il y ait des *agents naturels;* il faut qu'entre la cause première et les faits ordinaires, s'interposent des causes secondes³. Les tenants de l'occasionalisme répondent, pour se défendre, qu'entre Dieu et les phénomènes, il y a des « loix générales qui sont ses propres décrets », et que c'est « par ces loix » qu'il agit. « Je l'accorde; mais, à mon avis, cela ne suffit pas pour lever les miracles. » « Il ne suffit pas de dire que Dieu a fait une loi générale; car outre le décret, il faut encore un moyen naturel de l'exécuter. » Autrement, « c'est comme si quelqu'un disait que Dieu a ordonné à la Lune de décrire librement dans l'air, ou dans l'éther un cercle à l'entour du globe de la terre, sans qu'il y ait ni Ange, ni intelligence qui la gouverne, ni orbe solide qui la porte, ni tourbillon ou orbe liquide qui l'entraîne, ni pesanteur, magnétisme, ou autre cause explicable mechaniquement, qui l'empêche de s'éloigner de la terre, et de s'en aller par la tangente du cercle » ⁴.

---

1. Erd., 460ᵇ (1709); 152ᵃ⁻ᵇ (1698); 155ᵇ-156ᵃ (1698); — Gerh., *Phil.*, IV, 533 (1702); — Erd., 607ᵃ⁻ᵇ (1710).
2. Erd., 460ᵃ (*Rép. aux object. du Père Lami*, 1709).
3. Malebranche, *loc. cit.*, p. 206.
4. Gerh., *Math.*, VI, 242 (*Specimen dynamic.*); — Erd., 127ᵃ (1695); — Gerh.,

Enfin, Malebranche, dont la psychologie est pourtant si fine, n'en a pas moins, comme Spinoza lui-même, un dédain superbe pour les données de l'expérience; et, comme Spinoza, c'est de quelques grosses erreurs de fait qu'il paye cette singulière attitude. Comment n'a-t-il point remarqué, par exemple, que tout n'est pas passif en nous? Comment n'a-t-il point vu que nous nous sentons manifestement agir, penser et vouloir? Ces faits premiers ne sont-ils pas aussi clairs que la perception du mouvement, de la couleur ou du son? Philosopher, c'est raisonner; mais, pour raisonner, il faut d'abord bien voir[1].

Telle apparaît la doctrine de Malebranche, quand on la considère en elle-même et sous la forme que lui a donnée son auteur. Mais, bien qu'enveloppant des vices de fond, elle n'en contient pas moins un certain nombre de principes qui, poussés jusqu'au bout, font éclater la vérité : il y a « passage des *Causes occasionnelles* à l'*Harmonie préétablie* »; et « ce passage n'est pas fort difficile »[2]. Il suffit, pour l'opérer, de se placer au point de vue des lois du mouvement[3].

Descartes et ses disciples ont « voulu capituler ». Ils ont cru « que l'âme pourrait pourtant avoir le pouvoir de changer la direction des mouvements qui se font dans les corps; à peu près comme un Cavalier, quoiqu'il ne donne point de force au cheval qu'il monte, ne laisse pas de le gouverner en dirigeant cette force du côté que bon lui semble »... Mais, outre « qu'il n'y a point d'instrumens dont l'âme se puisse servir pour cet effet », « j'ai démontré ailleurs »[4] qu'il se conserve dans le monde, non seulement « la même quantité de force absolue », mais « encore la même direction dans tous les corps ensemble qu'on sup-

*Phil.*, IV, 533 (1702); *Ibid.*, *Phil.*, III, 346 (1704); *Math.*, VIII, 32, 43-44, 50, 104 (*L. à Wolf*, 1705-1708); — *Ibid.*, Erd., 606ᵇ, 607ᵃ⁻ᵇ (1710); 695ᵃ⁻ᵇ (1711).
1. Erd., 157ᵃ⁻ᵇ (*De ipsa natura*, 1698).
2. *Ibid.*, 704ᵇ (*L. à Remond de Montmort*, 26 août 1714).
3. Gerh., *Math.*, VIII, 51 (*L. à Wolf*, 8 déc. 1705) : « Neque ego in Systema Harmonicum incidissem, nisi leges motuum prius constituissem, quae systema causarum occasionalium evertunt. »
4. V. Gerh., *Math.*, VI, 127-128, 216-217; — Cf. plus haut, p. 157.

pose agir entre eux, de quelque manière qu'ils se choquent ».
« Si cette règle avait été connue de M. Descartes, il aurait rendu la direction des corps aussi indépendante de l'âme, que leur force ; et je crois que cela l'aurait mené tout droit à l'hypothèse de l'Harmonie préétablie, où ces mêmes règles m'ont mené [1]. »

Descartes et ses sectateurs ont également posé en principe qu'il existe toujours la même quantité de mouvement dans le monde. On a démontré depuis que derrière le mouvement il y a la force qui possède ses lois à elle, et que cela seul demeure [2]. Malebranche lui-même, après examen, s'est rendu compte de la valeur de cette découverte ; et à ce point qu'il « a tout changé le méchant petit Traitté de la communication des mouvements » [3]. Dès lors, pourquoi s'en tenir encore à la théorie des causes occasionnelles? Elle est, de ce seul chef, complètement ruinée par sa base. « Comme les [cartésiens] ont pris pour accordé qu'il n'y a que de l'étendue, ils ont été obligés de lui refuser la force et l'action, et d'avoir recours à la cause générale, qui est la pure volonté et action de Dieu. En quoi l'on peut dire qu'ils ont très bien raisonné *en hypothèse*. » Mais c'est l'hypothèse, précisément, qui se trouve en défaut [4].

Malebranche ne va-t-il pas lui-même jusqu'à entre-bâiller la porte au système qu'il combat? On ne nie la liberté morale qu'indirectement, au nom de principes qui ne s'accordent pas avec elle. Le philosophe de l'Oratoire lui ménage donc un petit coin dans son logis dont il veut que cette grande reine ne soit jamais expulsée. « Mais, s'il croit véritablement qu'il y a quelque chose d'actif en nous, qui détermine notre volonté, pourquoi ne veut-il rien admettre d'analogique dans les autres substances [5] ? »

---

1. Gerh., *Math.*, VIII, 43, 104 (*L. à Wolf*, 1705 et 1708); — Erd., 519ᵇ-520ᵃ (*Théod.*, 1710).
2. V. plus haut, p. 149-156.
3. Gerh., *Phil.*, I, 350, 355 (*Corr. de Leib. et de Malebranche*, 1692-1698); — Le *Traité sur la communication des mouvements* parut en 1692 (Gerh., *Phil.*, I, 319); — Cf. Gerh., *Math.*, VI, 216 (*Essai de dynam.*, postérieur à 1697); *Ibid.*, *Phil.*, I, 395 (*L. à Foucher*, 1687?)
4. Erd., 114ᵇ (1693).
5. *Ibid.*, 722ᵃ (*L. à Bourguet*, 22 mars 1714).

C'est par des remarques de ce genre que Leibniz a passé de l'occasionalisme à sa propre théorie : il a dépassé Malebranche, en méditant sur les idées de Malebranche, et principalement sur sa conception toute cartésienne du mouvement.

Aussi voyez comment il en parle dans ses lettres : il suit sa pensée avec une attention spéciale et n'hésite pas à déclarer que c'est Malebranche qui l'a poussé sur la bonne voie et qui lui a permis de la suivre jusqu'à plein succès.

Le 13 janvier 1679, il vient de lire et peut-être de relire la *Recherche de la Vérité*[1]. Le 22 juin de la même année, « il a receu les Méditations sur la Métaphysique »[2] et s'est empressé de les examiner à fond : il a lu aussi cet ouvrage, « non pas comme on lit un livre ordinaire, mais avec soin ». Il se plaint de ne pas avoir les Conversations Chrétiennes[3], moins heureux en ce point que « ce M. l'Abbé Catelan à qui » l'auteur les a données. Pendant ce temps, Leibniz réfléchit sans relâche; et il a déjà découvert, en étudiant les œuvres de Malebranche, quelque chose d'autre et qui les dépasse : on peut dire que « la pensée renferme l'étendue d'une manière qui nous est inconnue »[4].

Leibniz d'ailleurs, dans ses Lettres à l'Hospital, est beaucoup plus explicite à l'égard de l'influence que le P. de l'Oratoire a exercée sur son esprit. « J'ai profité, dit-il, des réflexions qu'il a déjà données »[5]; « je lui dois beaucoup en métaphysique »[6]; « on peut dire que [l'harmonie préétablie] n'est pas tant un renversement qu'un avancement de sa doctrine, et que c'est lui à qui je suis redevable de mes fondements sur ce sujet »[7].

Les documents que l'on possède paraissent donc décisifs;

---

1. Gerh., *Phil.*, I, 327 (*Leibniz à Malebranche*). — Cet ouvrage parut de 1674 à 1678.
2. Ce qu'il y a de certain, c'est qu'on ne peut confondre cet ouvrage avec les *Entretiens métaphysiques* qui ne furent achevés qu'en février 1688 (H. Joly, *Malebranche*, 38, Paris, 1901).
3. *Les conversations chrétiennes* parurent en 1679, et avant le 22 juin de cette année, comme le suppose la lettre citée (Gerh., *Phil.*, I, 318).
4. Gerh., *Phil.*, I, 328, 332 (*L. à Malebranche*, 1679).
5. Gerh., *Math.*, II, 283 (13/23 mai 1695).
6. *Ibid.*, 289 (14/24 juin 1695).
7. *Ibid.*, 299 (30 septembre 1695).

on peut voir, en les comparant, qu'il ne reste aucun doute sur le point à démontrer : c'est surtout par la critique persévérante des *Causes occasionnelles* que Leibniz est arrivé à l'*Harmonie préétablie;* il lui a suffi, pour faire « le passage » dont il parle, d'épuiser les concepts où se fondait son « vénéré » et « brillant » adversaire.

On voit qu'elles sont nombreuses, les mines qu'a visitées Leibniz pour y trouver les éléments de son monadisme. Il s'inspire des théologiens; il s'inspire des alchimistes dont « la science occulte » a piqué sa curiosité ; il emprunte aux scolastiques qu'il a étudiés à Leipzig sous la direction de Jacques Thomasius et chez lesquels il trouve encore « des parcelles d'or ». Aristote et Platon sont pour lui comme deux divinités dont il aime à suivre la haute inspiration. Descartes qu'il a pourtant si fort maltraité, Spinoza et surtout Malebranche l'attirent par la puissance et la nouveauté de leurs vues, guident et stimulent ses méditations personnelles. Encore ces influences multiples et multiformes ne représentent-elles qu'une partie des sources auxquelles il a puisé. Leibniz a tout lu et sans rien oublier : c'est de partout et à chaque instant que se glissent dans sa pensée des richesses qui ne viennent pas d'elle, mais qui se transforment en elle.

Après avoir recueilli les principales idées avec lesquelles Leibniz a construit son système et qu'il possédait déjà vers la fin de 1675[1], il importe de voir comment il les a coordonnées et de quelle manière il les a précisées en les approfondissant. C'est là ce que l'on va faire.

---

1. Les inédits d'Ivan Iagodinski sont une vraie révélation. On y constate qu'en 1676 Leibniz connaissait déjà la plupart des idées constitutives de sa monadologie. Voir : a) *Sur l'idée du meilleur*, p. 16, 28, 32, 34, 36, 37-38; b) *Sur la nature et l'immortalité des âmes* 40. 102, 108, 110, 116 126 ; c) *sur l'infinité numérique des âmes*, 40 :d) *Sur l'infinité numérique des éléments matériels* 24, 70 ; e) *Sur la phénoménalité de la matière, de l'espace et du temps*, 108-110, 126 ; f) *sur la cause de l'harmonie ou correspondance*, 112, 114 ; g) *Sur la notion du bonheur*, 38, 126, 130.

## II. — Nature de la substance.

Les mécanistes soutiennent sur un ton victorieux que tout se ramène à la matière. Montrons-leur qu'ils n'étreignent qu'un nuage. Allons vers l'esprit ; et faisons voir que rien n'est réel que cela ou par cela. Telle est l'idée de « derrière la nuque » qui conduit Leibniz à travers le labyrinthe de ses déductions. Elle agit encore, même lorsqu'elle ne s'affirme pas : c'est comme le ressort invisible de sa pensée.

« Tout le monde demeure d'accord que la matière a des parties. » Tout le monde admet également que quelques-unes au moins de ces parties sont actuelles. On peut aller plus loin, en vertu même de cette donnée : il faut admettre aussi que « tout ce qui est divisible a des parties qu'on y peut encore distinguer avant la séparation » ; car la division ne crée pas, elle ne fait que compter.

De quelque manière que l'on s'y prenne, il faut convenir que « les corps sont des composés ». Mais tout composé se ramène à des éléments ultimes et qui par conséquent ne se divisent plus. Supposé, en effet, que l'on y puisse pousser le partage à l'indéfini. On n'aurait toujours que des sommes, et jamais des unités ; par là même on n'aurait toujours que des sommes sans unités : ce qui est une contradiction dans les termes. De plus, ces éléments ultimes ne peuvent être étendus, comme l'ont imaginé les atomistes, comme le veulent encore les Cartésiens. Car, si petites qu'on fasse les portions de l'étendue, elles gardent toujours leur nature ; elles demeurent également divisibles : c'est encore une pure multitude. Et la contradiction reparaît, aussi vive qu'auparavant[1].

Ainsi le mécanisme, quelque forme qu'il revête, n'est que

---

1. Gerh., *Math.*, VI, 95 (*Rép. à Honorat Fabre*, 1677) ; *Ibid.*, *Phil.*, I, 328, 332 (*L. à Malebranche*, 1679) ; — Est., 41 (*Disc. de Mét.*, 1885) ; — P. Jan., 630-631, 654-655 (*Corresp. avec Arnauld*, 1686-1687) ; — F. Car., B, 320 (*L. à Fardella*, mars 1690) ; — Erd., 107ᵇ (*L. à Arnauld*, 1690) ; *Ibid.*, 113ᵃ (*Si l'essence du corps consiste dans l'étendue*, 1691) ; — Gerh., *Phil.*, IV, 490-491 (*Rép. à Foucher*, vers 1695) ; — F. Car., B, 326, 328 (*L. à Fardella*, 3/13 septembre 1696) ; — Gerh., *Phil.*, VII, 552 (*L. à la duchesse Sophie*, vers 1696) ;

« l'antichambre de la vérité »[1]. « La source de la mécanique est dans la métaphysique[2]. » Une détermination donnée de l'étendue n'est pas plus une substance « qu'un tas de pierres », que « l'eau d'un étang avec les poissons y compris »[3], ou « qu'un troupeau de moutons, quand même ces moutons seraient tellement liés qu'ils ne pussent marcher que d'un pas égal et que l'un ne pût être touché sans que tous les autres criassent ». « Il y a autant de différence entre une substance et un morceau de marbre qu'il y en a entre un homme et une communauté, comme peuple, armée, société ou collège, qui sont des êtres moraux où il y a quelque chose d'imaginaire et de dépendant de la fiction de notre esprit[4]. » Et l'on peut raisonner de même au sujet des atomes purement matériels dont parlent Démocrite et après lui Épicure. En les introduisant à la place du continu de Descartes, on ne change rien qu'aux yeux de l'imagination.

« Au commencement, lorsque je m'étais affranchi du joug d'Aristote, j'avais donné dans le vide et dans les atomes. » Mais ensuite « je m'aperçus », « après bien des méditations », que la matière ne donne jamais qu'une « collection ou amas de parties à l'infini »; et que, pour avoir « des unités véritables », il fallait « rappeler et comme réhabiliter les formes *substantielles*, si décriées aujourd'hui »[5].

Au fond, c'est métaphysiquement que les corps s'expliquent; car « la seule matière ne suffit pas pour former une substance ». Il y faut un être accompli, indivisible » : substantialité signifie simplicité[6].

---

*Ibid.*, VI, 516 (*L. à Charlotte*, 1700-1705); — ERD., 435ᵃ (*L. au P. des Bosses*, 14 février 1706); *Ibid.*, 714ᵃ (*Principes de la nature et de la grâce*, 1714); *Ibid.*, 705ᵃ, 2 (1714); — GERH., *Phil.*, III, 635 (*L. à Remond*, 11 février 1715).
Cf. sur le même sujet : GERH., *Math.*, III, 318 (*L. à Joh. Bernoulli*, 28 décembre 1696); *Ibid.*, 551-552 (*L. au même*, 18 novembre 1698); *Ibid.*, 720 (*L. au même*, 20 juin 1703); *Ibid.*, 756 (*L. au même*, 1ᵉʳ juillet 1704); *Ibid.*, VIII, 130-131 (*L. à Wolf*, 1710 ou 1711).
1. GERH., *Math.*, VI, 95; — ERD., 702ᵃ⁻ᵇ (*L. à Remond*, 10 janvier 1714).
2. ERD., 702ᵃ (*L. à Remond*, 10 janvier 1714).
3. P. JAN., 630 (*L. à Arnauld*, 1686); — ERD., 238ᵇ, 7 (*N. Essais*).
4. P. JAN., 631 (*L. au même*, 1686).
5. ERD., 124ᵇ (*Syst. nouveau de la nature*).
6. P. JAN., 619, 630, 639, 654; — ERD., 276ᵃ (*N. Essais*). — Consulter aussi

\*
\*  \*

En quoi consistent au juste ces principes indivisibles? Quelle est la nature de ces « points métaphysiques » qui constituent les éléments des choses et qui seuls méritent le nom de substance ? Sont-ils inertes, comme l'a pensé Descartes? En aucune manière ; et c'est là que réside la seconde erreur du mécanisme géométrique.

On a déjà vu plus haut que les lois du mouvement impliquent la force ; et que cette force n'est pas en puissance, mais à l'état de tension. La même conclusion, comme on l'a fait également remarquer, avait d'ailleurs son amorce dans les données de l'expérience vulgaire. Les blocs énormes qui couronnent les Pyramides tombent d'eux-mêmes, dès qu'on enlève la base qui les soutient; un arc tendu part tout seul, lorsqu'on en délivre la corde; et nous avons dans notre organisme une multitude indéfinie de « ressorts » qui se débandent à chaque instant, sans que nous l'ayons voulu et même à l'encontre de notre vouloir. Les faits les plus connus suffisent à nous le révéler : l'être est tendance à l'action, l'être est effort [1].

Mais cette vérité fondamentale prend, à la lumière de la métaphysique, une rigueur et une clarté nouvelles.

La conservation n'est qu'une création continuée ; par suite, l'une a toujours et nécessairement les mêmes effets que l'autre. Or Dieu ne crée pas « des universels logiques »; il ne crée pas des abstractions, « comme le temps, l'espace et les autres êtres des mathématiques » : car une opération de ce genre est chose impossible. Quand Dieu produit une créature, il lui donne, en même temps que « sa substance et ses facultés », les déterminations qui leur conviennent : il la fait à l'état « d'être complet », il la fait agissante. Et c'est là un point que Malebranche a fort bien mis en lumière [2]. Pourquoi d'ailleurs y a-t-il des êtres créés? ils ne

---

les références des pages 193-194, qui sont données par ordre chronologique et qui dominent toute la question de la réduction du multiple au simple.

1. V. plus haut, p. 150-156.
2. V. MALEBRANCHE : *Recherche de la vérité*, II, 325-331, éd. J. Simon, Paris; *Médit. chrétiennes*, 49-62; *Entretiens sur la métaphysique*, 151-159.

vont pas au hasard, comme l'a prétendu Empédocle; ils ont un but qui est la réalisation de l'idée du meilleur. Sorties des mains de Dieu, qui est la souveraine bonté en même temps que la souveraine beauté, elles sont faites pour s'approcher toujours plus de cette source de l'être et de l'ordre. « Il doit donc y avoir une tendance au bien, un progrès spontané dans toutes les substances. » Et n'est-ce pas cela qu'a voulu dire Aristote, lorsqu'il nous a représenté le travail de la nature comme l'effort éternel que provoque en son sein l'éternel amour de l'Acte pur?

On peut donc le conclure sans trop de témérité. Il n'y a pas de puissance; tout est déterminé. Chaque substance « a toujours une disposition particulière à l'action et à une action plutôt qu'à telle autre »; et cette disposition elle-même enveloppe une tendance à s'exercer « qui n'est jamais sans quelque effet ». Tout être est une force qui se bande, un « conatus » qui passe de lui-même au succès, « si rien ne l'en empêche ». L'action n'est pas « l'essence » des choses, mais elle leur est « essentielle »[1]. La nature intime de l'être, c'est un problème capital où Giordano Bruno, dans son dialogue *Sur la Cause*[2], et Spinoza, dans son *Éthique*, ont vu juste l'un et l'autre : ils ont touché tous les deux le fond même de la question.

\*
\* \*

L'effort qui fait le trait distinctif de la substance, n'est pas purement physique. Il enveloppe toujours quelque degré de

---

[1]. Voir sur cette question de l'effort ou *conatus*, *nisus* : Gerh., *Math.*, VI, 26, 31, 54, 68, 78 (*Hypothèse physique*, 1671); *Ibid.*, 89, 90-91 (*Rép. à Hon. Fabre*, 1677); VI, 435 (*Dynamica*, 1689); — Erd., 111ᵇ (*De vera methodo*, non daté); *Ibid.*, 113ᵃ (*Si l'essence du corps...*, 1691); *Ibid.*, 124-125ᵃ (*Syst. nouv.*, 1695); *Ibid.*, 116ᵃ (*L. au P. Bouvet*, 1697); Erd., 157ᵃ (*De ipsa nat.*, 1698); *Ibid.*, 161ᵃ (*L. à Hoffmann*, 1699); *Ibid.*, 191ᵃ (*L. à Bayle*, 1702); — Gerh., *Phil.*, II, 258 (*L. à Volder*, 10 nov. 1703); *Ibid.*, VII, 312 (*Specimen inventorum...*, non daté); — Erd., 222ᵇ-223, 216ᵃ, 248ᵇ (*Nouv. Essais*, 1704); — Gerh., *Phil.*, II, 295 (*L. au P. des Bosses*, 2 février 1706); — Gerh., *Phil.*, III, 66 (*L. à Bayle*, non datée); — Erd., 466ᵃ (*L. à Wagner*, 1710); *Ibid.*, 526ᵃ (*Théod.*, 1710); *Ibid.*, 705ᵇ, 10-11 (*Monad.*, 1714); — Gerh., *Phil.*, III, 657 [fond] (*L. à Remond*, 4 novembre 1715).

[2]. V., sur ce point, Paul-Louis Couchoud, *Benoît de Spinoza*, p. 8.

perception; il est produit et maintenu par la connaissance ; c'est une véritable *appétition*.

Il existe en chacun de nous un « Moi » qui s'affirme au premier plan dans toutes nos pensées. Ce principe ne peut s'expliquer ni par les figures ni par les mouvements. Il nous est donné comme quelque chose de fixe, tandis que l'étendue s'écoule sans cesse « à la façon des rivières ». Il nous est donné comme indivisible; tandis que l'étendue, si bien qu'on la fragmente, se prête toujours également à la division. De l'étendue à la pensée, il n'y a pas de passage. « La couleur est quelque chose de différent de moy qui y pense »; et l'on en peut dire autant de toutes les autres qualités sensibles. « Quand on aurait les yeux aussi penetrans qu'on voudrait, pour voir les moindres parties de la structure du corps, je ne voy pas qu'on en serait plus avancé, et l'on y trouverait l'origine de la perception aussi peu qu'on la trouve maintenant ou dans une montre où les parties constitutives de la Machine sont toutes visibles, ou dans un moulin, où même on peut se promener entre les roues : puisque la difference du moulin et d'une machine plus subtile n'est que du plus et du moins. On peut concevoir que la machine produise les plus belles choses du monde, mais jamais qu'elle s'en aperçoive. Il n'y a rien de plus approchant de la pensée parmy les choses visibles, que l'image qui est dans un miroir, et les traces dans le cerveau ne sauraient être plus exactes; mais cette exactitude de l'image ne produit aucune perception dans l'endroit où elle est. On n'y approche pas même, quelque hypothèse machinale qu'on fasse, et l'on en demeure toujours infiniment éloigné, comme il arrive entre les choses absolument heterogenes[1]. » L'étendue et la pensée diffèrent par la qualité; et, de ce chef, elles demeurent à jamais irréductibles.

Du fait qu'il est simple et permanent, le « Moy » englobe dans un seul et même regard les états du présent et ceux du passé; il ramène à l'unité la *multitude* des phénomènes dont il est ou a été le théâtre : ce qui nous permet de nous sou-

[1]. Cette démonstration rappelle celle qu'a présentée H. Taine dans la *Revue philos.*, en février 1877.

venir, de raisonner, et même de penser[1]. Car, comme l'a bien vu Platon dans son *Théétète,* la pensée ne suppose pas seulement l'unité du sujet qui pense; elle requiert aussi qu'il ait une certaine fixité : la plus fugitive des perceptions est encore « un arrêt ».

Cette « source de pensées » que chacun de nous constate au dedans de soi-même et qui constitue le fond de notre nature : voilà le type sur lequel il faut concevoir tous les autres êtres, depuis le génie jusqu'au grain de sable que balaye le vent[2].

Pourquoi donc? Pourquoi cette « surabondance de grâce » en vertu de laquelle il n'est rien de si humble qui ne participe au don céleste de la pensée? C'est ici principalement qu'il convient de se rappeler l'idée « de derrière la nuque » dont j'ai parlé plus haut.

Leibniz donne d'abord de son induction colossale une preuve dont l'insuffisance crève les yeux. « Il faut, à son gré, qu'il se révèle de la perception dans les *Unités* de substance; car sans cela, il n'y aurait plus de force de concentration nulle part ; on retournerait par là même à la dispersion : on retournerait à cette pluralité mensongère dont s'est contenté Descartes[3]. Mais qui nous dit que l'unique moyen de réduction du multiple à l'un, c'est la perception elle-même? Pourquoi cette fonction ne serait-elle pas remplie par une forme comme celles qu'Aristote a prêtées aux êtres physiques? Quelle raison de croire que, dans les êtres que nous tenons pour inanimés, il y a quelque autre chose qu'une force brute dont le propre est de se déployer dans l'unité?

Aussi Leibniz n'a-t-il pas l'air d'attacher beaucoup d'importance à cette considération. Son vrai point d'appui n'est pas là : il le trouve plus haut. Il fait appel à ces principes

---

1. Gerh., *Phil.,* VII, 265 (mai 1677); *Ibid.,* 329 (non daté); *Ibid.,* III, 68 (*L. à Bayle,* non datée); *Ibid.,* VI, 488, 493 (non daté); — Erd., 182ᵃ (*Considér. sur la doctrine d'un esprit universel,* 1702); *Ibid.,* 678ᵃ (*L. à Bierling,* 1711); *Ibid.,* 679ᵇ (*L. au P. des Bosses,* 15 févr. 1712).
2. Erd., 124ᵃ-125ᵇ (*Syst. nouv...,* 1695); — Gerh., *Phil.,* VI, 518 (*Eclaircissement sur les natures plastiques* de Cudworth); — Erd., 706 (*Monad.*).
3. Gerh., *Phil.,* VII, 552, 554 (*L. à la duchesse Sophie,* interrompue par la mort de la Reine Charlotte, reprise le 31 oct. 1705).

directeurs qui dominent, d'après lui, toutes les démarches de la pensée.

Le monde a pour auteur un être souverainement parfait; il est donc le meilleur possible. Et, comme la bonté s'achève dans la beauté, il doit être aussi le plus beau possible. La nature est un poème immense où tout varie par degrés insensibles et dans l'unité. Or cette homogénéité fondamentale ne s'explique pas, si, comme l'a fait Descartes, on oppose radicalement l'essence de l'esprit à l'essence de la matière; il faut, pour la rendre intelligible, se représenter l'univers entier comme la réalisation variée à l'infini d'un seul et même principe qui est la pensée. La réduction de tous les êtres à l'unité d'un même type, et le plus noble, est voulue par la loi de continuité.

Les choses alors acquièrent une « simplicité surprenante » et digne du Créateur. Il n'y a pas de vide dans l'espace; il n'y en a pas non plus dans la hiérarchie des formes. Le monde sans doute est une machine, mais aussi quelque chose de plus et d'un ordre différent. La machine est ce que l'on voit; et ce que l'on voit n'est qu'une apparence. Au fond, il y a l'être qui est force, vie, connaissance et désir. Le monde entier, y compris son auteur, est un système d'âmes qui ne diffèrent entre elles que par l'intensité de leur action. Il n'y a plus que de la pensée[1]; et voilà le terme auquel il fallait aboutir.

On peut se demander, il est vrai, si la loi de continuité s'applique avec tant de rigueur et de précision, vu les violences subites que l'on observe à chaque instant dans les phénomènes de la nature. On peut même se demander si cette loi est bien conforme au mode d'évolution de la vie consciente. Entre la sensation qui ne donne que du fini, et la pensée proprement dite qui, dès son apparition, se meut d'emblée dans l'infini, n'y a-t-il pas un passage de qualité à qualité, un « saut brusque », et le plus gigantesque, le plus étonnant qui se puisse concevoir? Non, tout ne se produit

---

1. Erd., 205ᵇ (*N. Essais*); — Gerh., *Phil.*, VI, 518 (*Écl. sur les natures plastiques*). — Voir plus haut, p. 60.

pas par degrés insensibles et avec la joyeuse sérénité d'un lever de soleil.

Mais Leibniz n'est point touché par cet aspect des choses; il y a, dans cet amant de l'expérience, un croyant de la raison qui n'abdique jamais. « Le sage agit toujours par *principes*[1]. »

\*
\* \*

Toutes les monades[2] sont douées de perception. Qu'est-ce qu'elles perçoivent donc? En quoi consiste leur spectacle intérieur? Ce spectacle, c'est « le monde tout entier ». « Toute substance est comme un *miroir de* Dieu ou bien *de tout l'univers, qu'elle exprime chacune à sa façon, à peu près comme une ville est diversement représentée selon les différentes situations de celuy qui la regarde.* » Et de ce fait, il y a deux raisons principales, dont l'une est à priori, l'autre d'ordre scientifique. « Dieu exprime tout distinctement et parfaitement à la fois, possible et existant, passé, présent et futur : il est la source universelle de tout; et les monades créées l'imitent autant qu'il est possible que des créatures le fassent. » Or il n'y a pas de raison pour que cette imitation s'arrête à telle limite plutôt qu'à telle autre dans le champ de l'être. C'est donc aussi qu'elle enveloppe tout, bien que d'une connaissance plus ou moins indistincte. On arrive à la même conclusion, si l'on regarde aux lois du mouvement. « L'Univers estant une manière de fluide de toute pièce et comme un océan sans bornes, tous les mouvements s'y conservent et se propagent à l'infini, quoyque insensiblement, comme les cercles... qu'une pierre jettée fait naistre dans l'eau, sont propagés visiblement à quelque distance, et quoyqu'ils deviennent invisibles à la fin, l'impression ne laisse pas de continuer et de s'étendre à l'infini, comme les lois du mouvement le font assez connaître. »

1. Erd., 602ᵃ, 337 (*Théod.*).
2. Cette expression apparaît pour la première fois en 1695 (Gerh., *Math.*, II, 295 · (*L. à L'Hospital*, 12/22 juill.). Leibniz, par la suite, l'emploie de préférence.

On peut donc l'affirmer sans crainte, bien que la chose paraisse étrange au premier abord : chaque monade a quelque représentation de l'infini ; les substances sont autant de « points de vue »[1] d'où l'on aperçoit d'une façon plus ou moins explicite et la nature sans bornes et l'Être éternel qui l'imprègne de toutes parts[2].

.·.

Toutefois, cet Être éternel possède le privilège de n'avoir que des idées distinctes : l'Infini seul est pensée pure ; à cet égard, Aristote a magnifiquement raison. Quant aux autres monades, elles contiennent, dans « leur entéléchie primitive », un obstacle interne qui les entrave dans leur élan natif vers la perfection. C'est pourquoi un poète de notre temps a pu dire qu'il y a, sous le crâne humain, « un ange renfermé qui sanglote tout bas ».

Les anciens ont parlé de la matière *seconde* et de la matière *première*. Il y a quelque chose de bien fondé dans cette distinction ; mais il faut le préciser.

La matière seconde est d'ordre phénoménal. Elle suppose toujours un agrégat de monades : elle a son fondement dans le réel ; mais, considérée en elle-même, elle n'existe que pour et par la pensée. Il y a une infinité d'êtres dans le monde et par là même dans chaque partie du monde, si petite qu'elle soit. Cette infinité, nous ne pouvons la percevoir à l'état distinct ; elle se condense dans notre esprit,

---

1. « Points métaphysiques », « points intelligents », « centres ou concentrations des choses externes » : autant d'expressions qui, pour Leibniz lui-même, ne sont « pas assés exactes ». Il les emploie par analogie (GERH., *Phil.*, VI, 627, 1716).
2. GERH., *Math.*, VI, 68 (*Hypoth. phys.*, 1671) ; *Ibid.*, 86 (*Rép. à Fabre*, 1677) ; — EST., 37 (*Disc. de Mét.*, 1685) ; — GERH., *Math.*, VI, 435, 440 (*Dynamic.*, 1689 ou 1690) ; — F. CAR., B, 319 (*L. à Fardella*, mars 1690) ; — ERD., 126ᵇ (*Syst. nouv.*, 1695) ; — GERH., *Phil.*, VII, 540-541, 542 (*L. à la duchesse Sophie*, 4 nov. 1696) ; *Ibid.*, 311 (*Specimen inventorum...*, non daté) ; *Ibid.*, *Math.*, III, 574-575 (*L. à Joh. Bern.*, 21 févr. 1699) ; — ERD., 187ᵇ (*Rép. à l'article Rorarius*, 1702) ; *Ibid.*, 222ᵃ (*Nouv. Essais*, 1704) ; — GERH., *Phil.*, VII, 554 (*L. à la duchesse Sophie*, 1705) ; *Ibid.*, 567 (*L. à la même*, 6 févr. 1706) ; — ERD., 709ᵇ, 56-60 (*Mon.*, 1714) ; — GERH., *Phil.*, III, 595 (*L. à Bourguet*, 2 juillet 1716) ; *Ibid.*, VI, 626 (*L. à des Maiseaux*, vers 1716).

elle s'y ramasse sous forme de continuité et, par suite, sous forme d'étendue; et voilà ce que Leibniz appelle du nom de matière seconde : c'est la matière « signée » des scolastiques, mais intériorisée.

Au contraire, la matière première est d'ordre réel; elle est aussi et par là même d'ordre exclusivement psychologique. D'où vient la matière seconde? Pour en expliquer la présence, il faut supposer dans chaque monade créée un principe de limitation qui fait partie de son essence et dont l'effet naturel est de communiquer à nos phénomènes extérieurs leur caractère extensif : ce principe d'indigence, qui ne relève plus du domaine de la représentation, qui réside tout entier dans le sujet considéré comme tel : voilà ce qu'il faut entendre par matière première.

Celle-ci est donc la cause de celle-là. Mais il convient de dire comment, afin d'éviter toute méprise. La matière première, ainsi qu'on vient de le voir, n'est pas étendue; elle implique seulement une *exigence d'extension*. Et cette exigence elle-même n'est pas *essentielle,* comme celle qui fait que les angles d'un triangle valent deux droits; elle est simplement *naturelle*. Par suite, l'extension se produit toujours; mais il ne tient qu'à la puissance divine d'empêcher cet effet. En rigueur de logique, un corps peut devenir invisible, impalpable, insaisissable à nos sens, comme un esprit. Ici encore, nous retrouvons l'idée scolastique, dérivée elle-même d'Aristote; mais cette idée s'est également « transposée »; la matière première n'existe plus que dans l'esprit; elle n'est plus qu'un aspect de l'esprit.

C'est de la matière première que procèdent le continu et du même coup l'étendu. Par suite, c'est d'elle aussi que procède le confus. Et voilà ce qui borne l'action des monades créées ; voilà ce qui les arrête dans leur ascension vers la pleine lumière des idées distinctes. « Autrement, toute entéléchie serait Dieu [1]. »

1. Cout., 515 (*Introd. ad Encyclopædiam...*, vers 1684) : Leib., en ce passage, affirme simplement que la matière n'agit pas, mais qu'elle est agie; son idée de matière est encore vague. — *Ibid.*, 13 (vers 1687 et peut-être un peu au delà) : dans ce passage, Leib. se borne à dire que « la matière à l'état nu, c'est-à-dire où l'on ne considère que l'extension et l'antitypie, est indifférente

Mais en même temps et par contre, là se trouve l'un des principes de cette variété infinie dans l'unité qui fait la beauté de la nature. Tout est pensée; mais la pensée dort dans le minéral et la plante, sommeille dans l'animal, s'éveille en l'homme et trouve en Dieu son éternel et plein achèvement. Encore y a-t-il, entre ces degrés divers qui frappent notre esprit, une multitude incalculable et de différences et de nuances; car la nature ne fait pas de bonds; c'est par un progrès insensible qu'elle s'élève du moins au plus [1]. « Rien de stérile ou de négligé, rien de trop uniforme, tout varié, mais avec ordre, et ce qui passe l'imagination, tout l'Univers en raccourci, mais d'une vue différente dans chacune de ses parties et même dans chacune de ses unités de substance [2] ».

à toute grandeur, figure ou mouvement ». Il la prend donc en elle-même, sans regarder à la cause qui de fait lui communique le pouvoir de résistance, et par là même un commencement d'activité. — Gerh., *Phil.*, VII, 328 (non daté mais postérieur sans nul doute aux textes précédents) : Leib., ici encore, parle de la matière nue, c'est-à-dire en tant qu'elle se situe dans l'espace, en tant qu'elle est une simple « diffusion » ou « extension »; et, à ce titre, il la tient pour absolument passive, *mere passiva*. Puis il ajoute qu'il lui faut autre chose pour revêtir les variations qu'elle présente. — Erd., 161ᵃ (*L. à Hoffmann*, 27 sept. 1699) : c'est la même pensée que dans les passages déjà cités, mais plus explicite. La matière, prise formellement, considérée comme simple extension ou « diffusion spatiale », n'a pas même la capacité de résister. Cette qualité ne peut lui venir que de l'âme ou de quelque autre « principe analogue à l'âme ». — Cf. sur le même point : Gerh., *Math.*, VII, 239 (*L. à Schulenburg*, 17 mai 1698); *Ibid.*, III, 521-522 (*L. à Joh. Bern.*, 29 juil. 1698); *Ibid.*, 560 (*L. au même*, 17 déc. 1698); *Ibid.*, 756 (*L. au même*, 1ᵉʳ juil. 1704). Leib., dans ces différents passages, parle très nettement de la forme ou entéléchie et de la matière seconde ou extension; il ne laisse paraître encore qu'une idée vague de la matière première. — La distinction expresse de la matière première et de la matière seconde ne se révèle qu'au contact de Leibniz avec le P. des Bosses qui était familier avec ce genre de notions. V. Gerh., *Phil.*, II, 499 (*L. au P. des Bosses*, 30 juin 1715). Leib. en a dégagé une théorie des plus pénétrantes, qui ne faisait qu'expliciter sa pensée et qu'il a gardée jusqu'au bout. Voici les principales références à fournir sur ce point : Erd., 436ᵇ (*L. au P. des Bosses*, 11 mars 1706); *Ibid.*, 440ᵇ (*L. au même*, 16 oct. même année); *Ibid.*, 461ᵃ⁻ᵇ (*L. au même*, 31 juillet 1709); *Ibid.*, 463-464 (*Comment. de anima brutorum*, 1710); *Ibid.*, 466ᵃ⁻ᵇ (*L. à Wagner*, 4 juin 1710); *Ibid.*, 678ᵃ⁻ᵇ (*L. à Bierling*, 12 août 1711); *Ibid.*, 680ᵇ (*L. au P. des Bosses*, 15 févr. 1712); *Ibid.*, 709ᵇ, 60 (*Monad.*, 1714); — Gerh., *Math.*, IV, 398 (*L. à Hermann*, 17 sept. 1715); — Erd., 739ᵇ (*L. au P. des Bosses*, 13 janv. 1716); *Ibid.*, 740ᵃ-742ᵇ (*L. au même*, 29 mars 1716).

1. Erd., 125ᵃ (*Syst. nouv...*, 1695); *Ibid.*, 187ᵇ (*Répl. à l'art. Rorarius*, 1702); *Ibid.*, 224, 12 (*Nouv. Essais*, 1704); *Ibid.*, 439-440 (*L. au P. des Bosses*, 1706); *Ibid.*, 466-467 (*L. à Wagner*, 1710); *Ibid.*, 705ᵇ, 18-29 (*Monad.*).
2. Erd., 205ᵇ (*Nouv. Essais*).

Cette harmonie admirable trouve en Dieu sa raison positive ; mais elle a dans la matière première la cause déficiente qui seule pouvait la rendre possible : c'est la matière première qui a permis au Créateur de graduer son œuvre à l'infini, d'en faire, comme l'a dit Platon, un « temple de la beauté ».

∴

Bien que contenant deux sortes de matière, les monades n'en demeurent pas moins absolument simples. Car la matière première n'est qu'une « limite » de la forme ; à son tour, la matière seconde ou étendue n'est que l'effet naturel et tout intérieur de cette limite elle-même : elle se fonde bien sur des agglomérats de monades ; mais, considérée en soi, non plus dans sa cause, elle ne se produit qu'au dedans, elle est « toute mentale ». Et de là une approximation nouvelle de la notion de substance.

D'abord, « les monades n'ont point de fenêtres par lesquelles quelque chose y puisse entrer ou sortir » : elles ne présentent aucune surface. Et, par conséquent, elles n'offrent aucun point d'appui à l'aide duquel elles puissent mouvoir un objet étendu ou en être mues. Entre l'âme et le corps il n'y a pas d'action directe. Il ne peut non plus s'en produire entre les âmes elles-mêmes. Car les monades ne sont que pensée ; et « la pensée n'estant que l'action d'une chose sur elle-même », la pensée n'ayant que des « opérations immanentes », exclut de ce chef toute influence dynamique qui se ferait du dedans au dehors ou du dehors au dedans[1]. La monade est entièrement close, absolument

---

[1]. Voici la suite des textes qui concernent cette question : GERH., *Phil.*, I, 186 (*L. à Conring*, 3 janv. 1678) : le terme « immanent » s'y trouve déjà ; — EST., 47-49 (*Disc. de Mét.*, 1685) : c'est de la notion de substance que part ici Leibniz ; — ERD., 127-128 (*Syst. nouv.*, 1695) ; — GERH., *Phil.*, III, 121-122 (*L. à Basnage*, vers 1696) ; — ERD., 132ᵇ (*Ecl.*, 1696) ; *Ibid.*, 133ᵇ (*Sec. Ecl.*, 1696) ; *Ibid.*, 135ᵃ (*Trois. Ecl.*, 1696) ; *Ibid.*, 152ᵃ (*L. à l'auteur de l'hist...*, 1698) ; — GERH., *Phil.*, III, 69 (*L. à Bayle*, vers 1702) ; — ERD., 185ᵃ⁻ᵇ (*Répl. à l'art. Rorarius*, 1702) ; — GERH., *Phil.*, II, 264 (*L. à Volder*, 21 janv. 1704) ; *Ibid.*, *Phil.*, VII, 554 (*L. à la duch. Sophie*, 1705) ; — ERD., 466ᵃ (*L. à Wagner*, 4 juin 1710) ; *Ibid.*, 678ᵃ (*L. à Bierling*, 12 août 1711) ; *Ibid.*, 680ᵇ (*L. au P. des Bosses*, 15 févr. 1712) ; *Ibid.*, 681ᵇ (*L. au même*, 26 mai 1712) ; *Ibid.*, 705ᵃ, 7 (*Mon.*, 1714) ; *Ibid.*, 714ᵃ (*Principes de la nat...*, 1714).

inviolable, essentiellement indépendante, excepté à l'égard du Créateur qui lui donne « l'être et l'action ». « God and myself », disait Newman. Cette devise du célèbre cardinal est aussi l'expression de la pensée de Leibniz; il l'a même formulée en termes à peu près identiques.

Et de là une « métaphysique du silence » d'une grande majesté. Ils ne sont rien pour nous, ces espaces infinis dont la solitude effrayait Pascal; ils ne sont rien non plus, ces globes immenses qui roulent dans les déserts du ciel. Nous ne vivons qu'avec Dieu, et parce que nous ne vivons que par Dieu[1]. Le monde est pour nous comme s'il n'existait pas. Écoutez, écoutez, enfants de la terre : l'Infini est le seul qui puisse s'entretenir avec vous; et il ne parle qu'à votre esprit. Comme Malebranche devait jouir en méditant cette belle pensée!

Une autre conséquence de la même conception, c'est que les âmes, considérées du côté de la nature, passent du règne de l'hétéronomie à celui de l'autonomie. « Tout se meut par autre chose », disait Aristote; « tout se meut par soi-même », réplique Leibniz. Les monades portent en leur fond « une spontanéité merveilleuse » qui est le principe unique de tous leurs changements[2]. « Il y a une suffisance (αὐτάρκεια) qui les rend sources de leurs actions internes et pour ainsi dire des automates incorporels[3]. » C'est de leur propre contenu et rien que de là que procède la série de perceptions et d'appétitions qui constitue leur développement. « Le passé, pour elles, est gros de l'avenir » et le comprend tout entier[4].

### III. — INFINITÉ NUMÉRIQUE DES SUBSTANCES.

Les monades ne sont pas les accidents divers d'un seul et même principe; elles existent à titre de substances : c'est

---

1. ERD., 127b-128a (*Syst. nouv.*); *Ibid.*, 697b (1711); *Ibid.*, 737b (1715).
2. ERD., 519b (*Théod.*).
3. *Ibid.*, 706b, 18-19 (*Monad.*); *Ibid.*, 185a (1702); — GERH., *Phil.*, III, 66 (vers 1702).
4. ERD., 209b (*N. Essais*).

un fait dont nous portons la preuve au dedans de nous-mêmes.

La « réflexion ne se borne pas aux seules opérations de l'esprit..., elle va jusqu'à l'esprit luy-même, et c'est en s'appercevant de luy, que nous nous appercevons de la substance ». Chacune de nos pensées renferme un « moy » que nous saisissons directement et sur le vif : en chacune de nos pensées s'accuse un sujet à la fois indivisible et permanent[1]. Et voilà ce qu'il faut entendre par substance.

A cet égard, Leibniz ne va pas plus loin que n'est allé Descartes lui-même, dans son analyse du rapport des causes secondes à la cause première[2].

Cependant, tout n'est pas dit par là ; et rien de plus facile que de s'en rendre compte. Reste la fameuse question de la transcendance des créatures et du Créateur qui est si profonde, si importante et qui n'est pas même touchée. Pourquoi les « sujets » dont parle Leibniz avec tant de justesse, seraient-ils aussi des « substances », c'est-à-dire des êtres radicalement distincts de tout le reste, même de Dieu ? Leibniz nous dit déjà que l'étendue, l'espace et le temps n'existent qu'à titre de phénomènes, que ce sont de simples déterminations de notre « moy ». Mais alors qui nous assure que ce « moy » lui-même, bien qu'il soit un sujet indivisible et d'une certaine fixité, n'est pas à son tour la simple détermination d'une réalité plus riche et plus profonde, unique en son fond et qui seule mériterait le nom de substance ? Quelle raison de croire que le monde n'est pas le développement éternel d'un même principe d'où se dégage à chaque instant une multitude d'individualités d'ordre divers, à la façon dont les formes de la pensée sortent de

---

1. Gerh., *Phil.*, V, 23 (*Échantillon de réflexions sur le II livre*, vers 1704) ; — Erd., 221ᵃ, 238ᵇ, 272ᵃ (*N. Essais*) ; — Gerh., *Phil.*, III, 291-292 (*L. à Burnett*, 3 déc. 1703) ; *Ibid.*, *Phil.*, II, 276 (*L. à Volder*, vers 1705) ; *Ibid.*, VI, 488-493 (*L. à la Reine Charlotte*) ; — Cf. *Ibid.*, I, 150-151 (*Bemerkungen von Leib...*).

2. V. en particulier *Les Principes de la philosophie*, I, 51-54 : Descartes nous dit bien, dans ces passages, que les créatures ont leur *cause en Dieu* et qu'à ce titre elles s'en distinguent ; mais il ne dit point si elles y sont comme dans *un sujet d'inhérence* ou non. Conséquemment, il laisse la porte ouverte au panthéisme ; et c'est par cette porte que passera Spinoza.

la pensée et se distinguent d'elle, tout en lui demeurant immanentes? A cette difficulté de fond, Leibniz n'oppose nulle part une réponse décisive. Bien plus, c'est dans le sens de l'unité qu'il penche, comme tout son siècle. La création n'est-elle pas, pour lui, « une fulguration » des idées divines, « une émanation » des intelligibles qui se fait en Dieu lui-même sous le libre effort de sa volonté? Leibniz est bien près de Spinoza et prépare Schelling, surtout celui de la « Philosophie de la Révélation [1] ».

.·.

Revenons à notre exposé. Il y a des substances; et le nombre en est *actuellement* infini [2]. Dieu, qui est la souveraine sagesse, ne fait rien qui n'ait sa raison d'être. Or il n'y en a pas pour qu'il ait créé telle somme de monades plutôt que telle autre. Il faut de toute rigueur ou qu'il n'en ait produit aucune (ce qui est contraire aux faits), ou qu'il en ait produit un nombre illimité [3]. De plus, Dieu se conforme, dans ses œuvres, au principe du *meilleur*. Il se devait donc à lui-même de créer le plus de substances possible; il se devait à lui-même d'en créer à l'infini : car plus il y a d'êtres et dans l'ordre, plus il y a de perfection [4]. La multiplicité sans borne, c'est aussi ce que suppose la nature même de la monade. La matière, telle que la monade la saisit au dedans d'elle-même, c'est-à-dire le *continu*, est divisible à l'infini. Et cette divisibilité intérieure demande qu'il y ait au dehors, dans le monde des éléments simples et discontinus, une division actuelle qui soit également infinie. Autrement il pourrait se produire dans la monade

---

1. V. *Philosophie der Offenbarung*, t. II, pp. 154-156, 281-283; *Untersuchungen über das wesen der menschlichen Freyheit...*, éd. Landshut.
2. Gerh., *Math.*, VI, 41, 67 (*Hypoth. phys.*, 1671); — Est., 47 (*Disc. Mét.*, 1685); — Gerh., *Math.*, VI, 101 (2 mai 1702); *Ibid.*, *Phil.*, II, 282 (*L. à Volder*, 19 janv. 1706); — Erd., 564ª (*Théod.*, 1710); *Ibid.*, 710ᵇ, 65 (*Monad.*, 1714).
3. Erd., 602ª, 337 (*Théod.*); *Ibid.*, 688ᵇ (*L. au P. des Bosses*, 24 janv. 1713); *Ibid.*, 707ᵇ, 32 (*Mon.*).
4. Erd., 434 (*L. au P. des Bosses*, 14 févr. 1706); *Ibid.*, 687ᵇ (*L. au même*, 20 sept. 1712); *Ibid.*, 688ᵇ (*L. au même*, ci-dessus citée); *Ibid.*, 709ᵇ, 57-58 (*Monad.*).

des phénomènes auxquels rien ne correspondrait dans les choses, qui porteraient en quelque sorte dans le vide. Or ce manque d'adaptation entre la pensée et les objets ne saurait exister : « tout est lié » et « bien fondé »; il n'y a rien dans l'*apparent* qui ne symbolise quelque chose de *réel*[1].

La seule raison qu'il soit permis d'opposer à la théorie de l'infinité actuelle, c'est son impossibilité. Et cette raison n'est que fictive : elle tient, comme la négation de la substance, à une sorte de malentendu. Sans doute, si l'on commence par se figurer l'univers comme formant « un tout », c'est-à-dire comme représentant une somme déterminée, il faut bien alors qu'il contienne un nombre fini d'éléments premiers. Car il est contradictoire qu'une somme donnée, soit dans la réalité, soit seulement dans l'esprit, n'enveloppe pas un dernier terme. Mais poser ainsi le problème, c'est en changer la donnée pour le résoudre. La conclusion qui dérive et du principe de raison suffisante et de la perfection divine et de l'essence même de la monade, c'est que le monde ne forme pas plus un tout qu'un nombre infini, dont on ne saurait dire s'il est pair ou impair.

Au fond, Leibniz raisonne ici comme Descartes[2] et Spinoza[3] : si l'infini paraît contradictoire, c'est qu'on le prend dès le début comme une quantité finie : ce qui constitue une pétition de principe.

.·.

D'ailleurs dissiper l'équivoque que présente l'objection des finitistes, ce n'est pas supprimer toute la difficulté; tant s'en faut. Qu'y a-t-il au juste dans le concept d'infini? Car, en disant que l'infini n'est pas un nombre, que c'est simplement quelque chose de supérieur à toute quantité don-

---

1. Erd., 607ᵇ, 357 (*Théod.*); *Ibid.*, 687ᵃ⁻ᵇ (*L. au P. des Bosses*, 20 sept. 1712); *Ibid.*, 711ᵇ, 78 (*Monad.*).
2. *Lettre au R. P. Mersenne*, 15 avr. 1630, éd. Cousin.
3. *Eth.*, I, Prop. 15, *sch.*, éd. E. Saisset, Paris; *Lettre* XV, 384-389, éd. E. Saisset, Paris.

née, on ne formule encore qu'une définition fort imprécise et presque entièrement négative.

En 1692 apparaît, à côté de l'infini proprement dit, l'idée d'un infini qui n'est vrai que par approximation et d'une manière toute symbolique, celui dont parlent les mathématiciens. Par exemple, « lorsqu'on énonce que l'infini est une sphère dont le centre est par-tout, et la circonférence nulle part, il ne faut pas prendre [ces expressions] à la rigueur »; car il ne peut rien y avoir de tel. « C'est ainsi », également, « que l'on conçoit la parabole comme une ellipse à foyer infiniment éloigné »; afin de « maintenir une certaine universalité dans les énonciations coniques ». Il n'y a là que des fictions utiles au calcul, mais qui ne répondent pas à la réalité. Sur quoi se fondent donc de tels procédés? Sur ce principe d'ordre logique qu'une quantité une fois donnée, on a toujours « la même raison » de l'augmenter ou de la diminuer. Prenons, par exemple, « une ligne droite et prolongeons-la, en sorte qu'elle soit double de la première ». « Il est clair que la seconde, étant parfaitement semblable à la première, peut être doublée de même pour avoir la troisième qui est encore semblable aux précédentes; et la même raison ayant toujours lieu, il n'est jamais possible qu'on soit arrêté. » La ligne peut être prolongée aussi loin que l'on voudra. Et l'on aurait le même succès, si l'on opérait dans le sens inverse, celui du décroissement : si loin que la division fût poussée, « la même raison subsisterait toujours » de la pousser encore.

A côté de l'infini se place l'indéfini, dont l'École a tant parlé; et cette place, Leibniz la fait très grande. Sont indéfinies seulement toutes les quantités que les géomètres, dans leurs calculs, traitent comme des infinis; sont également indéfinis et le nombre et le temps et l'espace lui-même : dans la seconde catégorie de ces cas, comme dans la première, il ne s'agit toujours que d'une donnée finie qui est apte en même temps soit à croître, soit à décroître autant que l'on veut.

Où donc est l'infini, l'infini véritable, celui qui mérite ce nom dans la rigueur du terme? Il n'y en a qu'un, à savoir l'Absolu, Dieu. Et pourquoi? C'est que Dieu seul possède l'indivisibilité, et par là même la véritable unité. Il n'existe donc pas d'infini qui comprenne des parties : il n'existe pas d'infini du nombre ou de la grandeur. Et c'est ce que pensait Leibniz dès l'année 1685. A cette date, il se servait déjà de cette idée de l'infini pour répliquer au solitaire de la Haye. « Dieu, dit-il dans le *Discours de métaphysique*, est un estre absolument parfait »; mais « il faut connoistre *aussi ce que c'est que perfection, dont voicy une marque assés seure, scavoir que les* formes ou natures qui ne sont pas susceptibles d'un dernier degré, ne sont pas des perfections, comme par exemple, la nature du nombre ou de la figure. Car le nombre le plus grand de tous [ou bien le nombre de tous les nombres] AUSSI BIEN que la plus grande de toutes les figures, impliquent contradiction, mais la plus grande science et la Toute-puissance N'ENFERMENT POINT D'IMPOSSIBILITÉ. »

Cependant, l'on n'a jusqu'ici qu'un aspect de la pensée de Leibniz. Tout « en rejettant un infini composé », tout en affirmant sans cesse que « le vrai infini à la rigueur n'est que dans l'Absolu », il soutient avec une persistance égale que l'indéfini suppose l'infini et que connaître l'un c'est déjà connaître l'autre. Dès lors, il faut, à son sens, qu'il y ait de l'infinité, et une infinité réelle, dans le nombre des monades, dans le nombre des parties de l'étendue, et même dans celui des possibles, tels que Dieu les connaît : il faut qu'en dehors de Dieu, il existe dans la nature deux infinis dont chacun se compose essentiellement de parties actuelles; il faut aussi que, jusque dans l'objet de la pensée divine, apparaisse un troisième infini également formé de parties en acte, vu que, dans l'Être premier, rien ne demeure à l'état de simple puissance[1].

---

— 1. Voici, et dans leur suite chronologique, les textes qui concernent la question de l'infini : GERH., *Math.*, VI, 67 (*Hyp. phys.*, 1671); —EST., 25-26 (*Disc. de Mét.*, 1685); — ERD., 115ᵇ (*L. à Foucher*, 1692); *Ibid.*, 118ᵇ (*Rép. à Foucher*) : Leib. en tient fermement pour l'infini actuel dans la nature; — *Ibid.*, 135ᵇ (*Trois Ecl.*, 1696) : la matière « est divisée en un plus grand nombre de parties qu'il n'est possible d'imaginer ». — *Ibid.*, 138ᵃ (*Réflexions sur l'Essai...*, 1696) : Dieu seul est infini; — GERH., *Math.*, III, 524 (*L. à Joh. Bern.*, 29 juil. 1698) : on n'arrive jamais à des éléments infinitésimaux; —ERD., 244-145 (*N. Ess.*, 1704) : infini mathématique, temps, espace sont de la catégorie de l'indéfini; il

Comme on le peut voir par les références recueillies ci-dessous, Leibniz ne se dégage pas des mailles où l'enserre le P. des Bosses. L'argumentation de l'éminent religieux, toujours plus pressante et plus précise, le conduit manifestement à se contredire : il échoue dans la défense de sa thèse.

Est-ce à dire que cette thèse elle-même soit erronée? on serait bien tenté de le croire. Qu'est-ce que « cette pluralité toujours supérieure à tout nombre donné » dont parlent les infinitistes? Est-ce une pure puissance? Mais alors, comme le pensait Fénelon, il n'y a pas d'infini quantitatif; il ne reste qu'un indéfini du même nom. Est-ce une série *actuelle* d'unités? Mais, d'après Leibniz lui-même, il n'y a pas de série si grande que l'on ne puisse rien y ajouter et qui par là même ne soit encore finie.

L'infini, l'infini! Abîme profond où a sombré Leibniz, aussi bien que Spinoza et Malebranche; océan ténébreux dont Kant, avec ses « antinomies de la raison », n'a fait qu'épaissir la nuit. S'il existe un concept humain dont le sens ne soit pas encore suffisamment clarifié, c'est celui-là. Et peut-être le meilleur moyen d'y faire un peu de lumière serait-il de revenir, avec Aristote, au point de vue de la forme ou qualité; le Stagirite a laissé sur ce sujet des idées directrices qui resteront.

n'y a qu'un infini vrai, l'Absolu; — *Ibid.*, 275ᵉ (même date); *Ibid.*, 431-435 (*L. au P. des Bosses*, 14 févr. 1706) : Leib. affirme de nouveau, et avec raisons à l'appui, sa croyance en l'infini *actuel* des choses; — *Ibid.*, 435ᵇ-436ᵃ (*L. au même*, 14 mars 1706) : à parler d'une façon précise, l'infinité quantitative « n'est qu'une pluralité qu'aucun nombre ne peut exprimer »; il n'y a qu'un infini vrai, l'Absolu, Dieu. En Dieu, cependant, la série des possibles constitue un infini numérique éternellement donné; — *Ibid.*, 489ᵃ (*L. au même*, 1ᵉʳ sept. 1706) : il n'y a, dans les mathém., que de l'indéfini, que nous faisons par un travail de l'esprit sur le réel. — *Ibid.*, 499ᵃ (*Théod.*, 1710) : « Les Infinis ou infiniment petits ne signifient que des grandeurs qu'on peut prendre aussi grandes ou aussi petites que l'on voudra »; — *Ibid.*, 666ᵃ (*L. au P. des Bosses*, 4 août 1710) : matière actuellement divisée à l'infini; — *Ibid.*, 687ᵃ⁻ᵇ (*L. au même*, 20 sept. 1712) : Les monades sont numériquement infinies; — *Ibid.*, 710ᵇ, 65 (*Mon.*, 1714) : même assertion; — *Ibid.*, 737ᵃ (*L. à Remond*, 1715) : « c'est déjà connaître l'infini, que de connaître que cette répétition se peut toujours faire »; — *Ibid.*, 746ᵃ⁻ᵇ (*L. à Dangicourt*, 1716) : distinction du réel, qui est infini numériquement, et du travail de l'esprit sur le réel, qui ne donne que de l'indéfini; — Geru., *Phil.*, III, 593 (*L. à Bourguet*, 2 juil. 1716) : nouvelle affirmation de l'infini dans la nature.

## IV. — DU PARALLÉLISME.

« Tout est plein d'âmes » ou monades. Et ces êtres substantiels ne sont pas seulement innombrables comme les feuilles des bois ou le sable de la mer; leur « multitude » va littéralement jusqu'à l'infini. D'autre part, les monades n'agissent point les unes sur les autres : ici Malebranche a vu juste, tout en se fondant sur une raison qui est comme le contre-pied de la vérité. Bien plus, il n'existe aucune influence dynamique entre la suite des mouvements qui se produisent dans le corps et la suite des modes qui se produisent à l'intérieur de chaque monade. Ces deux séries sont purement parallèles : chaque pensée est amenée par une autre pensée, et chaque mouvement par un autre mouvement, sans qu'entre ces deux termes il se manifeste jamais la moindre efficience causale. Car, que l'on conçoive l'étendue comme un simple phénomène ou comme une chose en soi, elle garde toujours sa nature; et, par suite, il reste impossible qu'entre elle et la pensée il se fasse un échange dynamique quelconque. Spinoza a tort de ramener ces deux choses à l'unité de la substance divine; il est dans la vraie voie, lorsqu'il conçoit les modes de l'une et ceux de l'autre comme deux lignes qui ne se rencontrent jamais.

.•.

Mais alors, le problème devient aigu. Comment expliquer le continuel accord que nous observons entre le mental et le physique, les modes de l'âme et ceux du corps? Comment rendre compte de « cette harmonie », qui, sans être un miracle, n'en est pas moins « une merveille perpétuelle »? C'est ici que Leibniz introduit son idée à lui et qui n'est qu'une suite de sa notion de substance.

Bien que physiquement indépendantes, les monades ne laissent pas d'exercer les unes sur les autres une influence idéale qui en fait le mieux ordonné et par là même le meilleur et le plus beau des mondes possibles.

D'abord, elles convergent toutes, suivant la pensée de Malebranche, vers un seul et même objet externe, qui est Dieu.

De plus, Dieu, qui travaille toujours en vue du meilleur, a été à leur égard « d'une libéralité sans bornes » : il les a créées de manière à ce qu'elles soient toutes, bien qu'à degrés divers, des « miroirs vivants du monde entier », « des centres qui expriment une conférence infinie ».

Ainsi, tout se ramène déjà, dans une variété qui n'a pas de limite, à l'unité d'une même cause, d'un même type d'être et d'une même vision.

Restait à mettre de l'ordre entre les êtres multiples à l'infini qui devaient composer l'univers. Pour accomplir « son rêve » de beauté, le Créateur a préformé les âmes de manière à ce qu'il y eût une correspondance constante entre les changements qui se produisent dans l'intérieur des unes et les changements qui se produisent dans l'intérieur des autres. Il existe donc entre les monades une *Harmonie préétablie,* analogue à celle de deux horloges parfaitement réglées et qui, au même moment, sonneraient toujours la même heure. « Ou pour me servir d'une [autre] comparaison », dit Leibniz lui-même, il en est de la concomitance que je soutiens comme « de différentes bandes de musiciens ou chœurs, jouant séparément leurs parties, et placés en sorte qu'ils ne se voient et même ne s'entendent point, qui peuvent néanmoins s'accorder parfaitement en suivant seulement leurs notes, chacun les siennes » : si bien « que celui qui les écoute tous, y trouve une harmonie merveilleuse ».

Mais il est bon de préciser encore, pour faire mieux entendre comment s'accordent les notes de l'immense concert. Supposé qu'une pierre vienne à tomber sur le pied d'un homme. On dit ordinairement que la chute de la pierre produit la contusion qui s'ensuit, et qu'à son tour cette contusion produit elle-même la douleur qui l'accompagne. On dit également que les parties de la pierre et celles de l'organe atteint s'actionnent les unes les autres par leurs surfaces. Mais ce langage ne vise que les apparences; ce langage est d'ordre purement phénoménal. Le vrai, c'est que, à l'occasion de la chute de la pierre, l'agrégat des monades qui constituent l'organe éprouve de lui-même ce qu'on appelle une contusion ; et que, à l'occasion de cet état pathologique, la monade dominante qui souffre, tire de son propre fond sa sensation de souffrance. Le vrai aussi, c'est qu'il n'y a qu'une simple *concomitance* soit entre les états des monades qui composent la pierre, soit entre les états des monades qui composent le pied. Ainsi des autres cas de causation externe, de quelque nature qu'ils puissent être. Tout s'enchaîne, mais non directement : tout s'ordonne et sympathise « par l'intervention de Dieu, en tant que dans les idées de Dieu une monade demande avec raison que Dieu, en réglant les autres dès le commencement des choses, ait égard à elle[1] ».

.·.

Non seulement les états intérieurs des monades se déroulent dans un ordre parallèle; mais encore il existe entre eux une certaine *similitude* : ils se font écho. « La représentation a un rapport naturel à ce qui doit être représenté. Si Dieu faisait représenter la figure ronde d'un corps par l'idée d'un carré, ce serait une représentation peu convenable ; car il y aurait des angles ou éminences dans la représentation, pendant que tout serait égal et uni dans l'original ». « Les projections de perspective qui reviennnent dans le cercle aux sections coniques, font voir qu'un même cercle peut être représenté par une ellipse, par une parabole, et par une hyperbole, et même par un autre cercle et par une ligne droite et par un point. » Cette variété dans l'unité donne une

---

1. GERH., *Phil.*, I, 186 (*L. à Conring*, 3 janv. 1678); — EST., 48-49, 86-87 (*Disc. de Mét.*, 1685); — P. JAN., 629, 652-653, 672 (*L. à Arnauld*, 1686-1687); — ERD., 127ᵇ (*Syst. nouv.*, 1695); — GERH., *Phil.*, III, 121-122 (*L. à Basnage*, vers 1696); — ERD., 185ᵇ (*Répl. à l'art. Ror.*, 1702); — GERH., *Phil.*, IV, 529-530 (*à Bayle*, 1702); *Ibid.*, II, 261 (*L. à Volder*, 21 janv. 1704); *Ibid.*, III, 383 (*L. à Coste*, 4 juillet 1706); *Ibid.*, *Phil.*, II, 355 (*L. au P. des Bosses*, 3 sept. 1708); — ERD., 620² (*Théod.*, 1710); — GERH., *Math.*, VIII, 140 (*L. à Wolf*, 9 juill. 1711); *Ibid.*, *Phil.*, II, 439 (*L. au P. des Bosses*, 5 févr. 1712) ; — ERD., 680ᵇ (*au même*, 15 févr. 1712); *Ibid.*, 681ᵇ (*au même*, 26 mai 1712); *Ibid.*, 709ᵇ, 55-58 (*Mon.*); *Ibid.*, 740ᵇ (*L. au P. des Bosses*, 29 mai 1716).

idée approchante de ce qui se passe de monades à monades.

Toutefois, l'analogie « de la représentation et de la chose » n'est pas la même dans les différents êtres. Chaque monade a son point de vue d'où elle perçoit l'univers; et, par conséquent, comme il existe une multitude infinie de monades, il existe aussi une multitude infinie de représentations du monde, toutes différentes les unes des autres : il en est comme d'une ville dont les perspectives se multiplient, au fur et à mesure que varient les sites où l'on se met pour la regarder. En outre, chaque monade, en vertu même de la matière première qui lui est inhérente et qui l'individue, a toujours un nombre plus ou moins grand d'idées confuses, comme celles « de la chaleur, du froid et des couleurs », qu'elle ne réussit jamais à éclaircir. Et de là des degrés à l'infini dans la connaissance que les créatures ont des choses[1].

⁂

Qu'est-ce donc alors qu'*agir* et *pâtir*? La question se pose d'elle-même. Et Leibniz lui a donné dès 1685 une réponse qu'il n'a plus changée.

Une monade agit dans la mesure où elle se développe; elle pâtit dans la mesure où le développement des autres monades provoque en elle une contrainte ou diminution d'action. Mais en quoi consiste le développement d'une monade? Dans le passage à un degré supérieur de pensée. En quoi consiste, au contraire, son enveloppement? Dans le passage à une moindre connaissance. De là vient que, pour Leibniz, comme pour Spinoza, agir c'est mieux voir la raison des choses; et pâtir, en avoir une perception plus indistincte. Bref, on est actif à proportion que l'on monte vers la région des idées « claires »; on est patient à proportion que

---

1. Outre les références précédentes, voir pour plus de précision les passages qui suivent : Gerh., *Phil.*, I, 383-384 (*L. à Foucher*, 1686); — Cout., *Op.*, 12 (1687 ou peu au delà); — Erd., 127ᵇ (*Syst. nouv.*, 1695); — Gerh., *Phil.*, VII, 554, 556 (*L. à la duch. Sophie*, 1705); — Erd., 607ᵇ, 356 (*Théod.*); *Ibid.*, 709ᵇ,57 (*Mon.*).

l'on descend vers la région des « idées confuses ». Toute notre excellence est dans la pensée.

Mais d'où vient que les monades ne sont pas toutes à l'état de libre effort? D'où vient qu'elles s'entravent les unes les autres dans leur élan vers la plénitude de la vie? Pourquoi les passions? Elles tiennent à ce que, en vue de l'ordre général, le Créateur a dû accorder les âmes entre elles, comme un artiste fait les cordes de sa lyre. Et voilà le fond du problème; il en est de celui-là comme des autres : on ne l'éclaircit totalement qu'en remontant à la source première de l'être. Une substance « dépend de l'autre idéalement, en tant que la raison de ce qui se fait dans l'une peut être rendue par ce qui est dans l'autre : ce qui a déjà eu lieu dans les décrets de Dieu dès lors que Dieu a réglé par avance l'harmonie qu'il y aurait entre elles. Comme cet automate qui ferait la fonction de valet, dépendrait de moi idéalement, en vertu de la science de celui qui, prévoyant mes ordres futurs, l'aurait rendu capable de me servir à point nommé pour tout le lendemain[1] ».

## V. — COROLLAIRES DU SYSTÈME.

Du monadisme se dégage une série de conséquences importantes que nous avons trouvées ou senties au passage, mais qu'il est bon d'isoler de leur tout, afin d'en mieux faire comprendre la nature.

Qu'est-ce que le corps humain, d'après Leibniz? Rien de ce qu'imagine le commun des hommes. Qu'on ne se le figure point comme une colonie d'éléments étendus qui existent en eux-mêmes, qui actionnent notre âme et qu'elle actionne à son tour. Qu'on ne se le figure pas davantage, et moins encore, comme une portion de matière que meut la pensée

---

1. Voir sur la question : EST., 50-52 (*Disc. de Mét.*, 1685); — P. JAN., 579, 15 (*L. à Arnaud*, 1686); — F. CAR., B, 324 (*L. à Fardella*, mars 1690) : « quo perfectior substantia est, eo distinctius exprimit universum »; — GERH., *Phil.*, VII, 322 (non daté); — ERD., 521ª (*Théod.*, 1710); *Ibid.*, 709ª, 49-51 (*Mon.*, 1714); *Ibid.*, 740ᵇ (*L. au P. des Bosses*, 29 mai 1716) : « Et cum dicitur [Monas] ab alia impediri, hoc intelligendum est de alterius repræsentatione in ipsa. »

du haut de la glande pinéale, à la manière d'un cocher qui gouverne ses chevaux du haut de son siège. Il n'existe absolument rien de pareil; et Descartes lui-même, le spiritualiste Descartes, n'a pas fait assez belle la part qui revient à l'esprit : il n'a pas su voir que rien n'est que la pensée ou dans la pensée. Considéré tel qu'il nous apparaît, l'organisme humain n'est qu'un système de représentations qui nous est « particulièrement affecté » et qui constitue notre « point de vue individuel sur l'univers » : sa réalité est purement idéale.

Mais n'y a-t-il vraiment rien au delà de cette apparence? Sur ce point, Leibniz émet une théorie qui semble bien ne lui être venue que sur le tard et dont le développement tient encore aux objections du Père des Bosses.

Notre corps n'est pas une chose en soi : il faut le maintenir. Mais il a son fondement dans l'ordre des choses en soi : le système de représentations qui le constitue suppose « un système » correspondant de « Monades » qui sont sous la domination de notre « moi ».

Il y a là deux notions qui demandent éclaircissement : En quoi consiste ce système de monades et quelle est l'espèce de domination que le « moi central » exerce à leur égard? Considérées du dehors « les monades dominées » ressemblent aux autres; elles n'ont ni étendue, ni site, ni action transitive : chacune d'elles est comme une étoile piquée dans le vide et qui ne luirait qu'au dedans. Elles ne peuvent donc se rapporter les unes aux autres que par leurs états intérieurs : si elles forment un système, c'est par un ajustement réciproque de leurs degrés de perception. Et la solution de cette première question éclaire la seconde. La « monade dominante » n'a qu'une sorte d'empire sur les monades qui sont pour elle comme autant de satellites invisibles : c'est celui-là même de la pensée. Elle est essentiellement active à leur égard et demande de ce chef qu'il ne leur soit départi qu'un degré plus ou moins inférieur de perception : le développement de la première postule l'enveloppement des autres et les retient dans une sorte de sommeil[1].

1. Est., 48-49, 86 (*Disc. de Mét.*, 1685); — Gerh., *Phil.*, II, 251-252 (*L. à Vol-
d    20 juin 1703*); *Ibid.*, *Phil.*, VII, 553 (*L. à la duch. Sophie*, 1706); — Erd.,

Théorie qui nous semble assez étrange et même superflue. Mais il en allait différemment pour Leibniz. Il a travaillé toute sa vie à la réunion des Églises, où l'on voulait conserver la croyance à la « présence réelle » ; et c'est pour expliquer ce dogme que, tout en abandonnant la transsubstantiation, il a syllogisé si fort avec le Père des Bosses : il y faisait œuvre de philosophe, mais aussi et surtout de polémiste.

.˙.

Au monadisme se rattache également une théorie de l'espace et du temps dont la portée psychologique ne peut échapper à personne.

D'après Clarke et Newton, l'espace et le temps seraient deux « êtres absolus », « éternels et infinis », distincts par là même des corps qui composent la nature. Or, au sens de Leibniz, une telle conception ne peut être que chimérique ; elle contredit à la fois et la perfection de Dieu et le principe de la *raison suffisante* et celui des *indiscernables*.

Ou bien l'espace est un attribut de Dieu. Dans ce cas, Dieu lui-même se divise à l'infini ; car l'espace « a des parties », et qui se sous-divisent sans fin. Ou bien l'espace se distingue radicalement de Dieu, comme on veut qu'il se distingue des corps ; et alors il y a « une infinité de choses éternelles hors de Dieu ». Dans l'une et l'autre hypothèses, les seules que l'on conçoive, l'idée fondamentale de l'Être parfait se trouve altérée. Et l'on peut raisonner de même à l'égard du temps ; dès qu'on l'érige à l'état d'absolu, il faut que l'essence de Dieu en souffre ou du dedans ou du dehors.

En outre, si l'espace est un absolu, si c'est une réalité qui préexiste à la création du monde physique, les points qui le composent ne diffèrent en rien les uns des autres : ils sont « uniformes absolument ». Or, dans cette uniformité sans bornes, il est impossible de trouver « une raison pourquoi »

---

438ᵇ, 456ᵃ (*Corresp. avec le P. des Bosses*, de 1706 à 1709) ; — Gerh., *Phil.*, II, 399 (au même, janv. 1710) ; *Ibid.*, 403 (au même, 2 mai 1710) ; — *Ibid.*, 407 (au même, 2 juill. 1710) ; — Erd., 683ᵃ, 687ᵃ, 713ᵃ, 726ᵃ, 727ᵃ, 740ᵇ (*Corresp. avec le P. des Bosses*, du 16 juin 1712 au 29 mai 1716).

Dieu, voulant coordonner les corps entre eux, les a placés dans l'espace ainsi et non pas autrement ; et pourquoi tout n'a pas été pris à rebours (par exemple) par un échange de l'Orient et de l'Occident. Et l'on se heurte à une difficulté analogue, lorsqu'on suppose que le temps, de son côté, est un autre absolu. Car, d'après une telle hypothèse, le temps existait avant la création : antérieurement à l'apparition du monde, il se prolongeait déjà comme une ligne à la fois infinie et homogène. Et, dans cette éternelle ressemblance, Dieu n'a jamais pu trouver une raison de créer à tel moment plutôt qu'à tel autre : ce qui revient à dire qu'il n'a jamais pu créer et que le commencement de l'univers est inexplicable.

C'est également une loi de la nature que tout ce qui ressemble s'identifie dans la mesure même où il y a ressemblance : « non pas » qu'il soit impossible absolument de poser deux ou plusieurs êtres qui n'aient entre eux aucune différence ; mais « la chose est contraire à la sagesse divine », qui demande que le monde soit le plus beau possible et renferme de ce chef le plus de variété possible. Par conséquent, supposé, comme le veut la théorie de Clarke et de Newton, que l'espace soit chose absolument homogène, il faut de toute rigueur que son immensité se réduise à un point géométrique. Et supposé que telle soit aussi la nature du temps, il faut de même que tous les moments de l'éternelle durée se ramassent en un instant indivisible : et, de la sorte, Homère sera le contemporain de Spinoza.

Il n'y a donc que des *idola tribus*, « des chimères toutes pures » et « des imaginations superficielles », dans l'hypothèse d'un espace et d'un temps absolus. L'espace et le temps ne peuvent être ni des attributs de Dieu, ni des réalités éternelles et distinctes de Dieu. Ils ont commencé avec le monde ; et ils n'existeraient pas, « s'il n'y avait point de créatures ». Il ne resterait alors « que l'immensité et l'éternité de Dieu lui-même, lesquelles portent seulement « qu'il serait présent et coexistant à toutes les choses qui existeraient ».

D'autre part, il ne se peut pas non plus que l'espace et le temps soient eux-mêmes des substances créées. Car alors il faudrait supposer un autre espace et un autre temps ; et l'on irait ainsi sans fin, comme le voulait Zénon d'Elée. Il n'y a donc qu'une hypothèse raisonnable : c'est de concevoir l'espace et le temps comme des rapports que les créatures soutiennent entre elles.

Soit un vase A, où se trouve une liqueur *b* ; il existe entre les parois de A et les parties adhérentes de *b* un certain rapport de situation. Si l'on substitue à la liqueur *b* une autre liqueur *c* ou *d*, ce rapport, considéré abstraitement, ne change pas ; et, considéré du même point de vue, il ne change pas davantage, si l'on remplace le vase A par un autre vase de même contenance et de même forme, quelle que soit d'ailleurs la matière dont il est fait. Ce rapport constant, c'est ce qu'on appelle « une place ». Et l'ensemble de toutes les places constitue l'*espace*.

De même, soit un changement *m*, au terme duquel commence un autre changement *n*. Ces deux changements, en tant qu'ayant une limite commune, soutiennent un rapport déterminé, et dont la notion reste identique, quels que soient les sujets qu'ils affectent. Ce rapport invariable est ce qu'on appelle une succession ; et l'ensemble de toutes les successions forme le *temps*.

Mais, si telle est la logique des choses, il ne faut plus supposer qu'il y a de l'espace en dehors de nous, dans le monde absolu que constituent les monades. Car il n'existe entre elles aucun rapport analogue à celui que soutient un liquide avec les parois d'une ampoule : il ne s'y trouve ni contenants, ni contenus. Il ne faut pas croire davantage que les monades sont dans le temps. Le temps n'est qu'en elles. Elles durent sans doute ; mais, conçues du dehors, elles demeurent essentiellement immobiles et ne peuvent, de l'une à l'autre, produire aucun cas de succession ; l'espace et le temps n'existent que pour et par notre pensée : ils sont de purs phénomènes. Et c'est dans ce sens qu'il faut entendre les paroles de Leibniz, lorsqu'il définit l'espace *un ordre de coexistence,* et le temps *un ordre de succession*[1].

---

1. End., 81ᵇ (*Med.*, 1684) ; — Est., 41 (*Disc. de Mét.*, 1685). — P. Jan., 631, 654-665 (*L. à Arnauld*, 1686-1688) ; — Gerh., *Phil.*, 1, 391-392 (*L. à Foucher*, vers

## MATIÈRE ET PENSÉE. 221

Que faut-il penser du monadisme, au point de vue dogmatique? Le chanoine Foucher, dans sa lettre de 1695, semble avoir assez bien répondu à cette question. « Après tout, dit-il, à quoi peut servir tout ce grand artifice dans les substances, sinon pour faire croire que les unes agissent sur les autres, quoique cela ne soit pas? En vérité il me semble que ce système n'est de guères plus avantageux que celui des Cartésiens et qu'il est tout également « chimérique »... Ne voit-on pas que... ces systèmes n'ont été fabriqués que pour sauver de certains principes dont on est prévenu? En effet les Cartésiens supposant qu'il n'y a rien de commun entre les substances spirituelles, et les corporelles, ne peuvent expliquer comment les unes agissent sur les autres : et par conséquent, ils en sont réduits à dire ce qu'ils disent. Mais vous, Monsieur, qui pourriez vous en démêler par d'autres voyes, je m'étonne de ce que vous vous embarrassez de leurs difficultés... Vous concevez que les êtres matériels sont capables d'efforts... D'autre part vous reconnoissez aussi que les êtres spirituels [en sont également capables] » : ce qui suppose « quelque résistance ». Dès lors, qu'y a-t-il d'impossible à ce « que l'esprit faisant effort pour mouvoir le corps, le trouve muni d'un effort contraire qui lui résiste tantôt plus, tantôt moins [1] »? « et cela suffit » pour faire crouler le palais de cristal édifié par Leibniz. L'immanentisme absolu de la pensée : voilà le point où commence l'utopie; c'est de ce point, précisément, que s'irradient

---

1687). — GERH., *Math.*, VI, 202-203 (1690); — F. CAR., 3, 328 (*L. à Fardella*, 3/13 sept. 1696); — GERH., *Math.*, VI, 247; — GERH., *Phil.*, II, 253 (*L. à Volder*, 21 juin 1703); *Ibid.*, III, 363 (*L. à Lady Masham*, sept. 1704); *Ibid.*, VII, 467 (*L. à Tolomei*, 17 déc. 1705); GERH., *Math.*, VIII, 126 (*L. à Wolf*, 1710); — ERD., 461[b], 682[b], 740[a] (*L. au P. des Bosses*, 1709-1716); — GERH., *Phil.*, III, 674 (*L. à Remond*, 27 mars 1716); *Ibid.*, 595 (*L. à Bourguet*, 2 juill. 1716); — ERD., 751[b]-753[b], 755[b]-758, 762[a]-778[b] (*L. à Clarke*, 1715-1716) : l'argumentation de Leib. est vive, serrée et pénétrante; suit une dernière réplique de Clarke, la cinquième, à laquelle la mort de Leib. l'a empêché de répondre. — V. aussi cette correspondance dans GERH. (*Phil.*, VII, 352-440); les lettres de Clarke y sont en anglais. — Cf. GERH., *Math.*, III, 939, 971 (*L. à Joh. Bern.*, 1715-176).

1. ERD., 130[a.b]; — V. aussi GERH., *Phil.*, I, 425-427.

comme d'un centre toutes les déductions qui constituent l'*Harmonie préétablie*.

Il est surprenant que, par certains côtés, les grands philosophes du XVII<sup>e</sup> siècle aient montré si peu « d'esprit positif ». Les « animaux-machines » de Descartes, l'occasionalisme de Malebranche, l'Harmonie préétablie de Leibniz : autant de romans métaphysiques qu'Aristote n'aurait jamais pris au sérieux et dont Platon lui-même aurait fait l'objet de sa haute et fine ironie; car, lorsque Platon crée des mythes, il a soin de le dire ou tout au moins de le faire comprendre. Nos classiques le sont beaucoup moins que ceux de l'antiquité grecque, si par ce terme il faut encore entendre l'hégémonie de la raison sur les caprices de « la partie pleureuse de l'âme ».

Mais les systèmes ne valent pas seulement par la connexion rigoureuse des propositions qui forment leur contenu; ils valent aussi par les vues qu'ils ouvrent ou provoquent au cours de leur développement. Or, à cet égard, la théorie de Leibniz est l'une des plus riches et la plus inventive qui soit sortie de l'intelligence humaine. Quel fier et vigoureux spiritualisme que le sien! Au fond, quelle raison y a-t-il d'admettre une étendue à titre de substance? Pourquoi le monde serait-il autre chose qu'une république d'esprits, dans le sens où le dira plus tard Rosmini, dans le sens où le soutenait déjà l'évêque de Cloyne dès les dernières années de Leibniz ? Du moins, le philosophe de Hanovre a-t-il fait, pour mettre ce point en lumière, un effort gigantesque et dont il faudra bien tenir compte.

Malheureusement, la tendance à laquelle il obéissait et qui lui venait de Descartes, devait après lui dépasser la juste mesure. Établir l'idéalité de la matière, l'idéalité de l'espace et celle du temps : trois tentatives hardies de ramener le dehors au dedans dont les philosophes ultérieurs, ceux de l'Allemagne surtout, s'inspirèrent tour à tour en vue d'aboutir au subjectivisme absolu. A quoi bon un monde extérieur, se prit-on à dire, un monde existant en lui-même et inaccessible à tous les regards, puisque la monade enveloppait déjà l'univers dans ses mystérieuses virtualités? Pourquoi

cette doublure du dedans, si difficile d'ailleurs à concevoir?
Kant, d'abord, vint substituer à l'infinité multiforme des monades « l'indéfini » de la matière. Puis Fichte parut, qui « fourra » la matière elle-même dans la conscience, suivant l'expression de Schiller : si bien qu'au terme de ces confiscations, il ne resta plus au monde qu'un seul et même moi[1].

Il est vrai que les hypothèses les moins fondées peuvent encore devenir très fécondes, quand elles sont maniées par le génie. « Celui qui prend un chemin de travers, même au hazard de s'égarer, pourra plus aisément rencontrer des choses inconnues aux autres voyageurs[2]. » Il faut cependant se défier des fleurs exotiques; car, si rare que soit leur parfum, elles sont souvent perfides.

1. Voir notre article sur *La philosophie allemande et les faits actuels* (*Revue pratique d'apologét.*, février 1915).
2. GERH., *Phil.*, I, 332 (*L. à Malebr.*, 22 juin 1679).

# CHAPITRE VI

## LA VIE DES AMES

I. De la connaissance. — L'innéisme intégral ; — théorie des « petites perceptions » ; — les images ; — les idées ; — association des images ; — connexion des idées ; — rapports des images et des idées : Leibniz et Kant ; — valeur de la connaissance humaine, au point de vue des possibles, puis au point de vue des faits : comment Descartes s'est mépris à cet égard.
II. De la liberté. — Contingence et liberté ; — rejet de la liberté d'indifférence ; liberté et nécessité : comment la théorie de Leibniz n'est encore que du spinozisme.
III. L'idée du meilleur. — 1° De l'existence de Dieu : a) preuve ontologique de Descartes : critique qu'en fait Leibniz, et qui égale à peu près celle que Kant donnera plus tard ; b) preuve par l'éternité des possibles ; c) preuve par la série régressive des mouvements ; d) preuve fondée sur la contingence des lois de la nature ; e) comment Leibniz se heurte toujours à la même barrière, qui est la notion même d'un être infini ; — 2° nature de l'acte créateur ; — 3° mobile de l'acte créateur : ce mobile n'a pu être que l'idée du meilleur.
IV. Le problème du mal. — 1° La part du mal est considérablement grossie par notre ignorance et notre émotivité ; — 2° le mal a sa racine dans la matière ; et par là même il remonte jusqu'à l'entendement divin où se trouve l'idée éternelle de ce principe limitatif des choses ; — 3° comment Leibniz et Platon se ressemblent par la solution qu'ils apportent au problème ; ce qu'ajoute Leibniz.
V. Le progrès. — 1° Il existe et tient à cet effort vers le mieux qui fait le fond de l'être ; — 2° il y a un progrès naturel des choses ; — 3° il en est un second qui tient au développement de l'esprit humain ; — 4° l'un et l'autre sont indéfinis.
VI. De l'immortalité. — 1° Toutes les âmes sont *physiquement* immortelles ; — 2° il en va de même d'une sorte d'organisme profond qu'elles enveloppent toujours : cet organisme contient une matière qui « s'écoule sans cesse » ; mais il ne perd jamais sa forme ; — 3° les êtres raisonnables ont en plus ce que l'on peut appeler une immortalité *morale* : ils gardent toujours leur personnalité. Ce privilège est voulu par la ressemblance de leur vie à celle de Dieu, par la connaissance qu'ils prennent de l'infini de perfection et de l'infini de durée ; c'est aussi un corollaire de la loi morale.
Conclusion. — Constance de Leibniz dans l'affirmation de son système philosophique.

Il n'y a que des âmes dans l'univers. Et ces âmes se différencient à l'infini par leur degré de perfection qui n'est autre chose que le degré de distinction de leur connaissance.

Mais cette différenciation infinie ne produit pas une traînée continue où l'on va toujours du même au même. On distingue trois principales sortes d'âmes, qui sont comme les points culminants de la nature : les âmes des *vivants*, celles des *animaux* et celles des *hommes*.

Les premières ne possèdent que la *perception* pure et simple, c'est-à-dire un mode de connaissance tellement enfoui dans son objet qu'il ne se ramène jamais sur lui-même, et si infime qu'il est incapable de rester à l'état de souvenir. Telles sont les monades des plantes, et aussi celles des êtres inférieurs aux plantes, ou minéraux. Car il n'y a pas de corps bruts ; tout est organique, tout est vivant et doué de quelque perception : la pensée ne fait que dormir où nous affirmons qu'elle n'est pas.

Les âmes des animaux ont une connaissance plus distincte, qu'on peut appeler *sentiment* et qui consiste dans la « perception accompagnée de mémoire ». Il se produit en elles comme « un écho de leurs impressions » qui demeure longtemps et peut se faire entendre à nouveau. Mais elles sont dépourvues de toute énergie réflexive et par là même de raison.

C'est dans l'homme seulement que s'épanouit la puissance de réfléchir et d'abstraire et de déduire : ce qui en fait un être à part et comme un « petit dieu » dans l'univers. Et cette faculté d'ordre supérieur ne va pas seule en lui : elle s'y ajoute aux formes inférieures de l'activité, sans les changer entièrement. Perception simple, perception avec mémoire et réflexion ou aperception, tous les modes de la connaissance se réunissent et se coordonnent dans l'âme humaine [1].

---

1. Est., 91-92 (*Disc. de Mét.*, 1685) ; — P. Jan., 580, 657-658, 660 (*Corresp. avec Arnauld*, 1686-1688) ; — Cout., *Op.*, 16 (1887 ou peu après) ; — Erd., 125ᵃ, 126ᵃ (*Syst. nouv.*, 1695) ; — Gerh., *Math.*, III, 560-561 (*L. à Joh. Bern.*, 17 déc. 1698) : de l'animal à l'homme, il n'y a pas de passage, d'après les lois de la nature telles qu'elles sont établies par la sagesse divine ; — Erd., 161 (*L. à Hoffmann*, 1699) : « Animæ semper manent substantiæ, mentes vero semper personæ » ; — Gerh., *Phil.*, IV, 525-526 (*L. à Bayle*, 1702) ; *Ibid.*, III, 339

Aussi est-ce cette âme que le philosophe choisit comme l'objet central de ses investigations.

## I. — DE LA CONNAISSANCE.

L'âme pense toujours, c'est voulu par le dedans, c'est voulu par le dehors. Elle est effort; et par suite, elle enveloppe une tendance essentielle à penser qui « a toujours quelque succès ». D'autre part, c'est « l'écho de l'univers »; et par suite, elle a toujours une certaine perception des mouvements en nombre infini dont il se compose [1].

L'âme, dès l'origine, contient dans son propre fond tout ce qu'elle pensera jamais : idées, images et sensations; l'innéisme est intégral [2].

Mais il ne faut pas croire, comme l'entendait Locke, que toutes ces représentations se trouvent en nous à l'état formel. Elles n'y sont que sous mode d'ébauches, comme les

(L. à Lady Masham, mai 1704); — ERD., 223ᵇ, 237ᵇ, 238ᵃ, 251ᵇ (N. Essais, 1704); Ibid., 527ᵃ (Théod., 1710) ; « Mais cette conservation de la personnalité n'a point lieu dans l'âme des bêtes »; Ibid., 463ᵃ-465ᵇ (Comment. de anima brutorum, 1710); Ibid., 466ᵃ-467ᵇ (L. à Wagner, 4 juin 1710); Ibid., 676ᵇ (L. à des Maizeaux, 1711); Ibid., 706ᵇ, 20-21 (Mon., 714); Ibid., 715ᵇ (Princip. de la nat..., 1714); — GERH., Phil., III, 635 (L. à Remond, 11 févr. 1715) : le passage de l'animal à l'homme est peut-être possible en soi, ratione essentiæ Monadum; mais, en fait, il est empêché par les lois de l'harmonie préétablie, celles que Dieu a choisies en vue du meilleur : si bien que « jamais un pur animal ne deviendra homme »; ibid., 579 (L. à Bourguet) : Pas nécessaire d'ailleurs « que tout germe séminal humain parvienne à être raisonnable » : « s'il y en avait beaucoup qui demeurassent de simples animaux, il n'y aurait point de mal ».
D'après Leibniz, l'impossibilité pour l'animal de s'élever jusqu'à l'homme n'est qu'un fait; cette évolution serait possible dans un autre univers que le nôtre. Je crois que Leibniz n'a pas vu le fond du problème, et parce que, comme le lui reprochait le P. des Bosses (GERH., Phil., II, 466), il n'a pas vu ce que c'est que l'abstraction. Abstraire, c'est s'élever du concret au logique, du fait au possible, du fini à l'infini; et dès lors, il n'y a plus de passage de l'animal à l'homme. Du point de vue psychologique, le premier est irréductible au second (V. La personne humaine, F. Alcan, Paris, 1913, 2ᵉ édit.).
1. EST., 72-73 (Disc. de Mét., 1685); — P. JAN., 579, 682 (Corresp avec Arnauld, 1686-1690); — ERD., 111ᵃ⁻ᵇ (De vera meth.); Ibid., 161 (L. à Hoffm., 1699); — GERH., Phil., V, 23 (Echantillon de réflexions..., vers 1704); — ERD., 222ᵇ-223ᵃ, 224ᵃ, 216ᵃ (Nouv. Essais, 1704); — GERH., Phil., III, 311 (L. à Burnett, 6 juill. 1706); — ERD., 706ᵇ, 21 (Mon.); — GERH., Phil., III, 657 (L. à Remond, 4 nov.1715).
2. V. plus haut, pp. 204-205, les prémisses de cette conclusion; consulter, pour son développement : ERD., 201-222 (N. Essais).

figures que marquent les veines d'un morceau de marbre ; et c'est l'âme elle-même qui, par sa spontanéité naturelle, les élève du confus au distinct.

*.*

Nous avons des « perceptions inaperçues ». Notre pensée se dégrade indéfiniment, comme la lumière du soleil : si bien qu'à un point donné il nous arrive de connaître encore sans savoir que nous connaissons. Lorsque nous sommes en état de veille, « nous pensons à quantité de choses à la fois, mais nous ne prenons garde qu'aux pensées, qui sont les plus distinguées : et la chose ne saurait aller autrement, car si nous prenions garde à tout, il faudrait penser avec attention à une infinité de choses en même temps, que nous sentons toutes et qui font impression sur nos sens ». « Quand nous dormons sans songe et quand nous sommes étourdis par quelque coup, chute, symptôme ou autre accident », nous revenons à nous-mêmes au bout d'un certain temps et commençons derechef à *nous apercevoir* de nos *perceptions*. Il faut donc qu'il y ait eu, immédiatement avant, d'autres perceptions dont nous ne nous sommes pas aperçus ; une pensée ne saurait venir naturellement que d'une autre pensée, comme un mouvement ne peut venir naturellement que d'un autre mouvement. Chose encore plus frappante, c'est que l'aperception elle-même suppose toujours de l'inaperçu. « Il n'est pas possible que nous réfléchissions toujours expressément sur toutes nos pensées ; autrement l'esprit ferait réflexion sur chaque réflexion à l'infini sans pouvoir jamais passer à une autre pensée. Par exemple, en m'apercevant de quelque sentiment présent, je devrais toujours penser que j'y pense, et penser encore que je pense d'y penser, et ainsi à l'infini. »

Bien plus, l'existence de ces perceptions inaperçues n'est pas un fait accidentel ; elles tiennent à la nature des choses. « Les puissances véritables ne sont jamais de simples possibilités » ; elles enveloppent « toujours de la tendance et de l'action ». Or l'action essentielle de l'âme, c'est la pensée.

Donc elle pense toujours. Et cependant elle ne peut toujours s'apercevoir de ce qu'elle pense; un enfant ne fait pas de métaphysique dans le sein de sa mère. Il faut, en vertu de l'essence de l'âme, qu'il existe des perceptions inaperçues; il le faut aussi, en vertu de son intime union avec l'organisme. « Il y a toujours une exacte correspondance entre le corps et l'âme. » Pas un changement dans le physique, si infime qu'on le suppose, qui n'ait quelque retentissement dans le mental. « S'il y avait des impressions dans le corps pendant le sommeil ou pendant qu'on veille, dont l'âme ne fût point touchée ou affectée du tout, il faudrait donner des limites à l'union de l'âme et du corps, comme si les impressions corporelles avaient besoin d'une certaine figure ou grandeur pour que l'âme s'en pût ressentir; ce qui n'est point soutenable. » Du moment que l'âme est simple, elle doit être modifiée par les petits mouvements du corps comme par les grands. Mais ces mouvements sont en nombre infini et forment une sorte de tourbillon qui ne se calme jamais. C'est donc bien que nous recevons du dehors, et à chaque instant, une multitude d'impressions dont nous avons quelque connaissance sans le remarquer, « tout comme ceux qui habitent auprès d'un moulin à eau ne s'aperçoivent pas du bruit qu'il fait »[1].

1. Est., 72-73 (*Disc. de Mét.*, 1685); — P. Jan., 579, 26 (*Corresp. avec Arnauld*, 1686-1690); — Cout., *Op.*, 15-16 (vers 1687) : Les esprits ne perdent jamais la conscience de leur individualité; ils perçoivent et s'aperçoivent toujours ; — F. Car., A, 188 (vers 1701); — Gerh., *Phil.*, VI, 515 (*L. à Charlotte*, vers 1700); Erd., 223b, 224a, 225a, 225b, 226b, 248a-218b (*Nouv. Essais*, 1704) ; — Gerh., *Math.*, VIII, 32, 57 (*L. à Wolf*, 1705-1706); *Ibid.*, *Phil.*, III, 307 (*L. à Burnett*, 26 mai 1706); — Erd., 706a, 14 (*Mon.*); *Ibid.*, 715a (*Princip. de la nature et de...*).
Ajouter deux textes sur la définition de l'aperception ou réflexion : Cout., *Op.*, 495 (Table de définitions, 1702 à 1704); Gerh., *Phil.*, III, 299 (*L. à Burnett*, 2 août 1704).
A travers cette série de textes, c'est la même pensée qui se développe d'un bout à l'autre ; mais elle ne commence à s'expliciter, à prendre des contours nets qu'à partir de la 1re édition de l'*Essai sur l'entendement humain*, qui se fit en 1690. Jusqu'à cette date, Leibniz n'a pas eu l'occasion de porter plus particulièrement son attention du côté des *perceptions inaperçues*; en face de cette œuvre, c'est un « progrès notable » qui se produit dans sa pensée. Il est utile, pour le comprendre, de connaître certains passages de sa correspondance avec Burnett. V. particulièrement : Gerh., *Phil.*, III, 162 (*L. à Burnett*, 11/21 juin 1695 ?) : Leib. a lu l'*Essai*; *Ibid.*, 165 (*L. au même*, 22 nov. 1695) : Leib. a beaucoup médité sur cette matière, « peut-être plus que luy »; *Ibid.*, 176 (*L. au même*,

.˙.

L'âme sent dès son origine. Et voilà le fait initial d'où dérivent, comme le veulent les empiristes, tous les autres modes de la sensibilité; voilà le ressort interne qui fait passer de l'implicite à l'explicite le contenu empirique de la monade.

La première image donnée en évoque d'autres qui en évoquent d'autres encore à peu près de la manière suivante.

1° Chaque perception qui enveloppe l'idée d'un état meilleur, tend à susciter d'autres perceptions.

2° Nous éprouvons à chaque instant une foule « de demi-douleurs », « de petites douleurs inaperceptibles », qui travaillent de derrière la coulisse et « font agir notre machine[1] ». Par exemple, « quand je me tourne d'un côté plutôt que d'un autre, c'est bien souvent par un enchaînement de petites impressions dont je ne m'aperçois pas, et qui rendent un mouvement un peu plus malaisé que l'autre[2] ». Et ces mouvements eux-mêmes provoquent, en s'opérant, de nouvelles perceptions; car, encore une fois, il ne se fait rien dans le corps qui n'ait son contre-coup dans l'âme.

3° Lorsque ces perceptions affectives deviennent « notables », elles éveillent l'attention, dont le rôle est à la fois de rendre plus distinctes les images déjà présentes et d'en faire jaillir de nouvelles. C'est ainsi que « le sanglier

---

mars 1696) : Leib. a fait un brouillon de ses *remarques* sur « *l'excellent essai de M. Lock* »; et il en envoie une copie à Burnett; *Ibid.*, 201, 204 (*L. au même*, 8/18 mai 1697) : Leib. a reçu les livres dont Locke lui a fait présent : il suit la même méthode que Locke, bien qu'il garde sur certains points une manière différente de voir; *Ibid.*, 217 (*L. au même*, 24 août 1697) : il a déjà des notes toutes prêtes, et que l'on désirerait joindre à la nouvelle édition de l'*Essai* qui se prépare en Hollande; *Ibid.*, 223-242 (*L. au même*, 1698) : *Réflexions sur la réplique de Monsieur Lock à l'évêque de Worcester, examen de la doctrine de l'évêque*; *Ibid.*, 291-292 (*L. au même*, 3 déc. 1703) : jugement sur Locke. — Cf. *Ibid.*, III, 339 (*L. à Lady Masham*, mai 1704); *Ibid.*, 473-475 (*L. à Jaquelot*, 28 avril 1704) : résumé de l'*Essai* de Locke; comment Leibniz a composé les *Nouveaux Essais*....

1. Erd., 247ᵃ-248ᵃ (*N. Essais*).
2. Erd., 235ᵃ, 15 (*N. Essais*).

s'aperçoit d'une personne qui lui crie et va droit à cette personne, dont il n'avait eu déjà auparavant qu'une perception nue mais confuse comme de tous les autres objets, qui tombaient sous ses yeux et dont les rayons frappaient son cristallin[1] ».

4° Chez l'homme, l'attention s'accompagne de réflexion. Et de là un autre moyen, le plus puissant de tous, d'élargir le domaine de l'expérience. Car la réflexion conduit tout droit à la découverte du possible ; et le possible lui-même pousse, par la voie des hypothèses, à la connaissance de faits nouveaux. Mais ici commence un ordre de perceptions tout différent.

.'.

Outre les *images,* ou représentations concrètes, nous trouvons en nous des *idées,* ou représentations abstraites. D'où viennent ces autres formes de la pensée ? Faut-il y voir une simple élaboration des images elles-mêmes ? Est-ce des données de l'expérience qu'elles résultent en vertu de l'activité de l'entendement ? Aristote et ses « sectateurs » l'ont cru ; mais il semble bien que leur solution soit insuffisante et que, sur ce point comme sur d'autres, le passé demande « quelque perfectionnement ».

Il y a des *vérités de fait,* c'est-à-dire des jugements, soit particuliers, soit généraux, où l'attribut s'ajoute au sujet sans laisser voir comment il en dérive. Et ces vérités sont tirées de l'expérience : c'est la réflexion qui les en dégage et les formule. Mais il faut distinguer aussi des *vérités nécessaires,* comme celles « de l'arithmétique et de la géométrie » : il existe des propositions dont les deux termes sont tellement liés l'un à l'autre que l'on ne conçoit ni lieu ni temps où le premier n'enveloppe le second. Or il y a là une donnée originale que ni l'observation toute seule ni l'observation aidée de la réflexion ne peuvent expliquer. Rien dans les synthèses purement empiriques, qu'elles expriment

---

1. *Erd.,* 251ᵇ (*N. Essais*).

les phénomènes de l'esprit ou les phénomènes de la matière, qui ait un point d'attache infrangible, un rapport qui ne peut pas ne pas être, un rapport absolu ; tout y est susceptible de prendre un autre ordre et une autre suite : tout y est contingent. Et partant, notre esprit aura beau s'évertuer, notre réflexion pourra limer et transformer à l'infini ; elle ne fera jamais sortir de la matière donnée ce qui ne s'y trouve pas : elle ne réussira jamais à changer une simple agglutination de fait en une connexion nécessaire[1].

Si, au lieu de considérer les *vérités,* on envisage les *idées* elles-mêmes, on trouve aussi qu'en dernière analyse elles sont irréductibles à l'expérience. Toute idée vraie renferme une aptitude interne à se réaliser indéfiniment dans tous les temps et tous les lieux, une *supposabilité* qu'elle ne saurait perdre, quand même le monde entier, avec toutes les intelligences qu'il contient, viendrait à crouler dans le néant : toute idée est nécessairement et par là même éternellement possible. Or il y a là-dedans une réalité qui dépasse toutes les existences individuelles et ne peut y trouver son explication.

C'est donc en dehors de la nature, c'est dans le monde de l'éternité, c'est en Dieu lui-même, que se situe l'origine première et des vérités de droit et des idées. Mais comment? Dieu, d'après Malebranche, est l'objet immédiat de notre entendement, et parce que l'Infini ne se représente pas. Serait-ce là le mot de l'énigme?

La théorie de Malebranche n'est pas dépourvue de fondement. Mais elle a le tort de rapprocher à l'excès le Créateur et la créature. Si c'est en Dieu lui-même que nous voyons les intelligibles et leur enchaînement immuable, Dieu se modifie avec notre âme et souvent par elle ; bien plus, il s'identifie de quelque manière avec notre raison, car la pensée et son terme direct ne sauraient être radicalement

---

1. Est., 43 (*Disc. de Mét.,* 1685) ; — P. Jan., 600, 602, 605, 608, 613 (*Corresp. avec Arnauld,* 1686-1690) ; — Gerh., *Phil.,* VII, 309 (pas daté) ; *Ibid.,* III, 400 (*L. à Coste,* 19 déc. 1707) ; — Erd., 207ᵃ, 208ᵃ⁻ᵇ, 209ᵇ, 379ᵇ (*N. Essais,* 1704) ; *Ibid.,* 480ᵃ, 515ᵇ, 557ᵃ⁻ᵇ (*Théod.,* 1710) ; *Ibid.,* 707ᵇ, 33 (*Mon.,* 1714). — Consulter, plus haut, 76-87 ; cette distinction fondamentale des vérités *de fait* et des vérités *de droit* reviendra d'ailleurs à propos de la liberté.

distincts l'un de l'autre. On tombe par là dans le panthéisme : on donne raison à Spinoza.

Nous n'avons donc pas la vision de Dieu ; nous n'en possédons qu'une représentation interne, une sorte de symbole mental : entre Dieu et nous s'interpose son idée, comme le voulait Descartes. « Nos pensées avec tout ce qui est en nous, autant qu'il renferme quelque perfection, sont produites sans intermission » par l'opération continuée de Dieu. « En tant que nous recevons nos perfections finies des siennes qui sont infinies, nous en sommes affectés immédiatement. Et c'est ainsi que notre esprit est affecté immédiatement par les idées éternelles qui sont en Dieu, lorsque notre esprit a des pensées qui s'y rapportent, et qui en participent. » L'idée de Dieu et le contenu logique qu'elle enveloppe sont comme l'empreinte que le Créateur fait de lui-même dans la créature par son action créatrice[1].

Mais, si Dieu est la source ultime des idées, notre raison en est la source immédiate : elle les contient dans ses profondeurs et les « prend » toujours « de chez soi ». Il est vrai qu'elles n'y sont pas plus à l'état explicite que les images dans la sensibilité. Elles ressemblent aux veines d'une pierre avant que l'ouvrier les découvre en travaillant ; et souvent l'on se fonde sur elles « sans les remarquer, comme on se fonde sur les majeures qu'on supprime lorsqu'on raisonne par enthymèmes ». On les peut comparer « aux muscles et aux tendons »

---

1. ERD., 81ᵇ (*Med.*, 1684) ; — EST., 75-77 (*Disc. de Mét.*, 1685); — P. JAN., 580 (*Corresp. avec Arnauld*, 1686-1690); — GERH., *Math.*, II, 289 (*L. à L'Hospital*, 14/24 juin 1695); *Ibid.*, 322 (*L. au même*, 4/14 déc. 1696); — ERD., 148ᵇ (*De rerum orig.*, 1697); — GERH., *Phil.*, III, 259 (*L. à Burnett*, 1699 ?); *Ibid.*, VII. 311 (*Specimen inventor.*, non daté); — ERD., 222ᵃ, 379ᵇ-380ᵃ (*N. Essais*, 1704); *Ibid.*, 451ᵇ-452ᵃ (*Rem. sur le sentiment du P. Malebr.*, 1708); — GERH., *Phil.*, VI, 495-500 (*L. à Charlotte*, vers 1705); — ERD., 697ᵇ (*Ex. des princip. de Malebr.*, 1711); *Ibid.*, 708ᵃ, 43 (*Mon.*, 1714); — GERH., *Phil.*, III, 659 (*L. à Remond*, 4 nov. 1715).

Noter les remarques que fait Leib. auprès de Burnett et de Lady Masham, pour faire entendre ce que c'est qu'une idée : GERH., *Phil.*, III, 225 (*L. à Burnett*, 1698); *Ibid.*, 357, 362 (*L. à Lady Masham*, 1704). Leibniz sent que la mentalité de ces insulaires ne s'ouvre pas facilement à la conception d'une représentation qui n'est plus une image ; il insiste, pour faire entendre que l'on conçoit encore ce qui ne s'imagine plus : telle la substance, tels les *incommensurables*. Cette insistance rappelle la réponse de Descartes à Hobbes sur la distinction de l'idée et de l'image (V. *Rép. à la 4ᵉ et 5ᵉ object. de Hobbes*, p. 199-201, éd. J. Simon).

dont on se sert en marchant, « quoiqu'on n'y pense point ».

« Notre entendement n'est pas une faculté nue qui consiste dans la seule possibilité de les entendre » ; il n'en a pas non plus la connaissance distincte *ab utero matris :* « c'est une disposition, une aptitude, une préformation, qui détermine notre âme et qui fait qu'elles en peuvent être tirées. » Les idées « sont en nous d'une manière virtuelle ».

De plus, c'est notre esprit lui-même qui les tire de son propre trésor[1]. Essentiellement actif, il a le pouvoir de se replier des objets sensibles sur ses modes, de s'analyser de plus en plus et de découvrir peu à peu les rayons que projette en lui le Soleil des intelligences. « On peut trouver » les idées « en considérant attentivement et rangeant ce qu'on a déjà dans l'esprit, sans se servir d'aucune vérité apprise par l'expérience ou par la tradition d'autrui, comme Platon l'a montré dans un dialogue où il introduit Socrate menant un enfant à des vérités abstruses par les seules interrogations sans lui rien apprendre ». C'est ce que l'on voit surtout par l'arithmétique et la géométrie. Car ce sont là des sciences que « l'on peut se former dans son cabinet et même à yeux clos, sans apprendre par la vue ni même par l'attouchement les vérités dont on a besoin ; quoiqu'il soit vrai qu'on n'envisagerait pas les idées dont il s'agit, si l'on n'avait jamais rien vu ni touché ». La nature a voulu, « par une admirable économie », que l'expérience qui est impuissante à nous fournir des idées, nous donne « l'occasion » d'y « prendre garde », et « nous porte aux unes plutôt qu'aux autres »[1].

Ainsi, bien que tout soit contenu dans l'âme et à l'état virtuel, bien que « tout lui vienne d'elle-même après Dieu », il y a des différences notables entre l'innéité des *images* et celle des *idées*. 1° les images sont innées à la sensibilité, et les idées à l'entendement ; 2° les images se développent *spontanément* ou sous l'influence de *l'attention :* et dans l'un et l'autre cas, le ressort caché qui meut tout, est la recherche d'un plus grand plaisir ou d'une moindre douleur. Au contraire, c'est uniquement sous l'effort de la

---

1. Erd., 206ᵃ, 213ᵇ (*Nouv. Essais*, 1704).

*réflexion* que les idées s'élèvent du virtuel à l'actuel : elles sont comme autant de découvertes que fait l'esprit en se ramenant par lui-même sur lui-même; 3° il y a toujours du *confus* dans les images, si bien qu'on les analyse : elles sont ce que Platon appelait du nom d'opinion (δόξα). Le propre des idées est de s'élever jusqu'au *distinct*. Mais ce dernier mot demande quelque explication. Si pour Leibniz, comme pour Descartes, la distinction diffère de la clarté, c'est pourtant d'une autre manière. Leibniz appelle *claire* une idée qui permet de discerner une chose d'une autre; et il appelle *distincte* une idée dont on connaît tous les détails. Ainsi, une idée peut être claire sans être distincte : par exemple, l'idée de couleur est claire; et en même temps elle est très confuse[1].

∴

Toutes nos représentations, de quelque faculté qu'elles relèvent, sont susceptibles de *s'associer* les unes aux autres, c'est-à-dire de former des synthèses plus ou moins complexes et plus ou moins solides, où la raison n'entre pour rien et qui peuvent même aller à l'encontre de ses lois. « Les ténèbres réveillent l'idée des spectres aux enfants, à cause des contes qu'on leur en a faits. On ne pense pas à un homme qu'on hait, sans penser au mal qu'il nous a fait ou peut faire. » « Quand on suit un certain air, on le trouve dès qu'on a commencé. » Et la « même liaison » se produit aussi « dans les habitudes intellectuelles » : « on lie la matière avec l'être comme s'il n'y avait rien d'immatériel; on attache à ses opinions le parti de secte dans la philosophie, dans la religion et dans l'État[2] ». L'entendement peut avoir ses *rites*, comme la sensibilité, lorsqu'on cesse de « s'attacher sérieusement à la recherche de la vérité », ou d'y « procéder avec méthode ».

1. Erd., 79ᵃ (*Med.*, 1684); — Gerh., *Phil.*, I, 132 (*Remarques sur les Communicata de Schuller*); *Ibid.*, 223-225 (*L. à Burnett*, 1698); *Ibid.*, 256-257 (*L. à Burnett*, 1699?); — Erd., 222ᵃ, 288ᵇ, 291ᵃ-292ᵃ (*N. Essais*).
2. Erd., 295ᵃ-296ᵇ (*N. Essais*).

Bien qu'étrangères et parfois même contraires à la logique, ces associations suivent un certain nombre de lois qu'on peut dégager des formes indéfiniment variées qu'elles revêtent [1].

1° Souvent elles proviennent de *la fréquence de plusieurs impressions*. Certaines traces du cours des esprits animaux deviennent à la longue « des chemins battus » où ils se précipitent derechef, dès que les mêmes conditions sont données. « Quelques-uns haïssent les livres toute leur vie à cause des mauvais traitements qu'ils ont reçus ». « Il s'est trouvé un homme qui avait bien appris à danser, mais qui ne pouvait l'exécuter, quand il n'y avait point dans la chambre un coffre, pareil à celui qui avait été dans celle où il avait appris. »

2° Les associations peuvent même résulter d'*une seule impression*, lorsque cette impression acquiert un certain degré de « véhémence ». « Un homme guéri parfaitement de la rage par une opération extrêmement sensible se reconnut obligé toute sa vie à celui qui avait fait cette opération ; mais il lui fut impossible d'en supporter la vue ». « Quelqu'un, ayant une fois pris un ascendant sur un autre dans quelque occasion, le garde toujours ». « Un enfant a mangé trop de miel et en a été incommodé ; et puis, étant devenu homme fait, il ne saurait entendre le nom de miel sans un soulèvement de cœur. »

3° Les associations se forment *par voie de ressemblance* : les phénomènes similaires tendent à s'agglutiner. C'est ainsi que « Descartes ayant eu dans sa jeunesse quelque affection pour une personne louche ne put s'empêcher d'avoir toute sa vie quelque penchant pour celles qui avaient ce défaut ». Un gentilhomme qui avait été « blessé peut-être dans son enfance par une épingle mal attachée, ne pouvait plus en voir dans cet état sans être prêt à tomber en défaillance [2] ».

4° *L'autorité* « fait aussi le même effet que l'expérience ». C'est pourquoi nos convictions politiques, religieuses et

---

1. Erd., *loc. cit.*
2. Erd., *loc. cit.*

morales sont toujours, en bonne partie, le résultat des influences personnelles ou sociales que nous avons subies dans notre jeunesse.

Toutefois, ces lois générales ne s'appliquent pas de la même manière à tout le monde. Elles ont plus ou moins d'efficacité suivant « les inclinations et les intérêts[1] » des individus. Au fond, c'est de l'orientation native de chacun, c'est du *caractère* que dépend principalement la suite empirique des représentations.

Quoi qu'il en soit de ce dernier point, les lois de l'association ont une importance considérable.

D'abord, elles expliquent ce que l'on appelle l'intelligence des bêtes. Si, « quand le maître prend un bâton, le chien appréhende d'être frappé », ce n'est point qu'il fasse des syllogismes. Le même *mouvement* s'est continué d'autres fois par une *correction* qu'a suivie la *douleur*. Et maintenant, ces trois phénomènes sont soudés l'un à l'autre : ils forment un groupe inséparable et s'évoquent mutuellement. Le chien menacé ne raisonne pas; il ne fait que reproduire une *consécution d'images*. C'est à tort aussi qu'on attribue des abstractions aux animaux. Il est vrai qu'ils « connaissent la blancheur et la remarquent dans la craie comme dans la neige » : ils ont leur manière de discerner dans les objets certains traits de ressemblance. Mais il n'y a là qu'une imitation tout extérieure des opérations de l'entendement humain. Les animaux n'universalisent pas; ils sentent : la pluralité des faits similaires correspond en eux à un même fond d'émotion, et non à une même idée [1].

Les lois de l'association expliquent également une très grande partie de l'activité mentale de l'homme. Car « nous sommes empiriques dans les trois quarts de nos actions ». Il demeure toujours de l'indistinct et dans la pratique des beaux-arts, et dans la stratégie militaire, et dans la diplomatie, et dans la plupart des actions qui composent la trame de notre vie quotidienne. En outre, « les hommes raisonnent souvent en paroles, sans avoir presque l'objet

---

1. Erd., 237ᵃ-237ᵇ, 296ᵃ-ᵇ (*N. Essais*); *Ibid.*, 497ᵃ (*Théod.*); *Ibid.*, 707ᵃ-ᵇ (*Mon.*); *Ibid.*, 715ᵇ (*Princ. de la nat...*)

même dans l'esprit ». Ce n'est pas qu'ils ne puissent trouver leurs idées et en pénétrer la liaison naturelle. « Mais ils ne se donnent point la peine de pousser l'analyse. » Et tout ce qu'ils pensent « n'est que *psittacisme* ou des images grossières et vaines à la mahométane, où eux-mêmes voient peu d'apparence ». C'est une des raisons pour lesquelles ils sont si peu touchés de la vérité morale; « car il faut quelque chose de vif pour qu'on soit ému »[1].

Les habitudes qui viennent de l'association peuvent être un obstacle à la croyance; elles peuvent aussi soit la faire naître soit l'affermir dans notre âme. Pascal n'a pas tout à fait tort, quand il dit qu'il faut « plier la machine », que « c'est la coutume qui nous persuade », que « c'est elle qui fait tant de chrétiens », « qui fait les turcs, les païens... ». « Une impression forte, ou souvent répétée, peut changer considérablement nos organes, notre imagination, notre mémoire, et même notre raisonnement[2]. » Il n'est pas rare de constater que la logique de l'*objet* commence par celle du *sujet*.

* * *

Les idées s'associent comme les images. Mais de plus, et c'est tout autre chose, elles soutiennent entre elles des *rapports nécessaires*. Quelle est la nature de ces rapports?

Ils sont d'abord essentiellement *connaissables*. On ne sait pas au juste pourquoi une perception amène une autre perception, et un mouvement un autre mouvement. Mais on peut savoir pourquoi la somme des angles d'un triangle est égale à deux droits. Et il en va de même pour les autres « connexions d'idées ». Elles sont distinctes, parce que leurs termes le sont.

En outre, ces rapports ne dépendent ni des temps, ni des lieux, ni de la constitution de l'entendement humain qui les découvre. Elles ne peuvent même dépendre de la volonté souveraine de Dieu, comme l'a ima-

---

1. Erd., 257ᵇ, 296ᵃ (*N. Essais*); *Ibid.*, 497ᵃ (*Théod.*); *Ibid.*, 707ᵃ, 28 (*Mon.*).
2. Erd., 649ᵃ-649ᵇ (*Remarques sur le livre de M. King*, vers 1710); il est vrai que l'accent de Pascal n'est plus là : les *Pensées* sont un livre qui saigne.

giné Descartes. Car, outre qu'une telle hypothèse fait de Dieu un être indifférent au bien et au mal, et de la morale une chose purement arbitraire, elle donne lieu de prétendre qu'une proposition comme celle-ci, « trois et trois font six, n'est vraie qu'où et pendant qu'il plaît à Dieu, qu'elle est peut-être fausse dans quelques parties de l'univers, et que peut-être elle le sera parmi les hommes l'année qui vient ». Or de semblables conséquences trahissent assez le vice de leur principe. Ce qu'il faut maintenir, c'est que la nécessité qui caractérise les rapports des idées vient de ce que les unes ne peuvent être que les autres ne soient du même coup. *Elle tient à « l'essence des choses »*. Par suite, Dieu lui-même n'y saurait rien changer; et « les vérités éternelles, qui règlent sa sagesse, sont plus inviolables que le Styx », ou, comme l'a dit Platon lui-même, plus infrangibles que le diamant. Mais, si les rapports des idées sont nécessaires et de par la nature de l'objet, il faut également qu'ils soient *universels*. L'un dérive de l'autre : il ne se peut produire aucun cas, où une chose donnée n'entraîne à sa suite les prédicats qu'enveloppe son essence [1].

\* \*

Si l'on passe maintenant aux rapports qu'ont entre elles les *images* et les *idées,* il devient plus facile d'en discerner la nature. Mais la question ne laisse pas d'être quelque peu embarrassante. Le style de Leibniz est ondoyant et divers. Sa doctrine, une en son fond, est infiniment variée en sa forme, comme la nature elle-même telle qu'il l'a comprise ; et de là des équivoques qu'il n'est pas toujours aisé de faire disparaître.

Les idées viennent de l'entendement, et les images de l'expérience interne ou externe. Par conséquent, l'on ne peut regarder les premières comme le fond logique des secondes, suivant la pensée d'Aristote. Entre le sensible et l'intelligible pur, il n'y a, pour Leibniz, aucune identité

---

1. V. plus haut, p. 76-78.

ni totale ni partielle : ils forment comme deux séries parallèles. Mais il existe entre eux une correspondance constante. Les images ont, à l'égard des idées, trois rôles assez distincts : 1° elles « nous donnent *occasion* de nous en apercevoir[1] »; 2° elles *dirigent* notre entendement en lui fournissant telle piste d'idées plutôt que telle autre[2]; 3° elles sont un moyen de vérification : en « éprouvant » nos raisonnemens « dans les exemples comme font les arithméticiens vulgaires », nous nous assurons de leur justesse[3].

Les images éveillent en notre entendement les théories d'idées qui s'y trouvent à l'état virtuel; et les idées, de leur côté, « s'appliquent » aux images de manière à les coordonner : « elles en font l'âme et la liaison[4] ». « Cette proposition *le doux n'est pas l'amer,* n'est point innée, suivant le sens que nous avons donné à ce terme de vérité innée. Car les sentimens du doux et de l'amer viennent des sens externes. Ainsi c'est une conclusion mêlée (hybrida conclusio) où l'axiome est appliqué à une vérité sensible[5]. » « Celui qui connaît que dix est plus que neuf, que le corps est plus grand que le doigt, et que la maison est trop grande pour pouvoir s'enfuir par la porte, connaît chacune de ces propositions particulières, par une même raison générale, qui y est comme incorporée et enluminée, tout comme l'on voit des traits, chargés de couleurs, où la proportion et la configuration consistent proprement dans les traits, quelle que soit la couleur[6]. » Il en va toujours ainsi, que les propositions dont il s'agit soient singulières ou qu'elles aient cette généralité relative que l'expérience par elle-même ne dépasse jamais : ce sont les idées qui, en s'y mêlant, leur communiquent la nécessité que nous y remarquons assez souvent. Et, par une telle explication, Leibniz annonce et prépare Kant. Kant fera de tout objet de la

---

1. Erd., 206ᵇ (*N. Essais*).
2. *Ibid.*, 209ᵇ (*loc. cit.*).
3. *Ibid.*, 212ᵃ (*loc. cit.*).
4. *Ibid.*, 211ᵇ (*loc. cit.*).
5. *Ibid.*, 211ᵃ (*loc. cit.*).
6. *Ibid.*, 380ᵇ (*loc. cit.*).

connaissance une synthèse de l'intelligible et du sensible ; et les représentations simplement *générales*, que Leibniz attribue à l'activité de l'entendement, deviendront pour lui ce qu'il appelle des schèmes.

.˙.

On vient de voir quelle est la nature de nos représentations, de quelle manière elles se hiérarchisent, et quels rapports elles soutiennent les unes avec les autres. Reste à trancher le problème de la valeur objective de nos connaissances.

Ce problème capital, en vue duquel on a remué tous les autres, Descartes l'a posé d'une façon qui n'est pas exacte. Il a voulu fonder la philosophie tout entière sur un fait unique, qui est celui de la pensée ; cette tentative flattait la hardiesse de son esprit. Mais il se trouve qu'elle réduit de moitié les vraies données de la question et qu'elle compromet d'avance la réponse à fournir. A côté du fait de la pensée, il en existe un autre, qui n'est ni moins primitif ni moins immédiat et sans lequel on ne peut plus faire un pas, c'est la vue de l'objet intérieur de l'entendement, c'est la vue des « possibles ». Et là se trouve la base d'élan dont il faut partir, quand il s'agit de déterminer la valeur de nos connaissances.

Les possibles sont réels ; ils le sont infiniment plus que tout ce que le vulgaire appelle de ce nom, et soit qu'on les considère en eux-mêmes, soit que l'on regarde à leurs rapports mutuels ; on peut même dire qu'il n'y a pas d'autres réalités qui méritent pleinement cette appellation. Est-ce que les possibles ne sont pas nécessaires ? Est-ce qu'ils ne sont pas immuables ? Est-ce qu'ils ne sont pas éternels ? Et qu'est-ce donc, à côté de cette essentielle suffisance, que ces individualités à la fois éphémères et fluentes qui composent le cours de la nature ? Le devenir est-il donc plus que l'être ?

Platon ! il revient toujours, quand il s'agit de Leibniz : c'est sa grande muse inspiratrice. Il revient surtout, lorsqu'il est question de comparer la valeur de l'intelligible à celle du sensible. Descartes, Spinosa, Malebranche! oui, ce sont là, bien qu'à degrés divers, de vrais excitateurs de son génie. Mais, si ces grands modernes exercent une influence sur ses méditations personnelles, c'est surtout parce qu'ils redisent à leur manière la pensée du fondateur de l'Académie, de ce « prince des philosophes » dont il savourait déjà les ouvrages dans la bibliothèque de son père.

Revenons à notre problème. Connaître les possibles, c'est déjà se mouvoir dans la plénitude du réel ; de plus, et du même coup, c'est concevoir les lois fondamentales de toute expérience possible. Les possibles ne signifient pas, il est vrai, qu'il y ait une nature ; mais ils exigent que, s'il y en a une, elle soit conforme de tous points à leur éternelle constitution : rien en fait qui puisse déroger au principe de contradiction, ou violer celui de « raison suffisante » ; rien que ne dominent les enchaînements d'idées qui forment le plein de notre entendement. Immuable en lui-même, le monde des essences renferme aussi les conditions logiques où se meuvent les existences : c'est là, c'est sur ces cimes élevées que se trouve, dressé pour jamais, l'exemplaire de tout ce qui se fait ou peut se faire. L'intelligible accuse à nouveau son indélébile hégémonie, dès que l'on considère son rôle à l'égard du sensible.

Mais y a-t-il une nature, en fait? Et, s'il y en a une, quelle est l'espèce de correspondance qui s'établit entre elle et les images que nous nous en faisons !

« Il y a une grande variété dans nos pensées » ; et cette variété suppose une cause. Quelle est-elle ?

Inutile de répondre avec Descartes que c'est nous-mêmes ; car alors la *suite bien liée* que forme et constamment une certaine catégorie de nos représentations, resterait inintelligible : dans ce cas, toujours plus ou moins inconsistantes et chaotiques, ces représentations n'arriveraient jamais à nous donner l'idée d'un monde.

La question est de distinguer les « phénomènes réels de ceux qui ne sont « qu'imaginaires » ; et l'on a, pour faire ce discernement, un certain nombre d'indices qui « donnent une grande assurance ». Les phénomènes réels ont une *intensité* et même une *qualité d'action* qui leur sont spéciales; il suffit, pour le sentir, d'être encore à même de s'observer. En outre, les phénomènes réels se prêtent à toute sorte d'expérimentation : on peut les regarder de loin ou de près, les observer à l'œil nu ou bien à la loupe, les palper, les frapper, en changer, pour mieux voir, les proportions ou les conditions ambiantes : toujours ils répondent à notre attente; nous n'y constatons jamais rien qui rappelle les fantaisies d'un rêve. Mais ce qui constitue le trait distinctif du réel, ou du moins sa marque la plus nette, c'est *la possibilité de la prédiction*. Il faut bien alors qu'il y ait une harmonie de fond entre nos pensées et un monde extérieur; autrement, l'événement prévu n'arriverait pas à point, ou du moins ne se reproduirait pas indéfiniment au terme préfixé.

Mais ces indices du réel, si frappants qu'ils soient, ne concluent pas encore comme deux et deux font quatre; ils ne donnent qu'une certitude morale. On conçoit à la rigueur, si l'on se borne aux données de la conscience, que, le monde extérieur venant à disparaître, nous éprouvions les mêmes phénomènes qu'auparavant. Si une puissance invisible prenait plaisir à nous faire paraître des songes bien liés avec la vie précédente et conformes entre eux, les pourrions-nous distinguer des réalités autrement qu'après avoir été éveillés? Et qui nous dit qu'il ne se passe pas quelque chose de pareil? Pour s'élever à la pleine certitude sur l'existence d'un monde extérieur, il faut démontrer *a priori* l'origine des choses que nous croyons voir. Il y a un monde, puisqu'il y a un Dieu : voilà le point d'où jaillit la lumière. Dieu agit en vue du meilleur : c'est sa loi essentielle. Il ne s'est donc pas enfermé dans son heureuse solitude; il a créé un univers, afin de multiplier autour de lui le bien et le bonheur. D'autre part, il ne pouvait atteindre ce but qu'en assurant des relations régulières entre les diverses parties de son œuvre; et c'est à cette condition du plan divin que répondent nos représentations mentales. A chacun des états qu'éprouve une monade quelconque, correspond quelque chose d'analogue dans toutes les autres qui composent l'univers : les représentations sont comme le langage que se tiennent les membres de cette cité sans borne. Il y a donc des réalités extérieures ; et leur existence s'établit surtout à la lumière de ce principe de théologie naturelle qui veut que Dieu suive infailliblement la loi de finalité. En somme, Leibniz fait comme Descartes : il monte jusqu'au ciel pour montrer qu'il y a une terre ; toutefois, son mode d'ascension est un peu différent.

Mais que sont au juste ces réalités qui existent en dehors de nous, et au même titre sinon au même degré? Y trouve-t-on cette substance étendue dont Descartes a tant parlé? Il n'est pas nécessaire qu'il existe rien de pareil. On conçoit très bien un monde qui ne comprendrait que des « substances intelligibles » et « où les choses sensibles ne seraient que des apparences ». Bien plus, lorsqu'on se donne la peine de pousser le problème jusqu'au fond, il apparaît de plus en plus que cette hypothèse est la seule vraie, et même la seule possible. Le monde est une république d'âmes[1].

## II. — La liberté.

Outre la faculté de connaître, il y a dans chaque monade un pouvoir d'*appétition*. Quand l'appétition se compénètre de réflexion, elle revêt un caractère tout nouveau : elle devient libre. C'est ce fait qu'il faut examiner maintenant.

D'après Leibniz l'expérience intime ne suffit pas à l'établir : Descartes est allé trop vite à cet endroit. Ce n'est pas la

---

1. Gerh., *Phil.*, I, 370-374 (*L. à Foucher*, vers 1676) : deux faits primitifs, la pensée et la vue des possibles ; sur l'existence du monde extérieur, certitude morale seulement. — *Ibid.*, VII, 264 (*Quid sit idea*, non daté) : Dieu qui a fait les esprits et les choses, les a par là même accordés entre eux, et de manière à ce que les représentations qui se produisent dans une monade aient quelque chose de similaire dans toutes les autres. — *Ibid.*, VI, 494, 502 (*Corresp. avec la reine Charlotte*, 1705) : ce qu'il y a de plus certain, c'est la pensée et les intelligibles ; on conçoit un monde où il n'y aurait que des substances simples et où les choses sensibles « ne seraient que des apparences ».
— Erd., 442-445 (*De modo distinguendi realia ab imaginariis*, non daté). — Gerh., *Phil.*, III, 659 (*L. à Remond*, 4 nov. 1715) : « Dieu est la source des possibilités et par conséquent des idées. »

psychologie, c'est la métaphysique qui nous révèle la maîtrise que nous avons de nous-même : la découverte de la liberté ne peut être que le résultat d'une déduction.

« Par le sentiment clair et net que nous avons de notre existence, écrivait Bayle dans la *Réponse aux questions d'un Provincial* (t. III, p. 761 et sqq.), nous ne discernons pas si nous existons par nous-mêmes, ou si nous tenons d'un autre ce que nous sommes. Nous ne discernons cela que par la voie des réflexions ; c'est-à-dire qu'en méditant sur l'impuissance où nous sommes de nous conserver autant que nous voudrions, et de nous délivrer de la dépendance des Êtres qui nous environnent, etc. Disons aussi que le sentiment clair et net, que nous avons des actes de notre volonté, ne nous peut pas faire discerner si nous nous les donnons nous-mêmes, ou si nous les recevons de la même cause qui nous donne l'existence... Toute personne qui examinera bien les choses, connaîtra évidemment que si nous n'étions qu'un sujet passif à l'égard de la volonté, nous aurions les mêmes sentiments d'expérience que nous avons lorsque nous croyons être libres... Car soit que l'acte de vouloir nous soit imprimé par une cause extérieure, soit que nous le produisions nous-mêmes, il sera également vrai que nous voulons... et comme cette cause extérieure peut mêler autant de plaisir qu'elle veut dans la volition qu'elle nous imprime, nous pourrons sentir quelquefois que les actes de notre volonté nous plaisent infiniment, et qu'ils nous mènent selon la pente de nos plus fortes inclinations. Nous ne sentirons point de contrainte : vous savez la maxime : *voluntas non potest cogi*. Ne comprenez-vous pas clairement qu'une girouette à qui l'on imprimerait toujours tout à-la-fois (en sorte pourtant que la priorité de nature, ou si l'on veut même une priorité d'instant réel, conviendrait au désir de se mouvoir) le mouvement vers un certain point de l'horizon, et l'envie de se tourner de ce côté-là, serait persuadée qu'elle se mouvrait d'elle-même pour exécuter les désirs qu'elle formerait ? Je suppose qu'elle ne saurait point qu'il y eût des vents, ni qu'une cause extérieure fît changer tout à la fois, et sa situation, et ses désirs. Nous voilà naturellement dans cet état : nous ne savons point si une cause invisible nous fait passer successivement d'un point à un autre. Il est donc naturel que les hommes se persuadent qu'ils se déterminent eux-mêmes. Mais il reste à examiner s'ils se trompent en cela comme en une infinité d'autres choses qu'ils affirment par une espèce d'instinct, et sans avoir employé les méditations philosophiques[1]. »

Leibniz se range à cette opinion anticartésienne; il admet qu'elle a « de la force contre les systèmes ordinaires[2] ». Et l'on comprend sa manière de voir, lorsqu'on se reporte à la théorie des « petites perceptions ». Au fond de notre âme travaille à chaque instant une multitude d'impressions infinitésimales qui échappent au regard de la réflexion[3]. « Nous sommes aussi peu capables de nous appercevoir de tout le jeu de notre esprit et de ses pensées, le plus souvent imperceptibles et confuses, que nous le sommes de démêler toutes les machines que la nature fait jouer dans le corps[4]. » Nous n'avons donc jamais la connaissance adéquate des antécédents de nos volitions; on peut même dire que nous en ignorons d'ordinaire la partie la plus notable et la plus vivace. Et ne semble-t-il pas alors qu'il soit difficile de discerner, à la lumière de l'introspection toute seule, d'où vient le courant d'énergie qui produit nos volontés? Il est vrai que, si nous avons le sentiment de tirer de nous-mêmes nos propres décisions, de les *commencer* en vertu d'un effort qui ne vient que de nous, le témoignage de la conscience acquiert une valeur différente; car, dans ce cas, il nous révèle en fait notre indépendance à l'égard de tout le reste : quelles que soient les influences hypocrites de l'inconscient ou subconscient, nous sommes *sûrs de ne pas être déterminés par autre chose, puisque nous nous déterminons nous-mêmes*[5]. Mais Leibniz, impressionné par Spinoza

---

1. Erd., 592ᵇ-593ᵃ (*Théod.*).
2. *Ibid.*, 593ᵃ (*loc. cit.*).
3. *Ibid.*, 225ᵃ (*N. Essais*).
4. *Ibid.*, 253ᵇ (*loc. cit.*).
5. C'est la manière dont j'ai défendu la valeur du sens intime dans mes différents ouvrages.

et Bayle, ne prend point la question de ce biais. Il abandonne la preuve de l'expérience interne et se rabat, pour établir le « franc arbitre », sur son système de *l'harmonie préétablie*. Voici la démonstration qu'il institue.

La théorie de l'*universelle et absolue nécessité* qu'a développée Spinoza, n'est pas admissible. On sent de prime abord, avant tout examen détaillé, qu'elle renferme des erreurs de fond. Il faut croire, d'après cette hypothèse, « que tous les romans qu'on peut imaginer existent réellement à présent, ou ont existé, ou existeront encore dans quelque endroit de l'univers ». Il faut admettre « qu'il a été aussi impossible de toute éternité que Spinoza, par exemple, ne mourût pas à la Haye, qu'il est impossible que deux et deux soient six ». Or c'est « une conséquence qui rebute, qui effarouche, qui soulève les esprits par l'absurdité qu'elle renferme diamétralement opposée au sens commun ». De plus, lorsqu'on étudie de près la doctrine spinoziste, on ne tarde pas à s'apercevoir qu'elle contredit les données de l'expérience. La nature ne trouve pas son explication intégrale dans la *cause efficiente;* on est obligé, pour en donner une interprétation satisfaisante, de recourir, en dernière analyse, « à quelque chose qui dépend des *causes finales* ou de la *convenance*[1] ».

Il n'y a de nécessité géométrique ni dans l'intensité ni dans la direction du mouvement. Pourquoi la terre, par exemple, ne met-elle que 24 heures à faire sa révolution diurne? Et

---

1. ERD., 46ª (*Confessio nat...*, 1668); *Ibid.*, 80ª (*Medit...*, 1684); — EST., 43 (*Disc. de Mét.*, 1685); — P. JAN., 602, 608, 613 (*Corresp. avec Arnauld*, 1686-1690); — GERH., *Phil.*, I, 149 (*Remarques sur Spinoza*) : contingence des actes de la volonté, en Dieu, chez les anges; *Ibid.*, II, 181-182 (*L. à Volder*, 23 juin 1699) : il y a du contingent; — F. CAR., B, 181-182 (*De libert.*, non daté); — ERD., 252, 254, 263ª-ᵇ (*N. Essais*, 1704); — GERH., *Phil.*, III, 363-364 (*L. à Lady Masham*, sept. 1704): spontanéité, choix et délibération; — F. CAR., 41, 47, 50 (*Réfutation inédite de Spinoza par Leibniz*, entre 1706 et 1710) : « datur medium inter necessaria et fortuita, nempe liberum »; — GERH., *Phil.*, III, 400-403 (*L. à Coste*, 19 déc. 1707); — ERD., 506ª, 515ᵇ, 516ª, 557ª, 588ª, 590ª (*Théod.*, 1710); — GERH., *Phil.*, III, 419 (*L. à Coste*, 8 juill. 1711) : tout est déterminé, mais tout n'est pas nécessaire; *Ibid.*, 645 (*L. à Remond*, 22 juin 1715) : contingence et Dynamique; *Ibid.*, 588 (*L. à Bourguet*, 1716) : dans la nature, il n'y a pas de « connexions nécessaires »; il n'y a que des « conséquences ».

d'où vient que les corps célestes vont d'Orient en Occident, au lieu de suivre la marche inverse[1]? Il n'y a pas eu de nécessité géométrique non plus dans la disposition originelle des éléments qui ont formé le noyau primitif, ce noyau central dont tout le reste devait sortir sous mode d'ondulations progressives et toujours plus diverses. Il a fallu que le premier geste de l'Éternel semeur fût dirigé par une puissance de prévision qui dépasse toutes limites; n'est-il pas remarquable, en particulier, que l'accord actuel du cours des planètes avec celui de l'éther ambiant ne trouve d'explication satisfaisante que dans le recours à quelque autre action que le jeu des lois naturelles[2]?

On peut aller plus loin dans la même voie, si l'on prend la peine d'observer les « coutumes » que suit la nature dans sa marche quotidienne, au lieu de s'en tenir, comme « les sectateurs de Descartes », à des idées toutes faites d'avance. Il n'y a rien d'absolument nécessaire dans cette loi du mouvement : « l'action est toujours égale à la réaction ». Car « il semble, en considérant l'indifférence de la matière au mouvement et au repos, que le plus grand corps en repos pourrait être emporté sans aucune résistance par le moindre corps qui serait en mouvement; auquel cas il y aurait action sans réaction, et un effet plus grand que sa cause[3] ». Il n'y a rien non plus d'absolument nécessaire dans la loi qui veut que la même quantité de force se conserve toujours : « cet axiome d'une philosophie supérieure ne saurait être démontré géométriquement[4] ». Et l'on en peut dire autant de cette loi dominante de la continuité qui fait comme le trait distinctif de tous les phénomènes naturels. Elle est convenable, il n'y a rien de si beau; et l'on ne concevrait pas que Dieu, travaillant en vue du meilleur, ne l'eût pas suivie dans la réalisation de son œuvre. Mais, lorsqu'on la considère en elle-même et du point de vue mécanique, on ne réussit pas à voir

---

1. Erd., 46ª (Conf. nat.); Ibid., 80ª (Med.); — Est., 25-26 (Disc. de Mét.).
2. Gerh., Math., VI, 184 (Tentamen de motuum cœlest. causis, zweite bearbeitung, après 1690).
3. Erd., 604ᵇ (Théod.).
4. Ibid.

pourquoi le monde ne s'en serait pas passé : elle n'a rien de la rigueur d'un corollaire[1].

On trouve nombre de faits analogues et de même signification, à mesure que l'on descend dans le « détail des choses ». Quel obstacle logique trouve-t-on, par exemple, à ce que les rayons réfractés suivent une courbe insensible, au lieu d'une ligne droite? La première de ces formes n'est-elle pas moins brusque et plus conforme par là même aux principes de la raison[2]? Pourquoi l'âme d'un César, si on le considère en lui-même, non plus dans son rapport avec le monde dont il devait faire partie, pourquoi l'âme d'un César n'aurait-elle pas ressemblé à celle d'un Thersite? L'adaptation du physique au mental ne représente-t-elle pas visiblement un travail dont le résultat pourrait être tout autre qu'il n'est[3]?

La contingence! On la trouve partout. Elle se révèle jusque dans ce lien causal que les déterministes s'acharnent à tenir pour intangible et qu'ils présentent sans cesse comme l'unique fondement de tout savoir. « La suite des choses est toujours contingente, et un état ne suit point nécessairement d'un autre état précédent »... La connexion de deux états est une *conséculion naturelle*, mais *non pas nécessaire*. Par exemple, « il est naturel à l'arbre de porter des fruits »; mais ils n'en viennent pas à la manière dont les corollaires du triangle viennent de sa définition. Autrement, il en porterait toujours; or « il arrive par certaines saisons qu'il n'en porte point »[4]. Il y a, dans l'enchaînement des faits naturels, quelque chose de malléable que l'enchaînement des vérités mathématiques ne contient pas et qui fait que le premier peut toujours être autre qu'il n'est, tandis que le second ne le peut d'aucune manière.

Nombre de penseurs ont insisté, de notre temps, sur les marques de contingence que présentent les phénomènes naturels : tels le célèbre Maxwel, E. Boutroux[5], O. Hame-

---

1. Erd., 605ᵃ (*Théod.*). Cf. plus haut ce que l'on a dit de la causalité, P. 42-52.
2. Est., 66-67 (*Disc. de Mét.*).
3. Erd., 185ᵃ·ᵇ (*Répl. aux réflexions de Bayle*, 1702); *Ibid.*, 494ᵇ (*Théod.*).
4. Gerh., *Phil.*, III, 583 (*L. à Bourguet*, 1716).
5. *De l'idée de la loi naturelle dans la science et la philosophie contemporaines*, Paris, 1895.

lin[1], A. Job dans son article sur la *Chimie* que contient l'ouvrage collectif intitulé *De la méthode dans les sciences*[2]. Je ne cite ici que quelques-uns de ceux qui ont porté leur attention de ce côté-là. Et, comme on vient de le voir, l'effort n'est pas tout à fait nouveau. Il y a de la contingence : telle était déjà la réplique qu'opposait Leibniz au grand solitaire de la Haye. C'est lui qui a été le premier à mettre l'accent sur ce trait distinctif de la mystérieuse nature ; et avec quelle puissance il l'a fait !

Je reprends sa pensée pour exposer la conséquence qu'il en tire lui-même relativement à la liberté morale.

Hobbes et Spinoza n'ont fait qu'un mauvais rêve. Ce qui domine dans la nature, ce n'est pas la nécessité, c'est la contingence ; et, derrière la contingence, la loi du meilleur. A la causalité il faut ajouter la finalité qui la complète, la couronne et l'explique. Ainsi les événements sont liés, il est vrai ; mais leur suite a toujours quelque chose de conditionnel ; et il suffit, pour la modifier, que quelque cause adventice intervienne du dehors. Une horloge, quand elle est montée, ne peut marcher autrement qu'elle ne marche. Mais qu'on en retouche les rouages ou qu'on en change le balancier, qu'on apporte à son mécanisme une modification quelconque ; et l'on obtiendra un mouvement nouveau. Voilà l'image de l'univers. Or, si telle est la flexibilité de l'être, il n'y a plus d'obstacle métaphysique à ce que l'âme humaine vienne de son chef changer le cours des événements ; il s'ouvre devant elle un champ d'action, et qui est vaste : la liberté devient possible du côté de son objet.

D'autre part, elle l'est également du côté du sujet où elle trouve son principe d'inhérence : une simple analyse suffit à le faire toucher du doigt. Toute âme, quel que soit son degré de développement, a une suite de perceptions qui lui sont propres et qui naissent naturellement les unes des autres, « sans qu'elle ait besoin de recevoir aucune influence

---

1. *Essai sur les éléments principaux de la représentation*, p. 281 et sqq., F. Alcan, Paris, 1907 ; cf. p. 300.
2. P. 111-147, F. Alcan, Paris, 1909.

physique du corps : comme le corps aussi de son côté s'accommode aux volontés de l'âme par ses propres loix et par conséquent ne lui obéit, qu'autant que ces loix le portent ». Toute âme contient en elle-même le principe intégral de toutes ses actions et possède ainsi « une parfaite spontanéité ». De plus, l'âme humaine n'est pas bandée à ses propres représentations, comme les autres monades : elle se pense elle-même : la spontanéité, en elle, s'imprègne de réflexion, *vis conscia sui*. Et voilà pourquoi elle peut dans une certaine mesure diriger le cours de ses représentations et régler ses désirs : voilà ce qui la rend indépendante non seulement à l'égard des autres êtres, mais aussi à l'égard d'elle-même ; voilà ce qui la fait libre : « le franc arbitre est une spontanéité qui se sait, *spontaneitas intelligentis*[1] ».

Bref, la liberté suppose trois conditions essentielles : la *contingence*, la *spontanéité* et l'*intelligence*. Ces trois conditions sont données. Elle existe donc. Mais quelle en est la nature ?

.·.

Leibniz n'en est pas pour la liberté d'indifférence. Il l'attaque dès le début, il l'attaque jusqu'au bout, et toujours sur le ton d'une égale décision. Il n'est peut-être pas d'idée qui soit plus profondément irréconciliable avec la nature de son esprit. Sur ce problème capital, Descartes lui semble avoir fait banqueroute à la raison, banqueroute à la morale elle-même, et par la plus chimérique des hypothèses.

Leibniz ne croit pas qu'on choisisse jamais quand on n'est nullement sollicité. A ses yeux, « un tel choix serait une espèce de pur hazard, sans raison déterminante, tant apparente que cachée ». Il n'y a que deux situations possibles pour une liberté d'indifférence : ou bien elle manque entièrement de motif qui la pousse dans un sens plutôt que dans

---

1. Gerh., *Phil.*, VII, 108-111 (*Initia et specimina scientiæ novæ generalis*, non daté) ; *Ibid.*, III, 363-364 (*L. à Lady Masham*, sept. 1704) ; — Erd., 513[b], 519[b], 520[a]-521[a] (*Théod.*, 1710) ; *Ibid.*, 669[a,b] (*De libertate*, non daté, mais sûrement très tardif et de l'époque de la *Théodicée*).

un autre; ou bien elle se trouve en face de « motifs parfaitement égaux ». Or, dans les deux cas, tout effort, toute décision, tout commencement, si faible qu'on l'imagine, est chose irrationnelle, une contradiction réalisée.

« Vouloir qu'une détermination vienne d'une pleine indifférence absolument indéterminée, est vouloir qu'elle vienne naturellement de rien. L'on suppose que Dieu ne donne pas cette détermination : elle n'a donc point de source dans l'âme, ni dans le corps, ni dans les circonstances, puisque tout est supposé indéterminé; et la voilà pourtant qui paraît et qui existe sans préparation, sans que rien s'y dispose, sans qu'un Ange, sans que Dieu puisse voir ou faire voir comment elle existe. C'est non seulement sortir de rien, mais même c'est en sortir par soi-même. »

On ne se méprend pas moins, lorsqu'on prête à l'homme la puissance de se déterminer en présence de motifs parfaitement égaux ; car c'est un principe absolu : rien ne se fait sans raison. Or, dans le cas donné, il n'y en a pas pour qu'on prenne à gauche plutôt qu'à droite, et précisément parce qu'il y en a autant pour aller dans le premier sens que dans le second. L'âne de Buridan serait mort de faim entre sa botte de foin et sa ration d'avoine, si quelque impulsion secrète n'était venue rompre l'équilibre et le tirer ainsi de son mauvais pas. D'ailleurs, « le cas du parfait équilibre » est chimérique : il ne se produit pas dans la réalité, « l'univers ne pouvant jamais être mi-parti, en sorte que toutes les impressions soient équivalentes de part et d'autre ». « Il y a toujours des raisons dans la nature qui sont cause de ce qui arrive par hazard ou par le sort ». « Quoique je ne voie pas toujours la raison d'une inclination qui me fait choisir entre deux partis qui paraissent égaux, il y aura toujours quelque impression, quoique imperceptible, qui nous détermine. » Ainsi l'exige le principe des *indiscernables*. Si les deux termes d'une alternative donnée étaient absolument semblables, ils n'en feraient plus qu'un. Les états de l'âme diffèrent comme les feuilles des bois.

La liberté d'indifférence est donc *impossible :* elle se heurte de front au « grand principe de la raison déterminante ». De plus, on peut dire qu'elle a quelque chose d'*immoral*. La moralité, en effet, enveloppe l'amour du bien. Or il n'y a rien de tel dans la liberté d'indifférence; vu qu'elle est essentiellement neutre, inaccessible par définition et au charme du bien et à celui du mal. Et de là dérivent des conclusions graves, qui ébranlent jusqu'aux bases de la science de la vie. « Si la justice a été établie arbitrairement et sans aucun sujet, si Dieu y est tombé par une espèce de hazard, comme lorsqu'on tire au sort, sa bonté et sa sagesse n'y paraissent pas »; ou si elles y paraissent encore, c'est que Dieu, avant de créer le monde, « ne voyait rien de meilleur dans la vertu que dans le vice, et que ses idées ne lui montraient pas que la vertu fût plus digne de son amour que le vice ». Et « cela ne laisse nulle distinction entre le droit naturel et le droit positif. Admettez cette hypothèse : il n'y aura plus rien d'immuable ou d'indispensable dans la morale[1] ».

\*
\* \*

Il y a donc une sorte de rapport causal entre la liberté et ses motifs. Mais ce rapport, à quoi se ramène-t-il au juste? C'est là que le problème devient épineux; c'est là aussi que Leibniz finira par se laisser prendre aux pièges du spinozisme.

La liberté suit toujours le motif prévalent, c'est-à-dire le plus fort; elle le suit d'une manière *infaillible*. Car, soit qu'il s'agisse d'êtres purement spontanés, soit qu'il s'agisse d'êtres doués de réflexion, il demeure également vrai que

---

1. Voir sur la *Liberté d'indifférence* : Cout., *Op.*, 25-26 (*Scientia media*, 1677); — Gerh., *Math.*, VI, 97 (*Rép. à Fabre*, 1677) : contre la contingence des vérités de droit; — Est., 26-27 (*Disc. de mét.*, 1685) : toute la réfutation de Leib. est déjà là; — Gerh., *Phil.*, III, 167-168 (*L. à Burnett*, 22 nov. 1695); — Erd., 143ᵇ (*Rép. aux réflexions*, etc., 1697) : la finalité s'étend à Dieu; — Gerh., *Phil.*, III, 471 (*L. à Jaquelot*, 28 avril 1704); — Erd., 262ᵇ-263ᵃ (*N. Essais*, 1701) ; — Gerh., *Math.*, VIII, 50 (*L. à Wolf*, 8 déc. 1705); *Ibid.*, *Phil.*, III, 400-403 (*L. à Coste*, 19 déc. 1707) : ici la thèse de Leib. est complète; — Erd., 455ᵇ (*L. au P. des Bosses*, 12 sept. 1708); *Ibid.*, 516ᵃ-517ᵃ, 555ᵇ-559ᵇ, 593ᵇ-591ᵇ, 598ᵃ (*Théod.*, 1710); — Gerh., *Phil.*, III, 519 (*L. à Harlsoecker*, 6 févr. 1711).

« tout ce qui vient de la nature d'une chose est déterminé »; vu que le principe de raison suffisante ne peut souffrir d'exception. De plus, et voilà qui est à remarquer, ce motif prévalent agit toujours sous mode d'*attrait,* qu'il se rapporte au devoir ou à la passion; par suite, il ne meut la liberté qu'autant qu'il meut d'abord la sensibilité : « Nous ne voulons, à la vérité, que ce qui nous plaît[1]. »

Pourquoi cette conception sensualiste chez un partisan résolu de la raison, comme Leibniz?

Saint François de Sales, d'accord du reste avec les paroles de l'Évangile, avait déjà dit avant Kant, et mieux que lui, qu'il existe un amour pur qui nous vient tout droit de la connaissance rationnelle du devoir, où l'émotivité par là même n'entre plus pour rien. « L'âme, écrit le saint évêque dans son *Traité de l'amour de Dieu,* l'âme est quelques fois tellement pressée d'afflictions intérieures, que toutes ses facultés et puissances en sont acablées... il ne lui reste plus que la fine suprême pointe de l'esprit, laquelle attachée au cœur, et bon plaisir de Dieu, dit par un très simple acquiescement : ô père éternel, mais toutes fois ma volonté ne soit pas faite, ains la vostre... » or cet acquiescement qui n'est « ny tendre ny doux », « qui semble retiré au fin de bout de l'esprit, comme dans le donjon de la forteresse où il demeure, quoy que tout le reste soit pris, et pressé de tristesse », ce libre effort d'une volonté qui se soutient d'elle-même en face du devoir n'indique pas, comme on pourrait le penser, un moindre amour de Dieu; il ne fait qu'en manifester « la véritable essence » : il nous le révèle à l'état pur, dégagé de tout ce qui n'est pas lui[2].

Cette grande idée du mobile de la moralité, la seule qui soit vraie, paraît s'être obscurcie à travers les disputes théologiques du xviie siècle, et sous l'influence dominatrice d'une pensée que l'on croyait venir de saint Augustin.

Voyez, en effet, comment s'exprime Pascal dans un passage sur le libre arbitre. « L'homme, dit-il, est maintenant esclave de la délectation; ce qui le délecte davantage l'attire

---

1. Erd., 590ᵃ (*Théod.*).
2. *Œuvres du Bienheureux F. de Sales*, t. I, p. 213ᵃ, Paris, 1647.

infailliblement : ce qui est un principe si clair, et dans le sens commun et dans saint Augustin, qu'on ne peut le nier sans renoncer à l'un et à l'autre. Car qu'y a-t-il de plus clair que cette proposition, que l'on fait toujours ce qui délecte le plus, puisque ce n'est autre chose que de dire que l'on fait toujours ce qui plaît le mieux, c'est-à-dire que l'on veut toujours ce qui plaît, c'est-à-dire que l'on veut toujours ce que l'on veut, et que dans l'état où est aujourd'hui notre âme réduite, il est inconcevable qu'elle veuille autre chose que ce qu'il lui plaît vouloir, c'est-à-dire ce qui la délecte le plus... Et c'est ce qui a fait établir à saint Augustin cette maxime, pour fondement de la manière dont la volonté agit : « quod amplius delectat, secundum id operemur necesse est[1] »...

Ces paroles sont entachées de jansénisme. Mais, en même temps, elles expriment la manière dominante dont les théologiens de l'époque, de quelque parti qu'ils fussent, concevaient l'action des mobiles de la volonté. Aussi Fénelon trouvera-t-il l'opinion très mal préparée à le comprendre, quand il donnera ses *Maximes des saints*. On verra surtout son livre par le côté chimérique qu'il présente; le public n'y relèvera presque pas cette grande idée de l'amour rationnel du bien pour lui-même qui en fait la partie la plus neuve.

Quoi qu'il en soit de cet aperçu, Leibniz admet avec Pascal que « l'on fait toujours ce qui plaît le mieux ». Et cette conception est loin d'être la plus favorable à la cause du libre arbitre. Elle passe le principal, je veux dire cette manifestation directe de la loi morale à la volonté pure où le devoir révèle son prix absolu, où tout le reste n'est plus qu'un zéro à côté de l'infini. Leibniz n'a pas suffisamment dégagé l'idéal autour duquel gravite la vie morale tout entière : il n'a su voir en toute précision ni sa valeur incomparable ni son mode spécial à l'égard de la volonté.

Cette lacune n'est pas la seule; ce n'est pas non plus la plus profonde ni la plus grave.

---

1. JOVY, *Pascal inédit*, p. 131, Vitry-le-François, 1908.

L'action du motif prévalent est *infaillible*, continue Leibniz ; mais elle n'a rien de fatal. La volonté peut être *inclinée;* elle ne saurait être *nécessitée*. La prévalence du motif « le plus fort » n'empêche point que l'homme ne soit maître chez lui [1]. Du côté de l'objet, un autre choix reste possible, puisque la liberté a pour domaine la contingence [2]; et la même condition se réalise également du côté du sujet. Car, du moment que la volonté est « une force qui se connaît », elle dispose aussi d'elle-même, peut se gouverner et prendre telle décision plutôt que telle autre [3].

Qu'est-ce donc pourtant que cet empire singulier du motif prévalent qui assure toujours son effet, sans avoir jamais de liaison nécessaire avec lui? Il y a là un mystère irritant qu'il faut éclaircir. Essayons donc de pousser la formule jusqu'au bout, afin d'en percer l'énigme.

Tout a sa raison suffisante : c'est entendu ; et les décisions libres ne font pas exception à la loi : c'est également accordé. Mais dans les faits de ce genre, où se trouve la raison suffisante? D'après Leibniz, elle réside tout entière dans la région des motifs; et si bien que le rôle de la volonté se borne à subir leur action. Ainsi le veut sa critique de la liberté d'indifférence. Si la volonté devenait une partie quelconque de la cause, si petite qu'elle fût, elle pourrait encore tout modifier de son chef; soustraite par ce côté à l'influence des motifs, elle descendrait encore à l'état d'un pur caprice : et la grande ennemie, chassée d'abord par la porte, rentrerait par la fenêtre. Au sens de Leibniz, il n'y a de causalité pour nos actions libres que de la part des motifs; il faut donc qu'elles soient rigoureusement inévitables : il faut qu'elles le soient au même titre que le mouvement d'une poulie ou celui d'un piston. L'infaillibilité n'est qu'un autre nom de la nécessité.

Inutile d'ailleurs de recourir en ce point à la méthode des inférences. La définition de la cause que donne Leibniz en certains endroits, est assez nette pour que la vérité en jaillisse

---

1. Erd. 599ᵃ·ᵇ (*Théod.*); *Ibid.*, 611ᵇ (*cod. loc.*).
2. V. plus haut, p. 247, notes.
3. V. plus haut, pp. 249-250.

d'elle-même. Voici comment il apprécie la notion que Hobbes se faisait de la cause. « Il fait fort bien voir, dit Leibniz, qu'il n'y a rien qui se fasse au hazard..., et que pour chaque effet il faut un concours de toutes les conditions suffisantes, antérieures à l'événement : donc il est visible que pas une ne peut manquer, quand l'événement doit suivre, parce que ce sont des conditions; et que l'événement ne manque pas non plus de suivre, quand elles se trouvent toutes ensemble, parce que ce sont des conditions suffisantes. Ce qui revient à ce que j'ai dit tant de fois, que tout arrive par des raisons déterminantes, dont la connaissance, si nous l'avions, ferait connaître en même temps pourquoi la chose est arrivée, et pourquoi elle n'est pas allée autrement[1]. » Parler ainsi, c'est admettre au fond le principe où s'étaie toute la doctrine de Hobbes et en même temps celle de Spinoza, c'est donner carte blanche aux partisans du déterminisme universel; et l'on ne conçoit pas de formule si bien adoucie ou tempérée qui puisse dissimuler pour de bon une aussi grave conséquence. Ici, les nuances diplomatiques n'ont plus de force.

Il est vrai que Leibniz essaie à diverses reprises de faire voir que nous avons une sorte de « pouvoir indirect sur nos volontés »; et c'est un sujet sur lequel il a dit des choses très fines[2]. Mais que devient ce pouvoir, si nous sommes toujours entièrement déterminés par les motifs, si la décision actuelle, qui est nécessaire, vient d'une autre qui l'est également, ainsi de suite à l'indéfini? Où se trouve, dans ce cas, le point du fleuve où nous pouvons donner le coup de barre libérateur? Si loin que nous remontions, il reste toujours impitoyablement vrai que, au lieu d'agir, nous sommes *agis*. Il reste vrai du moins que le résultat de nos délibérations est certain d'avance, qu'il est infaillible; et c'est assez pour

---

1. Erd., p. 630ᵃ (*Réflexions sur le livre de Hobbes*, vers 1710).
2. *Ibid.*, 255ᵇ-262ᵇ (*N. Essais*); *Ibid.*, 520ᵇ, 593ᵇ, 599ᵇ (*Théod.*); *Ibid.*, 630ᵇ, 631ᵃ (*Réflex. sur le livre de Hobbes*); — Gerh., *Phil.*, VII, 78-80 (*De l'usage de la méditation*); *Ibid.*, III, 219 (*L. à Burnett*, 1698) : « L'imagination et le sang émeu ne se guérissent point par les raisons. Il n'y a que Dieu et le temps qui le puissent. Cependant nous tâchons autant que nous le pouvons de la détourner des pensées tristes »; cette note à la Rochefoucauld est curieuse chez l'optimiste Leibniz. Avait-il lu les *Maximes*? On le peut croire.

que nous ne songions plus qu'à laisser faire. On ne s'efforce pas d'éviter ce que l'on connaît déjà comme entièrement sûr; on s'arrête alors et l'on attend.

Mais le déterminisme de Leibniz, toujours présent, bien que toujours inavoué, a dans sa doctrine des points d'attache plus profonds que ceux qui lui viennent de sa théorie du vouloir. Sa philosophie, depuis l'apparition de l'*Éthique*, s'est tout entière compénétrée des idées directrices que renferme cet ouvrage.

Qu'on lise, par exemple, le *De rerum originatione* qui est de l'année 1697[1], les quelques pages qui, dans l'édition Erdmann, s'intitulent *De veritatibus primis*[2], l'espèce de monadologie que contiennent les *Opuscules et fragments inédits* de la page 533 à la page 535, et les notes qui sont au bas des premières pages du *Specimen inventorum...*[3] : on y trouvera, et logiquement enchaînés, tous les principes d'où découle le déterminisme moniste de Spinoza : 1° tout possible enveloppe une tendance à se réaliser; 2° cette tendance passe à l'acte par elle-même, dès que rien du dehors ne s'oppose à son plein succès : elle passe à l'acte aussitôt que de simplement possible elle devient compossible. 3° Cette tendance a d'autant plus de force qu'elle contient plus de *réalité*, de *perfection* ou d'*intelligibilité*. 4° Et de là

---

1. Erd., 146-150.
2. *Ibid.*, 99.
3. Gerh., *Phil.*, VII, 309-310 : il est vrai que, dans ce passage, Leibniz s'efforce de concilier *l'exigence des possibles* avec la liberté des décrets divins. Mais au possible on ne fait pas sa part. Il est ridicule de ne lui accorder qu'une moitié d'exigence : sa tendance essentielle suffit ou n'est pas.
Voici d'ailleurs les autres références qui portent sur la même question : un point y reste fixe, c'est que, bien qu'il y ait de la contingence, tout est d'avance infailliblement déterminé. V. Gerh., *Phil.*, I, 123-124, 129, 149 (*Remarques sur* Spinoza); *Ibid.*, III, 167-168 (*L. à Burnett*, 22 nov. 1695); *Ibid.*, I, 354 (*L. à Malebranche*, 2/12 oct. 1698) : les deux nécessités; — Erd., 191[b] (*L. à Bayle*, 1702) : tout est déterminé; cependant, la liberté demeure, car il y a du contingent; — Gerh., *Phil.*, III, 471-472 (*L. à Jaquelot*, 28 avril 1704); *Ibid.*, II, 355-356 (*L. au P. des Bosses*, 3 sept. 1708) : plus la raison grandit, plus il y a de liberté; *Ibid.*, 361-362 (*L. au même*, 1708) : le choix divin s'est fait d'après l'idée du meilleur; *Ibid*, 423 (*L. au même*, 8 juil. 1711) : le choix divin s'est fait d'après une nécessité morale, non géométrique; — Erd., 630[a] (*Réflexions sur le livre de Hobbes*); — Gerh., *Phil.*, III, 572-573 (*L. à Bourguet*, déc. 1711) : sur les possibles. — Consulter d'ailleurs plus haut, p. 247. — L'idée de *nécessité morale* : voilà ce qui, dans ces textes, demeure toujours équivoque.

dérivent à la fois l'existence de Dieu et celle de la nature. L'idée de la souveraine perfection se réalise nécessairement, puisque, étant à l'origine de tout, elle ne saurait trouver de rival dans son expansion; et voilà Dieu. Par ailleurs, les autres possibles, qui ne sont eux-mêmes qu'un aspect de la divinité, s'actualisent dans la mesure où ils ont le moins de manque ou d'imperfection, c'est-à-dire d'après la loi du meilleur. De là un combat sans fin qui fait des vainqueurs et des vaincus, une lutte éternelle dont le terme doit être le triomphe du bien; et voilà ce que l'on appelle du nom de nature : le monde n'est que de la logique en mouvement ou le mouvement de la logique.

Leibniz a pu tempérer ces principes et leurs conséquences, dans les jardins d'Herrenhausen et plus tard : il avait tant de manières de jouer du même clavier ! en réalité, c'est dans le sens du choix divin que s'expriment les *Nouveaux Essais* et plus encore peut-être la *Théodicée :* l'influence dominante du milieu était encore la même, celle d'une piété généralement intelligente. Mais, en fait et malgré l'orthodoxie des formules, Leibniz est resté jusqu'au bout prisonnier du génie de la Haye. « Vous savez, dit-il au début des *Nouveaux Essais,* vous savez que j'étais allé un peu trop loin autre fois, et que je commençais à pencher du côté des spinozistes[1]. » Il y a quelque chose de plus dans le fond : Leibniz est allé jusqu'au spinozisme et n'en est pas revenu. Il n'a jamais su comprendre ce qu'il y avait de véritable dans la pensée du vieux Chrysippe, au dire duquel nos volitions libres ont leur « cause principale » dans notre volonté[2]. Il n'a pas défini non plus, comme Aristote, que ce qu'il faut placer à l'origine des choses, ce n'est pas le possible, mais un acte.

### III. — L'IDÉE DU MEILLEUR.

La vie des âmes, c'est un drame immense, aussi vaste

---

1. ERD., 206ᵃ (*N. Essais*).
2. CICER., *De fato*, 41.

que le monde et dont nous ne connaissons encore ni le détail infini, ni la suite, ni le dénouement.

Leibniz, pour apaiser nos angoisses, nous invite à regarder vers le ciel : là-haut, bien au-dessus des ténèbres du devenir, resplendit l'idée du meilleur; et c'est là l'étoile dont les clartés illuminent tout le reste et nous mettent au cœur d'infaillibles espérances. Non, non, le monde ne se meut pas au hasard; tout y va pour le mieux, et la fin du drame ne peut être que l'épanouissement du bonheur par l'accomplissement de l'ordre. Telle est la pensée qui domine toute la théorie du philosophe de Hanovre. Faisons voir comment il essaie de l'établir.

Il y a un Dieu et qui est infini, qui possède par là même toutes les perfections, dont la science, la puissance et la bonté sont également infaillibles. L'humanité l'a toujours cru; et l'humanité a raison. « Presque tous les moyens qu'on a employés pour prouver l'existence de Dieu sont bons » et peuvent servir pourvu qu'on « les perfectionne ». Il ne peut pas même s'élever de doute sérieux sur cette vérité cardinale; « son évidence égale, si je ne me trompe, celle des démonstrations mathématiques[1] ». Puis Leibniz ajoute : « elle demande pourtant de l'attention ». Et la suite fera voir qu'elle demande même quelque chose de plus; il en est pour la théologie de Leibniz, comme pour celle de Spinoza : c'est de tous côtés qu'elle présente des crevasses et des trous.

.·.

Voici, je le crois, comment on peut résumer la preuve ontologique telle que l'entend Leibniz.

La preuve de saint Anselme, que tous les scolastiques ont méprisée, « sans excepter même le docteur Angélique », et que Descartes a reprise, n'est pas un paralogisme, comme

---

1. End., 373ᵇ (*N. Essais*).

on l'a dit tant de fois ; c'est une « démonstration imparfaite ».

Lorsqu'on affirme que l'idée de Dieu ou de l'Être infini enveloppe l'existence effective, « on suppose tacitement que Dieu est possible ». Mais on ne le fait point voir ; et l'argument tout entier ne garde qu'une valeur hypothétique. En second lieu, l'on ne montre pas non plus d'une façon suffisamment claire comment la possibilité de Dieu ou de l'Être infini entraîne son existence.

Mais ce sont là deux lacunes que l'on peut combler en prenant le problème d'un biais nouveau.

L'Infini « est une suite simple de l'être possible ». Or il n'y a pas de raison pour que cette suite s'arrête à ce degré-ci plutôt qu'à celui-là ; vu que la contradiction ne peut intervenir qu'entre les êtres limités et en vertu même de leurs limites. D'autre part, il n'y a pas de raison non plus pour que cette suite exclue d'elle-même tel élément simple plutôt que tel autre ; puisqu'il est entendu que tous les éléments de cette espèce s'accordent également entre eux. Spinoza ne se trompait pas, lorsqu'il affirmait avec tant de force « qu'il est absurde d'imaginer une contradiction dans l'être absolument infini et souverainement parfait[1] ». Mais il n'avait encore que le sentiment de cette vérité ; il n'en possédait pas la claire vue.

L'idée de l'Infini n'implique pas de contradiction, précisément parce qu'elle n'est que la synthèse de tous les prédicats simples. On peut ajouter qu'elle existe et par là même.

Les possibles ne sont pas choses inertes ; ils enveloppent une tendance interne à se réaliser, « de même que la matière enveloppe « une exigence à l'extension ». Il se fait entre eux une sorte de lutte éternelle qui vient de leur effort vers la vie ; ce sont des « prétendants » à l'existence, dont chacun tâche de l'emporter sur les autres. Et il faut bien, continue Leibniz, qu'il y ait quelque chose de pareil ; car autrement, rien n'aurait jamais existé. L'actuel s'explique par le logique ; et le logique, de son côté, ne peut expliquer l'actuel que s'il y va d'un élan interne.

---

1. *Eth.*, I, prop. 11, autre dém.

En outre, la tendance des possibles à l'existence est d'autant plus grande qu'ils ont plus de réalité ou de perfection ; car ces deux choses n'en font qu'une.

Mais, en Dieu, cette tendance est souveraine et en vertu même de son infinité. Il ne se peut donc qu'elle n'aboutisse pas : Dieu existe, parce qu'il enveloppe l'absolue perfection[1]. C'est du Spinoza ; mais c'est aussi du Descartes, du Malebranche, du Bossuet, du Fénelon : tout le xviie siècle tient dans cette formule : « La perfection est la raison d'être[2] », parce qu'elle en est la plénitude.

Pourtant, ne nous laissons pas séduire par le spectacle de la gloire. Même sous la forme plus pénétrante et plus précise que lui donne Leibniz, la preuve ontologique appelle manifestement un examen critique ; et c'est ce qu'il a bien senti lui-même. Dès l'année 1677, dans sa discussion avec Eckhard, il formule avec une étonnante sagacité la plupart des objections que suscite le fameux argument : si bien que l'on croirait déjà entendre Kant en personne[3].

---

1. GERH., *Math.*, I, 85 (*L. à Old.*, 28 déc. 1675) ; *Ibid.*, VI, 98 (*Rép. à Fabre*, 1677) ; *Ibid.*, *Phil.*, I, 188 (*L. à Conring*, 3 janv. 1678) : la même pensée revient : Dieu existe, s'il est possible ; d'ailleurs, l'argument traditionnel est un « sophisme spécieux » ; *Ibid.*, 198 (*L. au même*, 19 mars 1678) : l'argument n'est pas un « sophisme », mais un syllogisme « imparfait » ; *Ibid.*, 212-272 (Discussion avec Eckhard, du 5 avr. à sept. 1677) : discussion importante sur laquelle on va revenir ; *Ibid.*, 331-332 (*L. à Malebranche*, 22 juin 1679) : tout ce dont on raisonne n'est pas possible de ce fait : ex. « le plus grand de tous les nombres », « la plus grande de toutes les vélocités » ; — ERD., 80ᵃ⁻ᵇ (*Medit.*, 1684) : Même observation, mais rattachée à une théorie de la définition ; — GERH., *Phil.*, I, 385 (*L. à Foucher*, vers 1686) : il faut prouver la possibilité pour avoir une démonstration rigoureuse... *Ibid.*, *Math.*, II, 51-52 (*L. à Hugens*, 3/13 oct. 1690) ; — ERD., 138ᵇ (*Réflex. sur l'Essai de Locke*, 1696) ; — GERH., *Phil.*, IV, 400-406 (*Rép. au P. Lami*, 1700) : Leibniz passe lui-même de Dieu conçu, non plus comme l'être *parfait*, mais comme l'être simplement *nécessaire*, et croit trouver là un terrain plus solide ; mais outre qu'il sort de la question, il commet un sophisme ; car de la notion d'être nécessaire il ne suit pas que cet être existe, mais seulement que, s'il existe, il est impossible qu'il vienne à disparaître : ce que disait déjà saint Thomas ; — GERH., *Phil.*, III, 442-451 (*L. à Jaquelot*, 20 nov. 1702) : le problème n'avance pas ; rien de neuf ; — ERD., 373ᵇ-375ᵃ (*N. Essais*) ; — GERH., *Math.*, VIII, 18, 50 (*L. à Wolf*, 1705) ; *Ibid.*, *Phil.*, VII, 490 (*L. à Bierling*, 1711) ; — ERD., 708ᵃ, 40-41 (*Monad.*) ; — GERH., *Phil.*, VII, 291 (*De synthesi et analys. universali...*, non daté) ; *Ibid.*, 310 (*Specimen inventor.*, non daté) : Leib. essaie encore de partir de l'idée d'être *nécessaire*, non de celle d'être *parfait*, et commet le même paralogisme que plus haut.

2. *Œuvres phil. de Bossuet*, 323, éd. J. Simon, Paris.

3. GERH., *Phil.*, I, 212-272.

Qu'est-ce qu'un être Infini ? demande-t-il à son adversaire. Est-ce la synthèse de tout ce qu'il peut y avoir de réel ou de positif? Mais alors il enveloppe en lui-même la nature tout entière; car, si les êtres dont elle se compose ont une limite, ils n'en contiennent pas moins une portion de la réalité. Le monde, dans ce cas, devient une partie de Dieu; et nous voilà dans le panthéisme avec Spinoza.

Si, au contraire, on conçoit l'Infini comme distinct du monde, comment meritera-t-il encore son nom? Peut-il y avoir un Infini en dehors duquel il existe encore quelque chose? Peut-il y avoir un infini qui trouve une limite à son expansion, c'est-à-dire un infini borné?

Mais considérons l'idée d'être Infini en elle-même, non plus par rapport aux autres choses. Peut-on dire de ce point de vue qu'elle soit véritablement possible? Nous parlons du « plus grand de tous les nombres », « de la plus grande des vélocités ». Ce sont là des hypothèses dont les mathématiciens se servent avec succès dans leurs calculs. Mais, en définitive, ces hypothèses ne représentent que des fictions qui ne se réalisent pas et ne peuvent se réaliser. Pourquoi en serait-il autrement des prédicats que nous attribuons à l'Infini, même de ceux que nous croyons les plus susceptibles de lui convenir? Qui nous dira, par exemple, si l'intelligence peut aller à l'infini? De ce que « notre œil voit à une certaine distance, « avons-nous donc le droit de conclure qu'il pourrait tout voir à la fois »?

Supposé, d'ailleurs, que chacun des attributs infinis que nous mettons en Dieu, soit véritablement possible; tout n'est pas terminé par là. Il faut encore que tous ces attributs s'accordent entre eux; il faut que tous ces attributs soient compossibles. Or, à cette profondeur, se dresse un autre mystère souverainement complexe et que ni Descartes ni ses disciples n'ont jamais éclairci.

Est-il donc plus avantageux de passer du point de vue de la quantité à celui de la qualité? Vaut-il mieux considérer Dieu comme l'harmonie vivante et consciente de toutes les perfections? Peut-être verrait-on plus clair par là. Mais, alors, c'en est fait du concept de l'être Infini. Car toute harmonie suppose une certaine réduction des éléments qui servent à la produire : toute harmonie implique une mesure et de ce chef ne donne que du fini.

De l'idée d'*essence* la discussion passe naturellement à celle d'*existence;* et là se révèle un nouveau progrès dans l'analyse. Leibniz ne pense pas, comme Kant le fera plus tard, que l'existence n'ajoute rien à l'essence et que, par suite, « cent thalers réels ne valent pas plus que cent thalers possibles ». A ses yeux, l'existence est une « qualité » *sui generis* et distincte de l'ensemble des éléments purement logiques qui constituent l'essence : ce n'est plus du possible, c'est « un acte ». Quoi qu'il en soit de ce point qui garde un fond très mystérieux, qui sera toujours « ce je ne sais quoi d'ineffable » dont l'Ange de l'École a parlé, il reste vrai, d'après Leibniz, qu'il suffit d'avoir montré la possibilité de l'essence divine pour être en droit d'affirmer qu'elle existe. Sur quoi se fonde, dans son esprit, cette colossale déduction? ce n'est pas qu'il s'appuie déjà, du moins autant qu'on le peut dire, sur la théorie dynamique des possibles inventée par Spinoza; mais il croit avec tout son siècle, et d'une manière invincible, que « la raison d'être », c'est « la perfection ». L'avenir fera le reste : un peu plus tard, Leibniz croira passer du confus au distinct, de la simple croyance à la claire vue des choses, en affirmant avec le philosophe juif que, si « la perfection pose l'existence », c'est en vertu de la tendance interne du possible à s'actualiser.

Ce qu'il y a de plus étrange, c'est l'attitude que garde Leibniz après cette discussion si curieuse et si suggestive : il croit jusqu'au bout qu'avec sa théorie de la compatibilité des éléments simples, il dissipe tous les nuages qu'il vient d'entasser sur la notion d'un Être infini. Qu'est-ce donc qu'un « élément simple »? Il n'en a jamais donné une idée très claire. Et, de quelque manière qu'on s'y prenne, il faut bien que chacun de ces « germes de l'être » ait une constitution spéciale, une forme à lui; autrement, il ne serait encore qu'un je ne sais quoi d'indéterminé, une fiction purement logique, semblable à la matière première dont a parlé Platon. Mais, dès lors, toutes les objections que Leibniz a formulées à l'adresse du cartésien Eckhard, se dressent de nouveau et contre lui : il s'agit encore de savoir si les éléments simples peuvent être poussés à l'infini, s'ils s'accordent entre eux ; il s'agit en plus, comme le dira Kant plus tard, de découvrir si tous ces éléments sont susceptibles de se centraliser autour d'un sujet unique. Leibniz a-t-il donc oublié que, d'après son propre sentiment, nous ne savons pas même pourquoi une branche de houx ne porte point des olives ?

\*
\* \*

A la preuve ontologique s'en joint une autre qui est de même ordre, apriorique comme la première, et qui se fonde sur l'éternité des intelligibles. Outre la nécessité conditionnelle, qui vient de ce qu'un sujet une fois donné postule essentiellement tel ou tel prédicat, nos idées ont une nécessité interne qui est absolue. Chacune d'elles est *supposable* à l'indéfini, dans tous les temps et tous les pays ; chacune d'elles contient une réalité qui ne se supprime pas, c'est-à-dire un fond d'éternité. « Où seraient ces idées, si aucun esprit n'existait ?... Cela nous mène enfin au dernier fondement des vérités, savoir à cet esprit suprême et universel qui ne peut manquer d'exister, dont l'entendement, à dire vrai, est la région des vérités éternelles, comme saint Augustin l'a reconnu et l'exprime d'une manière assez vive[1]. »

Mais, outre que cette preuve ne nous dit pas ce que c'est que « cet esprit suprême » qui se cache derrière le spectacle des intelligibles, on ne voit pas ici la raison d'y recourir. D'après l'explication que donne Leibniz lui-même, si les idées sont éternelles, ce caractère n'est pas d'emprunt ; il ne leur vient pas du dehors : il jaillit tout droit de leur propre essence. C'est donc qu'elles se suffisent ; c'est qu'elles sont des réalités subsistantes, en d'autres termes, des causes premières. Et nous voilà par une autre porte sur la pente

---

1. Erd., 379$^b$-380$^a$ (*N. Essais*) ; *Ibid.*, 561$^a$ (*Théod.*) ; *Ibid.*, 708$^{a,b}$, 44 (*Monad.*).

de l'Hégélianisme. On peut, il est vrai, échapper encore à cette doctrine, mais par une analyse de l'intelligible à laquelle Leibniz n'a pas même songé, non plus que Bossuet qui présente un argument semblable dans cette langue royale dont il a le don [1]. Vraiment, le propre du génie n'est pas de tout voir; c'est plutôt de s'emprisonner dans ce qu'il voit. Le génie est encore myope, et en vertu même de la puissance avec laquelle il pénètre ce qu'il a une fois touché.

*
* *

L'intelligible, telle est la route qui mène le plus directement jusqu'à Dieu; il en existe une autre, qui est celle de l'expérience, où le créateur a laissé de toutes parts des marques visibles de son infinité. Elles y sont « comme l'empreinte de l'ouvrier sur son ouvrage ».

« Il y a une infinité de figures et de mouvemens présens et passés, qui entrent dans la cause efficiente de mon écriture présente, et il y a une infinité de petites inclinations et dispositions de mon âme présentes et passées, qui entrent dans la cause finale. »

« Et comme tout ce *détail* n'enveloppe que d'autres contingens antérieurs ou plus détaillés, dont chacun a encore besoin d'une analyse semblable pour en rendre raison, on n'en est pas plus avancé, et il faut que la raison suffisante ou dernière soit hors de la suite ou *series* de ce détail de contingences, quelque infini qu'il pourrait être. »

Il y a donc une cause première, « une substance nécessaire, dans laquelle le détail des changemens ne soit qu'éminemment, comme dans la source, et c'est ce que nous appelons **Dieu**[2] ».

Jusqu'ici rien que de l'Aristote, ou si l'on veut une comparaison plus précise encore, jusqu'ici rien que du Spinoza. Mais, à partir de ce point, Leibniz continue par la déduction du concept de cause première. Il se croit en droit de con-

---

1. Œuvres phil. de Bossuet, 212-213, loc. cit. — Voir notre réponse sur ce sujet (*Quelques conférences sur l'âme humaine*, F. Alcan, Paris, 1914).
2. Erd., 708$^a$, 36-39 (*Monad.*).

clure que cette cause est un être qui n'a pas de limite, qui est absolument infini, qui de ce chef est souverainement parfait; il se heurte par là même à toutes les difficultés qu'en 1677 il élevait contre Eckhard, et sans en tenir aucun compte[1]. Il reste persuadé que sa théorie de la compatibilité des éléments simples, pourtant si incomplète et si vague, suffit d'emblée à tout éclaircir. Comme la critique de Kant a été nécessaire ici!

On trouve la même sérénité dogmatique dans le second argument à base expérimentale qu'apporte Leibniz, je veux parler de sa preuve des causes finales. Il n'a pas senti davantage, en développant cette preuve, l'embarras qu'éprouve la raison soit à passer de la notion de cause première au concept d'être parfait, soit à considérer l'être parfait lui-même comme un autre nom de ce qu'on appelle l'Infini. Il s'est contenté, à cette occasion, de se complimenter lui-même, comme il le fait un peu partout, en disant que, par son *Harmonie préétablie*, la preuve de l'ordre « est poussée à une nécessité tout à fait métaphysique » : ce qui paraîtra sans doute étrange à quelques-uns, vu le caractère visiblement chimérique de cette hypothèse. Mais écoutons-le s'exprimer lui-même en cet endroit. « Chacune de ces âmes exprimant à sa manière ce qui se passe au dehors et ne pouvant avoir aucune influence des autres Êtres particuliers, ou plutôt, devant tirer cette expression du propre fonds de sa nature, il faut nécessairement que chacune ait reçu cette nature... d'une cause universelle, dont ces Êtres dépendent tous, et qui fasse que l'un soit parfaitement d'accord et correspondant avec les autres ; ce qui ne se peut sans une connaissance et puissance infinies. » Aussi « un illustre Auteur » reconnut-il un jour « qu'on n'avait jamais donné un si grand relief aux faibles conceptions que nous pouvons avoir de la perfection divine[2] ».

---

1. *Ibid.*, 708ᵃ, 39-41 (*Monad.*); — V. aussi GERH., *Phil.*, I, 138 (*Communicata ex literis D. Schuller*); *Ibid.*, VII, 310 (*Specimen inventor.*); — ERD., 147ᵃ (*De rerum orig.*, 1697); *Ibid.*, 373ᵇ-374ᵃ (*N. Essais*); *Ibid.*, 716, 8-9, (*Princ. de la Nat...*). Spinoza a très nettement formulé cette preuve dans une lettre à Meyer, son plus intime ami (t. III, 389, éd. Saisset).

2. Leib. esquissait déjà cet argument *ex contingentia rerum* dans sa Con-

\*
\* \*

Laissons de côté les remarques critiques qu'il a fallu faire, pour donner une idée juste des vues théologiques de Leibniz; reprenons la suite de sa pensée, comme si les restrictions formulées plus haut ne comptaient pour rien.

Les possibles ont une tendance à se réaliser par eux-mêmes; mais cette tendance ne leur suffit pas : c'est une « propension » qui ne se traduit en acte que sous l'impulsion d'un secours extérieur. De plus, « comme tous les possibles ne sont point compatibles entre eux dans une même suite de l'univers », ils s'arrêtent les uns les autres dans leur élan vers l'existence. Il faut que Dieu, qui en a l'éternelle et pleine intuition, vienne du dehors y faire un choix et donne la grâce efficace à la combinaison préférée[1]. Il semble donc que, d'après Leibniz, l'univers ne sorte pas tout entier du néant. La création lui apparaît en définitive comme un simple épanouissement des possibles, comme « une fulguration » des idées divines à travers le temps et l'espace[2]; c'est « une émanation » des intelligibles qui se fait en Dieu lui-même sous le libre effort de sa volonté[3]. Et cela, ce n'est plus du Spinoza, sans doute; mais c'est du Schelling avant le nom, du Schelling de la *Philosophie de la Révélation*. Leibniz, il est vrai, se garde d'insister sur ce point; mais ses expressions sont assez claires pour indiquer où va sa pensée.

Avançons d'ailleurs dans le problème; notre impression ne fera que se confirmer.

---

*fession de la nature contre les Athées* en 1668 (V. ERD., 45-46). On le retrouve dans une lettre à Jac. Thomasius du mois d'oct. de la même année (GERH., *Phil.*, I, 9-11). Il reparaît dans les *Remarques sur les Communicata ex literis D. Schulleri* (*Ibid.*, 138). Leib. l'oppose à Locke dans les *N. Essais*, et comme totalement décisif, lorsqu'on l'appuie sur l'*Harmonie préétablie* (ERD., 376ᵃ-376ᵇ). V. également *Théodicée* (ERD., 506ᵃ, 562ᵇ; *Monad.*, 709ᵃ-ᵇ). — Leibniz a toujours été vivement pénétré de l'*idée de contingence*, même avant d'avoir commencé à réagir contre Spinoza. Cette idée représente un trait fondamental de son esprit.

1. ERD., 506ᵃ, 562ᵇ, 565ᵇ-566ᵃ (*Théod.*).
2. *Ibid.*, 708ᵇ, 47 (*Monad.*).
3. *Ibid.*, 452ᵇ (*Remarques sur le sent. du P. Malebranche*, 1708).

La création, pour Leibniz, ne cesse point avec la production même de l'être créé ; elle dure autant que lui, et en vertu de son essentielle contingence. « La créature dépend continuellement de l'opération divine » ; et cette « dépendance est aussi grande dans la suite, que dans le commencement ». Elle porte que la créature « ne continuerait point d'exister, si Dieu ne continuait pas d'agir[1] ». Leibniz veut seulement que l'on n'entende pas la *création continuée* à la manière de Descartes : il lui semble étrange que l'être contingent n'existe jamais, qu'il soit toujours naissant et toujours mourant[2]. D'après lui, l'opinion cartésienne est contraire à la notion de la monade. La monade n'est pas une pure puissance ; comme on l'a vu plus haut, elle enveloppe toujours quelque effort : ce qui en fait le fond, c'est la tendance à persévérer dans l'être, et par là même à prendre une durée continue. Or Dieu ne défait pas d'une main ce qu'il a fait de l'autre : il adapte toujours son action aux conditions naturelles de ses propres œuvres[3].

Si la conservation n'est qu'une création continuée, elle a nécessairement les mêmes effets qu'elle. Lorsque Dieu produit une chose, « il la produit comme un individu, et non pas comme un universel logique » : « il produit son essence avant ses accidents, sa nature avant ses opérations, suivant la priorité de leur nature » ; mais tout cela se fait « dans le même moment[4] ». Voilà donc aussi ce qui a lieu par la suite pendant toute la durée de chaque être : substance, facultés, accidents et actions, tout est toujours également envahi, dominé et comme soutenu au-dessus du néant par le concours de Dieu : Dieu nous fait à chaque instant tels que nous sommes et avec toutes nos déterminations.

Comme effrayé d'une solution si grosse de conséquences et qui se trouve pourtant à l'état implicite dans saint Thomas d'Aquin, Leibniz s'empresse d'ajouter que, « si la créa-

---

1. Erd., 513ª, 615ᵇ (*Théod.*) ; — P. Jan., 650 (*Corresp. avec Arnauld*) ; — F. Car., II, 150 *Animadv. ad Weigel*) ; — Geru., *Math.*, III, 943 (*L. à J. Bern.*, 5 août 1715).
2. Erd., 614ᵇ, 615ª⁻ᵇ.
3. *Ibid.*, 615ª.
4. *Ibid.*, 616ᵇ.

ture ne concourt point avec Dieu pour se conserver », il ne voit « rien qui l'empêche de concourir avec Dieu pour la production de quelque autre chose, et particulièrement de son opération interne, comme serait une pensée, une volition, choses réellement distinctes de la substance[1] »; et son intention est de sauver au moins le libre arbitre, défendu par ailleurs avec tant de persévérance. Mais le principe sur lequel il se fonde est plus fort que sa bonne volonté; il renverse d'un coup toute sa théorie de la monade. Pour qui l'admet, « Dieu fait tout[2] », suivant l'expression de Bayle. La théorie de la conservation ouvre au *monisme* une autre porte que Leibniz avait cru fermer, en substituant son *Harmonie préétablie* à l'*occasionalisme* de Malebranche.

\*
\* \*

La création suppose un choix; et ce choix lui-même n'a pu se produire sans *motif*. « Dans la région des vérités éternelles se trouvent tous les possibles, et, par conséquent, tant le régulier que l'irrégulier; il faut une raison qui ait fait préférer l'ordre et le régulier[3]. » Or cette raison ne peut être que l'attrait du *meilleur*. Car Dieu, étant souverainement parfait, est aussi souverainement bon. Et « d'avancer qu'il sait ce qui est meilleur, qu'il le peut faire et qu'il ne le fait pas, c'est avouer qu'il ne tenait qu'à sa

---

1. Erd., 617ª (*loc. cit.*).
2. *Ibid.*, 615ᵇ, 356.
3. *Ibid.*, 562ª, 159. Ce texte vise surtout la manière dont Descartes a compris les possibles. D'après Descartes, les possibles, ayant l'éternité pour agir, peuvent présenter toutes les combinaisons imaginables, celles qui sont ordonnées aussi bien que les autres, le monde actuel aussi bien que le chaos. Leibniz a protesté de bonne heure et à diverses reprises contre cette conception V. Gerh., *Math.*, VI, 96 (*Rép. à Fabre*, 1677); *Ibid.*, *Phil.*, IV, 281, 283 (*L. à Philippi*, 1679-1680); — Erd., 139ª⁻ᵇ (*L. à Nicaise*, 1697); *Ibid.*, 141ª⁻ᵇ (*Rép. aux réflexions de Bayle*, 1697); — F. Cah., 47-48 (*Réfutation de Spinoza...*, entre 1700 et 1710). Leib. trouve cette doctrine dangereuse; elle mène au spinozisme. De plus, il la tient pour fausse; car elle supprime les causes finales, par conséquent la Providence et même la distinction du bien et du mal : et tout cela, c'est une suite de *la Liberté d'indifférence* qui, d'après Descartes, règne surtout au sein de la divinité dont elle est l'attribut radical.

volonté de rendre le Monde meilleur qu'il n'est »; c'est dire qu'il manque de bonté[1].

« La sagesse de Dieu, non contente d'embrasser tous les possibles, les pénètre, les compare, les pèse les uns contre les autres, pour en estimer les degrés de perfection ou d'imperfection, le fort et le faible, le bien et le mal : elle va même au delà des combinaisons finies, elle en fait une infinité d'infinies, c'est-à-dire une infinité de suites possibles de l'Univers, dont chacune contient une infinité de Créatures; et par ce moyen la Sagesse divine distribue tous les possibles qu'elle avait déjà envisagés à part, en autant de systèmes universels, qu'elle compare encore entre eux : et le résultat de toutes ces comparaisons et réflexions, est le choix du meilleur d'entre tous ces systèmes possibles, que la sagesse fait pour satisfaire pleinement à la bonté; ce qui est justement le plan de l'Univers actuel[2]. »

---

[1]. Erd., 573ᵇ (*Théod.*); Cf. *Ibid.*, 506ᵃ, 563ᵇ. Mais il y a dans cette question un point qu'il faut préciser et sur lequel la pensée de Leibniz semble avoir varié. Jamais Leibniz n'a été anthropocentriste : « *Lorsque nous croyons*, dit-il dans le *Discours de Métaphysique* (p. 59, éd. Est.), *que Dieu n'a fait le monde que pour nous*, C'EST UN GRAND ABUS, *quoyqu'il soit très véritable qu'il l'a fait* TOUT ENTIER *pour nous, et qu'il n'y a rien dans l'univers qui ne nous touche et qui ne s'accommode* AUSSI *aux égards qu'il a pour nous.* » Et ces paroles, Leibniz ne les a jamais rapportées. Mais il s'agit de savoir si Dieu a tout fait *en vue de la félicité des âmes raisonnables ou esprits*. Et c'est sur ce point que l'on constate une variante. Dans le *Discours de Métaphysique*, Leibniz affirme nettement que « *la félicité des esprits est le but principal de Dieu* » (p. 31-32); et, vers la fin du même traité, il donne une raison à l'appui de son sentiment (p. 91) : c'est « qu'un seul esprit vaut tout un monde ». On retrouve la même pensée vers la fin de la *Monadologie* (Erd., 712ᵃ, 86). Mais, dans l'intervalle, Leibniz a tenu un langage un peu différent. Au cours de la *Théodicée*, il reprend la manière de voir des Théologiens, représentée dans toute son acuité par Malebranche. En vertu même de son excellence essentielle, Dieu, dans ses œuvres, ne peut avoir d'autre but que lui-même : et voilà la fin suprême, celle qui ne se rapporte plus à rien autre. Mais en quoi consiste cette fin que Dieu ne peut pas ne point placer au premier rang? C'est sa gloire; et cette gloire ne peut être que la communication de ses éternelles perfections. D'autre part, qu'est-ce que Dieu vise tout d'abord dans cette diffusion de sa richesse intérieure? Le bonheur des créatures n'y vient qu'au second plan. Ce que Dieu cherche en premier lieu, c'est le *maximum d'être dans le maximum d'ordre*, c'est la beauté de l'œuvre à réaliser : « il est comme un grand architecte, qui se propose pour but la satisfaction ou la gloire d'avoir bâti un beau palais ». Dès lors « la félicité des esprits » ne vient qu'au troisième rang sur l'échelle de la finalité divine. Dieu, l'ordre, le bonheur des âmes raisonnables : voilà la marche descendante à suivre pour être dans la pleine exactitude (V. Erd., 523ᵇ-524ᵃ, 534ᵇ-535ᵇ, 537ᵃ).

[2]. Erd., 573ᵃ (*Théod.*).

Bien que motivé par l'idée du meilleur, le décret de créer demeure libre. « Dieu est porté à tout bien ; le bien, et même le meilleur, l'incline à agir ; mais il ne le nécessite pas : car son choix ne rend point impossible ce qui est distinct du meilleur ; il ne fait point que ce que Dieu omet implique contradiction[1]. » Et, d'autre part, il ne fait point non plus que Dieu cesse de se posséder lui-même par sa réflexion et de disposer à son gré de son énergie toute-puissante. Le Créateur, sous l'action du principe qui le porte à créer, est entièrement exempt de toute nécessité, externe et interne. L'être nous vient d'un acte d'amour intellectuel et désintéressé.

Il est vrai que le problème de la liberté divine se complique d'une difficulté spéciale. Quand il s'agit de l'homme, on a simplement à se demander s'il n'y a pas un rapport nécessaire entre sa volonté et les motifs ou mobiles qui l'actionnent. Quand il est question de Dieu, il faut savoir en plus s'il n'y a pas un rapport nécessaire entre son action *ad extra* et son essence elle-même. Dieu est souverainement parfait ; dès lors ne faut-il pas, et de rigueur logique, que toutes ses décisions et opérations le soient aussi ? conçoit-on de quelque manière qu'un être qui est la bonté suprême, puisse choisir autre chose que le meilleur ? Entre Dieu et la préférence du moins mauvais, n'y a-t-il pas la même connexion qu'entre une proposition mathématique et ses corollaires ? Leibniz se pose la question[2]. Et sa réponse est celle-ci : « *métaphysiquement* parlant », Dieu « pouvait choisir ou faire ce qui ne fût point le meilleur ; mais il ne le pouvait point *moralement* parlant[3] ». Dieu n'est pas une force brute qui se déploie en un nombre infini d'attributs infinis, comme l'a imaginé Spinoza ; c'est un être personnel. Or la perfection de l'être personnel ne consiste pas à subir mécaniquement l'action du meilleur. Elle a quelque chose de plus spontané et, par là même, de plus noble : c'est le libre et indéfectible amour du bien.

1. Erd., 573ᵇ, 22ˢ (*Théod.*).
2. *Ibid.*, p. 556ᵇ, 171 ; p. 575ᵃ, 231.
3. *Ibid.*, 574ᵇ, 575ᵃ, 231.

## IV. — Le problème du mal.

Si Dieu crée librement, et sous l'action de l'idée du meilleur, comment se fait-il que le désordre, et sous toutes ses formes, occupe une si grande place dans le monde? Quel moyen de concilier l'optimisme qui se fonde sur l'idée de la perfection infinie de Dieu avec le pessimisme que nous inspire, comme malgré nous, le spectacle de l'inachèvement des choses? *Si Deus est, unde malum*[1]?

Leibniz sent vivement la difficulté de cet effroyable problème qui devait tant tourmenter notre siècle; et il l'envisage sous tous ses aspects, avec l'espérance de lui trouver une solution qui sorte de sa philosophie. Il s'efforce, en premier lieu, de *réduire à sa juste mesure le sentiment que nous avons du mal* inhérent aux choses; puis il en essaie une explication qui dérive à la fois de sa théorie de la matière et de sa théorie des possibles.

La vie n'est pas parfaite, sans doute : « il y règne une certaine médiocrité ». Cependant il y a « incomparablement plus de bien que de mal dans la vie des hommes »; on y trouve en somme plus de plaisirs que de douleurs, plus de vertus que de vices. Les maisons sont infiniment plus nombreuses que les hôpitaux, et les foyers honnêtes que les prisons[2]. Nous exagérons « les défauts apparens du monde entier, ces taches d'un soleil, dont le nôtre n'est qu'un rayon[3] ». Et cette exagération tient à deux causes principales, qui ne viennent que de nous, et dont l'une est d'*ordre moral*, l'autre d'*ordre intellectuel*.

Nombre d'hommes ne remarquent que les infortunes, les injustices et les souffrances dont ils sont victimes ou témoins. Le désordre est la seule chose à laquelle ils fassent attention. Ils voient l'univers entier à travers le voile assom-

---

1. Erd., 509ᵇ, 20 (*Théod.*).
2. *Ibid.*, 548ᵇ (*loc. cit.*).
3. *Ibid.*, 548ᵇ, 582-583 (*loc. cit.*).

brissant de leur mélancolie et se figurent qu'il est mauvais, parce qu'ils sont tristes. Il faudrait cependant s'exercer à regarder la vie sous un jour plus vrai; et l'on s'apercevrait alors que, si les roses ont des épines, les épines ont des roses[1].

De plus, si nous devenons pessimistes, c'est parce que nous ne nous faisons pas de l'univers une *idée suffisamment compréhensive*.

D'abord, nous jugeons du *tout* qu'il compose par l'*infime partie* que nous en connaissons. Attachés à cette terre, qui est sans doute l'une des portions les moins belles de l'œuvre divine, et ne la connaissant elle-même que d'une manière très imparfaite, nous prétendons interpréter la nature entière d'après ce que nous y remarquons. C'est là une erreur manifeste, analogue à celle que commettrait un voyageur en jugeant du plan d'un édifice pour avoir aperçu de biais l'une de ses dépendances[2]. « Si nous connaissions la cité de Dieu telle qu'elle est, nous verrions que c'est le plus parfait état qui puisse être inventé; que la vertu et le bonheur y règnent, autant qu'il se peut, suivant les loix du meilleur; que le péché et le malheur (que des raisons d'ordre suprême ne permettaient point d'exclure de la nature des choses) n'y sont presque rien en comparaison du bien, et servent même à de plus grands biens. Or, puisque ces maux devaient exister, il fallait bien qu'il y eût quelques-uns qui y fussent sujets; et nous sommes ces quelques-uns. Si c'étaient d'autres, n'y aurait-il pas la même apparence du mal? ou plutôt, ces autres ne seraient-ils pas ce qu'on appelle Nous[3]? »

---

1. ERD., 518ᵇ, 519ᵃ (*Théod.*).
2. GERH., *Phil.*, VII, 543-544 (*L. à la duchesse Sophie*, 4 nov. 1696) : la nature paraît plus libérale et plus belle, à mesure qu'on la connaît mieux; c'est ainsi que la découverte de Copernic est venue tout à coup révéler dans le ciel un ordre et une immensité que l'on n'aurait jamais soupçonnés; *Ibid.*, 545 (*L. à la même*, 9 mai 1697) : même pensée; si l'on est mécontent, c'est qu'on ignore l'harmonie profonde des choses. — ERD., 149ᵃ-150 (*De rerum orig.*, 1697); — GERH., *Phil.*, VI, 498 (*L. à la Reine de Prusse*, vers 1700) : « Toutes nos plaintes viennent de nostre peu de connaissance »; — ERD., 543ᵇ-544ᵃ, 547ᵇ-518ᵃ, 563ᵇ-564ᵃ, 603ᵃ (*Théod.*).
3. ERD., 539ᵃ (*Théod.*).

En second lieu, nous regardons l'univers du point de vue de *notre sensibilité* : nous voulons que le but suprême de la création soit le bonheur des créatures raisonnables[1]. Et c'est là une autre illusion, que l'amour-propre nous inspire à notre insu. Dieu s'est proposé de faire le meilleur des mondes. Or le meilleur des mondes n'est pas précisément celui qui procure la plus grande somme de bonheur; c'est le plus beau, et par conséquent celui qui comprend le maximum de variété dans le maximum d'unité. Mais il ne peut y avoir maximum de variété que si, de Dieu lui-même jusqu'au grain de sable, il se fait une série infinie de dégradations insensibles de la réalité; et cela suppose une série parallèle d'imperfections croissantes. Il ne peut y avoir maximum d'unité que si les êtres qui composent l'univers ont un milieu qui les situe et les gradue. Or ce milieu c'est la matière; et voilà précisément la source principale de toutes les ignorances, de toutes les fautes et de toutes les infortunes[2].

Il faut ajouter que la *liberté*, bien qu'entravée et comme alourdie par la résistance de la matière, demeure cependant capable d'un progrès continu, dont les hommes ne tirent presque aucun souci. Et là se trouve une source inépuisable de malheurs : l'abus de notre franc arbitre fait que le désordre va sans cesse croissant et en nous et autour de nous. Il serait donc plus sage de travailler sérieusement à réformer notre conduite, à secouer de plus en plus le joug de nos passions, que de reprocher à la Providence des maux qui viennent surtout de notre méchanceté[3].

Que l'homme corrige son humeur chagrine, qu'il cesse de se regarder comme le centre de l'univers et s'exerce en même temps à réduire la fougue de ses penchants, qu'il introduise en son âme le règne de l'harmonie; et il aura fait un grand pas vers l'intelligence de l'harmonie fondamentale des choses.

---

1. Erd., 537ᵃ (*Théod.*) : voir plus haut, p. 271 (note), les variations de Leibniz sur ce point.
2. *Ibid.*, 557ᵃ, 539ᵃ·ᵇ (*Théod.*).
3. *Ibid.*, 583ᵃ (*loc. cit.*).

.·.

Toutefois, le problème ne peut se résoudre entièrement à l'aide de considérations psychologiques ou morales: il lui faut une solution d'ordre métaphysique. Si peu considérable que soit le *mal objectif*, il est; et il exige une explication, sans doute, il doit avoir sa raison d'être dans le bien[1]. Mais comment? « Le mal, dit Leibniz, vient de la limitation des créatures[2]. » A cette formule il faut encore une explication.

Platon attribuait la cause du mal à la matière, qu'il croyait incréée et indépendante de Dieu; et ce sentiment contient une part de vérité[3]. « Aussitôt qu'il y a un mélange de pensées confuses, voilà les sens, voilà la matière[4]. » Or les pensées confuses sont précisément la cause de l'ignorance et de l'erreur, le principe de nos passions. Et c'est de là que viennent à leur tour tous les autres désordres, tant physiques que moraux.

Mais on ne peut s'en tenir à la matière telle qu'elle existe dans la nature : on ne peut s'arrêter à la *matière réelle*. Car le mal, quoique ne procédant point de la volonté divine, doit avoir une source éternelle; et la matière réelle ne l'est pas[5]. Reste donc que la cause première du mal soit contenue dans la *nature idéale* de la matière, « autant que cette nature est renfermée dans les vérités éternelles » que comprend l'entendement divin[6]. « L'imperfection originale » de la créature vient de la région des possibles; et, par conséquent, elle est éternelle et nécessaire, au même titre que les nom-

---

1. Cette idée platonicienne est reprise et maintenue constamment par Leibniz : V. Gerh., *Math.*, III, 574 (*L. à Joh. Bern.*, 21 févr. 1699); — F. Car., B, 183 (*De libertate*); — Erd., 149ᵇ-150ᵃ (*De rerum orig.*, 1697); — Gerh., III, 578 (*L. à Bourguet*, 5 août 1715) : Dieu « n'aurait point permis la chute, si elle n'eût été enveloppée dans le meilleur des systèmes possibles ».
2. Gerh., *Math.*, VIII, 50 (*L. à Wolf*, 1705); — F. Car., 28, 30 (*Réfutation de Spinoza...*); — Erd., 510ᵃ, 614 (*Théod.*); *Ibid.*, 708ᵃ, 41 (*Monad.*).
3. Erd., 510ᵃ (*Théod.*).
4. *Ibid.*, 510ᵃ.
5. Erd., 614ᵇ (*Théod.*)
6. *Ibid.*, 510ᵃ.

bres, les figures et toutes les autres essences. Ainsi Dieu n'y peut rien. Il faut ou qu'il ne crée pas, ou que, s'il crée, il lui ouvre la porte ; le mal « est enveloppé dans le meilleur plan » que la sagesse suprême puisse choisir[1] : il y tient comme la conséquence à son principe. Dieu trouve donc dans l'objet intérieur de son entendement, sinon dans son entendement lui-même, une limite essentielle à sa volonté. Et cette antinomie dont la raison s'étonne, c'est la raison qui l'exige. La logique est plus forte que Dieu : ce que Descartes déclarait illogique.

## V. — Du progrès.

Le monde est, à chaque instant, le meilleur qu'il se peut ; mais il n'est pas nécessaire que ce maximum de succès soit toujours égal à lui-même : les instants se suivent et ne se ressemblent pas. « Il se pourrait que l'univers allât toujours de mieux en mieux » ; et, quand on regarde à la nature des choses, on y trouve des raisons de croire qu'il en est ainsi.

Il y a un progrès naturel qui se fait à la fois dans le monde et dans les âmes, en vertu même de la proportionnalité de leur développement. « Rien n'estant hors de l'univers, qui le puisse empescher, il faut bien que l'univers avance continuellement et se développe » : il grandit « comme un corps » vivant. Il en va de même pour les âmes, qui sont « ses images » : elles avancent et « meurissent » toujours plus, « exemtes » à la fois de mort et de vieillesse. Ce progrès, il est vrai, n'atteindra jamais l'absolu ; car il faut tenir compte de « la divisibilité infinie du continu », en vertu de laquelle il restera toujours « dans l'abyme des choses » de nouvelles énergies à réveiller. Mais la marche en avant peut et doit aller à l'indéfini : il n'y a pas d'obstacle sur la route ; et le désir le plus profond des âmes, c'est qu'elle soit parcourue. L'essence de l'être ne consiste-t-elle pas toute entière dans sa

---

1. Erd., 601ᵇ (*Théod.*).

tendance au meilleur? Le progrès est à la racine des choses : il y a son idéal et son principe moteur[1].

Mais quelle est sa loi? Se fait-il par une alternative perpétuelle d'accroissement et de repos, ou bien d'une manière continue? Est-ce qu'il s'arrête à certains moments, pour reprendre ensuite sa marche dès que le milieu s'y prête? ou bien en est-il comme de la ligne que suit une flèche à partir de son point de départ jusqu'à son terme[2]? La seconde hypothèse serait plus conforme à la loi de continuité, qui veut que dans la nature tout se fasse par degrés insensibles. Mais, à bien prendre les choses, la seconde n'y contredit pas dans le fond. Les phénomènes les plus brusques et les plus violents, comme l'explosion d'une charge de poudre ou la détente d'un ressort, s'expliquent encore par des causes profondes qui, elles, sont complètement soumises à la loi de continuité[3]. Et, dans le cas en question, ces causes se voient sans peine. Quelle que soit la nature des changements par où se révèle le progrès, qu'ils soient brusques ou doux, subits ou infiniment gradués comme l'épanouissement d'une aurore : ils viennent toujours d'un même principe qui procède par variations insensibles, à savoir l'effort vers le mieux. Mais, ajoute Leibniz très conscient de la difficulté du problème, « je ne vois pas encore le moyen de faire voir démonstrativement ce qu'on doit choisir par la pure raison ». On devait, dans la suite, dépasser cette juste réserve.

Au progrès naturel s'ajoute celui qui vient de l'industrie humaine; et il est considérable. Il peut grandir à l'indéfini, le contingent que nous apportons sur notre globe à l'œuvre de l'harmonie générale.

C'est de la pensée surtout que viennent notre grandeur et

---

1. GERH., *Phil.*, VII, 541, 543 (*L. à la duchesse Sophie*, 1696); — ERD., 150ᵃ·ᵇ (*De rerum orig.*, 1697); — GERH., *Phil.*, VII, 563 (*L. à la duchesse Sophie*, 6 févr. 1706); — ERD., 566ᵃ (*Théod.*); — GERH., *Phil.*, III, 635 (*L. à Remond*, 11 févr. 1715); *Ibid.*, 578 (*L. à Bourguet*, 5 aoust 1715).
2. GERH., *Phil.*, III, 582-583 (*L. à Bourguet*, 5 aoust 1715).
3. *Ibid.*, *Math.*, VI, 133-134 (*Principium quoddam gener.*, vers 1687).

notre puissance. « Cet entendement qui nous eleve au-dessus de l'univers pour le contempler, et qui nous fait connaître des vérités nécessaires et éternelles, que l'univers luy même est obligé de suivre ; n'est-ce pas un échantillon de la nature divine, puisque rien n'est plus reel ny plus divin que la vérité » et la connaissance que nous en avons ? » Aussi faut-il « fuir avec soin » « ceux qui s'imaginent que la raison ne sert qu'à nous affliger », que son unique rôle est d'augmenter nos misères, en nous donnant la conscience de notre néant. Cette sorte de désespoir ne peut avoir d'autres causes que « la paresse et la legereté [1] ». Tout s'éclaire et se transforme en cause de joie, quand on prend la peine de considérer l'excellence native et la puissance hégémonique du savoir. « Un Archimede, un Galilei, un Kepler, un M. des Cartes, un M. Hugens, un M. Newton sont plus considérables pour le grand but du genre humain, que des grands capitaines, et ils vont du pair pour le moins avec des Législateurs estimés dont le but a esté de mener les hommes à ce qui est véritablement bon et solide… » Ceux qui peuvent, comme Newton, « avancer le grand bastiment de la science, sont pour ainsi dire du conseil privé de Dieu, et tous les autres ne travaillent que pour eux [2] ».

La science, à mesure qu'on y fait du progrès, nous apprend de plus en plus que le désordre est une simple « apparence », que ce qui règne au fond des choses, c'est une sorte « d'harmonie universelle » : la science nous révèle l'ubiquité de l'ordre et nous en fournit la raison dernière, qui est Dieu lui-même. Or qu'y a-t-il au monde qui puisse donner à l'homme une joie plus pure, plus profonde et plus durable que cette sorte de spectacle intérieur ? C'est la pleine « satisfaction de l'esprit » ; et c'est toujours de cette source élevée que jaillira la meilleure part de notre bonheur. Aristote voyait juste, quand il portait si haut la valeur de la « contemplation » ; il montrait par là que son génie était allé jusqu'au fond de ce mystère vivant qui est la nature humaine.

1. Cout., *Op.*, 332-334 (*Nouv. plan d'une science certaine*).
2. Gerh., *Phil.*, III, 261-262 (*L. à Burnett*, 1699).

Tout en produisant cette joie incomparable de l'esprit qui est de comprendre, la science nous confère une sorte d'empire sur la nature. La connaissance que nous prenons de ses lois nous donne le pouvoir d'en dompter les forces aveugles et de les adapter à nos propres besoins. Chaque découverte nous apporte un moyen nouveau de diminuer la zone de la souffrance et d'élargir le domaine de la joie ; chaque découverte est entre les mains de l'homme une arme de plus qui lui permet d'avancer la conquête de sa demeure naturelle. On peut dire déjà que nous sommes les rois de la terre ; nous le sommes par la supériorité de notre nature, qui touche au divin. Mais cette souveraineté deviendra de plus en plus effective à mesure que grandira le culte de la science.

Faut-il donc penser qu'au terme d'un labeur plusieurs fois séculaire, notre globe pourra devenir « une espèce de Paradis »? Rien d'impossible à pareille transformation, répond Leibniz ; d'autant que la nature dont la marche est dominée du dedans par la loi du meilleur, travaille de concert avec nous ; notre globe a déjà été un paradis, « il pourrait bien encore le redevenir, et avoir reculé pour mieux sauter [1] ». Et quelle vue immense sur l'infinie plasticité des choses! Quoi qu'il en soit, depuis Galilée et Bacon, et même un peu avant, une nouvelle espérance a traversé la terre [2].

La science est également le secret d'acquérir cette mat-

---

1. Gerh., *Phil.*, III, 578 (*L. à Bourguet*, 5 août 1715).
2. Voici les principales références qui touchent à l'idée Leibnizienne du progrès : Cout., *Op.*, 168-169 (*De arte inveniendi*, 1669); *Ibid.*, 93-96 (*Meth. physica...*, mai 1676); *Ibid.*, 153 (Préface à la Science générale, vers 677 ?); *Ibid.*, 30-41 (*Consilium de Encyclopædia...*, nov. 1672 à 1679); *Ibid.*, 222-224 (*Atlas univ.*); *Ibid.*, 160 (*Meth. docendi*); *Ibid.*, 332-334 (*Nouv. plan d'une science certaine*); *Ibid.*, 191-192 (*Elem. veritatis æternæ*); *Ibid.*, 417, 420 (Préface à l'Encyclopédie); — Gerh., *Phil.*, I, 174 (*L. à Conring*, vers 1677) : il faut élever la médecine de son état tout empirique à la dignité d'une science; *Ibid.*, 185 (*L. au même*, sur la circulation du sang, 3 janv. 1678); — Cout., 224-229 (*Nouv. ouvertures*) : état des sciences au XVIIe siècle; *Ibid.*, 335-346 (*Elem. rationis*, 1686); — Gerh., *Math.*, VII, 16-17 (*Inventorium Mathem.*, avant 1687 ?); — Erd., 165-171 (*Préceptes pour avancer les sciences*); *Ibid.*, 172ᵇ-173ᵇ (*Discours touchant la méthode de la certitude*); — Gerh., *Phil.*, III, 261-262 (*L. à Burnett*, 1699); *Ibid.*, 350ᵇ (*N. Essais*) : Leib. insiste encore sur l'espoir qu'il a dans le progrès des sciences, particulièrement de la médecine; il suit en ce point la pensée de Descartes.

trise de soi dont Socrate a si bien parlé; et cette conquête capitale, elle a plusieurs manières de nous y conduire.

D'abord elle peut nous apprendre à faire de la richesse nationale une distribution plus équitable qui empêche la diffusion du luxe et de la misère; et du même coup se trouvent supprimées deux sources de dépravation, celle de la séduction et celle du besoin, deux causes par conséquent qui contribuent l'une et l'autre à fortifier en nous l'anarchie des instincts. Mais il n'y a là que l'un des avantages que nous procure la science au point de vue moral; et ce n'est ni le plus direct, ni le plus efficace. Pour mesurer toute l'influence qu'elle peut avoir sur la conduite humaine, il faut regarder aux conditions qui précèdent nos actes et les provoquent.

« D'avoir toujours les preuves présentes, s'écrie Pascal, c'est trop d'affaire. Il faut acquérir une créance plus facile, qui est celle de l'habitude, qui, sans violence, sans art, sans argument, nous fait croire les choses, et incline toutes nos puissances à cette croyance, en sorte que notre âme y tombe naturellement[1]. » Ces paroles, si pénétrantes et si dramatiques, ne traduisent pourtant qu'un aspect de la vérité, et parce qu'elles ne tiennent pas assez compte du rôle de l'esprit. L'action! oui, elle suffit en fait à produire des convictions; elle peut également fortifier celles que l'on possède déjà. Il ne faut cependant lui laisser en droit qu'une place secondaire. L'action ne porte pas en elle-même l'idéal où elle doit tendre; l'action n'enveloppe pas non plus les motifs pour lesquels il faut la choisir et qui la rendent légitime. L'action, par elle-même, ne sait ni où elle va ni pourquoi elle va. D'où lui viendra donc la lumière qui lui manque essentiellement? Sinon de cette faculté supérieure qui seule en nous peut s'élever jusqu'à la connaissance de l'ordre des choses et de leur valeur. Comment nous assurerons-nous que la machine est sur le vrai chemin et qu'elle n'en sort pas, si la science n'est là pour en diriger le mouvement?

---

1. *Pensées*, X, 4, éd. Havet.

Là n'est pas encore le point vif de la question. Le point vif est celui-là même dont Platon déjà faisait le centre de sa morale. La science n'est pas seulement une condition de la sainteté ; il faut y voir également le moyen le plus efficace d'y parvenir. « Rien ne serait plus fort que la vérité, dit Leibniz en reprenant une pensée d'Aristote, si on s'attachait à la bien connaître et à la faire valoir... Quand je considère combien peut l'ambition ou l'avarice dans tous ceux qui se mettent une fois dans ce train de vie, presque destitué d'attraits sensibles et présents, je ne désespère de rien, et je tiens que la vertu ferait infiniment plus d'effet, accompagnée comme elle est de tant de solides biens, si quelque heureuse révolution du genre humain la mettait un jour en vogue et comme à la mode[1]. » Le malheur, c'est qu'on n'y croit qu'en paroles, « à la mahométane[2] » ; c'est qu'on n'a jamais pris la peine de se faire une idée distincte du bien et des raisons qui le fondent. Les gens sont médiocres ou mauvais, parce qu'ils n'ont pas la science de la vertu. Sans doute, on ne devient pas un saint du fait que l'on a compris la valeur et la beauté de l'ordre moral ; mais il y a dans cette connaissance supérieure une influence purificatrice qui, pourvu qu'on sache la raviver par la méditation, amortit toujours plus la vigueur des instincts et finit à la longue par triompher. La grande voie qui mène « au royaume de la justice », c'est le savoir.

Il ne s'agit donc pas ici de la science entendue au sens superficiel et tronqué du positivisme ; il est question du développement intégral de la raison humaine. Les faits comptent, sans doute ; mais, si l'on y entre, c'est pour en sortir, non pour s'y murer : ils ne sont qu'une base d'élan dont l'esprit se sert pour prendre son plein essor.

Éclairer : voilà l'œuvre qui s'impose avant tout, qu'il s'agisse de dominer la nature ou de nous dominer nous-mêmes : et cette ascension vers la lumière est déjà commencée. « Ne voyons-nous pas tous les jours des nouvelles décou-

---

1. Erd., 260ᵃ (*N. Essais*).
2. *Ibid.*, 257ᵇ, 259ᵇ, 302ᵇ.

vertes non seulement dans les arts mais encore dans la philosophie et dans la médecine »... « c'est pourquoy, après les lumières que nous avons aujourd'hui, je crois que, si un grand Monarque faisait faire quelque puissant effort, ou si un nombre considérable de particuliers capables mais dégagés d'autres considérations s'y prenaient comme il faut, nous pourrions faire de grands progrès en peu de temps, et gouster même le fruit de nos travaux, qui de la maniere que nous nous y prenons apresent froide et languissante, sera réservé à la posterité[1] ».

Mais, quoi qu'il en soit de l'état actuel, qui ne donne pas tout ce qu'on pourrait en attendre, le mouvement a pris cours et rien ne l'arrêtera pour de bon. « Il y aura un temps... où le public plus policé sera en état de donner plus d'encouragement à la recherche de la nature »; et surtout « à l'avancement de la médecine[2] »; « il y aura un temps où les hommes, devenus plus sages, consacreront le surplus de leur richesse à l'accroissement de la vraie félicité[3] ». L'élan donné continuera, et parce qu'il a pour cause une sorte de prise de possession de la raison par elle-même qui ne s'était pas produite chez les anciens; bien plus, il ira provoquant en sa faveur un nombre toujours croissant de vocations scientifiques et de sympathies.

Il faudrait, pour en comprimer la puissance, une invasion « prompte et générale de toute l'Europe par des barbares » ou bien « quelque chose de semblable à ce tremblement et cette inondation, qui abima tout d'un coup la grande isle Atlantide dont parle Platon sur la foi des Égyptiens ». « Mais ce changement n'est guères vraisemblable »; et se produirait-il, qu'il ne ferait que ralentir pour un temps la marche naturelle des idées; « vu la facilité admirable qu'il y a dans l'imprimerie de multiplier les livres » et de « conserver la plupart des connaissances qui s'y trouvent »[4].

1. Cout., *Op.*, 334 (*Nouv. plan...*).
2. Erd., 350ᵇ (*N. Essais*).
3. Cout., 96 (*Meth. physica...*).
4. Erd., 166ᵃ (*Préceptes pour avancer...*).

Leibniz est un homme du xvııᵉ siècle; mais, en même temps, il est des nôtres : il nous appartient et par sa croyance en l'hégémonie du savoir et par son idée d'un progrès indéfini.

## VI. — L'IMMORTALITÉ.

L'immortalité des âmes est également un corollaire du concept que s'en fait Leibniz.

Toutes les âmes sont immortelles par droit de nature. Elles n'ont pas de parties; elles sont absolument simples, bien qu'infiniment riches de leur propre fonds : elles ne peuvent donc périr que par annihilation. Or l'action de Dieu ne va pas au néant; elle tend toujours à l'être : Dieu n'intervient que pour créer, ou conserver et perfectionner ce qui est déjà. Ainsi le veut la loi dominante qui préside à tous ses desseins, et qui est celle du meilleur. En second lieu, toutes les âmes sont immortelles de par leur fonction cosmique; et ce point de vue est propre au système leibnizien. Chaque âme est « un miroir vivant du monde »; chaque âme est donc indestructible comme lui. Supposez, en effet, que toutes les monades viennent à disparaître : le monde serait supprimé du même coup, vu qu'il n'existe qu'à titre de représentation; il n'en resterait pas même le principe métaphysique où il se fonde et qui est précisément l'existence des monades. Supposez même qu'une seule monade vienne à s'anéantir; ce serait assez pour que le monde n'eût plus son maximum de diversité; et partant, ce serait assez pour qu'il ne fût plus digne de la perfection divine.

Le nombre des âmes ne peut pas diminuer; mais rien n'empêche qu'il n'augmente, si par ailleurs les changements de l'univers supportent un tel accroissement. Car les âmes ne présentent pas de surface, elles « n'ont pas de volume »; par suite, elles ne peuvent se gêner mutuellement : si nombreuses qu'elles soient déjà, d'autres, et d'autres encore à l'infini, restent toujours également « compatibles » avec elles. C'est du 2 décembre 1676 que date ce raisonnement de Leibniz[1]; et combien il est suggestif au point de vue du développement philosophique de sa pensée !

« Je vay encor plus avant, ajoute Leibniz, et je tiens que non seulement l'ame, mais encor l'animal se conserve, quoyque sa machine soit un composé qui paraît dissoluble. Il y a en cela un des plus grands secrets de la nature, car chaque machine organique Naturelle (telle qu'on voit dans les animaux) ayant des plis et replis infinis, est indestructible, et a toujours un retranchement de reserve, contre quelque violence que ce puisse être. De sorte qu'elle subsiste et demeure la même dans les developpemens, enveloppemens et transformations, comme le ver à soye et le papillon est le même animal..., et comme la petite plante qui est dans la semence ou le petit animal, en se transformant et s'aggrandissant par la generation et par la nutrition, demeure pourtant le même animal ou la même plante. » Ce n'est pas que la matière persiste, à travers toutes ces vicissitudes; au contraire, elle change sans cesse et s'écoule « comme les rivières », suivant le mot d'Héraclite. Mais il reste toujours la même « forme » ou, si l'on veut un terme plus accessible, le même fond de « structure »[2].

Ainsi, toute âme, si humble qu'elle soit, conserve à jamais son identité substantielle; et, grâce à son « âme dominante », tout animal conserve à jamais l'identité de son arrangement organique. Il en est de sa « petite machine » comme « du vaisseau de Thésée que l'on réparait toujours sans rien changer à son dessein primitif »; ou « comme des vêtements de cet Arlequin qui, sa tunique une fois mise de côté, en trouvait toujours une autre » et semblable à la précédente [3].

Qu'est-ce donc que la mort, d'après Leibniz? une simple « apparence »; « au sens Métaphysique du terme », on peut dire qu'elle n'existe pas[4]. La génération est un développement où l'animal, quand sa nature s'y prête, peut s'élever

---

1. Cout., *Op.*, 530.
2. Gerh., VI, 516-517 (*L. à la Reine de Prusse*, entre 1700 et 1705).
3. Erd., 466ᵃ-467ᵇ (*L. à Wagner*, 4 juin 1710).
4. Gerh., *Math.*, III, 575 (*L. à Joh. Bern.*, 21 févr. 1699).

jusqu'à la région des « pensées distinctes ». La mort, par contre, n'est qu'un enveloppement, mais qui n'aboutit jamais à la disparition complète de toute perception : car l'âme demeure sous la transformation qu'elle subit; et l'âme enveloppe une tendance essentielle à penser qui « a toujours quelque succès ». C'est « une grande source d'erreurs, que de prendre la cessation ou suspension plustost des pensées distinctes pour une cessation de toutes les pensées... C'est la même erreur que celle du vulgaire, lorsqu'il croit qu'il y a du vuide, là où il y a un mouvement uniforme, comme celuy de la terre, qui se fait sans secousses[1] ». En outre, la mort, qui n'est jamais totale, ne peut être aussi qu'un état provisoire. L'animal revient de son sommeil au bout d'un certain temps, et pour reprendre sa carrière un moment interrompue; car tout est fait pour atteindre une fois ou l'autre son point de maturité : c'est là un but dont les accidents de la route peuvent retarder la conquête, mais dont rien ne dévie jamais pour de bon[2]. Les dons de Dieu « sont sans repentance ».

Cette interprétation des vicissitudes par où passe la vie, est conforme à « ce que Messieurs Swammerdam, Leewenhoek et Mons. Dodard ont observé là-dessus[3] ». Ils ont montré « que les moindres insectes s'engendrent aussi par la propagation de l'espèce » : ce qui porte à « juger de même des petits animaux séminaux, savoir qu'ils viennent eux-mêmes d'autres animaux séminaux encore plus petits, et qu'ainsi ils n'ont jamais commencé qu'avec le monde[4] ». L'expérience nous incline de plus en plus à croire que la vie ne vient que de la vie; et la raison nous dit d'elle-même qu'il n'en peut aller autrement. La vie enveloppe toujours de la pensée : c'est un fait fondamental et qu'il ne faut jamais perdre de vue. Elle ne peut donc résulter d'un simple arrangement de particules matérielles. Dès lors,

---

1. Gerh., *Phil.*, VI, 516 (*L. à la Reine de Prusse*, entre 1700 et 1705).
2. *Ibid.*, 517 (*L. à la même*).
3. *Ibid.*, VII, 568 (*L. à la duchesse Sophie*, 6 févr. 1706).
4. Erd., 180ᵇ (*Considérations sur la doctrine d'un esprit universel*, 1702).

quelle en peut être l'origine? Il faut que Dieu l'ait créée dès le début avec les lois qui devaient dans la suite en assurer la propagation, ou bien qu'intervenant dans le cours de la nature, il la crée à chaque instant partout où se produit l'ensemble de ses conditions physiques. Or la seconde de ces deux hypothèses paraît inadmissible : c'est une sorte d'occasionalisme partiel et qui ne présente pas moins d'inconvénients que l'autre. Elle fait de l'apparition de la vie un « miracle » perpétuel; elle est indigne de Dieu, qui va toujours au maximum d'effets par les moyens les plus simples. Elle se heurte également à la loi de continuité, d'après laquelle la nature ne fait jamais de « sauts brusques », qui veut que tout se prépare et se produise par « transitions insensibles ». Car que peut-on concevoir de plus inattendu et de plus violent que le passage subit du physique au mental, de l'étendue à la pensée? On peut aller plus loin dans cette voie, celle qu'il faut suivre toujours et surtout quand il s'agit de discerner les grandes lignes que présente le poème de la nature. L'idée qui domine le plan de la création, c'est celle du meilleur, c'est le dessein d'obtenir le plus d'être possible dans le plus grand ordre possible. Dès lors, comment se fait-il que Dieu n'ait pas produit, à l'origne même du monde, le maximum de vie dont il était susceptible? La métaphysique, plus rigoureuse que l'expérience, s'insurge tout entière contre l'idée que le monde et la vie ne sont pas solidaires, que le monde a commencé avant elle et qu'elle pourra finir avant lui. Indestructibilité de l'univers, indestructibilité des âmes : ce sont là deux aspects d'une seule et même chose [1].

1. Voir sur l'immortalité *physique* des âmes les références suivantes, d'où se dégage la suite de la pensée de Leibniz à cet égard : GERH., *Math.*, VI, 69-70 (*Nouv. hypothèse*, 1671); *Ibid.*, *Phil.*, I, 53-54 (*L. à Jean Frédéric*, 21 mai 1671) : c'est là que se trouve la première idée du « Noyau humain », empruntée par Leibniz à l'Alchimie; il la développera dans la suite sous l'influence de savants, tels que Swammerdam, Leeuwenhoeck, et probablement aussi sous l'influence de Locke auquel il paraît bien emprunter un peu sa manière de dire sur la persistance d'une forme ou « structure » de fond à travers l'écoulement de la matière; — GERH., *Math.*, I, 85 (*L. à Old.*, 28 déc. 1675); — COUT., 530 (2 déc. 1676); *Ibid.*, 626 (*Pacid. Philal.*, 1676); — EST., 41-42 (*Disc. de Mét.*, 1685); — P. JAN., 630, 639-640, 672, 678, 680 (*Corresp. avec Arnauld*, 1686-1690). — COUT., 311 (*Elem. rationis*, 1686) : critique de l'idée d'âme donnée

Il n'y a là pourtant qu'un côté de la question. La doctrine que l'on vient d'exposer s'applique à toutes les âmes, considérées comme simples sujets de perception. Il reste quelque chose de spécial à dire sur celles d'entre elles qui ont en plus le pouvoir de réfléchir, qui s'élèvent par là même jusqu'à la dignité d'êtres raisonnables et que Leibniz appelle des esprits, *mentes*. Celles-là font partie de la « cité de Dieu » et de ce chef possèdent certaines prérogatives qu'il faut esquisser.

Outre l'identité de leur substance, les esprits conservent celle de leur personnalité : ils restent à jamais capables de se souvenir et par là même de se reconnaître. Ils sont *moralement* immortels, tandis que les autres âmes ne peuvent l'être que *physiquement*.

Les esprits ne sont pas seulement des images de l'univers; ils sont aussi et surtout des images de Dieu. Eux seuls ont le pouvoir de le connaître et de l'imiter dans leurs actions; par suite, eux seuls sont capables de reproduire quelque chose de ce qui fait l'excellence et la plénitude de sa vie. Chacun des esprits est « comme une petite divinité dans

---

dans l'*Éthique; Ibid.*, 232 (Observation critique contre les Mécanistes); *Ibid.*, 514-515 (*Introd. ad Encyclop. arcan.*, probablement vers 1686 ou 1687) : toutes les âmes sont immortelles, et les esprits conservent leur personnalité; — Gerh., *Phil.*, I, 391 (*L. à Foucher*, vers 1687) : âmes et esprits; — F. Car., B, 320-321 (*L. à Fardella*, mars 1690); — Erd., 125ᵇ-126ᵃ (*Syst. nouv.*, 1695) : âmes et esprits; — Gerh., *Phil.*, VII, 510, 542 (*L. à la duch. Sophie*, 4 nov. 1696); Erd., 145ᵇ (*L. à Fard.*, 1697); — Gerh., *Math.*, III, 553 (*L. à Joh. Bern.*, 18 nov. 1698); *Ibid.*, 560 (*L. au même*, 17 déc. 1698) : il n'y a pas « Métempsychose, mais simplement Métamorphose »; *Ibid.*, 565 (*L. au même*, 13, 23 janv. 1699); *Ibid.*, 575 (*L. au même*, 21 févr. 1699); — Erd., 161ᵃ (*L. à Hoffmann*, 1699); *Ibid.*, 180ᵇ-181ᵃ (*Considér. sur la doct. d'un esprit univ.*, 1702); — Gerh., *Math.*, VI, 101 (1702); — *Ibid.*, *Phil.*, IV, 525-526 (*Extrait du diction. de M. Bayle…*, 1702) : consécution d'images et connexion d'idées; — Erd., 316ᵇ-317ᵇ (*N. Essais*); *Ibid.*, 430ᵇ-432ᵃ (*Sur le Princ. de vie*, 1705); — Gerh., *Phil.*, VI, 516-517 522 (*L. à la Reine de Prusse*); Gerh., *Math.*, VIII 32, 34, 44 (*Corresp. avec Wolf*, 1705); *Ibid.*, *Phil.*, VII, 568-569 (*L. à la duch. Sophie*, 6 févr. 1706); — Erd., 436ᵇ-437ᵃ (*L. au P. des Bosses*, 11 mars 1706); *Ibid.*, 466ᵃ-467ᵇ (*L. à Wagner*, 4 juin 1710); *Ibid.*, 715ᵇ-716ᵃ (*Princ. nat. et grâce*); *Ibid.*, 710ᵃ-712ᵃ (*Monad.*); — Gerh., *Phil.*, III, 565 (*L. à Bourguet*, 22 mars 1714).

son département ». Et cette parenté de nature leur donne la « capacité » d'entrer dans la cité permanente dont le « grand géomètre » est en même temps « le père » et « le roi » [1].

Et là se révèle une idée qui mène plus loin quand on prend la peine d'y réfléchir. Connaître Dieu, c'est connaître à la fois l'infini de perfection et l'infini de durée. Ce double spectacle nous inspire un amour irrésistible qui dépasse absolument la nature, qu'elle est impuissante à satisfaire, qu'elle irrite toujours davantage, au lieu de le calmer. Il faut donc que notre but connaturel soit de faire pour ainsi dire une conquête progressive et indéfinie de la divinité elle-même [2]. Autrement, l'homme serait plus grand que sa destinée; or, dans un monde où tout est calculé par une sagesse sans borne ni déclin, il n'y a pas de place pour cette anomalie de fond.

La vie future est une *exigence de l'amour*, tel qu'il se manifeste dans tout être raisonnable. Il faut ajouter qu'elle est une *exigence de la loi morale*. La justice ne peut pas ne point avoir le dernier mot. « Les péchés doivent porter leur peine avec eux par ordre de la nature et en vertu même de la structure mécanique des choses »; « de même, les belles actions s'attireront leurs récompenses par des voies machinales par rapport aux corps [3] ». Le bien appelle naturellement le bien; et le mal, le mal. « L'intempérance », par exemple, entraîne « certaines maladies », et l'avarice est punie par les privations qu'elle impose aux avares; à la pratique du bien s'attache, au contraire, toute une série de nobles avantages, l'estime en particulier et ce contentement durable et profond qui est comme la propriété inaliénable de la vertu [4]. Mais la vie présente est beaucoup trop courte pour que l'ordre établi d'en haut y trouve son entier accomplissement. Il faut donc qu'elle se prolonge de quelque manière par delà cette ligne sombre qui s'appelle la mort; il faut qu'il y ait un autre mode d'existence où

---

1. Erd., 712ᵃ, 83-84 (*Monad.*).
2. *Ibid.*, 446ᵇ, VI (*L. à Hansch.*, 25 juill. 1707).
3. Erd., 712ᵇ, 89 (*Monad.*).
4. *Ibid.*, 216ᵇ-217ᵃ (*N. Essais*); Cf. *Ibid.*, 264ᵇ, 268ᵃ.

tout crime trouve enfin son châtiment et toute bonne action sa récompense. Le plan de la création ne supporte pas d'échec final; il en supporte encore moins sur ce point essentiel qui est l'harmonie du bien et du bonheur [1]. Dieu, suivant l'antique tradition..., « marche toujours en ligne droite conformément à sa nature, en même temps qu'il circule à travers le monde. Et sur ses pas s'avance la justice, vengeresse inflexible des infractions faites à sa loi [2] ». Ces paroles de Platon résument aussi la pensée de Leibniz. Et combien de fois déjà nous les avons trouvés d'accord !

Telle est, d'après Leibniz, l'esquisse du drame des âmes. L'idée du meilleur en est à la fois le but, le principe d'action et la loi. Il a commencé avec le monde, il se poursuit à travers les siècles, et il a l'éternité pour s'accomplir. Quelle grandeur de vue et quelle puissance de compréhension ! Combien cette doctrine est riche et par les idées dont elle constitue la synthèse et par celles qui en jaillissent de toutes parts comme de leur foyer central !

La terre n'est plus le centre du monde. Il en va comme d'une ville dans un grand royaume : elle apparaît comme l'un des « théâtres », et des plus « petits », où la vie réalise sans relâche la série interminable de ses transformations.

La pensée n'est plus le privilège de l'homme, ainsi que le voulait Descartes qui réduisait les animaux à l'état de simples machines. Elle est tombée, cette barrière artificielle et ridicule. Non seulement les bêtes ont une âme, bien que très différente de la nôtre; mais encore la connaissance s'étend de quelque manière à tous les êtres, quels qu'ils soient : elle en constitue le fond.

Même élargissement pour l'idée d'immortalité. Si l'homme ne meurt pas tout entier, disait-on contre les scolastiques, il faut que l'animal ait le même sort, puisqu'il est ca-

---

1. Consulter les références des pages 287-288. A peu près dans tous les passages où Leibniz parle de *l'immortalité physique*, il touche également à *l'immortalité personnelle*. Ces deux questions vont de front dans sa pensée; la première prépare la seconde, en lui donnant une base plus large dans la nature.
2. PLATON, *Lois*, IV, 715ᵉ-716ᵃ, éd. Stallbaum, Gotha, 1839.

LEIBNIZ. 19

pable, lui aussi, de jouir et de souffrir. Mais alors faudra-t-il soutenir avec Descartes « que ces castors ne sont qu'un corps vide d'esprit » ?

Leibniz supprime cette chicane en affirmant que la mort n'est pas et que par suite il ne saurait y avoir de jaloux. Il vient dire que tout être vivant a commencé avec le monde et ne finira qu'avec lui. S'inspirant de ce qui lui a semblé le meilleur dans les doctrines déjà connues, il vient déclarer que, si l'être raisonnable est seul à pouvoir entrer dans la « Cité de Dieu », l'animal n'en conserve pas moins la double immortalité qui lui convient, celle de son âme et celle de sa « structure » organique. Que l'on ne proteste donc plus contre « la libéralité bornée de la nature »; cette sorte d'avarice des choses n'existe que pour ceux qui ne comprennent pas « la majesté de l'univers ». Le vrai, c'est que tout vit d'un bout à l'autre du monde, et pour ne jamais mourir, car la générosité divine atteint son maximum dès le début et ne retire jamais dans la suite ce qui est déjà donné; le vrai, c'est que tout participe dans une certaine mesure au banquet de la pensée, depuis la plante qui, sans se connaître elle-même, est déjà « un miroir vivant de l'univers », jusqu'à l'homme qui, parce qu'il se connaît, peut connaître aussi la raison suprême des choses, qui est Dieu; le vrai, enfin, c'est que les transformations de la nature, en nous et autour de nous, ne sont que des moyens divers par où la vie s'élève insensiblement vers son point de maturité.

\*\*\*

Insistons, en finissant ce chapitre, sur la constance de Leibniz dans son système philosophique.

Sa manière habituelle est de ne point changer quand une fois il est parvenu à se satisfaire. Il y met du temps : il lit, il compare, il médite et médite encore, afin de découvrir sa propre pensée et de s'en rendre maître. Mais, à un moment donné, « la fulguration » a lieu; et c'est fini. Leibniz, dès lors, expose son idée et de cent manières diverses, il la détaille, l'enrichit, en développe les conséquences et les applications. Mais n'attendez pas qu'il abandonne jamais sa conquête; l'y voilà pour toujours.

Cette persistance intellectuelle est encore plus saillante, s'il se peut, dans l'ensemble des éléments qui forment sa métaphysique. Le principe du meilleur, la notion de la Monade, la nature et les degrés de la connaissance, la distinction du contingent et du nécessaire, le concept de liberté qui s'y rattache, son idée du progrès indéfini et celle de l'immortalité : autant de points cardinaux de sa doctrine qu'il a découverts une bonne fois pour ne plus s'en écarter. En 1677, comme on l'a déjà fait observer, Leibniz avait déjà toutes les idées qu'il devait soutenir plus tard; il n'en a pas même supprimé les équivoques qu'elles présentaient alors. C'est un fait qui ressort, me semble-t-il, des deux chapitres précédents et c'est pour le mettre en évidence que j'ai mentionné, dans la mesure du possible, la suite chronologique des passages qui se rapportent aux principales idées philosophiques de Leibniz. Mais on peut le rendre encore plus frappant, en indiquant les divers résumés (et ils sont nombreux) que Leibniz a faits de son monadisme, au cours de sa longue carrière. Par le fond des pensées, ils se ressemblent tous les uns aux autres[1] : tant ils sont les enfants du même père !

Il est vrai que, dans quelques-unes de ces esquisses, Leibniz s'affirme franchement en faveur du déterminisme universel, aussi franchement que Spinoza. Mais, sous quelque forme qu'il traduise sa pensée, elle reste toujours la même. Car

---

1. Est. (*Disc. de Mét.*, 1685); — Gerh., *Phil.*, I, 383-385 (*L. à Foucher*, 1686); *Ibid.*, 391 (*L. au même*) : quelques explications sur le même sujet — Cout., 518-523 (*Prima veritates*); *Ibid.*, 533-535; — Gerh., *Phil.*, VII, 309-318 (*Specimen inventor.*); *ibid.*, 539-544 (*L. à la duchesse Sophie*, sept. et nov. 1696); *Ibid.*, III, 65-72 (*L. à Bayle*, vers 1702); *Ibid.*, II, 169-172, 184, 194, 250-253, 256, 261, 275-282 (*Corresp. avec Volder*, 1699-1706) : en réunissant ces différents passages, on obtient la somme des idées principales du monadisme; *Ibid.*, VII, 552-565 (*L. à la duch. Sophie*, 1700-1705); *Ibid.*, III, 338-343 (*L. à Lady Masham*, may 1704); *Ibid.*, 353-357 (Explic. sur la lettre précéd.); *Ibid.*, 343-348 (*L. à la Reine Charlotte*, 8 may 1704); *Ibid.*, VI, 491-499, 499-508, 514-519 (*L. à la même*, 1700-1704); — Erd., 705-712 (*Monad.*, 1714); — Gerh., *Phil.*, III, 656-666 (*L. à Remond*, 4 nov. 1715); *Ibid.*, VI, 624-629 (1716) : suprême monadologie.

la nécessité *morale* dont il parle si souvent n'est en définitive que l'expression adoucie de celle qui est *absolue*. Le fait devient manifeste, dès qu'on prend la peine d'écarter l'écorce diplomatique des mots.

Qui donc est venu dire qu'il y avait « un nouveau Leibniz » à découvrir, que le vrai Leibniz mêlait à ses écrits « une fantaisie d'artiste » qui demeure inquiétante, même au point de vue doctrinal? En fait, il n'existe rien de pareil. Jusqu'au bout, l'auteur de l'*Harmonie préétablie* a maintenu sans défaillance le même fonds d'idées. Ce que les inédits peuvent encore éclairer, ce sont certains traits de la vie et du caractère de Leibniz, c'est sa manière intime de travailler. Et, sur cet ordre de questions, nous attendons avec impatience la « Vie de Leibniz » que prépare M. Albert Rivaud.

# CHAPITRE VII

### « LA CITÉ DE DIEU »

I. Le bien. — Le bien et le beau; — le bien et la gloire de Dieu ; — le bien et Dieu.
II. Le bonheur. — Rapport du bien et du bonheur; — le bonheur et la science.
III. L'obligation. — Deux fondements de l'obligation : l'ordre naturel et Dieu; — deux antinomies.
IV. Le mobile de la moralité. — Deux zones : celle du permis et celle du devoir; — l'amour de soi; — l'amour du bien; — comment la moralité consiste dans « le plaisir de l'honnête ».
V. Du quiétisme. — Leibniz et les questions de mystique; — Leibniz et les *Maximes des saints ;* — pourquoi Leibniz a-t-il prêté tant d'intérêt au mysticisme?
VI. Le citoyen. — Historique des études juridiques de Leibniz; — théorie du droit qui en résulte; — justice et amour.
VII. L'État. — Origine de la société; — extension du pouvoir de l'État; — formes politiques.
VIII. L'Église. — Possibilité du surnaturel; — rationalité des dogmes chrétiens; — divinité du Christianisme; — travail de critique à faire; — controverse entre Leibniz et Bossuet; — pourquoi Leibniz reste protestant.
IX. L'humanité. — 1° Qu'est-ce que l'humanité pour Leibniz? 2° Du progrès par le commerce et l'industrie.

Au-dessus des êtres dont l'activité se borne à percevoir, il y a « la cité de Dieu ». En sont « membres » toutes les âmes qui possèdent la vie de la raison, et qui ont par là même la connaissance des vérités éternelles : c'est « une république des esprits ».

Cette république est immortelle et composée de citoyens qui le sont également; car on y entre du fait que l'on devient une personne, et ce « droit de bourgeoisie » ne se perd pas : de la dignité d'être raisonnable on ne descend jamais jusqu'à l'animalité.

Cette république est universelle : elle enveloppe le monde entier, et « le genre humain n'en est qu'un fragment, qu'une petite portion ».

Cette république est une théocratie : « Dieu y tient lieu de Roy ou de Père ». On y vit « en société avec lui », comme font les citoyens d'une même ville avec « leur prince » : ce qui produit dans la vie quotidienne comme une atmosphère de bienveillance, de sécurité, de noblesse et de perpétuel contentement.

Ces sentiments sont d'autant plus forts que ce « monarque » tout-puissant et souverainement sage entoure ses « élus » d'une sollicitude qui domine tous ses desseins. Sa « cité », voilà le couronnement de son œuvre, voilà le « but principal » qu'il a poursuivi en créant le monde, celui sans lequel la nature n'aurait plus sa vraie signification. S'il a semé dans le ciel la lumière et les étoiles, s'il a répandu la vie de toutes parts, à tant de degrés divers et sous tant de formes, c'est en vue de ces âmes privilégiées qui sont capables de se connaître, de comprendre l'ordre du monde et par là même d'être heureuses; les autres choses « ne peuvent passer que pour les instrumens des Esprits »[1].

« La République de l'univers » est une société de « petits dieux » gouvernée par Dieu lui-même. En quoi consiste donc l'idée du bien où se fonde son excellence? Quel est,

---

1. Est., 90-93 (*Disc. de Met.*) : esquisse de la cité de Dieu ; — Gerh., *Phil.*, I, 393 (*L. à Foucher*, vers 1687) : Dieu « n'est pas seulement cause, mais encore Seigneur »; — P. Jan., 690 (*Corresp. avec Arnauld*, 1690) : « toutes les choses sont faites pour elles [les âmes capables de réflexion et de la connaissance des vérités éternelles et de Dieu] principalement »; — Gerh., *Phil.*, VII, 541 (*L. à la duchesse Sophie*, sept. 1696) : les esprits « sont comme de petits dieux »; *Ibid.*, 544 (*L. à la même*, 4 nov. 1696) : c'est pour sa cité que Dieu « a fait tout le reste »; — Erd., 149ᵇ (*De origin. mundi*, 1697) : autre esquisse de la cité; *Ibid.*, 161ᵇ (*L. à Hoffmann*, 1699) : « cum Deo societatem quandam constituunt, in quo semper personam suam tuentur »; — Gerh., *Phil.*, VI, 497 (*Corresp. avec la Reine Charlotte*, 1700-1705) : « nous acquérons pour ainsi dire le droit de bourgeoisie dans cette cité dont Dieu est le monarque »: *Ibid.*, 554 (*Éclaircissement sur les natures plastiques*, vers 1704) : Dieu « roy et père »; — Erd., 548ᵃ (*Théod.*, 1710) : « République des esprits », « dont le Genre humain n'est qu'un fragment »; *Ibid.*, 717ᵇ-718 (*Principes de la nat. et de la grâce*, 1714) : Principales idées sur la cité de Dieu; *Ibid.*, 711ᵇ-712 (*Monad.*, 1714) : longue description de la cité de Dieu; — V. plus haut, p. 287.

Depuis 1685, l'idée ne change pas; il serait intéressant de savoir comment Leibniz y est arrivé. Bien avant 1685, il a l'idée d'une « harmonie universelle » établie sur le droit et dont Dieu serait le fondement et la loi : V. Gerh., *Math.*, V, 19-20 (*De art. combin.*, 1666); Gerh., *Phil.*, I, 73-74 (*L. à Arnauld*, 1671?). Là se trouve le germe qui devait se développer plus tard.

par suite, le système de droits et de devoirs qui préside à sa « police » ? Voilà ce qu'il importe surtout de bien connaître.

### 1. — Le bien.

Qu'est-ce que le bien ? La réponse la plus approfondie que Leibniz ait faite à cette question, apparaît en 1715 dans sa correspondance avec Wolf[1].

Dans cette série de lettres, Leibniz affirme d'abord, comme il l'a toujours fait jusque-là, qu'une chose est d'autant plus parfaite qu'elle renferme plus de « réalité positive » et par là même plus « d'intelligibilité »[2]. Il continue à penser, avec la plupart des philosophes de son siècle, particulièrement avec Malebranche et Spinoza, que le bien, le réel et l'intelligible sont trois aspects divers d'une seule et même chose.

Mais la discussion ne tarde pas à faire jaillir une idée qui est très différente, bien que Leibniz s'obstine à n'y voir qu'un simple développement de la première. D'où vient donc, demande Wolf, que « l'on regarde la santé comme supérieure à la maladie » ? Ces deux phénomènes ne sont-ils pas également intelligibles[3] ? Et cette question suscite tout un ensemble de considérations inattendues. Voici, en effet, la réponse qu'y fait Leibniz. L'intelligible n'est pas l'indéterminé, si grande que soit la quantité qu'il présente ; l'intelligibilité d'une chose ne consiste pas davantage dans la pluralité des éléments qu'elle renferme. La matière première d'un Aristote tombe à peine sous les prises de l'entendement ; et l'on en peut dire autant du chaos d'Anaxagore. L'intelligibilité n'est ni l'uniformité ni la pluralité prises séparément l'une de l'autre ; elle suppose la réduction du multiple à une seule et même loi : c'est l'unité dans la variété[4].

1. Gerh., *Math.*, VIII, 161, 162, 166-167, 170-172.
2. *Ibid.*, 161.
3. *Ibid.*
4. *Ibid.*, 163, 170-172.

Dès lors, on peut voir en quoi consiste le bien. Ce qui fait la bonté d'une chose, ce n'est pas la quantité d'être qu'elle renferme. Spinoza, sur ce point, a commis une erreur fondamentale, celle qui, par voie de conséquences, devait le conduire tout droit au panthéisme[1]. Le bien n'est pas plus la « réalité » brute que les pièces d'une belle machine, entassées pêle-mêle sur une charrette, ne sont cette machine elle-même. Le bien relève de la qualité; c'est une coordination d'éléments, c'est une harmonie, c'est l'ordre. Par là même aussi, le bien, c'est le beau[2]. Et nous voilà revenus à l'idée qui domine toute la pensée grecque, en philosophie et en morale aussi bien que dans les arts. Nous voilà revenus à cette manière apollinienne de voir les choses d'après laquelle il n'y a plus qu'une catégorie, celle de la beauté. C'est l'influence de Platon qui triomphe à nouveau.

Cependant, il est bon de remarquer qu'avant 1715, la pensée de Leibniz n'était pas restée étrangère à cette notion hellénique du bien. C'est sous la forme du beau qu'il conçoit la nature dès l'année 1670[3]; et cette idée ne fait que s'expliciter dans la suite. D'autre part, en 1666, il affirme déjà, au cours de son « art combinatoire », que « la justice » consiste dans une certaine « mesure des passions »[4]. Quelques années plus tard, en 1671, la même vertu revêt sous sa plume un caractère d'ordre mathématique. A son sens, aider autrui, c'est multiplier. Supposez, par exemple, que la personne à laquelle on prête son concours, possède trois de sagesse et quatre de puissance, il faut prendre garde que le résultat de son action est $3 \times 4$ ou 12 et non $3 + 4$ ou 7. La règle de la justice distributive se réduit à une proportion mathématique[5]. Et cette sorte de ressemblance du bien avec la manière dont se combinent les nombres, est notée à diverses reprises dans les ouvrages

---

1. GERH., *Math.*, VIII, 171.
2. *Ibid.*, 171-172.
3. GERH., *Math.*, VI, 27, 44, 70 (*Hypoth. Physica nova*, 1671).
4. *Ibid.*, V, 19, note IV.
5. *Ibid.*, *Phil.*, I, 74 (*L. à Arnauld*, fin nov. 1671).

ultérieurs de Leibniz [1] ; visiblement, il y a là une analogie qui le charme. En 1677, au cours de sa fameuse polémique avec Eckard, Leibniz se demande si par l'être parfait on ne pourrait pas entendre « ce qui est le plus désirable au point de vue rationnel », au lieu d'y voir une réalité « où le néant ne prend aucune part » et qui de ce chef exclut toute limite : question éminemment suggestive et qui suffit à transposer le problème du domaine de la quantité dans celui de la qualité [2]. Mais ces vues diverses restaient partielles ou trop implicites. C'est dans sa correspondance avec Wolf que Leibniz dégage enfin sa véritable idée du bien, celle où il tendait depuis très longtemps et qu'il possédait peut-être déjà, bien que dans un certain état de mélange avec l'opinion communément admise.

Le bien, c'est l'ordre : ces deux termes se réduisent en définitive à l'unité d'un même concept. Mais il n'y a là qu'un aspect de la question. Quand on regarde au fondement de ce concept, on y trouve un intime rapport avec la réalité des choses. Il est comme l'idée directrice d'après laquelle le monde a été fait. Le monde est le meilleur qui soit concevable ; il renferme donc le maximum d'être possible dans le maximum d'harmonie possible. « Rien de trop uniforme », tout y varie à l'infini dans l'unité d'une même loi et l'accord de chaque partie avec l'ensemble : il y règne jusqu'aux moindres détails un ordre qui passe toute imagination [3]. Et voilà précisément ce qui constitue la gloire de Dieu, non point

---

1. V. par ex. : Gerh., *Math.*, VI, 129 (*Princip. quoddam...*, 1687); *Ibid.* 131 (*eod. loc.*); *Ibid.*, VII, 64, 66 (*Mathesis univ.*).
2. *Ibid., Phil.*, I, 222-223. — Cependant, à cette époque, Leibniz est hanté par l'idée spinoziste de la puissance ou intensité de l'être, ce qui n'est encore qu'un aspect de la quantité. Il répond à Eckard que, si le plaisir vaut mieux que la douleur, c'est que celui-là est le sentiment d'une puissance (conscientia potentiæ), tandis que celle-ci est le sentiment d'une faiblesse (conscientia imbecillitatis); et l'on reconnaît à ces termes le langage de l'*Éthique*, surtout celui de la troisième partie de cet ouvrage (Gerh., *Phil.*, I, 266). On reconnaît encore la domination de la même idée dans l'*Initium institutionum juris perpetui* (G. Mollat, 7) dont la date n'est malheureusement pas donnée, mais qui, vu ses marques mêmes d'influence spinoziste, est sûrement postérieur à l'*Éthique* : « perfectio est magna potentia in exiguo volumine seu multitudo in unitate sive essentiæ quantitas ». Et voici la raison qu'il donne à l'appui de sa thèse : « nam quæ juvant, potentiam augent, quæ potentiam augent, augent perfectionem ».
3. Erd., 205$^{a-b}$.

celle qu'il trouve dans la contemplation de ses attributs infinis, mais celle qui lui vient de leur manifestation à travers l'espace et le temps et qui est à la première « comme l'ombre au corps ou l'image au modèle »[1]. La gloire de Dieu, c'est l'ordre qui se réalise, c'est l'ordre en tant qu'il devient et fait effort pour se conquérir tout entier.

Mais l'ordre qui devient ne s'explique pas par lui-même. Il suppose un ordre qui est. Tout ce qui se démontre en mathématique, et en quelque autre science que ce soit, est nécessaire et immuable; « puisque l'effet de la démonstration est de faire voir que la chose ne peut être autrement qu'elle est démontrée ». La vérité est éternelle de sa nature[2]. Il faut donc aussi, et par là même, que les propositions morales, celles qui traduisent les rapports de Dieu avec les créatures ou des créatures entre elles, possèdent le même caractère d'indéfectibilité. Hobbes a commis une erreur radicale, en soutenant que l'idée du bien n'a d'autre règle que l'opinion. Si l'on ne conçoit pas que deux et deux cessent un beau jour de faire quatre, on ne conçoit pas davantage un état de choses où il nous deviendrait permis de blasphémer, de calomnier nos semblables ou de nous en prendre à leur vie sans raison. Il y a un fond de possibilités immuables qui contient, non seulement les rapports de *grandeur* que les choses soutiennent entre elles, mais aussi leurs rapports de *perfection*. L'idéal de l'ordre moral est éternel comme celui de la science, et au même titre.

« On demandera encore en quoi est fondé » cet idéal, « puisqu'il y a de la réalité là dedans et qui ne trompe pas » ... Cela nous mène enfin au dernier fondement des vérités, savoir à cet esprit suprême et universel, qui ne peut manquer d'exister, et dont l'entendement, à dire vrai, est la région des vérités éternelles, comme St Augustin l'a reconnu, et l'exprime d'une manière assez vive... C'est là où je trouve l'original » de tous les intelligibles, et par suite l'original de

---

1. Gerh, *Math.*, VIII, 18 (*L. à Wolf.* 21 févr. 1705). — Cf. Baruzi, *Leibniz*, 338-339 (*Corresp. avec Morell*, 1696); — F. Car, VII, 31; — Gerh., *Phil.*, III, 302 (*L. à Burnett*, vers 1705).

2. V. plus haut, p. 231-232.

ces idées et connexions d'idées dont l'ensemble constitue la règle de notre conduite. Considéré dans son principe ultime, l'idéal de l'ordre moral est éternellement subsistant, éternellement pur de tout mélange, toujours également entendu et voulu par un esprit qui ne souffre lui-même ni variation ni déclin ; et c'est de ces cimes de l'être qu'il rayonne comme un soleil à travers la nature et dans notre pensée, suivant la remarque profonde de Platon [1].

Ainsi, le bien conserve toujours son identité de fond ; mais il revêt trois formes principales, suivant la différence des points de vue sous lesquels on le considère. Le bien, c'est l'ordre ; le bien, c'est cette gloire extérieure de Dieu qui consiste dans la réalisation progressive de l'ordre à travers le temps et l'espace ; le bien, c'est Dieu lui-même, et à plusieurs titres. Il est l'idéal éternel et vivant de l'ordre, il en est le fondement ultime et l'invincible garant.

## II. — LE BONHEUR.

Ce qui fait la bonté de l'être, ce n'est pas sa grandeur ; c'est la belle ordonnance de ses parties. De plus, cette harmonie ne vaut pas seulement par son « intelligibilité » ou facilité d'être comprise ; elle a son écho dans la sensibilité et s'y traduit en joie : le plaisir, de quelque faculté qu'il relève, est toujours le « sentiment d'une perfection ». Nous voulons être heureux, nous ne voulons rien que cela ou pour cela : le désir du bonheur est le levier unique de notre activité tout entière [2]. Or d'où procède ce bien suprême ? De l'ordre et rien que de là : l'ordre est cette source « sans mélange », où les esprits boivent le nectar en compagnie des dieux et dont Platon disait qu'il faut la laisser couler à l'indéfini « dans la vallée d'Homère » [3].

1. Erd., 379ᵇ-380 (*N. Essais*).
2. Gerh., *Phil.*, II, 577-578 (*L. à Nicaise*, mai 1697); *Ibid.*, III, 425 (*L. à Coste*, 30 may 1712).
3. Erd., 671-672 (*Von der glückseligkeit*); — Gerh., *Phil.*, VII, 103 (*De la générosité*); *Ibid.*, I, 128 (*Bemerkung. von Leib.*); *Ibid.*, VII, 271 (*Tent.*

Le bien naturel est en même temps le bien moral : encore un point décisif que Spinoza n'a pas su comprendre[1]. Il importe aussi d'observer que cette relation causale, bien que conforme à la réalité des choses, n'a pas du tout la nécessité d'une vérité mathématique. Il se pourrait physiquement que l'ordre qui se révèle dans la nature fût très différent de ce qu'il est en fait ; il se pourrait aussi, du même point de vue, que les âmes eussent une autre manière de sentir ou d'être impressionnées. Et, dans l'un et l'autre cas, le spectacle de l'ordre nous laisserait indifférents ou n'y produirait que de la douleur. L'accord du bien et de l'émotivité est synthétique, pour employer le langage de Kant ; et, pour parler comme Leibniz lui-même, il se range dans la catégorie des vérités contingentes. C'est Dieu qui l'a établi, et parce qu'il suit en toutes choses le principe du meilleur. « La félicité est aux personnes ce que la perfection est aux estres. Et si le premier principe de l'existence du monde physique est le decret de luy donner le plus de perfection qu'il se peut, le premier dessein du monde moral ou de la Cité de Dieu, *qui est la plus noble partie de l'univers*, doit estre d'y répandre le plus de félicité qu'il sera possible[2]. »

Mais qu'est-ce que le bonheur d'après Leibniz? C'est un point qu'il faut préciser ; car il s'en fait une idée particulière et qui tient aux principes de son système.

Le bonheur est un sentiment qui vient de l'ordre, « sensus perfectionis », et ce sentiment doit être « durable » ; un plaisir éphémère ne fait pas plus le bonheur qu'une hirondelle le printemps[3]. Mais il n'est pas nécessaire que cet état

---

anagogic.); *Ibid.*, II, 581-582 (*L. à Nicaise*, 1698); *Ibid.*, I, 357 (*L. à Malebr.*, 13/23 mars 1699) : la justice est la conformité de la vie à la sagesse et « la sagesse est la science de la félicité »; *Ibid.*, VI, 507 (*L. à la Reine Charlotte*, 1700-1705); *Ibid.*, III, 384 (*L. à Coste*, 4 juil. 1706) : « L'Honneste n'est autre chose que l'Agréable de la raison »; Gerh., *Math.*, VIII, 18 (*L. à Wolf*, 21 févr. 1705); *Ibid.*, 171-172 (*L. au même*, 18 mai 1715).

1. Erd., 149ᵃ (*De orig. rerum*). — Cf. Spinoza, *Cogit. Met.*, t. III, 204 ; t. I, *Ethic.*, Pars 1ᵃ, 69-71, éd. Van Vloten, la Haye, 1895.
2. Esr., 92 (*Disc. de Mét.*); — P. Jan., 689-690 (*Corresp. avec Arnauld*, 1690); — Erd., 149¹ (*De orig. rerum*).
3. Erd., 73ᵇ (*De tranq. an.*); — P. Jan., 690 (*Corresp. avec Arnauld*, 1690); — Erd., 671ᵃ (*Von der glückseligkeit*); — Gerh., *Phil.*, VII, 73 (*Défin.*) : « Felicitas est laetitia durabilis ; laetitia est status voluptatum, in quo sensus volup-

réponde au « plein accomplissement de tous nos vœux »; c'est même impossible. La félicité en repos, celle d'où s'est effacé tout indice de désir, n'appartient qu'à l'être qui possède et connaît toujours également toutes les perfections : elle ne se trouve qu'en Dieu. La créature en est essentiellement incapable, et parce qu'elle est finie[1].

Tous les esprits créés sont soumis à la loi du changement. Leur vie est un perpétuel effort pour s'élever de la perception confuse à la perception distincte, comme l'a bien vu Spinoza, mieux inspiré en cette matière. Et le ressort interne qui les pousse en avant, qui les maintient sans relâche dans cette marche ascensionnelle vers la joie d'une lumière plus pleine et plus pure, n'est autre que le sentiment qu'il reste toujours quelque chose à connaître ou du moins à mieux connaître, une sorte d'« inquiétude » constante qui, sans aller jusqu'à la douleur, ne laisse pas d'être suffisante « pour servir d'aiguillon et pour exciter la volonté ». Ainsi de l'homme; ainsi des intelligences qui nous sont supérieures, telles que les anges et les archanges, dont l'existence n'est pas tout à fait fictive, comme on le pense trop souvent; puisqu'elles servent à combler « le vide de formes » qui s'accuse entre notre pensée et celle de Dieu. « La félicité des créatures » n'est donc pas une sorte de béatitude statique : cet état de pleine quiétude ne convient pas à leur nature et les rendrait « stupides » : elles ne peuvent connaître que la forme inquiète du bonheur[2]. Leur félicité est une « joie dominante » et toujours en progrès, « un acheminement continuel à une plus grande perfection », « ou du moins la variation d'un même degré de perfection[3] » : c'est « pour ainsi dire un chemin par des plaisirs »[4].

---

talis tantus est, ut sensus doloris præ eo non sit notabilis »; *Ibid., Phil.*, VI, 507 (*L. à Charlotte de Prusse*, 1700-1705); — Erd., 214ª (*N. Essais*); — Gerh., *Math.*, VIII, 171-172 (*L. à Wolf*, 18 mai 1715).

1. P. Jan., 690 (*Corresp. avec Arnauld*, 1690); — Erd., 149ᵇ-150 (*De orig. rerum*, 1697); *Ibid.*, 258ᵇ-259ª, 261ª (*N. Essais*); — Gerh., *Math.*, VIII, 18, 43 (*L. à Wolf*, 1705); — Erd., 718ᵇ (*Princip. de la nat. et de la gr.*, 1714).

2. Erd., 258ᵇ-259ª, 261ª (*N. Essais*).

3. P. Jan., 690 (*Corresp. avec Arnauld*, 1690).

4. Erd., 261ª (*N. Essais*). — Cette idée d'un bonheur qui n'est pas absolu, qui est toujours en progrès et qui de ce chef ne peut être qu'une « joie domi-

∗ ∗

Quel est ce chemin royal où l'on va cueillant une somme de joies toujours croissante et diminuant sans cesse le fardeau de la douleur? Celui que nous trace la lumière de l'intelligence.

L'intelligence nous fait connaître Dieu : elle nous en révèle à la fois l'existence et les perfections infinies. L'intelligence nous découvre de plus en plus les beautés de la nature : au fur et à mesure que nous avançons dans le détail de ses lois, nous prenons une conscience plus claire et plus étendue qu'elle porte la marque de son souverain auteur, qu'elle n'est qu'un rayonnement de l'éternelle et indéfectible sagesse. L'harmonie dans la cause, l'harmonie dans l'effet et jusqu'aux parties les plus infimes; l'ordre partout, pleinement réalisé ou se réalisant toujours plus sous la poussée d'un Dieu dont la science ni la puissance n'ont aucune limite; l'intelligibilité de l'être et son éternel assujétissement aux principes de la raison : quel spectacle pour un esprit attentif! et que faut-il de plus pour nous rendre heureux, puisque le bonheur est une joie dominante qui vient de la perfection? Que peuvent être les infortunes de cette vie en présence de cette splendeur des choses? ne s'effacent-elles pas comme les étoiles au lever d'un beau soleil[1]?

Ils sont inestimables, les plaisirs dont l'intelligence est la source. Et là ne se borne pas la valeur morale de cette faculté maîtresse. C'est elle aussi qui nous révèle le véritable idéal de notre conduite.

« Notre penchant va non pas à la félicité proprement,

---

nante », ne se trouve pas dans les écrits de la première période. Le *De Tranquillitate animi*, qui tient du temps où Leibniz n'avait pas encore rompu avec le cartésianisme, se fonde sur la conception traditionnelle du bonheur, celle où la jouissance est pleine et statique : « Animi tranquillitas est mentis gaudium et satisfactio interna, producens in nobis summam ac solidissimam vitæ nostræ voluptatem. » L'idée d'une félicité dynamique n'apparaît qu'à partir du *Discours de Métaphysique :* elle dérive de sa conception monadologique de la substance, dont la vie est un effort continu vers le mieux.

1. V. plus haut, pp. 279-282.

mais à la joie, c'est-à-dire au présent[1] ». « Les appetitions sont comme la tendance de la pierre, qui va le plus droit mais non pas le meilleur chemin vers le centre de la terre, ne pouvant pas prévoir qu'elle rencontrera des rochers où elle se brisera, au lieu qu'elle se serait approchée davantage de son but, si elle avait eu l'esprit et le moyen de s'en détourner[2]. » Ou, si l'on veut une autre comparaison, les appétitions sont « semblables à un héritier prodigue, qui, pour la possession présente de peu de chose, renoncerait à un grand héritage, qui ne lui pourrait manquer[3] ». Les tendances ne portent pas leur mesure en elles-mêmes. Elle leur vient de ce pouvoir de connaître qui a le privilège divin de voir les choses sous la forme de l'éternité et par là même de calculer les conséquences[4]. C'est grâce aux lumières de l'entendement que l'instinct de la conservation se transforme en tempérance et le besoin d'aimer « en justice » et en « charité »; c'est aussi l'entendement qui trace au sentiment de la piété les règles dont il a besoin pour se préserver de toute déviation et conserver son primat naturel[5].

« On a vû de tout temps que le commun des hommes a mis la dévotion dans les formalités : la *solide piété,* c'est-à-dire la lumière et la vertu, n'a jamais esté le partage du grand nombre... comme la véritable piété consiste dans les sentiments et la practique, les *formalités de devotion* l'imitent, et sont de deux sortes; les unes reviennent aux *ceremonies de la practique,* et les autres aux *formulaires de la croyance...* Toutes ces formalités seraient louables, si ceux qui les ont inventées les avaient rendues propres à maintenir et à exprimer ce qu'elles imitent; si les ceremonies religieuses, la discipline ecclesiastique, les règles des Communautés, les lois humaines, estaient comme une haye à la loy divine, pour nous eloigner des approches du vice, pour nous

---

1. Erd., 214ᵃ (*N. Essais*).
2. *Ibid.*, 259ᵃ (*eod. loc.*).
3. *Ibid.*, 265ᵃ (*eod. loc.*).
4. Erd., 673ᵃ⁻ᵇ (*De la sagesse,* 1667); — Gerh., *Phil.*, VII, 81 (*De la vie heureuse*); *Ibid.* -108 (*De la générosité*); — Erd., 672ᵃ-672ᵇ (*Von der glückselig.*); Ib. 59ᵃ (*N. Essais*); — G. Mollat, 5 (*Mittheilung. aus Leib. ungedruckt. Sch* t.).
5. Gerh., *Math.*, VIII, 20 (*L. à Wolf,* 21 févr. 1705).

accoutumer au bien, et pour nous rendre la vertu familière... il en est autant des formulaires de croyance; ils seraient passables, s'il n'y avait rien qui ne fût conforme à la vérité salutaire, quand même toute la vérité dont il s'agit n'y serait pas. Mais il n'arrive que trop souvent, que la dévotion est étouffée par des façons, et que la lumière divine est obscurcie par les opinions humaines[1]. »

Aussi ai-je « trouvé ordinairement que les personnes qui voulaient passer pour les plus pieuses n'étaient que glace, quand il s'agissait véritablement de faire bien..., comme si Dieu se gagnait par les cérémonies »[2].

Il en est d'autres qui n'hésitent pas à pratiquer la calomnie, à nouer des intrigues, à provoquer ou soutenir des querelles venimeuses pour défendre ce qu'ils appellent la gloire de Dieu, lorsqu'il ne s'agit en réalité que de faire triompher leurs propres opinions. On voit sans peine que « l'humeur sectaire » de ces prétendus douaniers de l'orthodoxie n'a rien à voir avec la véritable piété; c'est tout simplement la manifestation tenace d'un orgueil colossal et souverainement funeste à la paix des enfants de Dieu[3].

D'aucuns se sont engagés dans une voie plus radicalement fausse encore. « Persuadés que rien ne se fait sans la volonté et sans la puissance de Dieu, [ils] luy attribuent des intentions et des actions si indignes du plus grand et du meilleur de tous les estres, qu'on dirait que ces auteurs ont renoncé en effect au dogme qui reconnoist la justice et la bonté de Dieu. Ils ont crû qu'estant souverain Maistre de l'univers, il pourrait sans aucun préjudice de sa sainteté faire commettre des péchés, seulement parce que cela luy plaist, ou pour avoir le plaisir de punir; et même qu'il pourroit prendre plaisir à affliger eternellement des innocens, sans faire aucune injustice, parce que personne n'a droit ou pouvoir de controller ses actions[4]. »

On ne finirait pas, si l'on voulait épuiser la série de défor-

1. GERH., *Phil.*, VI, 25 (*Théod.*, 1710).
2. BARUZI, *Leib., inédits*, 389 (*L. à Morell*, 10 déc. 1696).
3. *Ibid.*
4. GERH., *Phil.*, VI, 34 (*Théod.*, 1710).

mations bizarres ou funestes que peut subir et que subit en fait le sentiment de la dévotion ; d'autant qu'il faudrait y joindre les abus et les travers où tombent « les directeurs des âmes »[1].

Or ce mal si profond et de formes si diverses a pour cause principale un défaut de culture rationnelle. Si l'on se pénétrait des « règles du bien », on verrait clairement que « Dieu nous a mis dans le monde pour agir suivant sa volonté, et non pas pour luy faire des harangues et des complimens », et que par suite la piété consiste surtout à réaliser en nous et autour de nous cette œuvre de l'ordre qu'il poursuit lui-même et sans relâche dans le gouvernement de l'univers[2].

« Rien ne sert plus à la solide dévotion que la véritable philosophie ». Car « c'est elle qui fait connaistre et admirer les merveilles de Dieu, et qui en publie la gloire comme il faut » : c'est d'elle que la piété tient à la fois la science de son objet, sa mesure et ses règles d'action[3].

L'intelligence nous révèle l'idéal du bien ; de plus, ce spectacle intérieur, quand on sait y réfléchir, exerce un charme croissant qui finit par être vainqueur. « On raisonne souvent en paroles, sans avoir presque l'objet même dans l'esprit » ; et ce « psittacisme » « ne saurait toucher » ; « autant en emporte le vent ». Mais « rien ne serait plus fort que la vérité, si l'on s'attachait à la bien connaître ou à la faire valoir ». La pensée de Socrate garde un fond de justesse. Pour qui médite la vérité morale, elle se transforme en beauté : elle descend peu à peu dans les profondeurs de l'âme, à la manière dont les rayons du soleil enveloppent et pénètrent les fleurs des champs ; il arrive un moment où son influence purificatrice ne rencontre plus de résistance dominante, et la royauté de la justice s'établit[4].

---

1. Gerh., *Phil.*, III, 218 (*L. à Burnett*, 24 août 1697). — Cf. sur ce point de la direction, La Bruyère, t. I, chap. III, *Des femmes*, p. 120-126, Paris, 1818 : l'idée de Leibniz y est prise sur le vif et passée au crible de cette analyse impitoyable et calme dont l'auteur a le don.
2. Gerh., *Phil.*, VII, 104-108 ; *Ibid.*, 489 (*L. à Bierling*, 19 nov. 1709).
3. Gerh., *Phil.*, III, 218 (*L. à Burnett*, 24 aoust 1697) ; *Ibid.*, *Phil.*, VI, 35 *Théod.*) ; — Baruzi, *Leib., inédits*, 329, 332-335, 375.
4. V. plus haut, pp. 281-282.

Non, certes, que l'éducation de la volonté soit inutile : la pratique garde son rôle; et il est grand, comme on l'a pu voir plus haut [1]. Mais le primat de la vie demeure à l'intelligence; et serait-elle seule à mouvoir tout le reste, qu'elle suffirait encore à faire prévaloir la cause de l'ordre. Dans le monde moral, comme dans le monde physique, il y a une pensée qui se cherche et qui a la force de se conquérir.

Mais la douleur, la douleur!... Faut-il la nier, comme les stoïciens, et proclamer de nouveau que l'on peut être heureux dans le tonneau de Phalaris? — Aux attaques de la douleur le sage répond comme auparavant par la grande pensée de l'ordre; et cette pensée lui suffit. Je le sais, se dit-il alors : tout vient de la main d'un Dieu qui ne veut que le bien, qui connaît pleinement ce qu'il veut, et qui le peut réaliser; il ne se passe donc rien dans la « République de l'univers » qui ne s'accorde avec la raison, il n'y a jamais rien dans le monde qui ne soit bon et beau. Je le sais aussi, et par là même : entre le bien de l'ensemble et celui des individus, il ne s'élève jamais que des luttes « apparentes » et qui se traduisent à la longue par une harmonie nouvelle et plus pleine; un jour viendra où je serai payé au centuple de la moindre de mes actions, même du verre d'eau que j'aurai donné à mon frère au nom du Père des miséricordes. La justice peut se faire attendre; elle n'est jamais vaincue.

J'accepte, ô Dieu, puisque tes volontés sont toujours un effet de l'ordre universel : « Ce qui t'arrange m'arrange. » Non seulement je me résigne, mais je trouve à mon sacrifice une joie inaltérable et qui domine tout le reste : je suis « content » [2].

1. V. plus haut, pp. 281-282.
2. Erd., 73ᵇ-74ᵇ (*De animi tranquillitate*); — Gerh., *Phil.*, VII, 81, 3 (*De la vie heureuse*); *Ib.*, 108 (*De la générosité*); — Erd., 149ᵇ-150 (*De orig. rerum*, 1697); — Gerh., *Phil.*, II, 578 (*L. à Nicaise*, mai 1697); — Erd., 446ᵇ (*L. à Hansch*, 1707); — *Ibid.*, 718ᵃ⁻ᵇ (*Princip. de la nat. et de la grâce*, 1714). Leibniz s'est toujours rattaché à une sorte de stoïcisme, mais tempéré dans sa rigueur et complété dans sa dogmatique par l'idée chrétienne.

### III. — L'OBLIGATION.

Une autre conséquence de l'idée du bien, c'est qu'il entraîne un ensemble de règles de conduite dont le respect s'impose à notre volonté, qui sont obligatoires. Non que l'on puisse soutenir que le bien présente toujours ce caractère, qu'il le présente essentiellement, comme l'ont enseigné certains moralistes de notre époque ; la vérité a quelque chose de moins rigoureux.

Il y a, dans le domaine du bien, deux zones très distinctes : celle du licite ou permis et celle du devoir.

Est permis tout ce qui est conforme à l'ordre ou « droite raison ». Est commandé tout ce que l'ordre exige en vue de son accomplissement : nous sommes tenus, par exemple, à ne pas blasphémer, à ne pas nuire au prochain sans une raison suffisante qui soit elle-même une exigence de l'ordre; pareillement, nous sommes tenus, bien que dans un sens moins strict, à secourir nos semblables, à travailler dans la mesure de notre possible au progrès de l'intérêt général[1].

D'où vient cette obligation? Elle tient d'abord à la nature des choses. Tout ce que « la droite raison » nous révèle comme une exigence de l'ordre, s'impose du même coup et d'une manière inconditionnelle. Supposez, par suite, que Dieu n'existe point; le caractère impératif du bien ne disparaîtrait pas de ce chef. Il y a un fondement direct de l'obligation qui ne dépend point de la foi religieuse : un athée peut encore croire logiquement au devoir[2].

Mais cette hypothèse n'est qu'une pure fiction. Dieu existe; et il veut l'ordre, l'ordre moral surtout, qui constitue la plus noble partie de sa gloire et qui est pour les « membres de sa « cité » l'unique source du vrai bonheur. Dieu

---

1. GERH., *Phil.*, I, 73 (*L. à Arnauld*, 1671); — G. MOLLAT, 2, 5-6 (*Initium institut. juris perpet.*); — ERD. ,118²-120ᵇ (*De notionibus juris et justitiæ*, 1693); — GERH., *Math.*, VIII, 19 (*L. à Wolf*, 21 févr. 1705).
2. G. MOLLAT, 5-6 (*Initium institut...*); — GERH., *Math.*, VIII, 19 (*L. à Wolf*, 21 févr. 1705).

possède éternellement la science exhaustive du bien; et, à ce titre, il en est le « docteur » infaillible. De plus, sa souveraine sainteté fait qu'il ne peut rester indifférent à rien de ce qui touche cet intérêt suprême; et, de cet autre chef, il est le « législateur » de la « République des esprits »[1]. Celui qui dirige le chœur des astres, celui qui préside au cortège des saisons et qui donne aux formes de la vie des proportions si bien prises, ne suspend pas sa puissance ordonnatrice en face du domaine supérieur des êtres libres; il y veut encore l'harmonie et plus qu'en bas. Mais, comme ces êtres ne sont plus de simples automates, comme ils ont le pouvoir de se diriger eux-mêmes, il emploie à les soumettre l'unique moyen dont leur nature soit susceptible : il impose à leur volonté le respect de l'ordre; il commande. Et voilà, pour Leibniz, le dernier fondement de l'obligation morale, le seul aussi qui puisse donner à l'amour du bien l'efficacité pratique qu'il doit avoir. Le respect de l'ordre pour l'ordre, c'est déjà quelque chose et de très noble; mais il ne suffirait point à prédominer, s'il ne s'y joignait un mobile moins abstrait, plus prenant et d'une autorité plus concrète : il faut qu'il y ait un « suprême justicier »[2].

Telle est la théorie. Mais je doute qu'elle soit pleinement d'accord avec elle-même. D'abord, Leibniz nous dit à diverses reprises (c'est là une de ses idées de fond) qu'un bien où l'on ne trouve son bien nulle part, ni dans cette vie ni dans une autre, qu'un bien où l'on est définitivement vaincu, se ramène à l'injustice et n'est qu'une « sottise ». Mais c'est là précisément la condition tragique à laquelle nous serions tous réduits, si Dieu n'existait pas. Dans ce cas, en effet, quel prix moral resterait-il encore dans « l'ordre » idéal des choses? aucun, me semble-t-il, et d'après Leibniz lui-même; puisque, suivant sa pensée, il faut un Dieu qui vienne enfin régler les comptes et donner un sens à l'effort des « bonnes volontés ». Dans l'hypothèse des Athées, la

---

1. Gerh., *Phil.*, VII, 510 (*L. à Bierling*, 20 octobr. 1712).
2. Gerh., *Phil.*, I, 160 (*L. à Conring*, vers 1670); — G. Mollat, 6 (*Init. inst.*); — Erd., 119ᵇ-120ᵃ (*De notionibus juris...*, 1693); — Gerh., *Phil.*, VII, 511 (*L. à Bierling*, vers 1712).

nature ne contient plus de valeurs morales; et par suite, il n'y a plus d'obligation naturelle. Supprimer celle d'en haut, c'est du même coup supprimer celle d'en bas[1].

Une autre antinomie tient à la manière dont nous actionne la connaissance du bien. D'après Leibniz, le bien n'influe pas directement sur la volonté; il ne la meut qu'autant qu'il devient un attrait, il ne la meut que par l'intermédiaire de l'émotivité : aimer le bien, c'est en sentir le charme, c'est s'y complaire, et rien de plus. Mais alors que devient le devoir? Comment peut-il prendre place dans la trame de nos actions? On peut bien ordonner à quelqu'un de vouloir telle ou telle chose ; mais il est ridicule de lui dire : prenez-y votre plaisir. La sensibilité ne se commande pas.

Cette critique, que Kant formulait gratuitement à l'adresse de la morale chrétienne[2], porte à plein contre celle de Leibniz.

### IV. — Mobile de la moralité.

Qu'est-ce que le mobile de la moralité? Sur ce point, Leibniz n'a rien de l'excessive austérité de Kant; c'est le plus humain des moralistes.

Le mobile de la moralité, c'est l'amour de l'ordre pour l'ordre. Par suite, il n'enveloppe pas seulement celles de nos actions qui tombent dans la zone du devoir, mais aussi et tout également celles qui sont simplement licites ou permises : il domine notre vie morale tout entière.

On peut *agir par plaisir* jusqu'à concurrence du devoir.

---

1. V. surtout Gerh., *Phil.*, I, 160 (*L. à Conring*, citée ci-dessus); G. Mollat, 2, 6, 64, 68-69, 88-89, 95; Gerh., *Phil.*, VII, 511 (*L. à Bierling*, également mentionnée) : « Imperfectissima est doctrina de moribus, justitia, officiis, quæ solis hujus vitæ bonis nititur, et inutilis est providentiæ doctrina, sublata animæ immortalitate, nec plus ad obligandos homines efficit, quam dii Epicureorum, Providentia carentes. Itaque si Deus nobis non incidit principia, unde immortalitatem nosceremus, inanis est theologia naturalis, nec quicquam contra atheismum practicum valet. » Dieu, la vie future, le devoir : trois termes essentiellement solidaires, et parce que, les deux premiers une fois supprimés, le troisième ne signifie plus qu'injustice.
Bref, y a-t-il une obligation naturelle et qui subsiste en dehors de Dieu? c'est un point sur lequel il reste une équivoque dans la pensée de Leibniz.

2. Kant, *Crit. de la raison prat.*, 148-149, trad. Picavet, Paris, 1888.

Rien de plus naturel. Le plaisir, étant le sentiment d'une perfection, enveloppe toujours quelque bonté; l'abus seul en est blâmable.

On peut dans la même mesure *agir par passion*. Les passions trouvent place dans une vie bien ordonnée et peuvent même servir à la vertu. L'amour de soi a sa raison d'être[1]; il suffit de savoir en user. L'ambition aussi est légitime de sa nature et peut avoir de bons effets. Socrate n'eût pas montré tant de noblesse d'âme, s'il n'avait aimé la gloire. Et « n'était-ce pas déjà une grande force d'esprit » que de s'assujettir à cette belle passion « que je souhaiterais, écrit Leibniz, à tous les hommes? Je dis davantage, quand on aura appris à faire des actions louables par ambition, on les fera après par inclination[2] ». Pourquoi, d'ailleurs, ne pas s'exercer à « surmonter une passion par une autre passion »? quel motif de négliger « de si grands aides[3] »?

Il ne nous est pas défendu non plus de *poursuivre notre intérêt*, pourvu que l'honnêteté n'en souffre pas. On n'est blâmable « que lorsqu'on préfère l'utile prétendu à l'honnête et aux plaisirs plus purs de l'esprit ».

Rien de légitime surtout comme la recherche de notre bonheur éternel. Elle répond au désir le plus profond et le plus irrésistible de notre âme[4]. Et la morale tout entière ne peut être que notre penchant fondamental purifié à la lumière de la réflexion, « exprimé par l'entendement », élevé par là même à « l'état de précepte ou vérité de practique »[5]. L'aspiration au bonheur est voulue tout à la fois par la nature et par la raison, et ceci à cause de cela[6]. Que l'on dise donc, si l'on veut, que ce sont des « égoïstes », ces chercheurs de Paradis. Ils n'en deviennent pas pour si peu des « francs-tireurs de la loi morale ». Leur égoïsme se réduit aux lois de la raison et du même coup aux lois de la volonté : en poursuivant leur salut, ils travaillent à réaliser en eux-mêmes la partie de

1. F. Car., a, 138.
2. *Ibid.*, 136.
3. *Ibid.*, 137.
4. Gerh., *Math.*, VIII, 20 (*L. à Wolf*, 1705).
5. Erd., 214ª, 3 (*N. Essais*).
6. Gerh., *Phil.*, III, 425 (*L. à Coste*, 30 may 1712).

« l'ordre universel » que représente l'accomplissement de leur destinée.

Il est vrai que « plus nous mettons de zèle et de sincérité à chercher le bien commun », ou « ce qui revient au même », à procurer la gloire de Dieu[1], « mieux nous travaillons à l'œuvre de notre propre bonheur[2] »; car nos joies gagnent naturellement en profondeur et en durée, à mesure que nos actions elles-mêmes ont un objet plus noble et plus important, c'est-à-dire plus parfait. Mais ces différences ne se maintiennent pas du simple point de vue de la moralité. Pour qui regarde de cet autre biais, il n'y a plus de gradation possible : « servir Dieu », « concourir au bien général », et « chercher notre propre bonheur » sont choses également bonnes, parce qu'elles sont également conformes à l'ordre[3].

Qu'est-ce maintenant que cet amour de l'ordre pour lui-même qui constitue le mobile de la moralité? Là se révèle un autre trait distinctif de l'éthique Leibnizienne.

Cet amour n'est pas celui que les théologiens appellent mercenaire ou de concupiscence; car celui-là « consiste précisément dans la vue de notre propre bien, sans avoir égard au bonheur et avantage » de l'objet aimé[4]. Par suite, en faire le mobile de nos actions, c'est ôter à l'ordre sa dignité de fin et le rabaisser à l'état de moyen, c'est subordonner le bien de l'univers aux intérêts de l'individu. Périsse le monde entier, pourvu que je sois : telle est sa vraie devise. Il est donc foncièrement immoral.

Le mobile de la moralité n'est pas davantage cet amour « de tête » dont parlent certains mystiques, où l'individu ne compte plus pour rien, où l'on va jusqu'à renoncer à son propre bonheur par complaisance pour l'objet aimé[5]. Cet acte ou état est contraire à la première loi de « la cité de Dieu », « qui consiste dans la plus grande félicité possible de [ses] habitans »[6]. Il est également contraire à la nature; « car

---

1. Gerh., *Phil.*, III, 261 (*L. à Burnett*, 1699); *Ibid.*, 302 (*L. au même*, 1705).
2. Gerh., *Math.*, III, 165 (*L. à Joh. Bern.*, 28 févr. 1695).
3. Gerh., *Math.*, VIII, 20 (*L. à Wolf*, 21 févr. 1705).
4. Gerh., *Phil.*, VII, 547-548 (*L. à la Duchesse Sophie*, vers 1697).
5. Gerh., *Phil.*, VII, 547 (*L. à la Duchesse Sophie*, vers 1697).
6. Est., 92 (*Disc. de Mét.*).

nous faisons tout pour notre bien, et il est impossible que nous ayons d'autres sentimens, quoique nous puissions dire [1] ». Bien plus, et par suite, cette sorte d'amour implique une contradiction et se « détruit lui-même ». Du moment que tous les hommes veulent être heureux et ne veulent que cela, le plaisir est le motif unique qui les détermine à faire tout ce qu'ils font; ils ne peuvent aimer que ce qui leur plaît, comme ils ne peuvent haïr que ce qui leur déplaît. Que devient alors ce vouloir pur qui n'existe qu'à la plus fine pointe de l'esprit, dont la sensibilité n'est ni le véhicule ni le principe? Il ne se produit pas, et parce qu'il n'a de cause nulle part : c'est plus qu'une chimère, c'est une impossibilité logique [2].

« Notre bien est de l'essence de l'amour, mais non pas notre interest. Ce qui plaist est un bien en soy...; il appartient à la fin et non pas aux moyens [3]. » Là se trouve le principe de la réponse à fournir.

Aimer, c'est prendre plaisir dans le bien d'autrui; par suite c'est vouloir la perfection de l'objet aimé, ses avantages et surtout son bonheur (quand il agit d'êtres qui en sont capables). Car, si cet amour a sa cause dans notre plaisir, il n'y trouve pas sa fin. C'est l'objet lui-même que nous aimons et pour lui-même, non pour nous; et plus grande est la jouissance qu'il nous donne, plus notre âme se perd en lui, plus elle s'oublie elle-même, moins il y a de retour sur soi. Intéressé dans sa cause, l'amour de complaisance ne fait pas moins que le bien d'autrui « entre dans le nostre » et peut s'y classer au premier rang : il est également désintéressé, mais comme le veut la nature. Et n'est-ce pas ainsi que s'aiment les vrais amis? n'est-ce pas « ainsi que la contemplation des belles choses est agréable par elle-même, et qu'un tableau de Raphaël touche celuy qui le regarde avec des yeux éclairés, quoyqu'il n'en tire aucun profit [4] »?

---

1. Erd., 790ᵃ (*Sentim. de M. Leib. sur le livre de Mgr l'Archevêque de Cambray...*, 1697); — Cf. Gerh., *Phil.*, I, 357-358 (*L. à Malebr.*, 13/23 mars 1699).
2. Erd., 791ᵇ (*L. à Nicaise*, 1698).
3. Gerh., *Phil.*, I, 357-358 (*L. à Malebr.*, ci-devant citée).
4. Gerh., *Phil.*, I, 73 (*L. à Arnauld*, nov. 1671); Trendelenburg, *Historische beiträge zur Philosophie, Definitio justitiæ universalis*, IIᵉʳ Band, 269. Ce

On comprend dès lors en quoi consiste l'amour qui fait le mobile de la moralité. On n'y trouve rien de violent ni de guindé; il nous vient tout droit de la nature même des choses. C'est tout simplement « la satisfaction » que l'on « trouve à faire de bonnes actions », la joie que nous prenons à l'accomplissement de l'ordre : Le plaisir de l'honnête, voilà ce qui constitue l'honnêteté[1].

### V. — Du quiétisme.

Comme on le voit par les pages qui précèdent et plus encore par les références dont elles sont accompagnées, c'est de bonne heure que Leibniz trouva sa définition de l'amour. Il faut même remonter au delà de l'année 1671, pour en marquer l'origine. Elle lui fut suggérée dans sa jeunesse par la lecture du *Dialogue* du P. Spée *sur la nature des trois vertus divines : foi, espérance et charité,* que l'Électeur lui

---

fragment devait très probablement faire partie de l'ouvrage intitulé *Elementa juris naturalis*, que Leibniz préparait dans les années 1671-1672 et dont parle sa lettre à Arnauld de 1671 : « Elementa juris naturalis brevi libello complecti cogito, quibus omnia ex solis definitionibus demonstrentur. Virum bonum enim seu justum definio qui amat omnes; amorem voluptatem ex felicitate aliena... » V. aussi Gerh., *Phil.*, I, 60 (*L. à Jean Frédéric*, 1671-1672); — G. Mollat, 27-29, 36-37 (*Mittheilung*.); — Gerh., *Phil.*, VII, 27 (de 1679); *Ibid., Phil.*, IV, 429 (*Disc. de Mét.*, 1685); — P. Jan., 690 (*Corresp. avec Arnauld*, 1690); — Rommel, II, 232 (*L. au Landgrave*, 1690); — F. Car., I, 143-144 (*L. à M^me de Brinon*, 1691); — Erd., 118ᵃ-118ᵇ (*De notionibus juris et...*, 1693); — Gerh., *Phil.*, III, 207 (*L. à Burnett*, 8/18 mai 1697); — Erd., 789ᵇ-790ᵃ (*Sent. de Leib. sur l'Archevêque de Cambray...*, 1697); Baruzi, *Leib., inéd.*, 340-341 1697); — Erd., 791ᵇ-792ᵃ (*L. à Nicaise*, 1698); — Gerh., *Phil.*, I, 357-358 (*L. à Malebr.* déjà citée, 1699); *Ibid., Phil.*, VII, 546-552 (*L. à la Duchesse Sophie*, 1697 à 1700); — Erd., 246ᵇ (*N. Essais*, 1704); — Gerh., *Phil.*, III, 384-385 (*L. à Coste*, 4 juil. 1706); — Erd., 446ᵇ (*L. à Hansch*, 1707); *Ibid.*, 643ᵃ-643ᵇ (*Remarques sur le livre de M. King*, vers 1706); — Gerh., *Phil.*, III, 425, 428-429 (*L. à Coste*, vers 1712).

Malebr. admet la même définition de l'amour dans son *Traité de l'amour de Dieu* (V. p. 292-300 éd. J. Simon); et avec quelle élégance et quelle pénétration psychologique il pousse son idée! Leibniz fut ravi en lisant cet ouvrage (Gerh., *Phil.*, III, 383, *L. à Coste*, 1706); d'autant que le célèbre religieux semble bien s'être fortement inspiré de Leibniz lui-même. Dans certains chap. de son *Traité de morale*, qui est de 1685, il affirmait nettement l'impératif catégorique (V. p. 8, 9, 15, 17, 144, 165, 170-171, éd. H. Joly, Ern. Thorin, Paris).

1. Erd., 246ᵇ (*N. Essais*); — F. Car., A, 142-143 (*Sur l'art de connaître les hommes*, vers 1702).

avait recommandé et dont il goûtait beaucoup la doctrine[1]. Ce fait, il nous le déclare lui-même dans une lettre à la duchesse Sophie de l'année 1700. « C'est dès ma jeunesse que j'avais formé ces idées. Un grand prince qui estait en même temps un grand prélat[2], me recommandant le livre allemand du P. Spée sur les trois vertus chrestiennes, imprimé et réimprimé plus d'une fois à Cologne, y contribua beaucoup[3]. »

On voit aussi par les références dont je viens de rappeler la série, que Leibniz a maintenu sa définition jusqu'au bout et qu'il s'est plu à la faire connaître toutes les fois qu'il en a trouvé l'occasion. La plus célèbre de ces occasions fut la querelle du Quiétisme. Il est bon de s'y arrêter; cette polémique, si profondément étrangère au calcul différentiel, et que Leibniz pourtant suivit avec tant d'intérêt, nous révélera sous un autre aspect la compréhensivité de son génie et la nature de son âme.

Leibniz a toujours suivi d'un regard attentif les questions d'ordre mystique. En 1685, il n'a pas seulement lu, et depuis longtemps déjà, le livre du P. Frédéric Spée; il connaît aussi quelque chose de la doctrine de sainte Thérèse : il en mentionne cette idée qui devait avoir une si grande place dans son monadisme, à savoir « que l'âme doit souvent penser comme s'il n'y avait que Dieu et elle au monde »[4]. Plus tard, et sur le conseil de M. Poiret, il achète les œuvres de la même sainte et la vie d'Angèle de Foligno où il trouve, dit-il, « des choses admirables, reconnaissant de plus en plus que la véritable théologie et religion doit être dans notre cœur par une pure abnégation de nous-même, en nous abandonnant à la miséricorde divine »[5]. Vers la même époque, il s'occupe également de sainte Catherine de Gênes et déclare y avoir remarqué nombre « de pensées solides »[6]. « Weigeliens, Böhmistes, Trembleurs, Quiétistes et Laba-

---

1. KLOPP, VIII, 62 (*Elogium Patris Friderici Spee, S. J.*, mai 1677); — ROMMEL, I, 253 (*L. au Landgrave*, 1680); — ERD., 529ᵇ (*Théod.*).
2. Churfurst von Mainz, Philipp von Schönborn.
3. GERH., *Phil.*, VII, 549-550.
4. EST., 85 (*Disc. de Mét.*).
5. BARUZI, *Leib.*, 337 (f° 16 verso, 21 nov. 1696).
6. *Ibid.* (f°ˢ 17-18, 10 déc. 1696).

distes » sont gens dont il a pris la peine de démêler le caractère distinctif, mais dont il n'approuve ni les assertions fantaisistes ni « les affectations inutiles et façonnières », et pour cette raison surtout que « la véritable marque de l'esprit et de la grâce de Dieu est d'éclairer et de rendre meilleur »[1]... D'autre part, il est au courant des persécutions dont souffre Mlle d'Assemburg; et il demande qu'on cesse de l'inquiéter, puisque ses visions lui inspirent « les plus beaux sentiments du monde » et que « sa piété en est réchauffée à tous momens »[2].

Il s'était d'ailleurs fait sur la vie mystique un certain nombre de principes qui me semblent très profonds. « Je ne suis pas de son sentiment, disait-il contre Thomasius, lorsqu'il fait l'amour antérieur à la lumière... la lumière est notre passion, l'amour est le plaisir qui en résulte[3]. » Ainsi le veut notre nature d'être raisonnable; et il faut la suivre, si l'on veut éviter les écarts singuliers auxquels peut conduire le sentiment mystique : la raison est nécessaire pour en donner la vraie notion et le maintenir dans de justes limites[4]. Or voici ce que l'on apprend, dès que l'on se donne la peine de consulter cet oracle intérieur. Sans doute, l'amour de Dieu vient de la contemplation des perfections divines. Mais ce sentiment n'est pas stérile; l'amour est « vie »[5]. Il doit se traduire par l'accomplissement de la volonté de Dieu; et ce passage à l'action prend lui-même deux formes dont l'une nous concerne, tandis que l'autre se rapporte au prochain. L'amour de Dieu, c'est « la négation de soi-même ou la haine du non-être en nous »[6]; l'amour de Dieu, c'est « en même temps une grande ardeur pour contribuer autant qu'il est possible à la gloire du Dieu », ou ce « qui revient au même », « au bien général »[7].

1. *Ibid.*, 3?: (*Extrait du journal anglais de William Penn*).
2. Klopp, I, 145-147 (*L. à la Duchesse Sophie*, oct. 1691).
3. Baruzi, *Leib., inéd.*, 329 (f° 4 verso).
4. V. plus haut, pp. 304-306.
5. Baruzi, *Leib., inéd.*, 376 (*Von der varhen Theologia mystica*).
6. *Ibid.*, 375.
7. *Ibid.*, 339, 340, 341.

.⁎.

Tel est le point où se trouvait Leibniz en matière de mystique, lorsque, entre Bossuet et Fénelon, s'éleva la polémique que l'on sait et qui remua la chrétienté tout entière.

Leibniz se met aux aguets et suit d'un regard attentif les péripéties de la lutte.

Il regrette que ce litige se soit produit; car, à son sens, de pareils débats peuvent « servir à l'oppression des innocens et éloigner les âmes de la plus pure Théologie des vrais mystiques ». « Si l'on n'avait rien dit, la chose en serait demeurée là »; et l'erreur, si toutefois il y a quelque chose de tel, se serait moins répandue : la réfutation est une arme dont il faut se servir le moins possible[1]. Leibniz craint en même temps que l'archevêque de Cambrai n'ait à souffrir de l'agitation qui se fait autour de son livre. « Je me défie tousjours un peu du torrent populaire. Et toutes les fois que j'entends crier : *Crucifige*, je me doute de quelque supercherie[2]. » D'autre part, il apprécie en termes fort justes les principaux champions de la lutte. « Je suis prévenu pour deux choses : l'une est l'exactitude de M. de Meaux, l'autre est l'innocence de M. de Cambray. » Quant à M$^{me}$ Guyon, elle lui apparaît comme « une sotte » et « une orgueilleuse » visionnaire, et « on ne doit point confondre sa cause avec celle de M. de Cambray, quoyque ce prélat ait esté trompé par son air de spiritualité ». Il faut croire que cette distinction sera faite et souhaiter que l'affaire ne tourne pas au triomphe des « satyres » qui mettent leur plaisir à « déchirer un homme dont la méchanceté n'est pas bien avérée, ny même vraisemblable »[3].

Mais ce qui préoccupe surtout Leibniz, c'est le point central de la controverse. Il lui semble que l'on discute sur une

---

1. Gerh., *Phil.*, II, 573-574, 576 (*L. à Nicaise*, après le 19 août 1697).
2. *Ibid.*, 598 (*L. au même*, 30 avril-10 mai 1697).
3. *Ibid.*, 584-585 (*L. au même*, 23 déc. 1698). Venait de paraître le dialogue intitulé : *les Adieux de Nicodème, solliciteur en cour de Rome, par Mad. Guyon et son compère Bonnefoy*, « où les choses, dit Leibniz, paraissent outrées et traitées peu délicatement » (*eod. loc.*).

équivoque; et, pour la supprimer, il apporte sa définition de l'amour pur. Voici sa manière de la faire valoir. Il faut aimer Dieu par-dessus toutes choses : c'est un précepte qui ne souffre aucun doute. D'autre part, l'homme ne peut point renoncer à son propre bonheur; car il l'aime naturellement, nécessairement. Par suite, il peut encore moins renoncer à son salut éternel. Ce sacrifice absolu de soi-même implique d'ailleurs une faute d'impiété : « Ne se soucier point d'être bienheureux, c'est ne se soucier point de posséder Dieu, c'est-à-dire le mepriser. » Il peut même y avoir là dedans une sorte « d'athéisme subtil », pareil à celui de certains philosophes arabes[1]. Quant à « la supposition qu'un amateur de Dieu pourrait être content quand il serait damné, c'est une fiction d'un cas impossible »[2]. Il reste aussi, dans l'indifférence dont parlent les quiétistes, une équivoque qu'il faudrait dissiper. Qu'entendent-ils par ce mot? S'il s'agit simplement du devoir de « soumettre notre volonté à celle de Dieu et de ne vouloir que ce qu'il veut, c'est la chose du monde la plus raisonnable »[3]. Mais, si l'on avait l'intention de signifier par là que l'âme, absorbée dans la contemplation des perfections divines, n'a plus à s'occuper du jeu de ses facultés inférieures et de ses devoirs envers le prochain, l'idée serait on ne peut plus funeste : « Une telle abnégation, sous des beaux mots, renverserait toute la piété et toute la vertu[4]. »

Ces embarras disparaissent comme par enchantement, lorsqu'on entend par amour « le plaisir qu'on trouve dans la félicité d'autruy ». On voit dès lors « comment nous cherchons en même temps nostre propre bien pour nous et le bien de l'objet aimé pour luy-même; lorsque le bien de cet objet est immediatement, dernierement (ultimato) et par luy-même nostre but, nostre plaisir et nostre bien, comme il arrive à l'égard de toutes les choses qu'on souhaite parce qu'elles nous plaisent par elles-mêmes, et sont par

---

1. Danzi, *Leib., inéd.*, 312-343 (f° 26-27, 1er oct. 1697).
2. *Ibid.*, 315 (f° 10 verso, mai 1698).
3. *Ibid.*, 315.
4. *Ibid.*, 313 (1er oct. 1697); — Gerh., *Phil.*, II, 573 (*L. à Nicaise*, 28 mai 1697).

conséquent bonnes de soy, quand on n'aurait aucun égard aux conséquences ; ce sont des fins et non pas des moyens ». On voit aussi par la même définition « comment l'amour divin est infiniment au dessus des amours des creatures ; car les autres objets dignes d'estre aimés, font en effect partie de nostre contentement ou de nostre bonheur, en tant que leur perfection nous touche, au lieu que la felicité de Dieu ne fait pas une partie de nostre bonheur, mais le tout ». On échappe en même temps à cette « indifférence » absolue, à cette sorte « d'anéantissement de l'âme abymée en Dieu » qui peut conduire « au libertinage dans la practique »[1]. Et la raison de ce retour du passif à l'actif n'est pas difficile à saisir. Se complaire en Dieu, c'est du même coup vouloir ce qu'il veut, c'est vouloir le bien commun ou sa gloire : ce qui constitue le principe de toute vraie charité[2].

Ce qu'il y a de curieux, ce sont les ressemblances de cette manière de raisonner avec celle de Bossuet : des deux côtés, c'est la même protestation contre « l'amour pur », où l'individu ne compte plus, et contre les conséquences dogmatiques ou morales qu'il entraîne. M. de Meaux et le philosophe protestant s'entendaient mieux sur cette matière que sur le problème de l'union des Églises[3]. La question n'était cependant pas vidée par là. Je suppose qu'au moment de mourir, j'aie la certitude d'un anéantissement absolu. Que ferai-je dans cette situation ? serai-je dispensé d'aimer Dieu, parce que je vais perdre pour jamais le bonheur d'en jouir ? « Je suis obligé, disait Fénelon, je suis obligé, en expirant, d'aimer [Dieu] de toutes mes forces. Si j'y manque, je suis « un monstre, et l'ordre est renversé[4] ». Et voilà l'amour de « tête » qui revient, celui dont a parlé saint François de Sales et qui ne paraît qu'à « la plus fine pointe de l'esprit » ; voilà l'amour qui ne trouve son principe et

1. GERH., *Phil.*, II, 577-578 (*L. à Nicaise*, vers le 19 août 1697) ; — Cf. *Ibid.*, *Phil.*, III, 207 (*L. à Burnett*, 8, 18 mai 1697).
2. V. plus haut, pp. 312-313.
3. E. LÉVESQUE, *Œuvre inédite de Bossuet, instruction sur les états d'oraison, seconde partie*, pp. 72-75, 101-104, 195, 229, 245-255, Paris, 1897.
4. *Œuvres complètes de Fénelon*, t. II, 407ᵃ⁻ᵇ, éd. Caron et Gosselin, Paris, 1848-1852.

sa loi que dans la raison. Sans doute, il est chimérique dans la « cité de Dieu », vu qu'en fait le bonheur de l'individu s'y concilie avec l'intérêt général. Mais il demeure en droit, et pour cette raison très simple que, quoi qu'il nous arrive, le bien garde toujours sa même valeur intrinsèque.

\*\*\*

Pourquoi Leibniz a-t-il attaché tant d'importance à l'étude des phénomènes mystiques? Il va jusqu'à dire que « peut-être il a médité avec autant d'application que M. Poiret lui-même, à ce qui est de la véritable théologie intérieure »[1]; et il n'est pas loin de se croire plus compétent sur ce genre de questions que l'archevêque de Cambray et l'évêque de Meaux; il « a peur » que ces deux prélats n'aient « pas assez de connaissance des matières véritablement spirituelles »[2].

Ce n'est pas qu'il se soit jamais senti quelque penchant pour la vie mystique. On peut même dire que sa nature intellectualiste le rendait inaccessible à toute tentation de ce côté-là. Si Leibniz a tourné son attention vers les questions qui se rapportent au mysticisme, c'est d'abord par curiosité scientifique. « Humani nil a me alienum puto » : telle était sa devise; et il l'appliquait de préférence aux phénomènes qui lui semblaient rares ou anormaux, plus volontiers encore à ceux qui, par leur singularité, pouvaient apporter en psychologie quelque nouvelle lumière. N'est-ce pas pour cette raison qu'il était entré dans la société des Rose-Croix? Mais, si réelle qu'elle puisse être, cette réponse ne va pas jusqu'au fond; il y a quelque autre chose. Leibniz était croyant; et la vie mystique lui apparaissait comme l'efflorence de la vie religieuse elle-même. Directement ou sur les sommets de la logique, l'âme trouve Dieu. Elle s'éprend alors d'amour pour cet idéal subsistant de la perfection; elle veut s'unir à lui, elle veut se plonger dans cette source éternelle du vrai bonheur : et voilà le

---

1. BARUZI, *Leib., inéd.*, 338 (*Théol. intérieure*, 1696).
2. *Ibid.*, 340 (*La doctr. de S' Jean*, 1697).

mysticisme. Aussi Leibniz trouve-t-il « qu'il y a quelque chose dans les mystiques qui peut recevoir un bon sens »[1] et qu'il ne faut pas s'en prendre à « la partie solide » de leur théologie [2]. Il veut bien « qu'on s'attache à corriger [leurs] abus » ; mais il regretterait « qu'on perdît la bonne graine avec la paille »[3]. Il « approuve même qu'il y ait des personnes qui prennent des biais extraordinaires pour tirer les autres de leur assoupissement. C'est pour cela qu'il leur faut pardonner certaines pratiques affectées et qui paraissent bizarres. Le monde est adonné à la bagatelle. On ne pense point à ce qui fait la véritable félicité [4] ».

On n'aurait encore qu'une idée incomplète de la question, si l'on ne se reportait au temps où Leibniz a vécu. Le xviie siècle! Mais on s'y mouvait dans une atmosphère de mysticisme. Pascal, Malebranche, Fénelon, le cardinal de Bérulle, le P. Condren, M. Olier : autant de noms qui représentent à des degrés divers et sous des formes différentes cette conception de la vie des âmes. On en trouve même des traces dans la philosophie de Spinoza et jusque dans les lettres de Descartes sur l'amour de Dieu[5]. Le xviie siècle avait l'ivresse de l'Infini. Comment Leibniz pouvait-il rester indifférent à cette mentalité partout si vivace de son siècle, lui qui suivait avec avidité les moindres manifestations de l'âme humaine?

## VI. — LE CITOYEN.

L'homme ne vit pas à l'état solitaire, seul en face de l'idéal du bien et de l'être Infini où cet idéal se fonde ; il est « membre de la cité de Dieu » et se trouve par là même engagé dans un milieu social. Quelles sont donc les règles

---

1. GERH., *Phil.*, III, 327 (*L. à Burnett*, 23 aoust 1713).
2. ERD., 737ᵃ (*L. à Remond*, 1715).
3. GERH., *Phil.*, III, 381 (*L. à Coste*, 4 juil. 1706); Cf. *Ibid.*, VII, 497 (*L. à Bierling*, 7 juil. 1711) : Platon et Pythagore portés très haut pour tendances mystiques.
4. BARUZI, *Leib., inéd.*, 332 (*Extrait du Journal anglais de William Penn*)
5. *Œuvres philos. de Descartes*, t. III, 192 (*L. à Mᵐᵉ Elizabeth*), éd. Garnier, Paris, 1835; *Ibid.*, 259-273 (*L. à Chanut*).

d'après lesquelles il doit diriger sa conduite à l'égard de ses semblables?

Nous entrons ici sur un domaine particulièrement familier à Leibniz, celui de la jurisprudence. Indiquons d'abord, dans leur suite chronologique, les travaux qu'il a faits à cet égard. Nous nous préparerons ainsi à l'intelligence de sa pensée.

*
* *

A dix-sept ans, Leibniz se choisit une carrière. Or il ne se prononce pas pour la scolastique où son talent s'était déjà fait remarquer, ni pour la poésie, comme le craignaient certaines personnes de son entourage; il se voue à l'étude du droit; et, sa décision une fois prise, il se met à l'œuvre sans délai, persuadé qu'il trouvera de ce côté une mine plus neuve et « plus riche en résultats ».

Le 3 décembre 1664, il soutient, pour devenir « maître en philosophie », une thèse intitulée *Specimen difficultatis, in jure, seu Questiones philosophicæ amœniores ex jure collectæ*. Il s'agit de faire voir, dans ce travail, que le seul moyen de tirer le droit du chaos où il est tombé, c'est d'y ramener un peu de philosophie. Les « fondateurs de cette science » ont été « des prêtres de la sagesse ». Ulpien, par exemple, concevait la jurisprudence comme « la science des choses divines et humaines ». C'est l'idée à laquelle il faut revenir, si l'on veut sortir du labyrinthe où les jurisconsultes tournent depuis si longtemps[1].

Le 14 juillet de l'année suivante, Leibniz présente un autre travail *Sur les conditions du droit*[2]. Son but est de soutenir que le droit romain témoigne d'une profondeur et d'une pénétration admirables, mais que l'ordre y fait défaut; que, par suite, on accomplirait une œuvre éminemment utile, en soumettant ses décisions à l'épreuve d'une démonstration rigoureuse et comme mathématique. De là jailliraient

---

1. Guhr., I, 35-36; — F. Cah., b, 387.
2. Le sous-titre était *Specimen certitudinis in jure*.

la simplicité de structure, la suite logique et la lumière qui manquent encore[1].

En 1666, refusé à Leipzig pour sa thèse de « doctorat en deux droits », Leibniz s'en va, sur la fin de la même année, prendre sa revanche devant l'Université d'Altorf. Il présente une étude intitulée *De casibus perplexis* et soutient que, même pour les cas douteux, l'on doit toujours donner une réponse; mais que, au lieu de la chercher dans l'urne ou l'impression dominante du président, il faut interroger le droit naturel et le droit populaire jusqu'à ce qu'on l'ait logiquement découverte[2]. Le fait, pense Leibniz, a son principe quelque part dans le monde des idées : on n'a qu'à le chercher, et l'on trouvera par là même la solution qui convient[3].

Après cette soutenance, Leibniz ne retourne pas à Leipzig. C'est pour toujours qu'il a quitté sa ville natale, un peu par dépit, mais surtout parce qu'il ne veut point passer sa vie, « fixé comme un clou à une porte »; il va s'établir à Nurnberg. Dans cette ville, il rencontre le Baron de Boinebourg, ancien ministre du grand Électeur de Mayence, qui ne tarde pas à remarquer le talent de ce jeune homme et l'adopte comme secrétaire. Et de là, pour Leibniz, un nouveau théâtre d'action où sa vie sera mêlée à toutes les affaires politiques et religieuses de son époque.

Le Baron de Boinebourg lui donne, entre autres conseils, celui de reprendre un ensemble de notes qu'il a écrites depuis 1665 sur *La méthode d'apprendre et d'enseigner la jurisprudence*[4], de les compléter et de publier le tout avec une dédicace à l'Électeur de Mayence, Jean-Philippe de Schönborn. L'ouvrage parut à Francfort en 1667[5] et lui ouvrit les portes de la cour.

Quelques points sont à noter dans ce travail. D'abord,

---

1. Günn., I, 36-37; — F. Car., II, 387.
2. Günn., I, 40-42; — F. Car., II, 387.
3. Gerh., *Math.*, V, 36-39 (*De arte combin.*, 1666, présenté devant l'Université de Leipzig quelques mois auparavant). Leibniz démontre dans ce traité comment le droit peut, comme la géométrie, se réduire à quelques idées simples d'où viennent rigoureusement toutes les autres.
4. V. sur ce point Gerh., *Phil.*, VII, 504 (*L. à Bierling*, 16 mars 1712).
5. Günn., I, 48-49; Cf. Gerh., *Math.*, III, 61 (*L. à Jac. Bern.*, 15 mars 1697).

Leibniz se déclare déjà contre les « idées claires et distinctes » de Descartes et, sous l'influence de Pascal[1], ramène toute l'analytique à deux règles : définir et démontrer[2]. De plus, Leibniz connaît déjà « les trois degrés de droit naturel » que l'on trouve en 1693 dans la préface de son *Codex diplomaticus* : « *Jus strictum, æquitas, pietas* », et qui ont pour définitions les formules suivantes : « Neminem lædere; Suum cuique tribuere; Honeste vivere[3]. » Mais il faut remarquer surtout la liste de *desiderata* qui termine l'ouvrage et qui rappelle le *De augmentis scientiarum* de Bacon. Faire un nouveau *corpus juris*; composer une histoire des variations du droit, une philologie du droit, une arithmétique du droit; donner une traduction du droit; dégager et démontrer les éléments du droit naturel : telles sont les parties principales de la tâche qui s'impose à l'avenir[4].

Le programme est vaste, comme on le voit; et Leibniz y travaille depuis deux ans déjà[5], bien qu'il n'en ait pas vu dès le premier moment toute l'ampleur et la complexité. De plus, maintenant que les événements le permettent, c'est avec une nouvelle ardeur qu'il pousse son œuvre en avant.

Quelque temps après l'apparition de la *Méthode*, l'Électeur de Mayence, qui a pris Leibniz en estime, lui confie le soin de moderniser le Droit romain au contact du Droit allemand et lui donne, pour collaborateur dans cette entreprise, le Dr André Lasser, l'un de ses conseillers auliques. De cet effort à deux résulte, au bout de quelques mois, le travail qui s'intitule *Ratio corporis juris reconcinnandi*[6].

En 1669, Leibniz intervient à propos de l'élection du roi de Pologne. Sous le couvert d'un pseudonyme, il publie eun

---

1. Leib. connaissait le fragment *De l'Esprit géométrique*. V. sur ce point Cout., *Op.*, 181, 220 (note 3).
2. Dut., IV, 50, § 16.
3. Dut., IV, 213, § 74.
4. Gühr., I, 50.
5. F. Car., II, 187-188 (*L. à Hobbes*, 13/22 juil. 1670) : « Cùm primùm in jurisprudentià pedem posui, jam a quadriennio circiter consilia cogitavi, quà ratione paucissimis verbis... elementa juris ejus quod romano corpore continetur, condi possint, ex quibus deinde liceat leges ejus universas velut demonstrare. »
6. Klopp, I, 34-36 (*L. à Lambec.*, fin 1668); *Ibid.*, I, p. xxii (*L. de Boineburg à Conring*, avril 1670); Gerh., *Phil.*, I, 161-162 (*L. à Conring*, 1670); *Ibid.*, 73 (*L. à Arnauld*, 1671); Gühr., I, 52-53.

brochure où il traite la question par le calcul des probabilités et montre ainsi comment les sciences morales peuvent revêtir une forme mathématique[1] : idée très importante dans la logique de Leibniz, qui doit être une sorte « d'algèbre universelle ».

Mais cette escarmouche dans le domaine de la politique n'arrache pas Leibniz à ses travaux sur le droit. Il poursuit, en même temps, cette amélioration du Code romain dont il s'agit déjà dans le *Corpus juris reconcinnandi* et que cet essai n'a donnée qu'en partie ; il s'efforce de réduire ce code lui-même à quelques idées simples d'où tout le reste se puisse déduire ; et, parce que ce recueil de lois lui apparaît, dans ses grandes lignes, comme un chef-d'œuvre de sagesse et de pénétration, il s'en aide pour réaliser une tâche plus haute et plus générale, qui consisterait à fournir « les éléments du droit naturel »[2].

A partir de 1672, le voyage de Paris vient suspendre ou du moins ralentir la suite de ces travaux. Mais Leibniz ne les perd pas entièrement de vue ; et il s'en occupe dans la mesure où « ses distractions » lui en laissent le loisir. C'est ce que nous indiquent assez nettement les *Mittheilungen* de G. Mollat et *la définition de la justice* publiée par Trendelenbourg. On trouve aussi d'autres preuves de la même préoccupation. En 1693, il publie son *Code diplomatique*; et, dans la préface de ce recueil, il expose ses principes de droit naturel[3]. Le

---

1. *Specimen demonstrationum politicarum pro eligendo rege Poloniæ.* V. Dut., IV, 522-630; Günh., I, 63 ; Cout., *Log.*, 562-564.
2. Gerh., *Phil.*, I, 161-162 (*L. à Conring*, 1670); *Ibid.*, 73 (*L. à Arnauld*, fin 1671) ; *Ibid.*, 60 (*L. à Jean Frédéric*, 1671-1672).
3. Gerh., *Math.*, II , 162-163 (*Hugens à Leibniz*, 17 sept. 1693); *Ibid.*, 167 (*L. à Hugens*, oct. 1693); *Ibid.*, *Phil.*, II, 512 (*L. à Nicaise*, 1/15 may 1693) : Le *codex* aura trois vol. ; le premier, qui est publié, va jusqu'à 1500; le second comprendra le siècle supérieur et le troisième, « le nostre »; — *Ibid.*, III, 93-94 (*L. à Basnage*, 1693?); *Ibid.*, 97-98 (*L. au même*, 4 juil. 1693); *Ibid.*, 99 (*L. au même*, oct. 1693); *Ibid.*, *Math.*, II, 199-200 (*L. à Hugens*, 1/14 sept. 1694); *Ibid.*, *Phil.*, II, 551 (*L. à Nicaise*, 1/11 oct. 1694) : continuation du *Codex; Ibid.*, III, 125 (*L. à Basnage*, 6 avril 1696); *Ibid.*, II, 560 (*L. à Nicaise*, 14/24 sept. 1696) : concurrence du recueil de Léonard ; *Ibid.*, *Math.*, III, 347 (*L. à Joh. Bern.*, 28 déc. 1696); *Ibid.*, *Phil.*, II, 564-565 (*L. à Nicaise*, 15 févr. 1697); *Ibid.*, *Math.*, III, 61 (*L. à Jac. Bern.*, 15 mars 1697); *Ibid.*, 434 (*L. à Joh. Bern.*, 2 juill. 1697); *Ibid.*, *Phil.*, II, 589 (*L. à Nicaise*, 16 juin 1699); *Ibid.*, III, 267 (*L. à Burnett*, 1700) : continuation du *Codex; Ibid.*, 71 (*L. à Bayle*, vers 1702) :

28 décembre 1696, il écrit à Joh. Bernoulli que la surcharge de sa correspondance et de ses travaux personnels ne l'empêche pas de « penser à ses études d'autrefois et d'ajouter de nouvelles définitions « aux éléments du droit perpétuel[1] ». En 1712, il songe à donner une nouvelle édition de sa « Méthode nouvelle... » et demande des renseignements afin de mettre au point ce travail de sa jeunesse[2]. Il n'a pas oublié non plus l'idée d'améliorer le Droit romain à la lumière des lois nationales : dans une lettre à Kestner de 1716, il exprime encore son très vif désir de voir sortir de cette comparaison « un code bref, clair, suffisant, qui soit fait par autorité publique »[3].

Deux idées générales dominent cet ensemble d'études.

Premièrement, Leibniz comprend la jurisprudence comme une science purement rationnelle, où l'expérience n'a rien à voir, qui n'est, à l'instar de la géométrie elle-même, qu'un tissu de définitions. A son gré, la jurisprudence a pour point de départ des concepts éternels. Qu'il existe ou non des êtres qui leur correspondent, ces concepts n'en sont pas moins immuables. Il n'y a donc qu'à développer leur contenu; il n'y a qu'à les déduire[4].

En second lieu, ces déductions peuvent se traduire en termes mathématiques, comme le montre le *Specimen de démonstrations politiques;* et c'est là le type d'expression auquel il faut viser. La jurisprudence ne sera parfaite que lorsqu'elle sera devenue un département de la « caractéristique universelle[5] ».

\*
\* \*

A quoi se résume la doctrine qui se dégage de cette série

---

idem; *Ibid.*, 383-384 (*L. à Coste,* 4 Jul. 1706); *Ibid.*, 386-389 : partie de la préface du *Codex* qui contient la théorie du droit naturel; — Cf., pour cette préface, End., 118.
1. Gerh., *Math.*, III, 317-318 (*L. à Joh. Bern.*, 28 déc. 1696).
2. *Ibid., Phil.*, VII, 504-505 (*L. à Bierling*, 1712).
3. Gühr., 1, 10, notes.
4. G. Mollat, 21-22.
5. V. plus haut, pp. 3-6...

d'essais ? C'est ce qu'il convient d'examiner maintenant.

Platon et Aristote fondaient le droit sur notre aspiration naturelle au bonheur : il leur semblait que, si cette aspiration était illusoire, la vie n'aurait plus aucun sens et par là même aucun prix; Platon surtout est très catégorique à cet égard[1].

C'est de la même idée que part Leibniz ; mais il en pousse l'analyse beaucoup plus loin et lui donne un caractère très personnel.

L'homme est fait pour être heureux[2]; il a donc droit au bonheur[3]. De là dérive toute une suite de corollaires qui fixent nos rapports avec nos semblables, avec nous-même et avec Dieu.

Dire que l'homme a droit au bonheur, c'est dire du même coup qu'il a droit aux moyens qui sont nécessaires à l'obtention de cette fin suprême; c'est affirmer que l'individu ne peut être inquiété sans raison légitime ni dans sa personne, ni dans son honneur, ni dans ses biens.

Mais cette série d'inviolabilités ne suffit pas à faire que l'individu puisse atteindre sa fin naturelle; pour obtenir ce bien des biens, il lui faut en même temps la collaboration de ses semblables.

Dire que l'homme a droit au bonheur, ce n'est pas dire seulement qu'il a droit au respect de tous, c'est affirmer aussi qu'il a droit à leur concours : non point que nous puissions traduire à la barre ceux qui refusent de nous venir en aide, comme si nous avions à défendre notre tête, notre honneur ou nos biens; mais l'équité naturelle, plus juste que le droit strict ou proprement dit, veut que chacun ait le plus de joie et le moins de douleur possible[4]. C'est là d'ailleurs une idée de fond que Leibniz pousse avec une certaine hardiesse. Il va jusqu'à reconnaître le droit au travail[5] : et cela, non seulement par intérêt pour l'individu, mais aussi parce que la misère est, aussi bien que le luxe, un principe

---

1. *Banq.*, 201ᵃ-205ᵃ.
2. V. plus haut, p. 300.
3. G. Mollat, 2, 6-7, 85 : — Erd., 119ᵃ⁻ᵇ.
4. Erd., 119ᵃ⁻ᵇ; — G. Mollat, 69-70, 89.
5. Klopp, VI, 231-241.

d'immoralité[1]. Il dirait volontiers comme Platon dans ses *Lois :* « Qu'il n'y ait pas de pauvres parmi nous. »

A ce cortège de droits se rattache naturellement une série parallèle de devoirs : car le premier de ces deux termes ne va pas sans l'autre; il l'exige essentiellement.

Par suite, il ne suffit pas de « ne point faire de mal à autrui ». « Neminem lædere », c'est « le précepte du droit qui s'appelle Jus strictum ». Mais il faut tenir compte aussi de « l'équité ou égalité » « qui veut qu'on fasse du bien », dont le précepte consiste à traiter les autres comme on voudrait se voir traité soi-même. « C'est la règle de notre Seigneur »; c'est aussi « celle de la raison ». « Mettez-vous à la place d'autrui, et vous serez dans le vrai point de vue, pour juger ce qui est juste ou non[2]. »

Mais ces devoirs qui se fondent simplement sur l'équité naturelle et qui par là même ne donnent pas à l'intéressé le droit d'actionner le délinquant, ces devoirs, au sens large du mot, sont généralement trop négligés ou trop mal compris pour donner le résultat social qu'ils pourraient produire. Vu l'égoïsme ou l'inintelligence des individus, il est plus conforme au bien que l'État intervienne, dans une certaine mesure, et pour promouvoir et pour discipliner la charité. Il serait désirable, par exemple, que l'on créât pour tous les citoyens des caisses d'assurances dont l'État aurait l'administration[3]. On pourrait souhaiter aussi l'existence de certaines lois qui obligeraient les citoyens à pourvoir, dans de sages proportions, aux besoins de leurs semblables. Transformer en justice une partie de la charité, n'est-ce pas l'unique moyen de remédier à l'insuffisance pratique de l'altruisme[4]?

« L'état de nature » dont parle Hobbes est donc une pure fiction et qui n'a de valeur que comme « méthode d'enseignement ». « L'état de nature » n'a jamais existé. Les

---

1. G. Mollat, 87.
2. Erd., 119ᵃ⁻ᵇ; — G. Mollat, 57, 60, 88.
3. Klopp, VI, 231-241.
4. Erd., 119ᵃ.

droits de l'homme à l'égard de l'homme sont aussi vieux que lui ; et l'on en peut dire autant de ses devoirs envers ses semblables. Ce sont là deux séries de rapports qui dérivent l'une et l'autre du fait qu'il est un être raisonnable. Il y a « des cas où l'on ne peut point jouir de son droit, faute de juge et d'exécution » ; mais « le droit ne laisse pas de subsister ». Et « c'est confondre les choses que de le vouloir anéantir, parce qu'il n'y a pas moyen de le vérifier et d'en jouir [1] ».

C'est une erreur aussi que de croire avec Hobbes à la légitimité de l'esclavage. Il n'est aucun système social ou familial, aucun droit de conquête ou de colonisation, aucun usage, si vieux qu'il soit, qui puisse autoriser un homme à faire d'un autre homme sa chose ou propriété. Cette dégradation a contre elle « le droit des âmes raisonnables qui sont naturellement et inaliénablement libres » ; elle viole également « le droit de Dieu qui est le souverain maître des corps et des âmes et sous qui les maîtres sont les concitoyens de leurs esclaves ». Tout homme a « le droit de bourgeoisie » dans la « République universelle » ; et ce privilège est inviolable[2]. « La cité de Dieu » n'a pas d'esclaves.

C'est également sur l'idée de droit que se fondent en partie nos devoirs à l'égard de nous-mêmes. Sans doute, ces devoirs tiennent à ce que nous sommes des êtres raisonnables. Chaque homme est obligé « d'avoir égard à la dignité de sa nature dont l'excellence consiste dans la perfection de l'esprit ou dans la plus haute vertu ». Notre origine est « céleste » ; « nous sommes du genre ou de la race de Dieu », « comme le dit Saint Paul après un poète grec » ; et cette noblesse d'origine, nous devons ne jamais la démentir dans nos actions[3].

Mais, en même temps, il ne faut pas oublier que « chacun de nous fait partie d'un tout, de telle république, de telle société, de telle famille » et « que l'intérêt général l'em-

---

1. G. MOLLAT, 65-66 ; Cf. Ibid., 39.
2. Ibid., 67-70.
3. GERH., Phil., VII, 101-105, 108 (De la générosité).

porte en valeur sur l'intérêt particulier »[1]; il ne faut pas oublier non plus que ce tout dépend d'un esprit souverainement parfait qui nous impose le respect et le culte de la vertu[2].

Fondés sur notre dignité d'être personnel, nos devoirs à l'égard de nous-même relèvent par d'autres aspects et du droit social et du droit divin.

Ce qui nous semble le plus neuf dans cette théorie du droit, c'est la place qu'y tient la charité : elle apparaît dès le début et va toujours croissant jusqu'à ce qu'elle soit devenue le mobile unique de nos actions. La doctrine du P. Frédéric Spée revient ici, et Leibniz en fait à la jurisprudence une application curieuse.

Aristote et tous les anciens distinguaient la justice et la charité et parfois les opposaient l'une à l'autre. Au sens de Leibniz, la première de ces deux vertus se perd dans la seconde et ne fait plus avec elle qu'une seule et même chose; la justice « est la bonté conforme à la sagesse », c'est l'amour rationnel de l'ordre, c'est « la charité du sage ».

D'autre part, l'amour lui-même n'est autre chose « que le sentiment d'une perfection ». Et ici, comme ailleurs, l'effet croît en raison directe de sa cause : plus on découvre de perfection dans l'objet aimé, plus on s'y complaît, plus on l'aime. De là une ascension vers le bien où la justice est d'autant mieux observée qu'elle se fait moins sentir.

Supposez une personne qui ait pleine conscience du prix et de la beauté de la vertu : elle éprouverait de ce fait la plus grande joie « dont l'homme est capable ici-bas, quand même il n'y aurait rien à attendre au delà de cette vie ». « Car que peut-on préférer à cette harmonie intérieure, à ce plaisir continuel des plus purs et des plus grands » qui tient à la perfection de la volonté et « dont on est toujours le maître »[3] ?

---

1. Erd., 72ᵇ (*De vita beata*); *Ibid.*, 119ᵃ⁻ᵇ (*De notionibus Juris...*, 1693).
2. Gerh., *Phil.*, VII, 489 (*L. à Blerling*, 19 nov. 1709).
3. G. Mollat, 61.

Mais qu'est-ce que notre idéal de la justice comparativement à cette « justice substantielle » qui est Dieu lui-même? Dieu seul élève jusqu'à l'infini, Dieu seul fait vivre dans son plein éclat et à jamais tout ce qui se conçoit de bien et de beau : de telle sorte qu'on « ne peut le connaître comme il faut, sans l'aimer au delà de toutes choses », ni « l'aimer ainsi, sans vouloir ce qu'il veut ». La marque distinctive du citoyen accompli, c'est la piété. Et cette vertu des vertus lui donne en même temps la plénitude du bonheur[1].

Au sommet du développement moral, il n'y a plus ni effort, ni obligation, ni contrainte d'aucune sorte : les rigueurs du devoir ont disparu; il ne reste plus que l'amour.

## VII. — L'État.

L'État est moins nécessaire à l'homme que Hobbes ne l'a pensé. C'est « une souveraine injustice de tenir pour barbares » les peuples qui « n'ont pas de magistrature ». Ils conservent d'ordinaire un certain degré d'humanité; ils nous sont même supérieurs à plusieurs égards : par exemple, l'avarice et l'ambition leur sont généralement inconnues[2].

Encore une fois, l'état de nature est une fiction[3]. Mais il reste vrai que les cas d'injustice seraient fréquents, s'il n'existait aucune loi sociale; il reste vrai surtout que les hommes, abandonnés à leur initiative personnelle, demeureraient incapables d'entrer et de se maintenir dans la voie du progrès. Il faut donc que, au-dessus des individus, s'élève une autorité dont la force soit assez grande pour faire respecter les droits de chacun et qui se charge en même temps de promouvoir l'ordre public[4].

1. G. Mollat, 62-63, 89; Erd., 1119$^b$ (1693).
2. Gerh., Phil., VII, 492 (L. à Bierling, 30 janvier 1711)
3. G. Mollat, 65, 39; Cf. F. Car., b, 192-194 (L. à Hobbes, 1670) : Leibniz, dans cette lettre où il veut gagner les sympathies de Hobbes, va très loin en fait de concessions, sans se contredire toutefois.
4. G. Mollat, 2-3; Erd., 119$^a$.

Empêcher les citoyens de se nuire les uns aux autres et promouvoir le bien commun : telle est la raison d'être de l'État. Elle correspond aux deux degrés de la justice que l'on a déjà vus et qui consistent, l'un à ne pas faire de mal, l'autre à concourir au bonheur d'autrui[1].

On voit par là quelle peut être l'extension du pouvoir public. Elle est considérable.

Sans doute, l'État n'a pas le droit de tyranniser les intelligences ; « la jurisprudence est la science de la liberté ». Mais c'est à lui que revient le soin de l'éducation et de l'enseignement. Fonder des écoles pour les enfants, ouvrir des collèges, créer des universités et des académies, veiller à l'heureux fonctionnement de toutes ces institutions : voilà l'une des charges les plus importantes du pouvoir social. Car il ne faut pas oublier le but, qui est d'obtenir le plus de bonheur possible. Or rien n'y contribue avec autant d'efficacité qu'une bonne formation des esprits[2].

L'État ne doit pas aller non plus jusqu'à supprimer « la propriété des biens ». Il ne peut trouver que des embarras inextricables à se charger de « tout le domestique des hommes ».

Cet accaparement radical entraînerait d'ailleurs un inconvénient d'un autre genre et qui est peut-être plus grave encore, celui de supprimer l'émulation : « si tout était commun, [le bien général] serait négligé par les particuliers, à moins qu'on n'y mît ordre comme chez les religieux, ce qui serait difficile dans le siècle ». Il est mille fois préférable que chacun ait sa « sparte » et travaille à l'orner de son mieux. Ce n'est pas cependant que le droit de possession soit chose absolue. On « peut y faire quelque brèche »... pour la sûreté commune et même pour un grand bien commun, d'où vient ce qu'on appelle *dominum eminens* ». Il ne faut pas oublier que tout homme a droit de vivre et que la misère, qui est une école d'immoralité, peut en outre provoquer des révolutions[3].

1. G. MOLLAT, 65.
2. *Ibid.*, 1-5.
3. G. MOLLAT, 70 ; *Ibid.*, 52-53, 87. V. plus haut, p. 328.

Quelle forme de gouvernement faut-il préférer? La réponse de Leibniz à cette question rappelle d'assez près celle que lui donne Aristote lui-même.

Ni Hobbes ni Locke n'ont le don de le satisfaire à cet égard. Tous les hommes doivent être égaux devant la loi; mais ce n'est pas à dire qu'ils aient tous les mêmes droits politiques. Ils diffèrent à l'indéfini par leurs aptitudes personnelles; et ce sont ces aptitudes qui donnent la mesure de leur valeur sociale. Les droits politiques se proportionnent au mérite des individus. « Si plusieurs hommes se trouvaient dans un même vaisseau en pleine mer, il ne serait point conforme à la raison ny à la nature, que ceux qui n'entendent rien à la marine, prétendissent d'estre pilotes. » Pourquoi donc les ignorants et les méchants compteraient-ils autant que le sage, lorsqu'il s'agit de la destinée publique? « Je crois que naturellement le gouvernement appartient aux meilleurs »; et si l'on n'observe pas ce principe, c'est uniquement parce que « la corruption et la violence » ont fini par prendre le dessus[1].

Aussi, voyez comment Leibniz définit les différentes formes politiques. « Le but de la Monarchie est de faire regner un heros d'une éminente sagesse et vertu... Le but de l'Aristocratie est de donner le gouvernement aux plus sages et aux plus experts. Le but de la Démocratie, ou politie, est de faire convenir les peuples mêmes de ce qui est leur bien. Et s'il y avait tout à la fois : un grand Heros, des Senateurs très sages, et des citoyens très raisonnables, cela ferait le meslange des trois formes. »

Tous les gouvernements doivent avoir la même fin, qui est de « faire fleurir l'Empire de la raison ». Par suite, il faut éviter avant tout « le pouvoir arbitraire » : c'est celui-là qui s'oppose le plus directement à la prédominance de cette faculté maîtresse. Et cette règle de prudence ne concerne pas seulement les États où tout dépend de la volonté d'un homme, mais encore ceux où les affaires publiques sont livrées au caprice des assemblées populaires. Car

---

1. GERH., *Phil.*, III, 264 (*L. à Burnett*, 1699); *Ibid.*, 271 (*L. au même*, 1700); *Ibid.*, VII, 510 (*L. à Bierling*, 20 oct. 1712).

la tyrannie des foules n'est pas moins redoutable que celle qui vient d'un individu ; on peut même dire qu'elle présente encore plus de dangers. Le Léviathan est toujours un monstre, soit qu'il n'ait qu'une tête, soit qu'il en ait plusieurs. Besoin s'impose donc d'instituer « des lois qui puissent servir à restreindre le pouvoir arbitraire non seulement dans les Rois, mais encore dans les députés des peuples »[1].

Vers la même époque, Fénelon parlait dans le même sens, pour mettre fin à l'absolutisme de Louis XIV[2]. Et plus tard, Montesquieu devait reprendre l'idée de Leibniz dans sa théorie des trois pouvoirs.

## VIII. — L'Église.

Droits et devoirs, Dieu, la vie future : vérités cardinales dont l'homme a besoin pour se conduire, vérités sans lesquelles « le citoyen » et « l'État » deviennent impossibles. Or « la raison est de sa nature une lumière suffisante » et pour nous les faire connaître et pour nous déterminer à les mettre en pratique. « La raison est le principe d'une religion universelle et parfaite » qu'on peut regarder comme une « loi de la nature ». Révélation et Écriture ne seraient donc pas choses nécessaires, si les hommes suivaient « les lumières naturelles internes ». Mais, pratiquement, ce n'est pas ce qui a lieu. « Les hommes usent mal de leur raison ; et la Révélation publique du Messie a dû se reproduire[3] : Dieu n'a pas trouvé d'autre moyen de ramener l'humanité dans sa voie.

*
* *

On essaie, il est vrai, de mettre en doute ce fait considérable.

---

1. Gerh., III, 277 (*L. à Burnett*, 18 juil. 1701); *Ibid.*, 277-278; *Ibid., Phil.*, VII, 499 (*L. à Bierling*, 1711).
2. Moïse Cagnac, *Fénelon*, 132-135, Paris, 1910.
3. Baruzi, *Leib.*, 318 (1698); *Ibid.*, 352-354; — Gerh., *Phil.*, VI, 498 (*L. à la Reine de Prusse*, 1700-1705).

On nie la possibilité d'une révélation quelconque, en disant que tout ce qui est supérieur à la raison est par là même contraire à la raison[1].

On nie la possibilité du miracle, sans lequel aucune révélation ne peut authentiquer son origine.

Ou, sans remonter à ces questions préalables, on soutient avec ténacité que la religion dite révélée, ou chrétienne, contient certains dogmes qui sont irrationnels.

Mais ces difficultés, si épineuses qu'elles soient par places, se laissent pourtant réduire.

On a déjà vu que le *détail* de la nature est infini, qu'il est inépuisable. Il y a donc dans cette multiplicité des éléments qui échapperont toujours à l'effort de notre analyse si loin que nous la poussions. Et voilà une première catégorie de vérités surnaturelles.

D'autre part, « la Raison ici est l'enchaînement des vérités, que nous connaissons par la lumière naturelle », c'est-à-dire des vérités qui formulent notre expérience ou s'en déduisent de quelque manière. Or notre expérience ne nous donne aucun espoir d'atteindre à la science adéquate de l'être : Il pourra toujours y avoir, en dehors de sa zone, des formes de l'existence que nous ne sommes capables d'atteindre ni par intuition ni par déduction[2]. Et voilà une autre catégorie de vérités surnaturelles, supérieures non à la raison de Dieu, mais à la nôtre. « Tel est, à mon avis, la Sainte Trinité; tels sont les miracles réservés à Dieu seul, comme, par exemple, la Création; tel est le choix de l'Ordre de l'Univers, qui dépend de l'Harmonie universelle, et de la connaissance distincte d'une infinité de choses à la fois[3]. »

C'est à ces deux sources en même temps, une intuition plus profonde de la nature et une connaissance surhumaine des perfections divines, que Jésus-Christ a puisé l'idée de son « Royaume céleste » où tout se résume dans l'a-

---

1. Gerh., *Phil.*, III, 28 (*Einleitung*); — Erd., 474-475 (*Théod.*); *Ibid.*, 486, 495ᵃ.
2. Erd., 486ᵇ 495ᵇ, 196ᵇ-197ᵃ (*Théod.*).
3. *Ibid.*, 486ᵇ, 23.

mour et qui est le type éternel de la « cité de Dieu »[1].

Il est encore plus facile de défendre la possibilité du miracle que celle de la révélation. Spinoza s'est mépris sur la nature de l'être, comme on l'a déjà vu à diverses reprises. Ce n'est pas la nécessité qui fait le fond des choses, mais bien la contingence; et, dès lors, pourquoi le miracle n'aurait-il pas lieu? Sans doute, il ne se produit pas au hasard et comme à l'étourdie; s'il a pour cause efficiente la puissance de Dieu, il est aux ordres de sa sagesse infinie. Mais rien ne s'oppose à « cette dérogation », lorsque l'idée du meilleur la demande. « La nature n'est qu'un système de lois ou maximes subalternes », « une coutume de Dieu, dont il se peut dispenser à cause d'une raison plus forte »[2]. Et cette raison, nous la pouvons discerner dans une certaine mesure : elle est d'ordre moral, et non physique. « Je tiens, quand Dieu fait des miracles, que ce n'est point pour soutenir les besoins de la nature, mais pour ceux de la grâce[3]. » Le miracle, comme le monde physique tout entier, est au service de la vie surnaturelle.

S'agit-il de la rationalité des mystères? On peut toujours avoir le dessus, quand on suit la tactique indiquée par la nature de ces questions. Sûrement, on se prépare une défaite, en présentant une thèse dont le but est de fournir la pleine intelligence du mystère à défendre. Dans ce cas, l'adversaire réussira toujours, s'il connaît son affaire, à démolir le bastion qu'on lui oppose; et le mystère lui-même souffrira de tous les coups qu'on aura portés contre une œuvre d'inspiration purement humaine : on le méprisera, on le tournera en raillerie, on en triomphera. Et c'est tout ce qu'il fallait attendre de la méthode employée[4].

---

1. Gerh., *Phil.*, IV, 462-463 (*Disc. de Mét.*, 1685).
2. Est., 34, 52 (*Disc. de Mét.*, 1685) ; — P. Jan., 578, 612 (*Corresp. avec Arnauld*, 1686-1690); — Cout., *Op.*, 20 (1686); — Gerh., *Phil.*, I, 124 (*Bemerkung. von Leib.*); *Ibid.*, III, 375 (*L. à Lady Masham*, vers 1705); *Ibid.*, 403 (*L. à Coste*, 19 déc. 1707); — Erd., 460ᵃ (*Rép. au P. Lami*, 1709); *Ibid.*, 568ᵃ (*Théod.*, 1710).
3. Klopp, XI, 55 (*L. à la Princesse de Galles*, nov. 1715).
4. Malebranche conseille très sagement aussi le même procédé que Leibniz (V. *Recherche de la vérité*, I, 354 et 428, éd. J. Simon, Paris).

Mais, puisqu'on entend par mystère une vérité qui dépasse la portée de notre esprit, ce n'est pas de ce côté que le polémiste doit prendre sa tâche. Que lui reste-t-il donc à faire ? à se « soutenir contre les objections ». Le polémiste doit montrer que le dogme en question n'est pas un simple souffle d'air, « comme *scindapsus* ou *Blityri* », qu'il présente un vrai sens, bien que nécessairement analogique [1]. Puis, cette explication une fois donnée, il n'a plus qu'à parer les coups qui l'attendent, soit en établissant que l'idée de l'adversaire implique elle-même contradiction, soit en montrant qu'elle n'atteint pas son but [2].

Telle est la vraie voie à suivre ; et l'on peut faire voir à la lumière de ce procédé que, pour incompréhensibles qu'ils soient, les mystères chrétiens ne deviennent jamais contradictoires.

Inattaquable du point de vue de la raison, le christianisme l'est aussi du côté des faits sur lesquels il se fonde. Si ses titres historiques ne lui confèrent pas la certitude absolue qui convient aux vérités purement mathématiques, ils suffisent du moins à produire cette autre espèce de certitude dont l'expérience est susceptible et qu'on appelle morale.

Il est vrai que la preuve de l'établissement du christianisme ne présente pas encore la précision et l'ampleur qu'elle pourrait avoir : il y manque ce don de discerner le réel du merveilleux qu'on appelle le sens critique [3] ; il y manque en outre une infinité de documents dont la connaissance en éclaircirait les contours et les profondeurs. On

---

1. Erd., 403-405 (*N. Essais*); 453ª (*Remarque... sur les mémoires de Trévoux...*, 1708)... On ne saurait « rendre raison parfaitement de tels mystères, ni les entendre entièrement ici-bas. Il y a quelque chose de plus que de simples mots, cependant il n'y a pas de quoi venir à une explication exacte des termes ». L'analogisme tient une très grande place dans la pensée religieuse et même métaphysique de Leibniz, moins grande cependant que dans la doctrine théologique de saint Thomas d'Aquin dont la devise est celle-ci : *Deum analogice cognoscimus*. C'est assez néanmoins pour laisser un certain malaise dans l'esprit. Car ce mot d'analogie peut mener d'autant plus loin qu'il n'y a pas de « mètre » pour en mesurer la portée.
2. Erd., 481ª, 492ᵇ, 494ª, 495ᵇ-496ª, 497ᵇ, 499ᵇ, 500ª, 501ᵇ (*Théod.*).
3. Gerh., *Phil.*, III, 15-16 (*L. à Huet*, 1679); Ibid., II, 541 (*L. à Nicaise*, 5/15 mai 1693); Ibid., 587 (*L. au même*, 16 juin 1699).

devrait remonter aux anciens manuscrits, noter les variantes qu'ils présentent, et, pour mieux discerner le sens qui s'en dégage, étudier la mentalité souvent très particulière des hommes qui les ont composés. Il faudrait également comparer nos croyances chrétiennes à celles des autres peuples, les plus importantes surtout, telles que le mahométisme, le bouddhisme et la religion de Confucius. Dans quelle mesure les Livres saints ont-ils subi l'influence des civilisations ambiantes durant la période de leur formation? C'est un autre problème dont l'étude s'impose. Il serait utile aussi de collectionner les littératures des premières églises, particulièrement chez les Syriens et les Coptes. L'œuvre à faire est immense : il s'agit d'une enquête à travers l'Orient tout entier, enquête où la plus petite découverte, celle d'une brique ou d'une médaille, peut donner un résultat considérable[1].

Mais ces perfectionnements, si désirables qu'ils puissent être, ne sont pas nécessaires, quand il s'agit simplement d'établir que la religion chrétienne est divine. Cet événement est par ailleurs à l'abri de tout doute sérieux, et l'on est fondé à croire avec Pascal « qu'il y a assez de lumière » « pour ceux qui cherchent [Dieu] de tout leur cœur »[2].

.·.

D'ailleurs, la question pressante n'est pas là. Depuis la Réforme, la chrétienté tout entière est partagée en deux fragments immenses : l'Église catholique ou Romaine et l'ensemble des églises protestantes. Le litige tient surtout à ce que l'on a cessé de s'entendre sur la nature et les limites de l'autorité doctrinale que le Christ lui-même a

---

1. Gerh., *Phil.*, III, 193 (*L. à Burnett*, 2/11 févr. 1697); *Ibid.*, 161 (*L. à Burnett*, 11/21 juin 1695); *Ibid.*, (*L. au même*, 22 nov. 1695); *Ibid.*, II, 563 (*L. à Nicaise*, 15 févr. 1697); *Ibid.* 72 (*L. au même*, 28 mai 1697); *Ibid.*, 594 (*L. au même*, aoust 1701); — Gürh II, 96-97.
Leibniz a tracé au xviie siècle les grandes lignes du plan que l'on devait suivre plus tard dans les études religieuses et que l'on commençait à mettre en exécution autour de lui, comme le montrent les références indiquées ici. Et avec quel enthousiasme il saluait les essais plus ou moins heureux qu'il voyait faire en ce sens! Sur ce point, comme sur tant d'autres, Leibniz a été le grand « sollicitor ».
2. *Pensées*, art. XX, p. 303, éd. Havet, Paris, 1875.

conférée aux représentants de son œuvre. C'est donc ce point qu'il faut définir, si l'on veut retourner à l'unité primitive. Et voici l'idée qu'en a donnée Leibniz : elle n'est pas seulement instructive, parce qu'elle nous révèle un aspect, et des plus distinctifs de son génie, mais aussi parce qu'elle représente en même temps les tendances fondamentales de ses coreligionnaires. Œuvre d'une diplomatie habile, cette conception n'en contient pas moins la « pensée de derrière » du philosophe lui-même et n'est que l'une des conséquences de son rationalisme déjà bien connu, d'après lequel rien ne saurait prévaloir contre la raison.

Il y a deux sortes d'église : l'une invisible, l'autre visible au contraire; l'une qui n'est que l'union des âmes dans la croyance au Christ, l'autre qui revêt une forme extérieure, qui reconnaît des évêques et dont le chef suprême est à Rome.

La première comprend tous « les hommes de bonne volonté ». Elle n'a qu'un dogme, qui est d'aimer Dieu par-dessus toutes choses et par conséquent de préférer la vérité à tout le reste. « La communion vraye et essentielle, qui fait que nous sommes du corps de Jésus-Christ, est la charité[1]. » Aimez et faites ce que vous voudrez[2]. N'est-ce pas ainsi qu'ont pensé la plupart des Pères de l'Église et la majorité des théologiens? Et quand donc les conciles eux-mêmes ont-ils condamné cette opinion[3]?

De là deux conclusions capitales. Premièrement, « l'essence de la catholicité n'est pas de communier extérieurement avec Rome[4] ». Secondement, on est obligé « de faire des efforts pour être dans l'union ecclésiastique »; agir autrement, ce serait manquer à l'amour souverain que l'on doit à Dieu, ce serait pécher contre le dogme essentiel[5]. Mais

---

1. KLOPP, VII, 119 (L. à Mad. de Brinon, 16 juil. 1691).
2. BARUZI, Leib., 200-201 (L. au Landgrave de Hessen-Rheinfels, janv. 1684); — KLOPP, VII, 91, 93 (Remarques de Leib. sur les réflexions... de Pellisson); — GERH., Math., II, 146-147 (L. à Hugens, 16/26 sept. 1692); — BARUZI. Leib., 184 (L. à Reuschenberg, 1702).
3. KLOPP, VII, 91, 93 (Remarques de Leib. sur les réflexions de Pellisson); — ERD., 405ᵇ, 406ᵃ (N. Essais).
4. KLOPP, VII, 119 (L. à Mad. de Brinon, 16 juil. 1691).
5. BARUZI, Leib., 200 (L. au Landgrave de Hessen-Reinfels..., janv. 1684); Ibid., 191 (L. à Mad. de Brinon, 7/17 avril 1692).

supposez un homme qui soit dans l'erreur *invincible* à l'égard de quelque dogme admis dans l'Église Romaine ; personne au monde n'a le droit de le frapper d'anathème, encore moins de l'amener par la force à changer de sentiment, aussi longtemps qu'il n'a point vu la raison d'en changer. Car « il n'est pas en nostre pouvoir d'avoir une opinion, ou de ne l'avoir pas », à moins qu'on ne nous laisse du temps à cette fin[1] ; et de dire à quelqu'un qu'il lui faut croire ceci ou cela, lorsqu'il n'en voit pas encore le bien-fondé, ce n'est pas seulement s'en prendre aux droits les plus sacrés de l'homme ; c'est nier la raison elle-même, cette lumière que M. Claude appelait le Rayon, et sans laquelle il n'y a plus ni sciences, ni croyances[2].

L'Église invisible ne se viole pas : c'est le temple de Dieu. L'autre présente un caractère différent ; et du fait qu'elle est la demeure des hommes.

D'abord, et pour les raisons que l'on vient de voir, elle ne peut rien contre l'erreur invincible, quel que soit son objet, quand même elle porterait sur des vérités dites de foi. Par suite, « tous ceux qui entretiennent le schisme par leur faute, en mettant des obstacles à la reconciliation, contraires à la charité, sont véritablement des schismatiques : au lieu que ceux qui sont prests à faire tout ce qui se peut pour entretenir encor la communion extérieure, sont catholiques en effet[3] », et pleinement, non « à moitié », comme on s'est plu à le dire. Les rôles sont changés, aux yeux des personnes qui ont compris pour de bon ce qui constitue la vraie église : ce sont les romains qui deviennent les hérétiques, et du fait qu'ils s'en prennent à des hommes de bonne foi qui conservent par ailleurs « l'amour de Dieu et l'obéissance filiale ».

D'autre part, on peut admettre que les Conciles œcuméniques sont infaillibles. C'est même un principe qu'il faut

---

1. Klopp, VII, 86 (*L. au Landgrave de Hesse...*, 3/13 oct. 1690) ; — Baruzi, *Leib.*, 195-196 (*L. à Bossuet*, 3 sept. 1700).
2. *Ibid.*, 190-191 (*L. à M<sup>me</sup> de Brinon*, 18/28 févr. 1695) ; *Ibid.*, 176-177 (*L. au Landgrave de Hesse...*).
3. Klopp, VII, 119-120 (*L. à Mad. de Brinon*, 16 juill. 1691).

placer à la base de toute discussion sérieuse [1]. Mais, en fait, on a toujours droit de se demander si tel ou tel concile dit œcuménique mérite réellement cette appellation. Et la question s'impose à propos de celui de Trente. La résistance des églises protestantes sur ce point n'est pas l'effet d'un parti-pris; elle a son fondement dans l'histoire de cette assemblée. « Les ambassadeurs de France déclarerent dans le Concile mesme, qu'ils ne le tenaient pas pour libre, ny les decisions pour légitimes, et que la France ne les recevrait pas; et là-dessus ils se retirerent ». « Lorsque le concile de Trente fut terminé, on fit mine en France de ne pas le tenir pour un concile œcuménique, comme le tesmoignent les actes et memoires qu'on a publiés [2] ». « Par après, les Nonces des Papes sollicitans toujours la reception du Concile en France, la reine Catherine de Medicis, qui estait une princesse éclairée, répondit que cela n'estait nullement à propos, parce que cette reception rendrait le schisme des Protestans irremediable; ce qui fait voir que ce n'est pas sur la discipline seulement, mais encore sur la foy, qu'on a refusé de resconnoistre ce Concile. » Les prélats qui instruisirent Henri IV à propos de sa conversion, « le dispensèrent de l'obligation de reconnoistre le concile de Trente dans sa profession de foy [3] ». Plus tard, après la mort de Henry IV, « quoyque le clergé ait désiré, dans l'Assemblée des estats..., que [ce Concile] fust reconnu [comme général], par un acte authentique, le tiers estat et les cours souveraines s'y opposèrent [4] ». On pourrait relever des variations analogues dans la manière dont les chrétiens ont parlé des « conciles de Constance et de Basle »[5]; mais la question a

---

1. KLOPP, VII, 22 (*Des méthodes de réunion*, 1684); *Ibid.*, VII, 174 (*L. à Mad. de Brinon*); — BAR., *Leib.*, 184 (*L. à Reuschenberg*, 1702).
2. KLOPP, VII, 23 (*Des méthodes de réunion*); *Ibid.*, 285 (*L. à la duchesse douairière de Br. Lunebourg*, 2 juill. 1694).
3. *Ibid.*, 285 (*L. à la duchesse douair. Br. Lunebourg*, 2 juill. 1694).
4. GERH., *Phil.*, III, 209 (*L. à Burnett*, 24 août 1697).
5. KLOPP, VII, 23 (*Des méthodes de réunion*). — Leib. tient infiniment à ce que sa thèse sur le concile de Trente soit décidément établie; il sent que là réside le point vif, celui dont dépendent tous les essais d'entente. « Si l'on croit, dit-il lui-même à Mad. de Brinon, obtenir un parfait consentement sur toutes les décisions de Trente, adieu la Réunion (V. KLOPP, VII, 263; I, 23 oct. 1693) », et, par ces paroles, il traduit la pensée irréductible de son camp. Aussi cher-

moins d'importance [1]. Supposez d'ailleurs qu'un concile soit véritablement reconnu comme œcuménique, tel que celui de Nicée ou de Chalcédoine ; il faut encore définir les limites à l'intérieur desquelles il reste infaillible.

Les conciles, même œcuméniques, peuvent se tromper en matière de sciences. « Quand toute l'Église se serait soulevée ou se soulèverait contre Copernic ou Galilée, elle aurait tort. Un homme exact qui fait des recherches avec soin, est plus croyable que tout un monde d'ignorants ou de gens qui ne traitent que superficiellement des matières difficiles. » Il faut en dire autant des questions philosophiques, « qui dépendent du raisonnement ». L'Église n'est au monde ni pour nous apprendre comment va le ciel ni pour faire prévaloir une théorie de la substance [2].

Sa mission providentielle est de conserver et de défendre les « vérités nécessaires au salut » ; et c'est sur ce domaine seulement que les conciles œcuméniques sont préservés contre l'erreur [3].

Encore faut-il préciser cette zone d'inerrance. Elle ne comprend pas ce qu'on est convenu d'appeler les « questions de fait ». Savoir, par exemple, si Jansénius a réellement donné aux propositions dont se compose son ouvrage, le sens dans lequel elles ont été condamnées, c'est un problème qui n'a pas encore de solution définitive, malgré la sentence que Rome a portée à cet égard ; et pour une raison très simple : que Jansénius ait pensé ceci ou cela, les vérités nécessaires au salut s'en portent également bien [4].

---

che-t-il partout des preuves à l'appui de son opinion. Il raconte, dans une lettre à Nicaise de 1697 (GERH., *Phil.*, II, 563), « que des memoires de certains prélats qui ont assisté au Concile de Trente ont esté découverts et seront publiés fidèlement sur des originaux ». Cette nouvelle est « curieuse », nous dit-il, et sa joie est grande.

1. KLOPP, VII, 23 (*Des méthodes de réunion*).
2. BAR., *Leib.*, 184 (*L. au Landgrave de Hesse*, 1684-1685); *Ibid.* (*L. à Reuschenberg*, 27 sept. 1702); — GERH., *Phil.*, II, 338 (*L. au Père des Bosses*, 21 juill. 1707).
3. BAR., *Leib.*, 200-201 (*L. au Landgrave de Hesse...*, janvier 1684); *Ibid.*, 187 (*L. à Reuschenberg*, 27 sept. 1702); *Ibid.*, 205 (*L'union des Églises protestantes*); — GERH., *Phil.*, II, 329-339 (*Corresp. de Leib. et du P. des Bosses*, 1707); — GÜRH., I, 341-346.
4. BAR., *Leib.*, 201 (*L. au Landgrave de Hesse*, janv. 1684); — GERH., *Phil.*, II, 328 (*Corresp. de Leib. et du P. des Bosses*, 1707).

Mais alors qui donc jugera des limites dans lesquelles les conciles œcuméniques doivent opérer pour garder leur privilège d'infaillibilité? La règle à suivre est que la véritable Église n'innove rien et que sa doctrine doit être dans toute la suite des siècles ce qu'elle a été dans le christianisme primitif. Et c'est par l'étude des origines, par l'histoire des dogmes et la critique des textes qu'on se rend compte si cette règle essentielle a été bien observée. L'examen personnel était déjà le moyen de savoir si tel concile est œcuménique ou non; c'est aussi pour Leibniz le moyen de déterminer la zone doctrinale où doit se mouvoir un concile œcuménique[1].

Telle est l'idée de l'Église que soutient Leibniz, et c'est également celle sur laquelle les protestants ont fini par s'entendre. Bossuet intervient à quatre reprises pour la combattre, en 1679, en 1683, en 1691-1695, et en 1699; et voici la thèse qu'il oppose à son adversaire. Elle est ferme, nette et se maintient d'un bout à l'autre de la lutte sans présenter aucun changement de fond.

Il faut « laisser en son entier le grand principe de l'infaillibilité de l'Église ». Autrement, il ne reste plus de fondement solide nulle part: il n'en reste pas même « pour pouvoir establir une réunion[2] ».

La vraie marque de l'œcuménicité d'un concile, « c'est que tout le corps de l'épiscopat, et toute la société qui fait profession d'en recevoir les instructions, l'approuve et le reçoit[3] ».

Cette marque distinctive, le concile de Trente la porte, comme les autres assemblées de l'Église que l'on a toujours tenues pour œcuméniques. Peut-on douter « que les decrets [de ce concile] soient autant reçus en France et en Allemagne parmy les catholiques, qu'en Espagne et en Italie,

---

1. KLOPP, VII, 187 (*L. à Bossuet*, 8/18 janv. 1692); — Cf. BAR., *L'Org. Relig. de la terre*, 253-256 : ce passage, fort intéressant par lui-même, se fonde sur nombre d'*inédits théologiques* de Leibnitz; il est à consulter.
2. KLOPP, VII, 209-210 (*Boss. à Leib.*, 27 juill. 1692); *Ibid.*, 248-249 (*Boss. à Leib.*, 13 août 1693).
3 *Ibid., eod. loc.*

en ce qui concerne la foy »? a-t-on « jamais ouy un seul catholique qui se crût libre à recevoir ou à ne pas recevoir la foy de ce Concile[1] »?

La question des limites de l'infaillibilité ne relève pas du jugement des fidèles ; c'est le concile lui-même qui la tranche. Autrement, « il n'y a plus rien qu'on ne fasse repasser par l'étamine ; de sorte qu'avec cette ouverture, on ne trouvera point de décision dont on ne puisse éluder l'autorité, et qu'il ne restera plus de l'infaillibilité de l'Eglise que le nom[2] ».

Tout dogme, si restreinte que soit sa portée, devient *nécessaire* dès que l'Église l'a défini. « Avant qu'elle eût déclaré la vérité et l'antiquité, ou plutôt la perpétuité de ces dogmes, par un jugement authentique, elle tolérait les errants et ne craignait point d'en mettre quelques uns au rang des saints : mais, depuis sa décision, elle ne les a plus soufferts, et, sans hésiter, elle les a rangés au nombre des hérétiques[3]. » L'erreur de bonne foi exclut l'amour et devient de l'opiniâtreté, du fait qu'elle persiste en face d'une définition.

La polémique finit comme elle a commencé : les deux champions de la lutte gardent leurs positions. Et l'on ne pouvait s'attendre à un autre résultat ; vu la différence de mentalité que l'on constate entre Bossuet et son adversaire. Au regard de Bossuet, il faut croire du fait que l'autorité légitime s'est prononcée : qu'on pense ceci ou cela, c'est une question qui n'entre pas en ligne de compte ; l'obligation d'adhérer demeure la même dans les deux cas. Pour Leibniz, l'attitude du fidèle est moins simple. Il doit examiner la nature de l'objet défini ; et si, au terme d'une étude cons-

---

1. KLOPP, VII, 182 (*Boss. à Leib.*, 10 janv. 1692).
2. *Ibid.*, 209-210 (*Boss. à Leib.*, 27 juil. 1692); *Ibid.*, 248-249 (*Boss. à Leib.*, 15 août 1693); — F. CAR., II, 392 (*Boss. à Leib.*, 12 août 1701).
3. F. CAR., II, 303-304 (*Boss. à Leib.*, 30 janv. 1700). — Consulter, pour profiter de certaines lettres inédites : *Bossuet, correspondance*, par CH. URBAIN et E. LÉVESQUE, 5 vol., Paris, 1909-1912 ; voir vol. 5ᵉ (janv. 1692-sept. 1693).

ciencieuse, il se trouve en contradiction avec la sentence venue du dehors, il a le droit de ne pas se rendre, aussi longtemps du moins que dure sa conviction personnelle. En cas de conflit entre l'autorité doctrinale de l'Église et l'individu, c'est l'individu qui prononce en dernier lieu. Somme toute, il n'y a qu'une infaillibilité, celle de la raison.

Or, sur ce point de fond, il était bien difficile soit à l'évêque, soit au philosophe de renoncer à leur manière de voir. Antoine Arnauld, le landgrave de Hesse, Mad. de Brinon espéraient à un moment donné que Leibniz allait se convertir. Encore un pas, se disaient-ils; et il est des nôtres. Mais ce désir ne devait pas se réaliser, et pour une raison qui leur échappait. L'obstacle était la croyance intime de Leibniz en la suprématie de la raison. Voici ce qu'il écrivait lui-même au Landgrave en 1684 : « Il est vrai que si j'étais né dans l'Eglise romaine, je n'en sortirais point que lorsqu'on m'exclurait, en me refusant la communion, sur le refus que je ferais peut-être de souscrire à certaines opinions communes. Mais à présent que je suis né et élevé hors de la communion de Rome, je crois qu'il n'est pas sincère, ni sûr, de se présenter pour y entrer, quand on sait qu'on ne serait peut-être pas reçu si l'on découvrait son cœur[1]. » Ces paroles, c'est Leibniz lui-même. Il se sentait des opinions que son rationalisme intégral « ne lui permettait pas de sacrifier au bon plaisir d'une autorité, quelle qu'elle fût »; et la première d'entre elles, c'était ce rationalisme lui-même.

Cette attitude lui semblait d'autant plus nécessaire que, à son sens, l'état de minorité dans lequel l'Église romaine détenait la raison, se traduisait par nombre de pratiques religieuses où l'imagination et la sensibilité avaient une place « regrettable ». « Aujourd'hui que la bonne doctrine sur la justification est rétablie dans l'Eglise Romaine, le malheur a voulu que d'autres abus se sont aggrandis, et que par les confraternités et semblables practiques, qui ne sont pas trop approuvées à Rome mesme, mais qui n'ont que trop de cours dans l'usage public, le peuple fût détourné de cette adoration

1. Bar., *Leib.*, 202.

en esprit et en vérité, qui fait l'essence de la religion[1]. » Quoi qu'on pense de la divinité du Christ[2], il ne doit pas être adoré « en tant qu'il a pris la nature humaine, mais plutôt à l'égard de l'essence divine, qui est seule toute parfaite[3] ». Les dévotions sensibles sont donc ici déplacées. Et cette remarque porte plus loin qu'on ne pense. Que dire du culte qu'on rend à la Sainte Vierge et des prières publiques qu'on lui adresse? N'est-il pas manifeste qu'elle y devient une sorte de rivale de Dieu, tandis que la raison nous fait un devoir de mettre une distance infinie entre le Créateur et la créature? Il en va de même, bien qu'à un moindre degré, du culte des saints. Sans doute, le principe n'en est pas blâmable. Mais combien de « gens tournent tout leur amour » vers le saint ou la sainte qu'ils préfèrent, « sans en avoir pour Dieu qu'ils devraient pourtant aimer sur toutes choses? N'est-il pas surprenant que l'esprit soit plus occupé de l'honneur d'une créature que de Dieu même[4] »? D'ailleurs, quelles formes extravagantes, quelles singulières associations ce genre de dévotion n'a-t-il pas inspirées! « Je crois, [Madame], qu'à moins de vouloir cacher votre sentiment à vous-même, vous reconnaîtrez qu'en matière de culte vous ne trouvez pas parmi les nôtres les abus dont les personnes raisonnables même de votre parti se plaignent chez vous[5]. » En vérité, « ce n'est pas assez qu'on n'exige pas de nous de pratiquer ces choses; il suffit qu'on exige de nous d'entrer en Communion avec ceux qui en

---

1. KLOPP, VII, 206 (*Leib. à Boss.*, 13 juil. 1692). — On constate les mêmes récriminations chez Huygens (GERH., *Math.*, II, 153, *Huy. à Leib.*, du 12 janv. 1693) : le savant bien connu ne saurait « s'imaginer comment une personne d'esprit peut se soumettre à croire des absurdités et les niaiseries qu'enseigne cette Religion ». Il s'agit de la Religion Romaine.
2. Leibniz regardait Jésus-Christ comme l'Envoyé de Dieu. Mais croyait-il à sa divinité? C'est un point sur lequel il n'a jamais affirmé nettement sa pensée. Les passages sur lesquels on s'est fondé pour lui attribuer cette croyance sont de nature diplomatique; il est difficile d'y distinguer son idée personnelle de celles dont il est le simple interprète : V. BAR., *Leib.*, 106-107; GERH., *Phil.*, I, 126 (*Bemerkung... gegen Spinoza*); KLOPP., VIII, 397 (*L. à l'Électrice Sophie*, 18 nov. 1702).
3. F. CAR., II, 87-88 (*Leib. à Mad. de Brinon*, 18/28 févr. 1695); — Cf. GERH., *Phil.*, II, 544 (*L. à Nic.*, 1693); *Ibid.*, III, 101 (*L. à Basnage*, 1693).
4. *Ibid.*, *eod. loc.*
5. F. CAR., I, 506 (*L. à Mad. de Brinon*, sept. 1693).

usent ainsi, et d'exposer nos peuples et notre postérité à un mal aussi contagieux, que le sont les abus, dont ils ont esté à peine affranchis après tant de travaux. L'union est exigée par la charité ; mais icy elle est défendue par la supreme Loy, qui est celle de l'amour de Dieu, dont la gloire est intéressée dans ces connivences »[1].

La raison, non seulement il lui revient d'avoir le dernier mot dans les questions de doctrine; elle est aussi la règle suprême de nos sentiments. Et la piété ne fait pas exception à cette loi. Par elle-même, la piété est « de la catégorie de l'infini », suivant l'expression préférée de Platon. C'est dans la raison qu'elle trouve sa loi; et, dès qu'elle se soustrait à la direction de cette faculté hégémonique, elle tend toujours plus à se traduire en abus malsains ou ridicules.

Sans doute, cette apologie de la raison et ce procès des facultés sensibles contiennent « une âme de vérité ». Mais les choses y sont prises avec trop de rigueur. Il est raisonnable de croire aux décisions d'une autorité infaillible, et du fait même qu'elle s'est prononcée. D'autre part, le cœur tiendra toujours une grande place dans la religion chrétienne qui est par essence une religion d'amour. Les mythes, les symboles! Mais le peuple en a besoin : il ne voit, il ne sent la beauté de l'idée qu'autant qu'elle « brille à travers » une image[2]. On n'a peut-être pas toujours gardé la juste mesure dans cette expansion de la « partie pleureuse de l'âme ». Reste pourtant que l'Église Romaine a dix-huit siècles de logique et que son action éducatrice a produit dans l'humanité une hausse incomparable de respect et d'amour. Un Néron, parmi nous, n'est plus possible; et l'antiquité n'a pas eu de saint Vincent de Paul.

### IX. — L'HUMANITÉ.

Si les catholiques se refusent à l'union, elle se fera entre

---

1. KLOPP, VII, 261 (*L. à Mad. de Brinon*, 23 oct. 1693). V., plus haut, la réponse de Bossuet, p. 19-20.
2. Pourtant Leibniz n'a-t-il pas concédé quelque chose de semblable dans son « système religieux », p. 92-94 (éd. de M<sup>r</sup> Lacroix, 1846, Paris)? D'où vient qu'il se montre ici moins conciliant? — Cf. plus haut, p. 18.

protestants; et, à ce retranchement d'ordre quantitatif, on perdra moins qu'on ne pense, vu les superstitions dont l'Église Romaine est encrassée[1]. Mais l'alliance des Églises ne représente qu'une partie de l'œuvre à faire. Il s'agit, en fin de compte, de travailler au progrès de l'humanité ; et ce problème soulève à la fois deux questions, qui sont les suivantes : premièrement, que faut-il entendre par l'humanité ? Secondement, quels sont les vrais moyens de la faire avancer sur la route du progrès ?

\*
\*\*

L'humanité est l'ensemble des hommes qui croient ou peuvent croire au Christ ; c'est l'ensemble des « hommes de bonne volonté ».

De cette communion immense et qui doit s'accroître à l'indéfini, les Turcs doivent être exceptés. Leur passé fait voir qu'ils ont toujours été les ennemis du Christ ; et cette haine déjà plusieurs fois séculaire se fonde sur la brutalité de leur tempérament. Leur religion est exclusivement politique, dépourvue de tout sens surnaturel ; et de leurs sujets ils n'ont jamais su faire que des esclaves. Ce peuple est irréductible aux croyances essentiellement spiritualistes qui nous sont venues de Nazareth.

C'est la honte de l'humanité et le grand obstacle à la diffusion du bien. Leur destinée est de disparaître[2] ; et c'est un grand mal que Louis XIV ne l'ait pas compris. En se jetant sur la Hollande au lieu d'envahir l'Égypte, il a manqué la plus grande occasion qui se soit présentée d'assurer à jamais la liberté du monde chrétien[3].

---

1. Voir sur la réunion des Églises protestantes : 1° Klopp, V, 279 (*Consultation touchant la guerre*) ; VI, 163 (*Consultation sur la paix faite à Ryswyck...*) ; IX, 38 (*L. à Mylord Roxborough*, 1er sept. 1703) ; IX, 53-59 (*Fruits de la campagne de 1703*); Ibid., 88 (*L. à Davenant*); Han., *Leib.*, 206-210 (*Inéd.*) — Ce qui ressort de tous ces textes, c'est que Leibniz est protestant de cœur autant que d'esprit : La religion protestante représente à ses yeux la fin des superstitions dont Rome est le foyer, la prédominance de la raison et la liberté. — V. plus haut, p. 20-22, p. 26-31.
2. Klopp, II, 402, 349 (*De exped. Ægypt.*, 1670).
3. Klopp, II, 83 (*De propos. Ægypt.*, 1670) ; Ibid., 369, 412, 411-415 (*De exped. Ægypt.*, 1670); Ibid., 206 (*Consil. ægypt.*).

Par contre, c'est au premier rang de la grande famille qu'il faut placer les peuples de l'Occident. Ils ont eu l'intelligence assez forte et l'âme assez noble pour accepter la lumière libératrice et la suivre. Elle a façonné leur esprit et leurs mœurs; le ferment de vérité et d'amour qui vit au fond de leur cœur ne disparaîtra jamais; et c'est de cette civilisation privilégiée que doit partir l'étincelle qui éveillera tout le reste. L'Europe n'est pas seulement de l'humanité; elle en est la providentielle éducatrice[1].

Bien loin de la portion du globe que nous habitons, au delà des Indes et des monts Himalaya se trouve une autre région dont le rôle civilisateur est clairement indiqué : c'est la Chine, cette « France de l'Orient ». Si la langue de ce peuple n'est pas « primitive », comme le chevalier John Webbe s'est efforcé de le faire voir, elle remonte du moins très haut vers les origines de l'humanité[2]. Grâce à ses thèses fondamentales sur Dieu, l'âme et la vie future, la philosophie chinoise présente une parenté très intime avec la doctrine chrétienne; et, par d'insensibles rapprochements, on pourrait les identifier entre elles[3]. La bonne fortune a d'ailleurs voulu que l'Empereur, rompant avec les traditions persécutrices de la nation, accordât au culte chrétien plein droit de cité dans tout l'empire. Voilà la nouvelle « terre promise », celle de la chrétienté. Sans doute, la conquête en est encore livrée au zèle des missionnaires Romains dont la « superstition » gâte l'enseignement. Mais la porte reste ouverte. C'est aux protestants d'envahir cette vaste contrée où l'on compte « plus de deux cents millions d'hommes », d'y prédominer et d'y faire entrer dans les âmes la véritable pensée du Christ, celle dont ils ont gardé le sens[4].

---

1. KLOPP, II, 50-51 (*De prop. Egypt.*); *Ibid.*, 76-78 (*Le songe de Louis XIV*).
2. GERH., *Phil.*, I, 31 (*L. à Jac. Thom.*, 6/11 avril 1670).
3. GERH., *Phil.*, II, 383-384 (*L. au P. des Bosses*, 12 aoust 1709).
4. GERH., *Math.*, IV, 28 (*L. à Wallis*, 28 mai 1697); *Ibid.*, 75 (*Wallis à Leib.*, 29 mars 1700); *Ibid.*, 79-80 (*Leib. à Wallis*, vers 1700); *Ibid.*, *Phil.*, II, 583 (*L. à Nicaise*, 14 mai 1698); *Ibid.*, 384 (*L. au P. des Bosses*, 12 aoust 1709); *Ibid.*, III, 665 (*L. à Remond*, 17 janv. 1716).
Là se trouve la raison pour laquelle Leib. prend un si vif intérêt à la question des rites qui s'éleva en Chine entre les Jésuites et les autres missionnaires et dont la solution mit fin pour si longtemps à l'œuvre de la conversion des

Cette notion de l'humanité nous fait comprendre la manière dont Leibniz a conçu l'expansion de l'Europe. Il ne s'agit pas « de prendre quelques villes sur les bords du Rhin ou en Belgique »; il ne s'agit pas non plus de savoir qui pourra dominer sur le continent de la maison de Bourbon ou de celle des Habsbourg. Les guerres entre chrétiens « ne sont pas seulement impies; elles sont ineptes ». « Vouloir soumettre des nations civilisées, belliqueuses et passionnées d'indépendance », c'est entreprendre une lutte interminable ou d'où l'on ne peut sortir qu'épuisé et sans espérance de gain[1]. L'Orient, voilà le côté vers où, comme d'autres croisés, les Européens doivent tourner leurs regards; et l'Égypte se présente comme le chemin le plus naturel à prendre, le plus facile et le plus avantageux. « C'est une région fertile et populeuse..., le lien de l'Asie et de l'Afrique, le point de communication entre l'Océan et la Méditerranée, le grenier de l'Orient, le marché de l'Inde et de l'Europe[2]. » A qui s'en rendra maître appartiendra « le généralat de la chrétienté[3] ».

Ainsi parlait Leibniz avant la guerre de Hollande; et, si depuis cette période il a dû changer ses moyens d'exécution, il n'en a pas moins gardé la même idée, toujours prêt à profiter des événements qui pouvaient lui être favorables. C'est sous son influence qu'il écrit de Charles XII qu'il voudrait le voir régner jusqu'au fleuve Amour[4]; c'est dans la

---

« Célestes ». Voir ce que Leibniz a dit sur ce sujet : GERH., *Phil.*, II, 590 (*L. à Nicaise*, 6/16 août 1699); *Ibid.*, II, 393 (*L. au P. des Bosses*, 25 oct. 1709); *Ibid.*, II, 403 (*L. au même*, 2 mai 1710); *Ibid.*, II, 406 (*L. au même*, 2 juill. 1710); *Ibid.*, II, 413 (*L. au même*, 18 nov. 1710); *Ibid.*, II, 420 (*L. au même*, 2 mars 1711); *Ibid.*, II, 424 (*L. au même*, 8 juill. 1711); — ERD., 681ᵃ (*L. au même*, 15 févr. 1712); *Ibid.*, 682ᵃ (*L. au même*, 26 mai 1712); — GERH., *Phil.*, II, 478 (*L. au même*, 21 avril 1713); — ERD., 713ᵃ (*L. au même*, 21 avril 1714); — GERH., *Phil.*, II, 499 (*L. au même*, 30 juin 1715); *Ibid.*, 507 (*L. au même*, 24 déc. 1715). Il s'agissait de conserver aux chrétiens leur liberté d'action dans le céleste Empire; le décret de Rome devait avoir pour effet de la supprimer.

1. KLOPP, II, 57 (*De proposit. Ægypt.*, 1670); *Ibid.*, 181 (*Consil. Ægyptiac.*, 1670); *Ibid.*, 221-222 (*De expedit. Ægypt.*, 1670).
2. *Ibid.*, 79-80, 83 (*De prop. Ægypt.*, 1670); *Ibid.*, 225 (*De exped. Ægypt.*, 1670).
3. *Ibid.*, II, 79-80 (*De prop. Ægypt.*, 1670); *Ibid.*, 221-222 (*De exped. Ægypt.*, 1670).
4. GUERRIER, 49 (*L. à Storren*, 23 sept. 1701).

même pensée qu'il entretient des rapports avec Pierre le Grand ; et ce qui le rend si curieux de savoir ce que deviennent les congrégations religieuses, particulièrement celle de Jésus, c'est surtout qu'il y voit des forces concentrées et disciplinées, qui seraient beaucoup plus propres que des soldats et des vaisseaux, à réaliser son projet d'universelle christianisation[1].

.·.

La question du progrès est une de celles dont nous avons déjà parlé[2]. Il faut y revenir, en la prenant du point de vue social. Leibniz à cet égard formule un certain nombre d'aperçus qui, par leur modernité, rappellent tantôt la charité de saint Vincent de Paul, tantôt l'esprit positif de Locke.

La science, la religion chrétienne et l'éducation : voilà les trois moyens essentiels à mettre en œuvre, comme on l'a vu précédemment. Mais il en est d'autres plus directement pratiques et sur lesquels Leibniz insiste avec complaisance.

« Tout le monde compte les Hospitaux et les autres maisons semblables parmy les causes pieuses, et avec raison, puisque Jesus-Christ a dit qu'il prendrait ce qu'on ferait envers les pauvres, pour ce qu'on aurait fait à luy-même. » Mais « il vaudrait bien mieux de prévenir la pauvreté et la misère, qui est la mère des crimes, que de la soulager quand elle est née »[3]. La charité la plus bienfaisante est celle qui prévoit, qui remonte aux causes du mal.

Un bon moyen de combattre la misère, ce serait de suivre l'heureux exemple de l'Électeur de Brandebourg, de fonder des « établissements d'un travail bien conduit, par lesquels les hommes deviennent véritablement plus vertueux pour eux-mêmes, et plus utiles pour les autres... D'autant qu'encor la jeunesse entre ainsi de bonne heure dans le même chemin de l'ordre, et donne des séminaires à la répu-

1. V. plus haut, p. 26-31.
2. V. plus haut, p. 277-281.
3. Klopp, X, 22-23 (*Mémoire pour des personnes éclairées...*).

blique, ce qui fait que les choses vont de mieu˙ en mieux, comme dans le jardinage¹ ».

Il faudrait également ouvrir de nouvelles s˙ rces de richesse en développant l'industrie et le comme˙ ˙. Car, outre qu'une certaine aisance chez les particulier˙ est de nature à favoriser l'amour du bien public et le sen˙iment de la dignité personnelle, un prince vaut moins par « l˙ ˙tendue de ses estats » que « par la culture du pays et l'indu˙ ˙rie de ses habitants ». « On le connoist par l'exemple de la ˙ ˙llande qui est si petite et pourtant si riche, et encore p˙˙˙ l'exemple de la France qui résiste si longtemps à la plu˙ grande partie de l'Europe, parce que la multitude et l'industrie de ses habitants luy a donné de grandes forces, dont on ne la scauroit dépouiller sitost »².

Pourquoi, par exemple, ne pas favoriser l'exploitation de la toile ? « De toutes les manufactures », c'est « la plus simple et peut-estre même la plus importante à nostre rapport ». « Les Italiens ont des soyes », « les Anglais et les Espagnols ont leurs laines et draps, le lin et le chanvre est notre soye »³.

Pour activer et discipliner ce mouvement économique, il serait bon « d'établir une espèce de conseil ou d'Assemblée qui ait ces matières pour objet, parce qu'un premier Ministre ny ceux qui sont occupés des affaires de l'Estat, de Justice, de Finances ou de Guerre, ne scauroient entrer dans ces détails qui demandent des génies qui y prennent goust, et ont besoin d'une application toute particulière »⁴.

---

1. KLOPP, *eod. loc.*
2. *Ibid.*, 24.
3. *Ibid.*, 31. — Leibniz lui-même avait établi à Berlin une culture de vers à soie, pour subvenir à l'entretien et progrès de l'Académie royale de cette ville, fondée sur ses instances. V. sur ce point : KLOPP, X, 246 (*L. à Sophie-Charlotte*, 18 de may 1704); *Ibid.*, 248 (*Sophie-Charlotte à Leib.*, 7 de juin 1704); *Ibid.*, 379 (*L. au Comte de Wartemberg*); *Ibid.*, 384-387 (*L. à Sophie-Charlotte*, 8 may 1703).

D'autre part, dans une lettre à l'Impératrice Amélie de juin 1715 (KLOPP, XI, 43-44), il fait demander à l'Empereur d'appliquer « aux sciences et arts » un impôt sur le papier qui est devenu libre.

4. KLOPP, X, 21-25. — Comme je l'ai fait voir dans un article de la *Revue pratique d'apologétique* (mars 1915), Leibniz a proposé aux Allemands la doctrine du Christ : il a voulu simplement en fournir les bases rationnelles. Mais on peut le regarder néanmoins comme l'initiateur et le premier directeur de la politique des Brandebourg. Il a cru voir dans cette famille le levier qu'il cherchait depuis longtemps pour pousser plus avant l'union des « Églises protestantes ».

Le progrès par l'industrie et le commerce! Aristote n'en voulait pas ou du moins ne les acceptait que dans la mesure des nécessités de la vie; et la raison de cette espèce d'ostracisme, c'est que l'homme se rabaisse à ce genre d'occupations serviles. Nous avons tourné le dos à ce bel idéal. L'avenir dira si nous avons raison. Pour le moment, on est tenté de penser avec Kant que l'homme est infiniment maladroit dans l'art de chercher son bonheur. Nous aspirions à l'harmonie par la science : la science était devenue notre unique « divinité ». Les faits ont répondu par le plus terrible abus de la force que l'on ait jamais vu sous le soleil. Cet Éden si longtemps rêvé, c'est l'humanité tout entière qui s'entre-dévore. « O ridicolosissimo eroe ». Mais revenons à Leibniz dont l'idée de fond nous paraît plus encourageante.

Jésus-Christ « seul a fait voir combien Dieu nous aime, et avec quelle exactitude il a pourveu à tout ce qui nous touche; qu'ayant soin des passereaux, il ne negligera pas les créatures raisonnables qui luy sont infiniment plus cheres; que tous les cheveux de nostre teste seront comptés; que Dieu a plus d'egards à la moindre des ames intelligentes, qu'à toute la machine du monde; que nous ne devons point craindre ceux qui peuvent détruire le corps, mais ne scauraient nuire aux ames, puisque Dieu seul peut les rendre heureuses ou malheureuses...; qu'aucune de nos actions n'est oubliée; que tout est mis en ligne de compte, jusqu'aux paroles oisives, et jusqu'à une cuillerée d'eau bien employée ;... que les justes seront comme des soleils, et que ny nos sens ny nostre esprit n'a jamais rien gousté d'approchant de la félicité que Dieu prépare à ceux qu'il aime »[1].

Telle est « la cité de Dieu », d'après les Évangiles. Leibniz a voulu nous en faire connaître les fondements philosophiques. Et, sans doute, tous ces fondements n'ont pas la fixité qu'il y voyait. Mais ils contiennent un ferment de vérité qui laisse l'espérance au cœur.

1. Est., 93-94 (*Disc. de Mét.*).

# CHAPITRE VIII

## APPORT DE LEIBNIZ A LA « PHILOSOPHIE ÉTERNELLE ».

Les idées dominantes de Leibniz. — Comment Wolf réussit à les propager : leur diffusion à travers l'Europe.

« La philosophie éternelle » ! C'est pour parfaire cet édifice de vérités et de croyances que Leibniz a tant médité et tant écrit d'un bout à l'autre de sa longue carrière.

Dans quelle mesure a-t-il réalisé son généreux projet ? Quelle somme d'idées solides a-t-il laissée aux générations futures ?

La question est très complexe. Elle présente deux aspects de sens opposé et qu'il faut comparer l'un à l'autre, si l'on veut obtenir une solution juste.

Il est difficile de ne pas être frappé des équivoques que renferme la philosophie de Leibniz. L'infinité numérique des monades, le passage de l'infinité de Dieu à sa souveraine perfection, la transcendance du Créateur à l'égard de la créature, le fameux concept de nécessité morale : autant de choses que Leibniz répète depuis 1676 et sans les expliquer jamais. Ce n'est point cependant qu'il n'en ait pas eu l'occasion. Dès l'année 1677, le cartésien Eckhard le met à même de dire ce qu'il faut entendre par un Être infini; et ses réponses sont d'une perspicacité merveilleuse [1]. Mais, dans la suite, il n'en tient plus aucun compte : il continue à parler comme s'il n'avait rien vu de pareil. Vers les dernières années de sa vie, il soutient avec le P. des Bosses une controverse péné-

1. V. p. 252-265.

trante sur l'idée d'infini considérée soit dans son rapport avec Dieu soit dans son rapport avec la nature [1]. On ne voit pas que par après il ait changé quelque chose à sa manière de traiter la question : toutes les équivoques sont demeurées dans l'état où elles étaient auparavant. Leibniz a défendu son avis ; il ne l'a pas rendu plus clair. D'où vient cette singulière fixité dans la défense de tout un ensemble d'idées confuses, qui pour la plupart sont connues comme telles et dont la simple réflexion suffisait d'ailleurs par elle-même à dégager le caractère hypocrite ? La diplomatie est-elle donc pour quelque chose dans ce fait ? J'ai le regret de le penser, et avec bonne preuve à l'appui.

Comme on l'a déjà vu un peu plus haut, Leibniz avait deux philosophies : l'une dont il parlait à tout venant, l'autre qu'il formulait quelquefois dans certains écrits, mais dont il ne s'ouvrait à personne. Lisez les Nouveaux Essais, la Théodicée ou la Monadologie, vous y trouverez la doctrine du Dieu bon, souverainement libre et qui a fait le monde par amour du meilleur. Lisez au contraire certains traités que j'ai mentionnés déjà, vous y verrez l'affirmation nette de tous les principes spinozistes [2]. A quoi tient cette différence de langage ? A ce que, dans le premier cas, il s'agissait d'auditeurs intelligents et pieux dont il importait de ménager la délicatesse et de garder la faveur ; tandis que, dans le second cas, la question était tout simplement d'aller au fond des choses et de se les dire comme on les voit. Leibniz s'est montré diplomate partout, excepté dans l'expression de ses idées mathématiques. Encore trouvait-il là le principe d'où venait sa manière ; car sur quoi se fonde son calcul infinitésimal ? Sur cette idée qu'à la limite les contraires finissent par ne faire plus qu'un. Toute opération différentielle est une lutte diplomatique dont le but consiste à réduire l'irréductible.

Il est bon par ailleurs de remarquer qu'il y a quelque chose de singulièrement chimérique dans le génie de Leibniz : la plupart de ses grandes conceptions portent l'empreinte de ce tour d'esprit.

1. V. p. 207-210, références surtout.
2. V. p. 255-259.

C'est une chimère que sa caractéristique universelle, à laquelle il a pourtant travaillé sa vie entière. Il nous est impossible de connaître tous les concepts simples, ces concepts générateurs d'où naissent les autres. Car, à supposer que notre âme contienne tous les possibles, nous n'en apercevons jamais que ceux que l'expérience nous donne l'occasion d'apercevoir ; or rien ne nous assure qu'il n'y en a pas d'autres dont nous ne pouvons obtenir ni représentation ni concept dans les conditions actuelles. En outre, imaginez que nous possédions tout le trésor des concepts simples, « ce catalogue de la pensée humaine » dont Leibniz a parlé avec tant d'enthousiasme ; la difficulté ne serait pas tranchée par là. Pour discerner toutes les irradiations de ces concepts, il faudrait encore acquérir une notion adéquate de chacun d'eux. Et comment y parvenir, vu que nous n'arrivons pas même à savoir pourquoi le houx a « des feuilles danses » et porte « un fruit petit et rouge » ? La connaissance humaine sera toujours fragmentaire et comme épidermique.

C'est une chimère aussi, que la correspondance des monades. On peut le dire comme pour la théorie des animaux-machines et le système des causes occasionnelles, qui représentent d'ailleurs deux autres solutions de la même difficulté, celle du rapport de la pensée à l'étendue. Il est vraiment curieux que de telles hypothèses aient pu s'accréditer en plein dix-septième siècle et mériter la considération des plus grands esprits de ce temps. On ne trouve rien de pareil dans Aristote ; on ne trouve rien de pareil dans Platon lui-même. Car, lorsque Platon fait des mythes, on sent à sa manière de dire qu'il les donne comme tels ; ce ne sont, à ses yeux, que des symboles d'une réalité plus haute et dont personne ne peut fournir une image exacte. Tout idéalistes qu'ils étaient, du moins ceux de la grande époque, les Grecs avaient trop le sens positif des choses, pour commettre ces confusions de l'imaginaire et du réel que l'on constate en Europe au siècle de Louis XIV. Ces enfants de « Minerve aux yeux bleus » ne goûtaient que les œuvres où domine la raison ; le romantisme, chez eux, ne pouvait avoir qu'un charme accessoire.

C'est pourquoi leurs classiques le sont beaucoup plus purement que les nôtres.

Chimérique également, du moins à certains égards, l'idée que Leibniz s'est faite de l'infini. Et il le sent lui-même, comme on peut le voir par différents endroits, surtout par sa correspondance avec le P. des Bosses. En 1685 il écrivait dans son *Discours de métaphysique* : « Dieu est un être absolument parfait » ; — mais « il faut connoistre aussi ce que c'est que la perfection, dont voicy une marque assés seure, sçavoir que les formes ou natures qui ne sont pas susceptibles d'un dernier degré, ne sont pas des perfections, comme par exemple, la nature du nombre ou de la figure. Car le nombre le plus grand de tous [ou bien le nombre de tous les nombres] aussi bien que la plus grande de toutes les figures, impliquent contradiction[1] ». Il n'y a pas d'infini dans la quantité ; et l'infini des mathématiciens n'est qu'un procédé dont ils se servent avec bonheur, mais que la nature ne réalise pas[2]. Où donc est l'infini en acte, l'infini proprement dit? dans l'Absolu et rien que là[3]. Leibniz s'arrête à cette réponse dans l'analyse de cette notion fondamentale en elle-même, plus encore dans sa propre philosophie. Mais supposé qu'il ait poussé le problème jusqu'au bout, il se serait aperçu sans doute que, si l'infinité de Dieu n'enveloppe ni nombre ni étendue, elle implique du moins le maximum d'intensité possible et qu'à ce titre il lui faut une mesure qui lui vienne du dedans ; il aurait peut-être observé que l'Être Infini n'est qu'un autre nom de ce que Platon appelait l'être « achevé » τὸ τέλειον, et Aristote « l'acte pur ». Les philosophes grecs étaient plus précis que nous.

*
* *

Bien que plus ou moins entachées de romantisme et de diplomatie, les idées dominantes de Leibniz n'en deviennent pas moins d'une admirable fécondité.

Si la caractéristique universelle n'est pas complètement réalisable, elle reste du moins pour le langage comme un

---

1. Est., 25-26.
2. Erd., 115ᵇ (*L. à Foucher*, 1692).
3. V. plus haut, p. 209-212 (références sur tout).

idéal d'exactitude et de brièveté dont l'esprit humain peut se rapprocher toujours davantage au plus grand profit des sciences. C'est ce qu'a entrevu M. de Morgan, ce qu'a montré Ch. S. Peirce et ce qu'a développé Schröder dans son étude sur *l'Algèbre de la Logique* [1]. Leibniz lui-même a beaucoup contribué a perfectionner le symbolisme mathématique, en se conformant à ses vues sur la caractéristique universelle.

Pour utopique que l'on voudra, la correspondance des monades tient au cœur même de la philosophie de Leibniz; elle vient de l'idée qu'il s'est faite de la substance. Et c'est un sujet sur lequel Leibniz a émis toute une série de vues dont il faudra toujours tenir compte.

La matière, enseignaient les cartésiens, est chose purement passive; et le mouvement n'est en somme qu'une série successive de positions dans l'espace. Impossible, reprend Leibniz. « Quand je cherchai les dernières raisons du Mécanisme et les loix du Mouvement, je fus tout surpris de voir » qu'elles n'étaient pas dans les Mathématiques. « C'est ce qui me ramena aux Entéléchies, et du matériel au formel ». Il y a sous l'étendue un principe d'activité analogue à notre moi. La force n'est pas cantonnée dans le monde psychologique; elle s'étend à toutes les substances et en fait le fond. La pensée d'Aristote était à base de vérité : l'être est matière et forme.

Il n'y a que de la matière, disaient les matérialistes du XVIIe siècle : le monde n'est qu'une lutte éternelle de corpuscules bruts, aveugles et sourds. Il n'y a que de la pensée, réplique fièrement Leibniz; car la matière ne s'explique pas toute seule. C'est une « multitude ». Il lui faut un principe d'unité; et ce principe ne peut être qu'un centre de perception. Hobbes et Gassendi sont aux antipodes de la vérité, lorsqu'ils proclament que le dernier mot des choses est la matière; et Descartes lui-même s'est arrêté à mi-chemin, en affirmant qu'elle est une substance au même titre que la pensée. La vraie conclusion, celle qui ressort de l'expérience mieux interrogée, celle aussi que requiert la science, c'est que rien n'existe que la pensée et dans la pensée, c'est que l'univers

---

1. Leipzig, 1900.

est une république d'âmes. Et la chose, sans doute, n'est pas suffisamment démontrée. Mais quelle vue magnifique ! N'y trouve-t-on pas en même temps la manière la plus profonde et la plus précise de poser le problème de la perception extérieure ? Berkeley, puis Rosmini le sentiront bien dans la suite et défendront cette hypothèse de toutes les forces de leur génie.

Il n'y a que de la sensation, reprenaient Locke et ses disciples : la sensation. voilà le fait primitif dont tout le reste est un développement plus ou moins heureux. Parler ainsi, répond Leibniz, c'est faire la psychologie de l'animal, non celle de l'homme, c'est passer à côté de la raison. Au-dessus des sensations et des images, il y a le monde des intelligibles, qui sont éternels et dont les rapports ne changent pas. Or c'est là, c'est dans cette région supérieure que se trouvent les règles de l'existence. Rien ne se fait, rien ne se passe dans le domaine du devenir qui ne soit conforme aux lois des idées ; la nature elle-même n'est et ne peut être que la réalisation progressive d'un système d'intelligibles.

Leibniz n'hésite pas d'ailleurs, surtout dans sa correspondance avec Burnett, à signaler le vice fondamental d'où procèdent toutes les formes du sensualisme. Ces insulaires, observe-t-il, seront délivrés de leur myopie dès qu'ils auront appris à distinguer nettement l'image de l'idée, à voir pour de bon que ceci ne peut venir de cela, qu'entre sentir et comprendre il n'y a pas de passage. Et c'est bien là, me semble-t-il, que réside le fond du problème ; là du moins est la voie qui mène à sa vraie solution.

Mais c'est peut-être dans l'analyse de l'idée d'infini que Leibniz trouve ses vues les plus importantes. On peut même dire qu'en fin de compte, tout vient de là pour lui : « Mes méditations fondamentales, disait-il un jour à la Duchesse Sophie, roulent sur deux choses, sçavoir sur l'unité et sur l'infini[1]. » Ces paroles prouvent que le philosophe se connaissait bien quand il les formulait.

---

1. Gerh., *Phil.*, VII, 542 (4 nov. 1696).

Dieu est infini; il est donc parfait : Leibniz, d'accord avec tout son siècle, le conclut sans hésitation. Par là même, Dieu a créé le meilleur des mondes possibles, c'est-à-dire le plus beau; car la bonté et la beauté ne sont que deux aspects d'une seule et même chose. C'était l'idée de Platon ; et Leibniz, qui s'est longuement familiarisé avec ce grand génie, admet cette identification de deux concepts en apparence très différents : lui aussi se fait une vision apollinienne de la nature.

Mais qu'est-ce que la beauté? l'unité dans la variété. Par suite, il faut que le monde, pour réaliser son idéal, présente le maximum d'unité possible dans un maximum de variété qui doit aller à l'infini; il faut qu'il ne s'y trouve aucune transition brusque, que tout s'y diversifie par degrés insensibles et dans l'unité d'un seul et même type d'être; la continuité est une des lois fondamentales de l'être en devenir[1]. Et cette loi dont le positif Hugens ne voyait pas la valeur, en face de laquelle la timidité de Malebranche restait perplexe, devient pour Leibniz la source de toute une série d'idées heureuses et dont quelques-unes ont une portée considérable.

Le calcul différentiel; la marche des rayons lumineux; le principe de la dynamique céleste qui n'est point l'atome, mais la force élastique et graduée à l'infini; les perceptions inaperçues; la classification des espèces vivantes toutes reliées entre elles par d'insensibles chaînons et que nous ne réussirons jamais à découvrir complètement; l'immortalité de l'âme, dont la cessation brusque et radicale est un de ces sauts d'un extrême à l'autre que la nature ne peut admettre; l'unité fondamentale de la pensée et de l'étendue et par là même la suppression du dualisme scandaleux de Descartes : autant de sujets sur lesquels la continuité projette une lumière victorieuse, ou tout au moins qu'elle éclaire d'un jour nouveau. Immense est l'usage de cette loi, « usus late patens ». Comme le disait L'Hospital lui-même, « elle est d'une utilité merveilleuse » : « il n'y a

---

1. V. plus haut, p. 59-60.

rien que par quelque endroit elle n'enveloppe dans son domaine »[1].

L'infinité de Dieu, sa perfection et la loi de continuité : trois termes qui s'appellent l'un l'autre dans la logique Leibnizienne. Il en va de même de l'infinité de Dieu, de sa liberté souveraine et de la contingence des choses. Et cette dernière idée a chez Leibniz un relief qu'il est bon de faire ressortir.

Spinoza veut tout ramener à la nécessité ; Leibniz travaille sans cesse à réduire le domaine de cette déesse impitoyable.

Il n'y a de nécessité absolue ni dans l'intensité ni dans la direction du mouvement. Pourquoi la terre, par exemple, met-elle 24 heures, et ni plus ni moins, à faire sa révolution diurne? Et d'où vient que les corps célestes vont d'orient en occident, au lieu de suivre la marche contraire? Il n'y a pas eu de nécessité mathématique non plus dans la disposition primitive des éléments d'où s'est formé le monde actuel ; d'autres dispositions étaient possibles d'où seraient sortis autant d'autres univers. Inutile également d'essayer une démonstration géométrique de cette loi fondamentale du mouvement d'après laquelle « l'action est toujours égale à la réaction » ; car « il semble, en considérant l'indifférence de la matière au mouvement et au repos, que le plus grand corps en repos pourrait être emporté sans résistance par le moindre corps qui serait en mouvement ». Il en va de même de la loi qui veut qu'il y ait toujours dans le monde une égale quantité de force : « cet axiome d'une philosophie supérieure » dépasse la géométrie. On en peut dire autant de cette loi de la continuité qui est comme le trait dominant de tous les phénomènes naturels. Elle est convenable, il n'y a rien de si beau ; et l'on ne comprendrait pas que Dieu, travaillant en vue du meilleur, ne l'eût pas observée dans son œuvre. Mais, lorsqu'on la considère en elle-même et du point de vue simplement mécanique, on ne réussit pas à

1. V. plus haut, p. 54-60.

découvrir pourquoi le monde ne s'en serait pas passé. Elle n'a nullement la rigueur d'un corollaire.

Le déterminisme absolu perd encore du terrain, lorsqu'on observe « le détail des choses ». Pourquoi les rayons réfractés ne décriraient-ils pas une courbe insensible, au lieu de cette ligne droite, rigide comme un cadavre, qu'ont imaginée les mathématiciens? « Il est naturel à l'arbre de porter des fruits. » Mais quelle raison de penser qu'ils en viennent comme autant de corollaires? « Il arrive par certaines saisons qu'il n'en porte pas. » C'est donc qu'il y a dans le principe qui les produit une malléabilité que les êtres purement mathématiques ne contiennent point. Comment expliquer d'ailleurs l'admirable correspondance du physique et du mental, si tout est nécessaire? Est-ce que cette harmonie si constante et si complexe du dedans et du dehors n'est pas la marque visible d'un ordre de choses qui pouvait ne pas être et qu'a librement voulu le souverain législateur?

Voilà, me semble-t-il, une chasse à la nécessité qui donne à réfléchir[1]. Et Leibniz ne s'en tient pas là. Il pousse so attaque jusqu'à la racine de la théorie, jusqu'à ce principe de causalité auquel on veut soumettre toutes les formes du devenir.

Si la cause n'est qu'un contenant qui donne de son contenu, il faut bien que la création soit impossible, comme le soutient Spinoza au premier livre de son *Éthique;* ou que, comme l'a pensé saint Thomas d'Aquin, elle soit éternelle, tout en venant de Dieu comme de sa cause première. Car, dans cette hypothèse, rien ne naît que ce qui est déjà de quelque manière : il n'y a qu'un méphistophélès qui puisse tirer du vin d'un morceau de planche sèche. Si la cause n'est qu'un contenant, il existe toujours et nécessairement la même quantité d'être. Mais cette conception un peu matérielle de la cause n'est pas la seule que l'on puisse fournir. Rien n'empêche de concevoir la cause, non comme un contenu qui donne ce qu'il a, mais comme un agent dont le propre

---

1. V. plus haut, p. 46-52, p. 246-250.

est de produire ce qu'il n'a pas encore ; rien n'empêche de revenir à l'idée de Plotin, de comprendre l'acte créateur, comme une sorte de « supereffluence » où l'un, sans se diminuer lui-même, fait être ce qui n'était encore nulle part.

La contingence, elle se révèle partout, jusque dans le principe de causalité au nom duquel on a voulu démontrer qu'il n'y en a nulle part. Si elle n'est pas le dernier mot de la réalité, elle en est du moins la note dominante. Les choses ne sont pas liées comme une série de propositions mathématiques ; elles sont seulement ordonnées : et en vertu du principe de convenance ou du meilleur. Elles ont leur raison dernière dans la finalité.

Aussi nombre de nos penseurs modernes, et des plus illustres, ont-ils cru devoir reprendre le point de vue déjà si richement analysé par Leibniz. H. Bergson, E. Boutroux, O. Hamelin, Maxwel sont venus de nouveau mettre l'accent sur la contingence. C'est également ce qu'a fait A. Job dans son article sur *la chimie* que contient l'ouvrage collectif intitulé *De la méthode dans les sciences*[1]. Et le sujet n'est pas épuisé ; il contient encore des aspects dont la théologie naturelle peut déduire les conséquences les plus importantes. J'espère bien moi-même, si Dieu me prête longue vie, faire voir un jour qu'il y a dans l'intensité des phénomènes de la nature une sobriété qui ne vient pas d'eux, qu'ils ont reçue d'un souverain ordonnateur. J'espère démontrer, en reprenant une image de Platon, que le monde est comme une lyre dont Dieu lui-même a réduit les cordes à leur juste mesure.

\*
\* \*

Cet ensemble d'idées et d'autres de même qualité que nous n'énumérons pas ici, étaient faites pour demeurer ; elles devaient entrer dans le trésor de la pensée humaine

---

1. P. 111-147, F. Alcan, Paris.

et pour ne plus en sortir. Mais cette compénétration fut longue, comme elle l'avait été pour les idées dominantes de Platon, d'Aristote surtout, dont nous vivons encore. Les circonstances, à la mort de Leibniz, ne se prêtaient pas au rayonnement de tant de lumières, si fines et si variées.

En France et dans les Pays-Bas, le cartésianisme triomphait encore, malgré les critiques sans cesse répétées et souvent pénétrantes dont Leibniz lui-même l'avait accablé.

L'Angleterre était devenue antipathique au philosophe de Hanovre. La querelle du calcul infinitésimal durait toujours; elle passionnait de plus en plus l'élite de la nation, et l'on répugnait à lire cet auteur allemand qui n'avait pas honte de s'attribuer la gloire d'autrui. Ses théories présentaient d'ailleurs quelque chose d'abstrait, de nébuleux et d'utopique qui devait déplaire à ce peuple adorateur des faits : Leibniz avait contre sa manière le tempérament des insulaires.

L'Allemagne, de son côté, était tombée dans un tel état de décrépitude qu'elle ne gardait même plus la capacité de s'intéresser aux œuvres de son grand philosophe.

Les guerres issues de la Réforme « avaient appauvri, déprimé et presque *décivilisé* le pays ». La décadence avait été rapide, continue, effroyable. Non seulement, en beaucoup d'endroits, la population descendait au quart, au sixième, au dixième de ce qu'elle était auparavant : « l'industrie était anéantie, le commerce réduit au strict nécessaire ; les mœurs du peuple grossières, brutales et cyniques, celles de la noblesse dissolues. Plus d'instruction primaire dans les campagnes, où le clergé était incapable de suppléer à l'absence d'instituteurs. Les universités, fort déchues, peu fréquentées, souffraient des plus énormes abus, et la « bestialité » des étudiants n'avait d'égale que la médiocrité et le pédantisme des maîtres. Partout la misère, l'ignorance, l'ivrognerie, et là où quelque richesse subsistait, le besoin de jouir et de s'étourdir : l'art et la littérature au niveau de leur public »[1]. Restait le Saint-Empire pour lequel Leibniz

---

1. L. Lévy-Bruhl, *L'Allemagne*, 6-7, Paris, 1907.

s'est toujours prononcé, bien que moins chaudement vers la fin. Mais il existait de nom beaucoup plus que d'effet; et son autorité souveraine n'empêchait rien, ne prenait non plus aucune initiative qui fût efficace. Divisée en une infinité de provinces, de principautés, de seigneuries et de villes libres, l'Allemagne avait perdu de vue tout souci de l'intérêt général; chacun, sur son territoire grand ou petit, faisait ce qu'il voulait, levant des impôts à sa guise, usant ou abusant du droit de battre monnaie, occupé surtout de ses plaisirs, « ruinant ses sujets et essayant d'appauvrir ses voisins ».

Leibniz avait bien senti ces maux. Épuisement économique, faiblesse et torpeur politiques, oubli des choses de l'esprit, désunion et disparition du sentiment national : rien qui ne lui fût à cœur, comme on peut le voir surtout par l'édition de Klopp que nous avons citée plusieurs fois. A toutes ces déficiences, il avait cherché et proposé des remèdes. L'échec était resté complet : personne ne le comprenait ou même ne prêtait quelque attention aux vues de ce rêveur.

C'est pourtant de lui que la rédemption devait venir; les germes de vérité qu'il avait répandus en si grand nombre, n'étaient pas compromis pour de bon.

Il laissait après lui trois disciples : Christian Wolf avec lequel il avait longuement correspondu, Hansch et Bilfinger. Hansch fut son interprète le « plus fidèle » et Bilfinger « le plus ingénieux »[1]. Mais ce ne sont pas eux qui donnèrent la poussée victorieuse. Elle vint surtout de Wolf, qui sut mettre « en petite monnaie, et quelquefois en billon, les lingots de Leibniz »[2].

Wolf ne laisse pas l'impression d'un esprit de premier ordre. Bien que parfois très pénétrant, comme par exemple dans les objections qu'il pousse contre Leibniz sur l'idée de perfection[3] et la possibilité de l'être infini[4], il ne voit pas d'ordinaire toute l'étendue et toute la profondeur des

---

1. MAINE DE BIRAN, *Exposition de la doctrine phil. de Leibniz*, p. 16, note 1, 1819, Paris.
2. *Ibid.*
3. GERH., *Math.*, VIII, 161-163, 166-167 (*Corresp. de Wolf et de Leib.*, 1715).
4. *Ibid.*, 52 (*Ibid.*, 30 décembre 1705).

idées de son maître : il tend à le rapetisser; il lui arrive même d'en altérer la doctrine. Mais il réduit en un système didactique et clair les pensées que Leibniz a semées à l'état d'éparpillement dans ses nombreux ouvrages. « La seule voie, dit Wolf lui-même, pour parvenir à une connaissance certaine, est de déterminer le sens de tous les mots, et de déduire les vérités suivantes des vérités précédentes par une liaison nécessaire. » Et c'est là ce qu'il fait. Il va définissant chaque terme et démontrant chaque proposition, comme en géométrie : de l'ontologie ou métaphysique, jusqu'à la logique, jusqu'à la morale, en passant par la psychologie, ses gros volumes ne sont qu'un long tissu de déductions[1]. Ce procédé d'ailleurs ne s'opposait pas à la pensée de Descartes, encore moins à celle de Leibniz qui cherchait partout des définitions et voulait que l'on démontrât les axiomes.

De plus, Wolf sait enseigner. Dès son arrivée à Halle, où il vient d'être nommé professeur de philosophie, les étudiants accourent de tous côtés avec un empressement qui ne tarde pas à provoquer la haine des piétistes. En réponse aux accusations calomnieuses dont il est l'objet, le roi Frédéric Guillaume 1er finit par lui envoyer l'ordre de quitter ses États dans les vingt-quatre heures. Wolf s'enfuit à Marbourg dont l'université lui ouvre ses portes. Là, son succès augmente d'autant plus facilement qu'il y passe pour un martyr de la science indépendante. « Ludovici, dont l'histoire s'arrête en 1737, énumère déjà cent sept philosophes ou écrivains Wolfiens[2]. »

Wolf a compris également qu'il lui fallait, avant tout, parler à ses élèves leur langue maternelle. Il publie d'abord ses ouvrages en allemand; ce n'est que plus tard qu'il les traduit en latin. Et cet usage de la langue nationale, si dédaigné jusqu'à lui, n'est pas, s'il faut l'en croire, un obstacle à l'expression de sa pensée. « J'ai éprouvé, dit-il, que notre langue maternelle se prête mieux à la science que la

---

[1]. Il donne une idée de la chose dans sa lettre à Leibniz du 18 mai 1705 (GERH., *Math.*, VIII, 26-27).
[2]. LÉVY-BRUHL, *loc. cit.*, p. 59.

latine, et que l'on peut expliquer en fort bon allemand ce qui sonne en latin de façon horrible et barbare[1]. »

Un autre indice d'habileté et que lui inspire encore « la marotte de Leibniz », celle d'être utile au bien de l'humanité, c'est que Wolf ne se borne pas à la spéculation; il proteste avec énergie contre la démoralisation de son siècle. Les mœurs de son temps étaient un mélange de corruption, de raffinement et de grossièreté. Les familles régnantes donnaient d'ordinaire le mauvais exemple; la noblesse renchérissait sur les vices de ses maîtres et « contaminait le peu qui restait de haute bourgeoisie ». On faisait bon marché des devoirs du mariage et nombre d'écrivains se montraient très faibles sur ce point pourtant capital de morale domestique. Leibniz lui-même ne pensait-il pas que dans certaines circonstances la polygamie était tolérable? Wolf est très ferme sur ce chapitre. Il maintient avec force que les obligations du mariage dérivent tout droit de la nature des choses et s'imposent également aux deux époux. Le luxe et la passion de jouir : voilà la cause de tout le mal. Il n'y a donc qu'à ramener l'esprit d'ordre et d'économie[2].

Ces conclusions plaisaient d'autant plus qu'elles étaient données, non point au nom de l'autorité romaine ou de la confession d'Augsbourg, mais comme des verdicts de la raison impersonnelle et universelle. On l'avait enfin, cette science tant désirée qui se suffit à elle-même, qui n'a pas besoin de « béquilles théologiques » : l'on sortait enthousiasmé et satisfait.

Le succès fut immense. « La philosophie de Wolf, dit Edelmann en 1740, est tellement à la mode, même parmi les femmes, que c'est un engouement, une folie. Dès que deux ou trois personnes sont réunies, on peut être sûr que le dieu Wolf se trouve aussi parmi elles[3]. » Sa réputation, d'ailleurs, ne se confinait pas à l'Allemagne. Au bout d'un certain temps, les Académies de Paris, de Saint-Pétersbourg le nomment membre d'honneur. On l'appelle en Suède;

---

1. Lévy-Bruhl, *loc. cit.*, p. 61.
2. Ed. Zeller, *Geschichte der deutschen philosophie seit Leibniz*, p. 211.
3. Levy-Bruhl, *loc. cit.*, p. 61.

Pierre le Grand lui-même essaie de l'attirer en Russie; et ses ouvrages sont traduits en plusieurs langues vivantes : ce qui pour un Teuton de cette époque avait une signification très spéciale.

Wolf a trouvé le moyen de faire vivre la doctrine de Leibniz, que sa forme dispersive et trop abstraite rendait inaccessible au commun. Il a su la synthétiser, l'ordonner et la rendre attrayante. La coque est brisée maintenant; et le fruit savoureux qu'elle contenait, sera d'autant plus goûté qu'on le connaîtra mieux.

Surgit, en effet, la grande époque du xviii° siècle, celle qu'ouvre Lessing, que continuent Gœthe et Schiller; et Leibniz comptera parmi les plus grands penseurs dont s'honore l'humanité : quelques-uns iront même jusqu'à dire que c'est l'Aristote des modernes. Kant continue sa méthode « intériorisante » ; et, la poussant plus loin, il en vient à conclure contre Leibniz que, les monades étant inutiles et inaccessibles, il ne reste que l'esprit et ses lois. Fichte, Schelling, Hegel marchent sur la même voie; et, fondés en plus sur cette notion de l'infini dont Leibniz a tant parlé, ils en tirent, bien que par des procédés très différents, trois grandes théories du monde où tout se ramène à la pensée. En France, Maine de Biran s'inspire visiblement de sa doctrine, particulièrement sur la notion de force, bien qu'il la présente, non plus comme le terme d'une déduction, mais comme un fait primitif, celui sur lequel il faut édifier tout le reste; Cousin lui emprunte son idée de la raison; et, sur l'exemple de ces deux grands philosophes, tout l'Éclectisme se teinte plus ou moins de Leibnizianisme[1]. En Italie, Rosmini ne manque pas de puiser à la même source; et lui aussi ne sera pas loin de penser que l'univers est une « République d'esprits »[2].

Spiritualiser la matière, en faire un simple rayonnement de la pensée : tel avait été l'un des grands efforts de Leibniz. Cette manière de tout « intérioriser » s'est répandue après lui dans le monde entier, et sous les deux formes

---

1. *Maine de Biran*, par le P. Couaillac, 294-299, F. Alcan, 1905, Paris (*Collection des grands philosophes*).
2. *Rosmini*, par F. Palhoriès, thèse soutenue en Sorbonne (1908).

très différentes qu'elle peut revêtir : la simple croyance au primat de l'esprit et le subjectivisme intégral. La seconde surtout devait avoir de l'importance et de l'éclat.

Je me borne à ces indications. Pour décrire les directions de Leibniz, il faudrait un autre volume.

# INDEX BIBLIOGRAPHIQUE

## I. — Éditions.

GRÜBER. — *Correspondances*, Hannover, 1745.

RASPE. — *Œuvres de Leibniz*, Amsterdam et Leipzig, 1765.

DUTENS. — *G.-G. Leibnitii opera omnia*, 5 vol. in-4°, Genève, 1768.

WEESENMEYER. — *Leib. Epist. ad Schmidium*, Nurnberg, 1788.

ERDMANN. — *God. Guil. Leibnitii opera philos. omnia*, Berlin, 1840.

GÜRHAUER. — *Leibnitz' deutsche Schriften*, 2 vol., Berlin, 1836-1840.

GROTEFEND. — *Briefwechsel zwischen Leibniz, Arnauld und Landgrave Ernst von Hessen-Reinfels*, Hannover, 1846.

PERTZ. — *Erste Folge der gesammelte Werke von Leibniz*, Hannover, 1843-1847.

ROMMEL. — *Leibniz und der Landgraf Ernst von Hessen-Reinfels*, 2 vol. in-12, Francfurt-am-Main, 1847.

FOUCHER DE CAREIL. — *Réfutation inédite de Spinoza par Leibniz*, Hanovre, 1854; A, *Lettres et opuscules inédits*, Paris, 1854; B, *Nouvelles lettres et opusc. inéd.*, Paris, 1857; *Œuvres de Leibniz*, 7 vol. in-8°, 1859-1875.

Onno KLOPP. — *Die Werke von Leibniz. Erste reihe : Historisch-politische und staatswissenschaftliche Schriften*, 11 vol. in-8°, Hannover, 1864-1881.

GERHARDT. — *Leibnizens mathematische Schriften*, 8 vol. in-8°, Berlin et Halle, 1849-1863; *Die Philosophischen Schriften*, 7 vol. in-4°, Berlin, 1875-1890; *Briefwechsel von G. W. Leibniz mit Mathematikern*, t. I$^{er}$, Berlin, 1899.

BODEMANN. — *Die Leibniz-Handschriften der König-öff. Bibliothek zu Hannover*, Hannover, 1895.

Paul JANET. — *Œuvres phil. de Leibniz*, un grand in-8°, Paris, 1866.

Georg MOLLAT. — *Mittheilungen aus Leibnizens ungedruckten Schriften*, in-12, Leipzig, 1893.

E. BOUTROUX. — *Nouv. Essais sur l'entendement humain*, avec avant propos, Paris.

Louis COUTURAT. — *Opuscules et fragments inédits de Leibniz*, in-4° de 682 pp. (recueil très important), F. Alcan, Paris, 1903.

LESTIENNE. — *Discours de métaphysique de G.-W. Leibniz*, Alcan, Paris, 1907

Ivan IAGODINSKI, Professeur à l'université de Kasan. — *Leibnitziana elementa philosophiæ arcanæ de summa rerum*, grand in-8° de 135 pages, Kasan, 1913 (très utile pour qui cherche la genèse des idées de Leibniz).

## II. — Études sur Leibniz.

MAINE DE BIRAN. — *Exposition de la doctrine philosophique de Leibniz*, Paris, 1819.

Charles SECRÉTAN. — *De la philosophie de Leibniz*, Lausanne, 1840.

Ludwig STEIN. — *Leibniz et Spinoza*, Berlin, 1890.

E. BOUTROUX. — *La monadologie de Leibniz*, Paris, 1896.

Bertrand RUSSEL. — *A critical exposition of the philosophy of Leibniz*, in-8°, Cambridge, 1900.

Clodius PIAT. — *Leibniz, La monadologie, notes et étude*, in-12, Paris, 1900.

Louis COUTURAT. — *La logique de Leibniz*, grand in-8° de 608 pages, Alcan, Paris, 1902.

Louis COUTURAT. — *Revue de Mét.*, janvier 1905.

BARUZI. — *Leibniz et l'organisation religieuse de la terre*, un vol. in-8°, Alcan, Paris, 1907.

BARUZI. — *Leibniz*, avec nombreux inédits, Paris, 1909.

G. FONSEGRIVE. — *Idées religieuses de Leibniz* (*Correspondant*, 25 juin 1908).

LÉVY-BRUHL. — *L'Allemagne depuis Leibniz*, petit in-8° de 400 pages (précis et vivant), Paris, 1907.

Émile VAN BIÉMA. — *L'espace et le temps chez Leibniz et chez Kant*, Paris, 1908.

Louis DAVILLÉ. — *Leibniz historien*, F. Alcan, Paris, 1909.

D' Bruno TILLMANN. — *Leibniz' Verhältnis zur Renaissance...*, Bonn, 1912.

# TABLE DES MATIÈRES

Pages.

Préface ................................................................... v

## CHAPITRE PREMIER

### BUT DE LEIBNIZ

I. Quel est ce but ?................................................ 1
II. Leipzig. — Premières années de Leibniz; — ses lectures; — comment il découvre sa « caractéristique »................... 3
III. Mayence ou première période diplomatique. — Rencontre à Nurnberg du Baron de Boinebourg; — la *Défense de la Trinité*, la *Confession de la nature contre les athées*, *Préface à Nizolius*; — mais d'autre part, une œuvre nouvelle : Leibniz entre en contact avec l'état politico-religieux de l'Europe; — l'élection du roi de Pologne; — « Réflexions sur la sécurité publique »; — la guerre de Hollande et le projet d'expédition d'Égypte; — l'idée de Leibniz : elle est trop grande pour être comprise........................ 5
IV. Paris ou période principalement scientifique. — Leibniz étudie les sciences mathématiques; il le fait avec passion; mais il ne laisse pas d'y apporter des préoccupations morales et religieuses : pour lui, la connaissance des mathématiques est l'unique moyen d'établir un système de croyances qui ait « la rigueur d'un calcul », ce à quoi il pense depuis sa jeunesse........................ 
V. Hanovre. — 1° Tristesse de Leibniz à la vue de cette petite ville; 2° les controverses religieuses : comment Leibniz y continue son plan; 3° terrible ensemble de « distractions »; études personnelles de Leibniz; le but commun qu'il y poursuit est de donner une doctrine philosophico-théologique qui soit un chapitre de « l'Algèbre universelle »; 4° efforts pour répandre cette doctrine : Charles XII, Pierre le Grand, les missionnaires........................ 15

## CHAPITRE II

### PRINCIPES DIRECTEURS

I. Identité et raison suffisante. — 1° Il faut tout réduire à l'identité; 2° de l'analyse des identiques; 3° comment au principe d'identité se

rattache celui de raison suffisante ; 4° domaine de ces deux principes. 33
II. Causalité. — 1° Domaine de la causalité; 2° équivalence de la cause et de l'effet : différence profonde entre Leibniz et Spinoza ; 3° nature du lien causal : *a*) dans le monde physique, *b*) dans le monde des volontés.................................................................. 42
III. Finalité. — 1° Comment elle se subordonne la causalité : Leibniz et Descartes; 2° de son utilité pour les découvertes scientifiques, particulièrement en biologie............................................. 46
IV. Une série de corollaires. — 1° La loi du plus régulier ; 2° la loi d'économie : Leibniz et Malebranche ; 3° la loi de continuité : comment elle compénètre toute la pensée de Leibniz, depuis la Mathématique où elle a inspiré le calcul différentiel jusqu'au fondement du Monadisme ; 4° le Principe des indiscernables : comment il se rattache à la loi de continuité, ce qu'il signifie, son rapport avec la théorie thomiste de l'individuation........................................ 52
Conclusion. — Quelques caractères du génie de Leibniz............. 62

# CHAPITRE III

## L'ART D'INVENTER

I. Antécédents de la Caractéristique. — Méthode de Descartes ; essais de Raymond Lulle, de Pierre Grégoire le Toulousain, de John-Henri Alsted, d'Athanase Kircher.............................................. 65
II. Idée de la Caractéristique. — Tout réduire à des idées simples, comme l'a voulu Descartes ; chercher toutes leurs combinaisons possibles ; traduire leurs rapports en termes mathématiques ; obtenir de cette sorte, non plus une caractéristique de l'Algèbre, mais une « caractéristique de la pensée humaine »................................. 67
III. En marche vers la Caractéristique. — 1° La passion de définir ; — qu'est-ce qu'une définition ? — deux sortes de définitions les unes *réelles*, les autres *nominales* ; 2° traitement des définitions : la déduction de Descartes, le syllogisme, la méthode expérimentale ; 3° notation mathématique des rapports que soutiennent les idées entre elles ; 4° échec de Leibniz........................................................ 71
IV. Avantages de la Caractéristique. — 1° Extension à tous les domaines de la pensée, Métaphysique et Morale aussi bien que Mathématique ; 2° infaillibilité « toute mécanique » de la méthode ; 3° fin des disputes stériles ; 4° principe d'une Encyclopédie et d'une langue rationnelle ; 5° difficultés insurmontables et de plus en plus senties par Leibniz lui-même................................................... 91
V. Calcul des probabilités. — Comment il se rattache à la Caractéristique ; — idée que s'en fait l'auteur ; — le domaine de ce calcul égale l'incertain ; — ce qu'a découvert Leibniz en cette matière ; — et ce qui revient aux frères Bernoulli ; — place qu'il faut faire à « L'art combinatoire » dans la logique de Leibniz................................ 104

## CHAPITRE IV

### SCIENCES

Pages.

I. Calcul différentiel. — Son origine, sa nature et sa portée; distinction des deux idées essentielles qu'il contient; ce que Leibniz doit à ses contemporains, tels que Pascal, Mercator, Grégory, Newton en particulier.................................................................. 115

II. De la « Géométrie sublime ». — Imperfections relevées par Leibniz dans la « Mathématique » de son temps; définition de cette science; catégories mathématiques; analyse des sites......................... 138

III. De l'Arithmétique binaire ou dyadique. — En quoi elle consiste: son analogie avec celle du roi Fohy; les avantages « merveilleux » qu'y trouve Leibniz; jugement des frères Bernoulli sur ce nouvel art de décompter................................................................ 147

IV. De la force. — Preuves de son existence; — de son rapport avec le mouvement; — une trinité de constantes, celle de l'énergie, celles de l'action et de la direction; — application de l'idée de force à l'interprétation des phénomènes célestes; — lumières nouvelles qui en résultent sur la nature des corps; — un mot sur la manière dont Leibnitz inventait dans le domaine des sciences................................. 149

## CHAPITRE V

### MATIÈRE ET PENSÉE

I. Genèse du système. — La « nouvelle hypothèse »; — la Théologie; — l'Alchimie; — Aristote; — les mécanistes; — Galilée; — Platon; — le voyage à Paris; — entrevue avec Spinoza; — la « communica-invention des substances » : Spinoza, Malebranche................. 168

II. Nature de la substance. — De la pluralité à l'unité; — l'essence de l'être est d'agir; — l'essence de l'être est de connaître; — comment les substances sont des « miroirs vivants de l'univers »; — la matière première et la matière seconde; — pourquoi les substances n'ont pas d'action transitive.......................................................... 193

III. Infinité numérique des substances. — Pluralité des substances : Locke et Spinoza; — qu'il existe un nombre infini de substances; — analyse de l'idée d'infini et critiques du P. des Bosses......................... 205

IV. Du Parallélisme. — Principes théologiques de la théorie; — la loi d'accord; — comment la similitude de la représentation et de son objet peut varier à l'infini; — qu'est-ce qu'*agir* et *pâtir*?........... 212

V. Corollaires du monadisme. — Idéalité du corps et théorie de la « monade dominante » : encore le P. des Bosses; — idéalité de la matière, de l'espace et du temps; — critique du monadisme par le chanoine Foucher; son importance historique.................................. 216

## CHAPITRE VI

### LA VIE DES AMES

Pages.

I. DE LA CONNAISSANCE. — L'innéisme intégral; — théorie des « petites perceptions »; — les images; — les idées; — association des images; — connexion des idées; — rapports des images et des idées : Leibniz et Kant; — valeur de la connaissance humaine, au point de vue des possibles, puis au point de vue des faits : comment Descartes s'est mépris à cet égard.................................................. 226

II. DE LA LIBERTÉ. — Contingence et liberté; — rejet de la liberté d'indifférence; — liberté et nécessité : comment la théorie de Leibniz n'est encore que du spinozisme................................... 243

III. L'IDÉE DU MEILLEUR. — 1° De l'existence de Dieu : *a*) preuve ontologique de Descartes : critique qu'en fait Leibniz, et qui égale à peu près celle que Kant donnera plus tard; — *b*) preuve par l'éternité des possibles; — *c*) preuve par la série régressive des mouvements; — *d*) preuve fondée sur la contingence des lois de la nature; — *e*) comment Leibniz se heurte toujours à la même barrière, qui est la notion même d'un être Infini; — 2° nature de l'acte créateur; — 3° mobile de l'acte créateur : ce mobile n'a pu être que l'idée du meilleur.... 258

IV. LE PROBLÈME DU MAL. — 1° La part du mal est considérablement grossie par notre ignorance et notre émotivité; — 2° le mal a sa racine dans la matière; et par là même il remonte jusqu'à l'entendement divin où se trouve l'idée éternelle de ce principe limitatif des choses; — 3° comment Leibniz et Platon se ressemblent par la solution qu'ils apportent au problème; ce qu'ajoute Leibniz............ 272

V. LE PROGRÈS. — 1° Il existe et tient à cet effort vers le mieux qui fait le fond de l'être; — 2° il y a un progrès naturel des choses; — 3° il en est un second qui tient au développement de l'esprit humain; — 4° l'un et l'autre sont indéfinis................................... 276

VI. DE L'IMMORTALITÉ. — 1° Toutes les âmes sont *physiquement* immortelles; — 2° il en va de même d'une sorte d'organisme profond qu'elles enveloppent toujours : cet organisme contient une matière qui « s'écoule sans cesse »; mais il ne perd jamais sa forme; — 3° les êtres raisonnables ont en plus ce que l'on peut appeler une immortalité *morale* : ils gardent toujours leur personnalité. Ce privilège est voulu par la ressemblance de leur vie à celle de Dieu, par la connaissance qu'ils prennent de l'infini de perfection et de l'infini de durée; c'est aussi un corollaire de la loi morale..................... 283

CONCLUSION. — Constance de Leibniz dans l'affirmation de son système philosophique.................................................. 290

## CHAPITRE VII

### « LA CITÉ DE DIEU »

Pages.

I. LE BIEN. — Le bien et le beau; — le bien et la gloire de Dieu; — le bien et Dieu................................................................. 29

II. LE BONHEUR. — Rapport du bien et du bonheur; — le bonheur et la science..................................................................... 296

III. L'OBLIGATION. — Deux fondements de l'obligation : l'ordre naturel et Dieu; — deux antinomies............................................ 307

IV. LE MOBILE DE LA MORALITÉ. — Deux zones : celle du permis et celle du devoir; — l'amour de soi; — l'amour du bien; — comment la moralité consiste dans le « plaisir de l'honnête »................... 309

V. DU QUIÉTISME. — Leibniz et les questions de mystique; — Leibniz et les *Maximes des saints*; — pourquoi Leibniz a-t-il prêté tant d'intérêt au mysticisme?............................................. 313

VI. LE CITOYEN. — Historique des études juridiques de Leibniz; — théorie du droit qui en résulte; — justice et amour................. 320

VII. L'ÉTAT. — Origine de la société; — extension du pouvoir de l'État; — formes politiques..................................................... 330

VIII. L'ÉGLISE. — Possibilité du surnaturel; — rationalité des dogmes chrétiens; — divinité du Christianisme; — travail de critique à faire; — controverse entre Leibniz et Bossuet; — pourquoi Leibniz reste protestant.......................................................... 333

IX. L'HUMANITÉ. — 1° Qu'est-ce que l'humanité pour Leibniz? — 2° Du progrès par le commerce et l'industrie............................... 346

## CHAPITRE VIII

### APPORT DE LEIBNIZ A LA « PHILOSOPHIE ÉTERNELLE »

Les idées dominantes de Leibniz. — Comment Wolf réussit à les propager. — Leur diffusion à travers l'Europe............................ 353

INDEX BIBLIOGRAPHIQUE................................................... 369

---

Typographie Firmin-Didot et C⁹. — Paris.

Documents manquants (pages, cahiers...)
NF Z 43-120-13

www.ingramcontent.com/pod-product-compliance
Lightning Source LLC
Chambersburg PA
CBHW060608170426
43201CB00009B/947